Jan von der Bank

DIE FARBE DER SEE

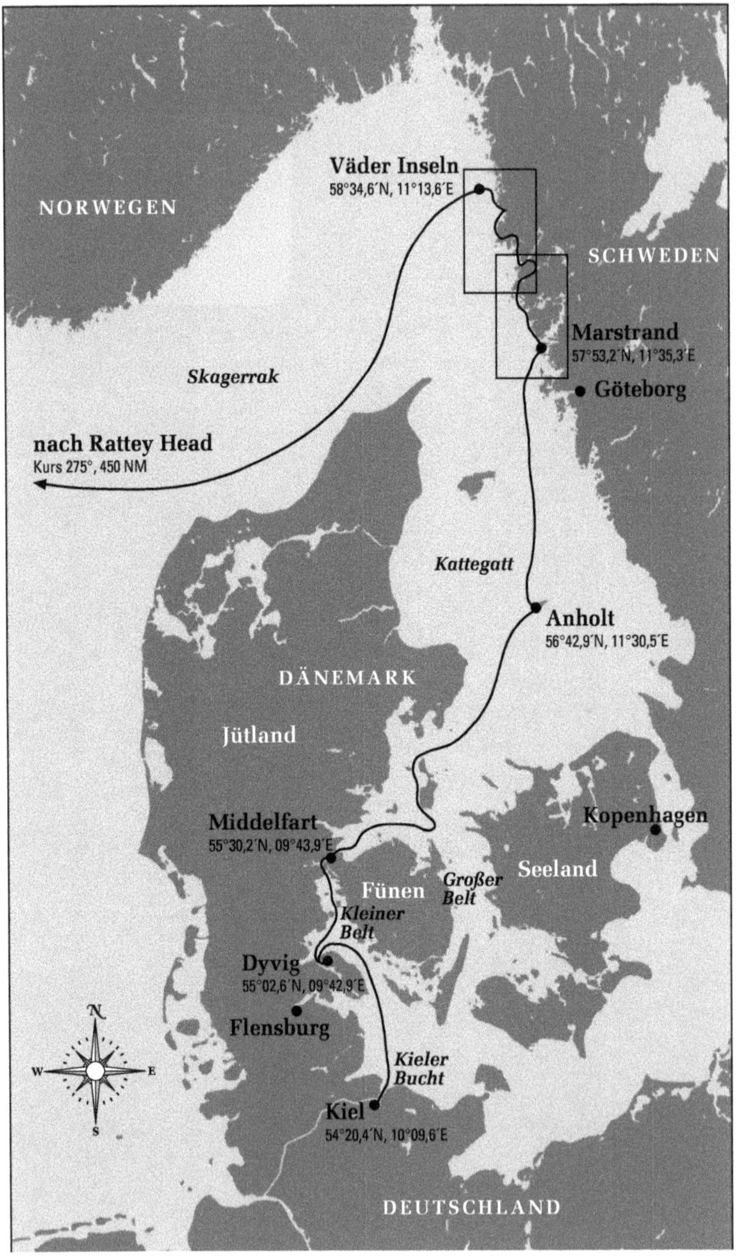

NORWEGEN
Väder Inseln
58°34,6´N, 11°13,6´E
SCHWEDEN
Marstrand
57°53,2´N, 11°35,3´E
Skagerrak
Göteborg
nach Rattey Head
Kurs 275°, 450 NM
Kattegatt
Anholt
56°42,9´N, 11°30,5´E
DÄNEMARK
Jütland
Middelfart
55°30,2´N, 09°43,9´E
Kopenhagen
Seeland
Fünen
Großer Belt
Kleiner Belt
Dyvig
55°02,6´N, 09°42,9´E
Flensburg
Kieler Bucht
Kiel
54°20,4´N, 10°09,6´E
DEUTSCHLAND
N
W
E
S

Jan von der Bank

DIE FARBE DER SEE

Roman

KJM Buchverlag

Neuausgabe, März 2017
8. Aufl. April 2025

Simrockstr. 9a, 22587 Hamburg
www.kjm-buchverlag.de
ISBN 978-3-945465-36-3
(Zuerst erschienen 2010 bei
Ullstein Buchverlage GmbH, Berlin)

Herstellung, Satz und Gestaltung: Eberhard Delius, Berlin
Umschlaggestaltung: Rothfos & Gabler, Hamburg
Cover unter Verwendung einer Fotografie von Nico Krauss, Hamburg
Karten Reiseverlauf: Wilhelm Ihlenfeld, HEUREKA! DESIGN, Kiel
Die historischen Kartenausschnitte enstammen dem Archiv des Autors;
der historische Zeitraum derAbbildungen ist unterschiedlich.
Druck & Bindung: Scandinavian Print Group DE GmbH, Neustadt a. d. Aisch

Bei Fragen zur Produktsicherheit wenden Sie sich bitte an:
info@jarchow-media.de

Mehr zu den Büchern des KJM Buchverlags
www.kjm-buchverlag.de

Für Katja, Kaya, Flora und Janika,
die mit mir segeln.

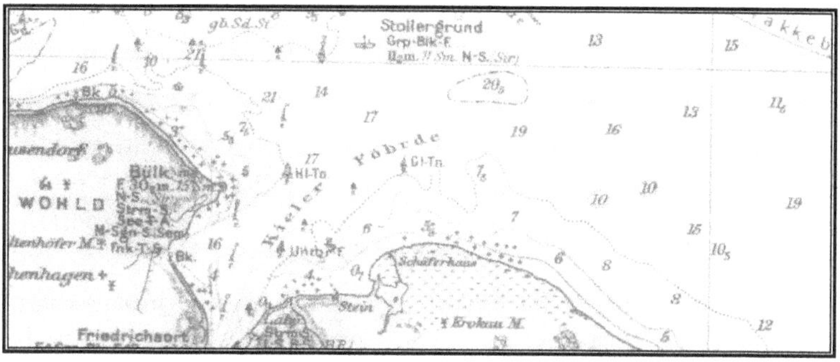

1. Kapitel

GOLD

An diesem Morgen hatte die See die Farbe von purem Gold. Eine gleißende Fläche aus Abermillionen glitzernder und tanzender Lichtreflexe. Ole Storm hatte es schon von Weitem durch die Bäume leuchten gesehen, als er mit dem alten Damenrad von Tante Elfi die steile und holprige Abkürzung durchs Düsternbrooker Gehölz heruntergekommen war. Nun stand er unten am Uferweg der Kieler Förde und kniff die Augen gegen die noch niedrig stehende Sonne zusammen. Die Luft schmeckte frisch nach Salz und Fischernetz und dem Gewitter der vergangenen Nacht, und über ihm segelten ein paar kreischende Möwen im Wind. Ein Lächeln breitete sich auf seinem Gesicht aus. Wind. Endlich wieder Wind!

An den vergangenen beiden Tagen war die See der graue, ölige Spiegel eines bleiernen, völlig unbewegten Himmels gewesen. Die Fahnen am Mast vor dem ehrwürdigen Kaiserlichen Yachtclub, der jetzt Yachtclub von Deutschland genannt werden musste, hatten schlaff in der Flaute gehangen, und die 21 Starboote, die hier in

Kiel ihre Weltmeisterschaft aussegeln wollten, standen tatenlos auf ihrer »Bühne« an Land. Die Nadel des Barometers am Takelschuppen schien unverrückbar am oberen Ende der Skala festgenagelt und Vadder Preuß, der alte Hafenmeister, hatte düster angemerkt, die Luft sei ebenso erdrückend wie die politische Lage. Und ein reinigendes Gewitter ebenso unausweichlich wie der heraufziehende Krieg.

Tatsächlich hätte sich die Vereinigung der internationalen Starbootklasse kaum einen dramatischeren Zeitpunkt für ihre Weltmeisterschaft aussuchen können als diese letzte Woche im August des Jahres 1939.

Den ganzen Sommer über schon hatten sich die territorialen Spannungen zwischen Hitlers neuem Großdeutschland und Polen verschärft. England und der »Erbfeind« Frankreich hatten sich genötigt gesehen, den Polen militärischen Beistand zu garantieren, und im Osten stellte die unberechenbare Haltung Stalins eine zusätzliche Bedrohung dar. Hektische Diplomatie und lautes Säbelrasseln hüben wie drüben lösten einander in rascher Reihenfolge ab, und vieles erinnerte in fataler Weise an einen anderen schwülen Sommer vor nunmehr 25 Jahren, als Europa schon einmal auf den Abgrund zugetaumelt war.

Ole Storm war neunzehn. Krieg war für ihn ein fremdartiges Schreckgespenst, das er nur aus widersprüchlichen Erzählungen kannte. Die einen sehnten ihn so glühend herbei, als verspräche er ihnen die Erfüllung all ihrer Träume oder auch nur die Wiedergutmachung erlittener Schmach, während die anderen ihn als düstere Bedrohung empfanden. Das Ende der Welt. Wem sollte er glauben? Er hatte sich noch nicht entschieden. Vorerst.

»Politik geht uns nichts an!«

Das hatte Konteradmiral von Wellersdorff bei seiner Ansprache zur Eröffnung der Regatta als Rear-Commodore der Starbootvereinigung gesagt – in Anwesenheit des Reichssportführers und einiger anderer Größen der Nationalsozialistischen Partei, ein mutiger, wenn nicht gar törichter Ausspruch für einen so ranghohen deutschen Offizier. Aber von Wellersdorff war in erster Linie Segler und daher fest entschlossen, dem Segeln den Vorzug vor der Propaganda zu geben.

Auch der ausrichtende Club und die Wettfahrtleitung mühten sich redlich, eine entspannte und freundschaftliche Atmosphäre für die Wettkämpfe zu schaffen. Oberflächlich betrachtet war dies mit einem international stark besetzen Feld auch gelungen. Doch bei näherem Hinsehen lag auf allem bereits deutlich der Schatten des Kommenden.

Zu sehr hatten sich in den letzten Tagen die schlechten Nachrichten überschlagen und die Flaute, wegen der nicht gesegelt, dafür aber umso ausgiebiger debattiert werden konnte, tat ein Übriges. Kleine, resignierende Gesten und ein fatalistischer Unterton mischten sich in die Gespräche, und vielen wurde langsam bewusst, dass Segler unterschiedlicher Nationen, die seit Jahren eng befreundet waren, im Strudel der Ereignisse über Nacht auf verfeindete Seiten gerissen würden. Ein Hauch von Abschied war allgegenwärtig. Vor allem die zahlreich angetretenen deutschen und englischen Marineoffiziere waren sich im Klaren darüber, dass sie sich nur allzu bald als Feinde auf Leben und Tod gegenüberstehen würden.

Ole nahm diese Stimmung wahr, ließ sich aber nicht von ihr anstecken. Seine eigene, überschaubare Welt war noch in Ordnung. Die politischen und ideologischen Verwicklungen schienen ihm fern und unwirklich, besonders an einem strahlend klaren Morgen wie diesem. Graubärtige Gespenster, die verschwinden, wenn die erste Brise den dünnen Morgennebel von der Wasseroberfläche weht.

Gut gelaunt schwang er sich in den Sattel und trat in die Pedale. Ole Storm war durchschnittlich groß, jedoch recht sportlich gebaut. Den vollen, dunklen Haarschopf, dessen widerspenstige Strähnen sich beharrlich in die Stirn mogelten, hatte er seiner Mutter zu danken. So sagte man. Sie war bei seiner Geburt gestorben. Die auffallend klaren blauen Augen waren die seines Vaters. Der war Fischer, drüben auf Amrum. Von ihm hatte er auch den friesischen Dickschädel geerbt, sowie die mangelnde Bereitschaft, mehr Worte zu machen als unbedingt notwendig. Das jedenfalls behauptete Vaters jüngere Schwester Elfi, bei der Ole in Kiel wohnen durfte.

Ole fand beides nicht weiter schlimm. Seine Wortkargheit wurde von Tante Elfis chronischem Mitteilungsbedürfnis mehr als aufgewogen. Zudem war er Segelmacher geworden und nicht Dichter. Oder gar Politiker. Und was den Dickschädel anging, so sorgte der immerhin dafür, dass er noch selber entscheiden konnte, was er wollte und was nicht. Die bereitwillige Selbstaufgabe zum Beispiel, mit der sich viele seiner Freunde aus der Yachtschule den neuen Riten und Regeln des Nationalsozialismus unterwarfen, widersprach zutiefst seinem für einen Friesen so typischen Drang nach Freiheit und Unabhängigkeit. Die Rigorosität, mit der beinahe das gesamte öffentliche Leben, auch hier im Club, gleichgeschaltet und »auf Linie« gebracht worden war, erschreckte ihn. Und die glühende Verehrung des Führers, die bei vielen inzwischen fast religiöse Züge annahm, war ihm fremd und unbegreiflich. Es gab schließlich nur einen Gott. Und der hieß bestimmt nicht Adolf Hitler.

Dass Ole Storm seinen eigenen Kopf bewahrte, bedeutete aber nicht, dass er keine Helden kannte. Seine hießen Schlimbach und von Hütschler und waren die besten Segler ihrer Zeit.

Schlimbach hatte mit seiner »Störtebeker III« einhand den Nordatlantik bezwungen. Und dem Hamburger Walter »Pimm« von Hütschler sagte man nach, er steuere jedes Schiff zum Sieg, das man ihm unter den Hintern schiebe. Egal, ob Jolle oder Krupp'scher 12er. Letztes Jahr hatte er in den USA souverän die Weltmeisterschaft der Starboote gewonnen. Und nun, nach seinem ersten Platz im Lauf vom Montag, schickte er sich an, vor Kiel seinen Titel zu verteidigen. Hätte Ole Geld zu verwetten gehabt, er hätte alles bis auf den letzten Pfennig auf von Hütschler gesetzt. Wenngleich mit dem amerikanischen Exweltmeister Wegeforth und dem amtierenden Europameister Straulino aus Italien härteste Konkurrenz zugegen war.

Zu gerne hätte Ole sich diesen Dreikampf aus der Nähe angesehen, aus dem Feld der Verfolger heraus. Aber dieser Wunsch war utopisch. Zwar hatte er sich durch die Teilnahme an diversen Clubregatten und einigen Langfahrten inzwischen selber zu einem ganz passablen Segler gemausert, aber die Teilnahme an einer so hochrangigen Serie wie einer Weltmeisterschaft im Star lag für ihn dennoch in unerreichbarer Ferne.

Ganz im Gegensatz zu Oles gleichaltrigem Clubkameraden Richard Korfmann. Mensch, was hatte der für einen unverschämten Dusel gehabt!

Als vor einigen Wochen bekannt geworden war, dass von Hütschlers regulärer Vorschoter Egon Beyn erkrankt war, hatte der wortgewandte, schwungvolle Blondschopf alles daran gesetzt, um sich in die Reihen der möglichen Ersatzvorschoter hineinzuschmuggeln. Die Tatsache, dass Richards Vater eng mit von Hütschlers Förderer, dem Hamburger Reeder Laeisz, befreundet war, mochte ein Übriges getan haben. Jedenfalls hatte von Hütschler Korfmann ausgewählt, bei dieser Veranstaltung mit ihm zu segeln.

Ole selber hingegen war, um überhaupt dabei sein zu können, nichts anderes übrig geblieben, als die weitaus bescheidenere Rolle eines Helfers in der Landorganisation der Regatta anzunehmen.

Richard Korfmann war nicht direkt das, was Ole einen Freund genannt hätte. Dafür waren der Fischersohn und der Spross aus einer der einflussreichsten Kieler Familien ihrer Herkunft nach einfach zu weit voneinander entfernt. Doch Ole war bisher ganz gut mit ihm ausgekommen. Bis jetzt, da von Hütschler Richard quasi seglerisch geadelt hatte und er Oles Sphäre endgültig entstiegen war. Seit Wochen hatten sie kein vernünftiges Wort mehr miteinander gewechselt, und Oles Segelmachermeister Heribert Rausch nannte Richard inzwischen nur noch den »Schnösel«.

Aber das alles war jetzt egal! Heute gab es eine gute Brise und es würde endlich wieder gesegelt werden. Das war das Wichtigste!

Zwei Minuten später war er beim Club. Der Schuppen mit der Segelmacherei lag hinter dem Clubhaus. Drei Satz Starbootsegel waren umzuändern. Von Hütschler, das Erfindergenie der Bootsklasse, hatte sich wieder einmal einen neuartigen, noch tieferen Segelschnitt ausgedacht, und in der Müßigkeit der beiden Flautentage hatten zwei englische und der algerische Teilnehmer kurzerhand beschlossen, ihre Ersatzsegel auf die neue Façon ändern zu lassen. Ole hielt nicht viel von dieser Idee.

Von Hütschlers Holzmast war viel dünner und biegsamer als die englischen. Wie aber sollte ein tieferes Segel an einem harten Mast flach getrimmt werden, wenn der Wind aufbriste? Ein Ding der Unmöglichkeit. Aber Ole behielt seine Weisheit lieber für sich, um seinem Chef, dem Segelmacher Heribert Rausch, nicht die zahlende Kundschaft zu verprellen.

Es war immer noch sehr früh und Ole hatte noch ein bisschen Zeit, bevor er an die Arbeit musste. Weder Segler noch Landhelfer waren zu sehen, erst recht nicht die hohen Herren der Regattaleitung oder der Jury. Nur in der Küche unter den Clubsälen rumorte es bereits. Kurz fühlte er sich versucht, dem anheimelnden Geruch von frischem Brot und Kaffee nachzugehen, der ihm in die Nase stieg. Aber dann wandte er sich dem Hafen zu.

Wie jeden Tag vor der Arbeit hatte er einen Besuch abzustatten. Ole Storm hatte eine heimliche Geliebte. *Lydia*.

Auch an diesem Morgen setzte sein Herz einen Schlag lang aus, als er sie sah. Sie streckte ihm ihr knackiges kleines Hinterteil entgegen, und ihr schlanker, anmutiger Körper bewegte sich scheinbar federleicht auf und ab. In der Morgensonne schien sie von innen heraus zu leuchten. *Lydia* war aus spiegelklar lackiertem Mahagoni erbaut und ein schneidiger Seefahrtskreuzer der neuen, modernen 50-qm-Klasse. Im Frühjahr hatten Ole und Meister Rausch einen neuen Satz Segel für sie gefertigt und waren kurz darauf von ihrem Eigner eingeladen worden, eine Clubregatta mit ihm zu segeln. Weil Rausch und der Eigner sich mehr für den Trimm der neuen Tücher interessierten, war Ole die Arbeit an der Pinne zugefallen.

Sie hatten die Wettfahrt haushoch gewonnen, und seitdem war Ole der *Lydia* hoffnungslos verfallen.

Versonnen setzte er sich auf den Steg, ließ die Beine baumeln und betrachtete »sein Schiff«, wie er sie insgeheim nannte. Ein 50er war gute zwölf Meter lang und eine echte Yacht. Groß genug, um auch mit rauem Wetter zurecht zu kommen und um über eine bescheidene Kajüte mit vier Kojen, kleiner Kombüse und Navigationsecke zu verfügen. Jedoch nicht so groß und unhandlich wie ein 8er oder 12er oder einer dieser gewaltigen neuen 100er-Seefahrtskreuzer, bei denen ein lauschiger kleiner Segelschlag wegen der für diese Boote benötigten Besatzungsstärke leicht mit einem Truppentransport verwechselt werden konnte. Kurzum, in Oles Augen war ein 50er das ideale Schiff.

Ob Ole Storm jemals genug Reichtümer würde anhäufen können, um sich ein solches Prachtstück leisten zu können, stand auf einem ganz anderen Blatt. Die *Lydia* gehörte einem wohlhabenden Physiker namens Hülsmeyer, der angeblich mit einer geheimnisvollen Erfindung reich geworden war. Selbst für ihn waren die 18.000 Reichsmark, die er bei Abeking & Rasmussen in Lemwerder für die *Lydia* hatte hinblättern müssen, kein Pappenstiel gewesen. Für Ole jedoch war es ein Betrag, den er bei seinem gegenwärtigen Lohn in fünfzig Jahren nicht zusammensparen könnte.

Nichtsdestoweniger träumte er davon, ein solches Schiff zu besitzen und damit auf Fahrt zu gehen. Die Ostsee hinauf durchs Skagerrak, vielleicht nach England hinüber. Oder noch weiter, wie Schlimbach, allein über den Atlantik.

Ein lauter, lang anhaltender Schrei zerriss Oles Tagtraum. Dem Schrei folgte ein dumpfer Schlag und ein lästerlicher Fluch, in den sich schallendes Gelächter mischte.

Der Lärm war von dem Teil des Clubgebäudes gekommen, in dessen oberem Stockwerk sich einige Gästekammern für die ausländischen Regattateilnehmer befanden. Als Ole um die Ecke gelaufen kam, bot sich ihm ein merkwürdiger Anblick. Zwei Männer schütteten sich schier aus vor Lachen. Sie zeigten auf einen dritten, der mit blutiger Nase unter einer langen, offensichtlich umgestürzten Leiter am Boden lag und sich mit schmerzverzerrtem Gesicht das Bein hielt. Wo die Leiter an der Wand gelehnt haben mochte, stand ein Fenster offen.

Ein überaus attraktives Mädchen in Oles Alter sah daraus hervor.

Lina.

Sie war die Tochter des schwedischen Starbootseglers Fredrik Sønstebye aus Stockholm. So viel wusste Ole. Sie trug ein seidenes, nachlässig zugeknöpftes Pyjamahemd, das einen delikaten Blick in ihr Dekollete erlaubte, als sie sich nach vorne aus dem Fenster beugte. Ihre langen, dunkelblond gelockten Haare wehten offen um ihr Gesicht, und ihre Augen hatten die Farbe von sehr tiefem grünem Meerwasser – gerade eben noch von einem Grün, bevor es sich in ein dunkles, bodenloses Schwarzblau verlor.

Im Moment blitzten diese Augen gleichermaßen angriffslustig wie amüsiert, was wohl daran lag, dass Lina just in diesem Augenblick den Inhalt eines Nachttopfs über die Kompagnons des gescheiterten Fensterstürmers ausschüttete. Sie hatte exzellent gezielt und das Lachen der beiden verstummte sofort.

Ole konnte sich ein Grinsen nicht verkneifen. Er fragte sich, ob es nur Wasser gewesen war, das die beiden so abrupt zum Schweigen gebracht hatte, oder eine andere, pikantere Flüssigkeit, als er sah, dass Linas Blick an ihm hängen geblieben war.

»Die Vorstellung ist beendet!«, fauchte sie kühl und raffte ihren Pyjamakragen vor der Brust zusammen. »Du kannst jetzt auch verschwinden!«

Ole bemerkte den skandinavischen Akzent in ihrer Stimme.

Dann bemerkte er noch etwas.

Es sauste auf ihn zu und verfehlte seinen Kopf nur um Zentimeter, bevor es hinter ihm in tausend Stücke zersplitterte. Er drehte sich um und sah die Reste des Nachttopfes auf dem Pflaster.

Gleichzeitig knallten oben die Fensterläden zu.

Ole Storm blinzelte. Das Mädchen war definitiv das aufregendste weibliche Wesen, das er je gesehen hatte.

~

Die Segelmacherei hinter dem Clubhaus stand im Schatten der mächtigen Buchen des Düsternbrooker Gehölzes. Dennoch war der Innenraum dank großer Sprossenfenster an beiden Längsseiten überraschend hell. Die hintere Schmalseite des flachen Schuppens war mit tiefen, offenen Regalborden versehen, in denen sich zusammengelegte Segel, Tuchrollen, Tauwerke und Bootsbeschläge aller Art stapelten. Dort, wo die Werkstatt an das Clubgebäude anstieß, befanden sich der Eingang, das kleine Büro des Meisters, sowie ein frei im Raum stehender gusseiserner Ofen mit der Aufschrift »Ätna«. Der »kleine Vulkan« war im Winter die einzige Wärmequelle im Schuppen. Oft, wenn die Stege und Dalben draußen im Olympiahafen weiße Manschetten und Stehkragen aus Eis trugen, setzte sich Ole mit seiner Arbeit vor Ätnas offene Feuerklappe, damit seine Finger im Umgang mit Takelnadel oder Marlspiker nicht allzu klamm und ungeschickt wurden. Den restlichen Raum der Werkstatt nahm der große, wie eine Bühne erhöhte Schnürboden ein.

Auf ihm wurden mit Hilfe von straff gespannten Schnüren und biegsamen Straklatten die Tuchbahnen für ein neues Segel in die gewünschte Form geschnitten, bevor sie an der schweren, in den Boden eingelassenen Nähmaschine zusammengefügt wurden. Der Schnürboden war das Allerheiligste einer jeden Segelmacherei, und es war strengstens verboten, ihn mit Schuhen zu betreten. Normalerweise.

Konteradmiral Paul Freiherr von Wellersdorff scherte sich nicht darum, und Oles Chef, der Segelmachermeister Heribert Rausch, war klug genug, ihn im Moment nicht darauf aufmerksam zu machen.

»Dieser gottverfluchte Vollidiot!«, bellte von Wellersdorff ungehalten und tigerte mit schweren Schritten auf dem Schnürboden auf und ab.

Ole seufzte. Nachher würde es an ihm hängen bleiben, die kleinen Steinchen, die der Marineoffizier zwangsläufig unter seinen Schuhen mit hereingebracht hatte, aus den rohen Holzdielen herauszupicken. Nichts war schädlicher für das empfindliche, leichte Baumwollgewebe, aus dem die Regattasegel gemacht waren, als Steinsplitter und andere scharfkantige Dreckpartikel.

»Nicht genug, dass er den schwedischen Sportsfreund kompromittiert, indem er bei dessen Tochter einzusteigen versucht. Nein, er stellt sich dabei auch noch so hundserbärmlich dumm an, dass er sich das Bein bricht!«

Von Wellersdorff blieb stehen und starrte aus einem der Fenster.

»Und mit solchem Personal will der Führer einen Krieg vom Zaun brechen! Zum Totlachen.«

Als Kommandeur der Marineschule in Flensburg-Mürwik, hieß es, war er ein strenger, aber gerechter Vorgesetzter. Er stammte aus einer alten holsteinischen Adelsfamilie, die eine ganze Reihe von erstklassigen Seefahrern und Offizieren hervorgebracht hatte, was man bei einem Blick in seine kühlen grauen Augen sofort zu glauben bereit war. Gleichzeitig aber hatte er auch den Ruf »exzentrisch« zu sein, was in diesen Tagen eine vorsichtige Umschreibung dafür war, dass er bei der Ausbildung seiner Kadetten mehr Gewicht auf die nautische als auf die ideologische Erziehung legte und deswegen bereits mehrere Male bei seinem Vorgesetzten Admiral Raeder und der obersten Heeresleitung in Berlin angeeckt war. Dass er es abgelehnt hatte, sich zu irgendeinem Zeitpunkt dieser Regatta in der Uniform der Kriegsmarine zu präsentieren – auch jetzt trug er einfache Knickerbocker, Wollpullunder und ein schlichtes weißes Hemd –, war ein weiterer Beleg dafür, dass ihm weniger an großdeutscher Etikette, als an der internationalen Kameradschaft der Starbootsegler gelegen war. Von Wellersdorff war knappe fünfzig und sein streng nach hinten gekämmtes Haar wurde bereits grau und schütter. Er war eher klein und erst recht nicht athletisch, aber seine Ausstrahlung machte ihn zu einem beeindruckenden Mann.

Und mit dem Brass, den er im Moment vor sich herschob, dachte Ole Storm, hätte er problemlos jeden 200-Pfund-Kerl aus dem Weg gerammt. Was er wohl dazu zu sagen hätte, dass auch Ole in den anstößigen morgendlichen Vorfall hineingeschlittert war? Kurz huschte das Bild von schlafzerzausten blonden Locken und der Verheißung weicher weiblicher Formen unter Seide vor Oles innerem Auge vorbei, und sicherheitshalber ging er etwas tiefer hinter der wuchtigen Nähmaschine in Deckung.

»Hab gehört, das Fräulein Sønstebye hat ihm noch ordentlich eins auf die Nase gegeben, bevor sie die Leiter umgestoßen hat«, sagte Rausch beiläufig.

Oles Chef war ein kräftiger, untersetzter Mann Ende vierzig mit tätowierten Unterarmen, kahlem Kopf und kleinen, klugen Augen, der sich auch von einem aufgebrachten Marineoffizier auf seinem Schnürboden nicht aus der Ruhe bringen ließ.

»Allerdings. Sein Nasenbein ist genauso in Stücke gegangen wie sein Unterschenkel!«, schnaubte von Wellersdorff, und zum ersten Mal sah er wieder etwas zufriedener aus. »Das spricht sich ja verdammt schnell rum. Woher wissen Sie das denn schon wieder?«

Oles Meister und der Konteradmiral kannten und schätzten sich seit vielen Jahren, seit Rausch unter von Wellersdorff als Takelmeister und Ausbilder auf einem Segelschulschiff der Kriegsmarine zur See gefahren war.

»Können Sie sich doch denken, Herr Konteradmiral. Von einem der beiden Italiener, die mit von der Partie waren. Dem Vorschoter von Straulino. Der konnte natürlich nicht die Klappe halten.«

»Die Brüder werde ich mir auch noch vorknöpfen«, brummte von Wellersdorf. »Die haben ihn schließlich abgefüllt und zu dieser unseligen Wette angestachelt!«

Zu Oles Erleichterung sprang er jetzt endlich vom Schnürboden, ließ sich schnaufend auf einem großen Ballen Segeltuch nieder und sah nachdenklich aus dem Fenster.

Das Tackern von Oles Nähmaschine war einen Moment lang das einzige Geräusch im Raum.

Rausch zog ein Taschenmesser hervor und begann angelegentlich an einem Stück Kautabak herumzusäbeln.

»Und was machen Sie jetzt?«, fragte er.

Ein rechtschaffen großer Priem verschwand in seinem Mund.

»Was denken Sie wohl?«, knurrte von Wellersdorff. »Sowie er transportfähig ist, schicke ich ihn zurück nach Mürwik. Da kann er meinetwegen Unkraut zupfen oder Rost klopfen, bis ich zurück bin und mir überlegt habe, ob ich ihn degradiere oder zu den Gebirgsjägern versetze. Damit er bei denen klettern lernt, verdammt noch eins! An meine Vorschot jedenfalls lass ich den nicht mehr!«

»Ich meine nicht Leutnant Heikell«, sagte Rausch langsam und kratzte sich bedächtig an der Glatze. »Ich meine die Regatta. Heute wird doch bestimmt gesegelt, bei dem netten Windchen da draußen.«

»Hmm. Allerdings. Zwei Läufe sogar. Um den Flautenausfall aufzuholen.«

Oles Nähmaschine tackerte jetzt nur noch sehr langsam. Auch wenn er nicht wagte, den Kopf zu heben und hinüberzusehen, so wollte er doch auf keinen Fall irgendetwas von dem verpassen, was jetzt gesprochen wurde.

»Und das ist genau das Fatale«, fuhr der Konteradmiral fort. »Ich habe versucht, einen Ersatzmann zu bekommen. Koppenhagen oder Leutnant Brokstedt von der Ausbildungskompanie oder irgendeinen Hauptbootsmann, der halbwegs segeln kann. Aber die sind inzwischen alle auf Alarm gesetzt und können nicht raus.« Er seufzte inbrünstig. »Dagegen kann selbst ich nichts machen. Und wenn ich zehnmal der Leiter der Offiziersschule bin.«

»Muss es denn einer von Ihren Jungs sein?«

»Nein. Aber bei der Luftwaffe sieht es genauso aus. Und die vom Heer ... na ja, Sie wissen schon. Die sollte man wirklich nur fragen, wenn es um Pferde geht.«

»Ich dachte eher an einen Zivilisten. Oder widerspricht das irgendwelchen Vorschriften?«

Von Wellersdorff überlegte. Der Gedanke war ihm offensichtlich noch gar nicht gekommen.

»Nein ... im Grunde genommen nicht. Hätten Sie denn wen?«

Heribert Rausch antwortete nicht.

Ole hielt unwillkürlich die Luft an. Es war jetzt plötzlich mucksmäuschen still. Verdammt, er hatte ja auch vergessen, das Pedal seiner Nähmaschine weiter zu treten.

Dann bemerkte er, dass sowohl der Meister als auch von Wellersdorff zu ihm herübersahen. Rasch senkte er den Blick. Verflucht und zugenäht! Musste er in solchen Situationen immer rot anlaufen wie ein Backfisch beim ersten Stelldichein?

»Na, jetzt komm schon raus aus dem Karnickelloch, Junge!«, brummte der bullige Segelmacher und spuckte geräuschvoll seinen Priem aus. »Du willst doch nicht kneifen, wenn die See dich ruft?«

~

Ein Starboot war eine kleine, kantige Kiste von Segelboot, sehr schmal und nur wenig mehr als sieben Meter lang. Außerdem völlig übertakelt und daher überaus sportlich zu segeln. Das Cockpit war ein enges Loch, in dem sich die Beine verhedderten, wenn zwei normal gebaute Männer darin saßen. Auf dem langen Schlepp zur Außenförde begannen Oles angezogene Oberschenkel bereits ab Höhe Möltenort höllisch zu schmerzen, weil er dem strengen Herrn Konteradmiral nur ja nicht auf die Füße treten wollte.

Von Wellersdorff war bei dieser Regatta nicht nur der ranghöchste Offizier der deutschen Kriegsmarine, er war zugleich auch deren bester Segler. Bei den vergangenen Nationalen Meisterschaften und Kieler Wochen hatte er im Starboot ohne Ausnahme vordere Plätze belegt. Und bei den internen Pokalwettfahrten des Marine-Regatta-Vereins war er schon seit Jahren quasi ungeschlagen.

Aber das anfängliche Unbehagen, das Ole seit seiner überraschenden »Shangheiung« empfunden hatte, löste sich zusehends auf. Von Wellersdorff hatte ihn umgänglich nach seiner bisherigen Regattaerfahrung gefragt und ihm dann einige wichtige Trimmeinrichtungen auf seinem Star erklärt. Dabei war er zwar nicht ganz so redselig gewesen wie Tante Elfi, aber immerhin machte er auch nicht den Eindruck, als wolle er dieses Boot im straffen Marinekommandoton befehligen.

»Wenn du was siehst, einen Winddreher oder eine Bö, dann sag mir das ruhig«, hatte er sogar gesagt. »Vier Augen sehen mehr als zwei.«

»Ja, Herr Konteradmiral.«

»Und hör bloß auf, mich so zu nennen. Das kannst du dir für nachher aufsparen, wenn wir wieder an Land sind. Wenn ich an der Pinne sitze, bin ich der Paul, klar?«

»Jawohl, Herr ... Paul.«

Spätestens als der Schleppzug der 21 Stare neben der Undine angekommen war, dem Startschiff, das die Kriegsmarine zur Verfügung gestellt hatte, war Oles Unsicherheit vollends verflogen und der Dankbarkeit darüber gewichen, dass er nun doch noch zum Mitsegeln gekommen war. Und als die Segel gesetzt waren und im Wind zu schlagen begannen, stellte sich auch die vertraute, für Ole wie selbstverständlich zu einem Regattastart gehörende Anspannung ein, die den Puls schneller schlagen ließ und alle seine Sinne schärfte.

Die Bedingungen in der Strander Bucht waren nahezu ideal. Drei Beaufort, moderate Welle und strahlende Sonne. Die Minuten bis zum Start vergingen wie im Fluge. Von Wellersdorff hatte eine Position ganz links an der Startboje für sie ausgekuckt, nachdem sie gemeinsam festgestellt hatten, dass die Linie auf dieser Seite vom Wind begünstigt zu sein schien.

Von Meister Rausch hatte Ole eine Segeluhr geliehen bekommen. Nun sagte er die Zeit an.

»Fünfzehn Sekunden ... zehn ... von oben kommt Weise ...«

»Gesehen!«, knurrte von Wellersdorff und luvte leicht an, um den eigenen Startplatz und damit den freien Wind zu verteidigen.

»Sechs ... fünf ... vier ...«

Oles Anspannung war kurz vor dem Siedepunkt.

Von Wellersdorff zog die Großschot an. Ole tat es ihm mit der Vorschot gleich. Das Boot nahm Fahrt auf und passierte unbedrängt bei »Null« die Starttonne.

»Einzelrückruf?«, fragte von Wellersdorff.

Ole drehte sich zur *Undine* um. Durch die Wand von startenden Booten hindurch war es nicht einfach, aber dann konnte er kurz durch eine Lücke den Signalmast auf dem Startschiff sehen.

»Keine Flagge oben!«, rief er und ein heißer Schuss Adrenalin fuhr durch seine Adern. Sie hatten einen exzellenten Start gefahren.

Für den Konteradmiral schien dies jedoch nichts weniger zu sein, als er erwartet hatte. Konzentriert steuerte er weiter.

»Kannst du Pimm sehen?«

»Ist in der Mitte gestartet.«

Von Wellersdorff grunzte abfällig.

»Macht er immer. Geht kein Risiko ein, der Lump. Verlässt sich ganz auf seine Bootsgeschwindigkeit.«

Über ihnen, jedoch leicht achteraus, lag Weises Star. Darüber folgten der Europameister Straulino und dicht an dicht die schaumbenetzten Nasen von zehn oder zwölf anderen Booten. Von Hütschler in der Mitte hatte sich bereits einige Meter aus dem Feld herausgearbeitet.

Kurz darauf sah auch von Wellersdorff über die Schulter. Er schien zu überlegen. »Wird schön eng werden ...«, murmelte er. »Aber den Gegner verblüffen ist immer eine gute Taktik!«

Dann sagte er laut: »Wir nehmen die Parade ab! Klar zum...?«

Ole schluckte.

»Die Parade abnehmen« hieß so viel wie: wenden und vor den nachfolgenden Booten hindurchkreuzen, obwohl diese allesamt auf vorfahrtsberechtigtem Backbord-Bug sein würden. Wenn es gelang, hatte man freien Wind und einen frühen Vorteil errungen.

Wenn nicht, musste man nicht nur einem Boot ausweichen, sondern allen!

»Wir ... wenden?«, fragte er ungläubig.

»Natürlich. Der Wind dreht doch weg hier drüben!«

Das hatte Ole zwar auch bemerkt, aber er wäre in dieser Situation lieber so lange weitergefahren, bis die Boote über ihnen zuerst den Bug gewechselt hätten.

»Wenn du mir die Wende versaust, schmeiß ich dich über Bord«, schnarrte von Wellersdorff. »Hast du verstanden, Junge?«

»Wende ist klar!«, krächzte Ole. Dass gleich alles vom ersten Manöver abhängen sollte, war nicht besonders vielversprechend.

»Re!«

Von Wellersdorff stieß die Pinne von sich und tauchte unter dem überkommenden Großbaum hindurch. Als er drüben ankam, war Ole schon auf der neuen Luvkante, holte die Fock dicht und hängte sich weit nach außen, um das Krängen des Bootes auszugleichen. Wasser gurgelte unten über das leewärtige Seitendeck, aber dann richtete sich der Star sofort wieder auf und beschleunigte. Einen bangen Moment lang konnte Ole wegen des Großsegels keinen Blick auf ihre Widersacher erhaschen. Aber dann schäumte eineinhalb Meter hinter ihrem Heck der Bug von Weise hindurch und Sekunden danach der des Italieners.

»Gut gemacht!«, lobte von Wellersdorff. »Und jetzt häng dich rein!«

Schulbuchmäßig legte sich Ole der Länge nach mit seinem Körper außen auf die schräge Bordwand. Sein Gewicht sollte sich so weit es ging in Luv befinden, um möglichst effektiv dem Druck des Segels entgegenzuwirken. Er war ziemlich erstaunt, als er bemerkte, dass auch von Wellersdorff die gleiche Haltung einnahm und mit langem Arm am Pinnenausleger steuerte. Für einen Mann seines Alters eine ungemein athletische Art zu segeln.

Auch die anderen Boote, die auf Backbord-Bug herankamen, gingen ohne Probleme hinter ihnen durch. Einzig von Hütschler mussten sie ausweichen.

Das hatte jedoch zur Folge, dass sie bei ihrem nächsten Zusammentreffen, nachdem jedes der beiden Boote eine weitere Wende gefahren hatte, ihrerseits Vorfahrt reklamieren konnten. Diesmal musste der Titelverteidiger seine Schoten fieren, hinter ihnen passieren und ihnen den ehrenvollen Vortritt um die erste Tonne lassen.

Auch wenn man ihm dies kaum ansah, war Ole völlig aus dem Häuschen. Nie, nicht in seinen kühnsten Träumen hatte er sich vorgestellt, einmal einem seiner Segelidole derartig den Schneid abzukaufen. Und sei es auch nur für einen kurzen Moment.

Denn dass sie diese Position nicht auf Dauer würden halten können, davon war er fest überzeugt. Von Wellersdorff jedoch sah auch das anders.

»Nerven behalten«, knurrte er. »Die andern kochen auch nur mit Wasser!«

Zwar mussten sie auf den folgenden Bahnschenkeln von Hütschler, Straulino und auch den Ex-Weltmeister Wegeforth ziehen lassen, aber als es auf die Zielkreuz ging, waren sie immer noch an vierter Position. Ein überaus befriedigendes Ergebnis, wenn es denn so blieb.

Zu Beginn dieser letzten Runde fiel Ole eine leichte Veränderung auf. War zuvor das Blau der Wasseroberfläche noch etwas dunkler und die Wellen steiler gewesen, wirkten sie nun flacher und ihre Farbe war heller und matter. Ole wusste, was das bedeutete. Die Strömung war gekippt und kam nun mit dem Wind von vorne.

Unterschiedliche, ihren Ort verändernde Strömungen waren für die Kieler Außenförde nichts Ungewöhnliches. Besonders nicht, wenn man in der Nähe der tieferen Fahrrinne segelte. Ole sah sich um. 100 Meter Backbord querab, wo es flacher wurde, durchzog ein dunkles, von kleinen Wirbeln durchzogenes Band die Oberfläche. Eine Strömungskante. Dahinter hatte das Wasser noch das gleiche Aussehen wie zuvor. Also würde dort auch der Strom noch aus der alten Richtung setzen. Und das Boot auch weiterhin anschieben, anstatt zu bremsen.

»Wir sollten da rüber wenden«, sagte er, ohne großartig darüber nachzudenken.

Von Wellersdorff richtete sich aus seiner Ausreitposition auf und starrte ihn an. »Blödsinn! Zum Angreifen sind wir viel zu weit weg. Wir müssen den Hintermann decken.«

Tatsächlich waren von Hütschler, Straulino und Wegeforth bereits sechzig oder siebzig Meter voraus, wogegen ihr ärgster Konkurrent Weise nur zwei Bootslängen hinter ihnen die Leetonne gerundet hatte.

»Aber die Strömung ist gekippt!«

Darauf zu insistieren war vorlaut, doch vermutlich war es das Wort »Blödsinn« gewesen, dass Ole zu seinem Widerspruch veranlasst hatte.

»Du behauptest also, wir haben jetzt den Strom von vorne?«, fragte von Wellersdorff. Es klang gereizt.

»Nur hier. Da drüben unter Land gibt es einen Neerstrom, der uns schieben würde.«

»Woher, verdammt und zugenäht, willst du das wissen?«

Ole wusste sich nicht anders zu behelfen als mit der schlichten Wahrheit.

»Ich kann es sehen«, antwortete er leise. »An der Farbe des Wassers.«

Es klang so unsäglich dumm, dass er sich am liebsten sofort die Zunge abgebissen und über Bord gespuckt hätte. Seiner Aussage nach segelten voraus ein amtierender und ein Ex-Weltmeister sowie der Europameister blindlings in die falsche Richtung und nur er, der Verlegenheitsvorschoter Ole Storm, kannte den richtigen Weg.

Ole duckte sich tiefer auf die Kante, um dem stechenden Blick seines Steuermanns zu entgehen. Aber von Wellersdorff sah über ihn hinweg und beobachtete konzentriert die Wellen. Erst voraus, dann querab in der von Ole angezeigten Richtung.

»Ich kann keinen Unterschied erkennen«, brummte er. Dann fügte er jedoch zu Oles grenzenloser Überraschung hinzu: »Aber sei's drum. Wer nicht wagt ... Klar zur Wende!«

Als kurz darauf die *Undine* den Salutschuss für das »first ship home« abfeuerte, nickte von Wellersdorff Ole Storm nur einmal knapp zu. Aber in seinen kühlen grauen Augen lag Anerkennnung.

Sie hatten einhundert Meter Vorsprung auf von Hütschler herausgefahren und einhundertfünfzig auf Straulino und Wegenforth.

~

Auch im zweiten Lauf des Tages hatten sie nahezu perfekt gesegelt. Sie beendeten ihn als Zweite hinter dem amerikanischen Boot von Wegeforth, nicht zuletzt, weil Ole auf der zweiten Kreuz einen Winddreher angesagt und von Wellersdorff ihm diesmal ohne zu zögern geglaubt hatte.

Die eigentliche Sensation dieses Rennens war jedoch, dass der favorisierte Pimm von Hütschler und sein Vorschoter Richard Korfmann durch eben diesen Dreher am Ende nicht über einen sechsten Platz hinausgekommen waren und sich in der Gesamtwertung völlig überraschend den ersten Platz mit von Wellersdorff teilen mussten. Und mit einem allseits unbekannten jungen Segelmacher namens Ole Storm.

Auf dem Weg zurück in den Hafen war Ole so stolz und glücklich wie noch nie zuvor. Sie rauschten mit weit aufgefierten Schoten und schäumender Bugwelle die grünen Ufer der Förde entlang. Wegeforth dreißig Meter querab winkte ihnen anerkennend zu und ihre übrigen Kontrahenten reihten sich brav in ihrem Kielwasser ein.

»Übernimm mal!«, sagte von Wellersdorff, als sie den Friedrichsorter Leuchtturm passierten. Ole ließ sich das nicht zweimal sagen und setzte sich an die Pinne. Der Konteradmiral lehnte sich entspannt gegen den Großbaum und genoss, wie er es formulierte, den »erhebenden Blick« auf die nachfolgende Flottille. Er zog ein goldenes Zigarettenetui hervor und steckte sich eine seltsame, aus dunklem Papier gewickelte Zigarette an.

»Maisblatt«, sagte er. »Auch eine?«

Ole schüttelte den Kopf.

»Kluge Entscheidung. Eine von denen wird mich eines Tages umbringen ...« sagte von Wellersdorff leise und ließ das Etui zuschnappen. Er inhalierte und lehnte sich genießerisch zurück. Scheinbar gedankenverloren wanderte sein Blick über die Wellen achteraus. Doch dann sah er Ole unvermittelt in die Augen.

»Du kannst dem Wasser also ansehen, ob ein Strom setzt oder wohin der Wind dreht?«

Ole war ein wenig überrascht.

»Ja, manchmal.«

»Und du siehst es an der Farbe?«

Der Konteradmiral ließ den Qualm seiner Zigarette aus der Nase strömen und überlegte. Dann machte er eine vage Geste übers Wasser.

»Also für mich sehen die Wellen alle irgendwie gleich aus. Alle sind Blau.«

Ole zuckte die Achseln.

Natürlich waren die Wellen blau. Aber gleich? Niemals!

Das Meer hielt so unendlich viele Nuancen dieser Farbe Blau parat, dass Ole nicht einmal einen Bruchteil davon hätte mit Namen benennen können. Außerdem, wo hörte Blau auf und wo fing Grün an? Oder Türkis? Grau, Braun, Weiß?

Tiefes Wasser hatte ein anderes Blau als flaches. Salziges ein anderes als frisches oder brackiges oder schaumiges. Der Farbverlauf einer langen Welle sah für Ole völlig anders aus als der einer kurzen oder jener, die quer zur Strömung lief. Wie der Himmel und das Licht von oben, so spiegelten sich auch von unten herauf die Farben des Meeresgrundes in die der Oberfläche hinein. Sandgrund, Kraut, Felsen, Schlick mischten deren Blau ihre eigenen matten Grün- und Gelb- und Brauntöne bei. An der Intensität dieser Reflektion konnte Ole in etwa ausmachen, wie tief der entsprechende Grund unter Wasser lag. Einmal hatte Ole ein versunkenes Wrack im Farbenspiel der Oberfläche erkannt. Schwarz und grün und rostrot. Ein andermal das blitzende Silber eines Heringsschwarms.

Auch die wechselhaften Spuren des Windes und der Strömung veränderten die Farbe der See. Ein leichter Lufthauch, der silbrig eine glatte Oberfläche kräuselt. Eine kräftige Sturmbö, die in unheilvollem Schwarz über das Wasser fährt. Eine Unterströmung, vom ansteigenden Verlauf des Meeresbodens an die Oberfläche geleitet, die einen flachen, blanken Kegel hinterlässt. Wind gegen Tide, deren dunkle, steile Seen mit giftig grauen Schaumkämmen auf der Stelle zu stampfen scheinen. Sie alle zeichneten ihr eigenes Bild in die Oberfläche und veränderten die Farben des Wasser und dessen Stimmung. Friedvoll. Heiter. Gereizt. Wütend. Heimtückisch.

Ole spürte den Blick aus von Wellersdorffs Augen. Ein kühles Blaugrau. Ruhiges, winterklares Salzwasser über hartem Fels. Der Konteradmiral wartete geduldig auf eine Erklärung.

Ole überlegte angestrengt. Er hatte sich nie viele Gedanken über seine Fähigkeit gemacht, die Farben der See unterscheiden zu können. Ihre Bedeutung zu erkennen. Stundenlang dasitzen und zusehen und sich später in aller Klarheit daran erinnern zu können. Er war damit aufgewachsen. Seit er mit seinem Vater als kleiner Junge zum ersten Mal durch die engen, lehm- und ockerfarbigen Priele Nordfrieslands zum Fischen hinausgefahren war.

»Meistens ist es die Farbe«, sagte Ole zögerlich. »Manchmal auch nur die Helligkeit oder die Bewegung und die Art wie die Wasseroberfläche beschaffen ist. Oder alles zusammen.«

Er verstummte. Konnte es einfach nicht besser erklären.

»Ich sehe es eben«, sagte er knapp.

Der Konteradmiral schwieg einen Moment, dann nickte er.

»Du siehst ein Schema aus Farbe und Form und erkennst, ob es richtig aussieht oder sich verändert hat?«

»Ja, so ungefähr.«

Ole war erleichtert, dass diese Erklärung den Konteradmiral zufriedenzustellen schien.

»Du musst ein außergewöhnliches Erinnerungsvermögen haben«, stellte von Wellersdorff fest und schnippte seine Zigarette über Bord. »Wie ein indianischer Fährtenleser.«

Ole war sich nicht sicher, ob Anerkennung in diesem letzten Satz mitgeschwungen hatte oder Spott.

Eine Weile herrschte Schweigen.

Dann fragte der Konteradmiral unvermittelt: »Hast du ein weißes Hemd?«

Ole zwinkerte irritiert.

»Du brauchst ein sauberes weißes Hemd, wenn du mit mir und Pimm und den anderen im Club zu Abend essen willst!«

Oles Herz tat einen Sprung.

»Ach, und waschen und kämmen solltest du dich vielleicht auch noch ein bisschen! Es könnten schließlich Damen anwesend sein.«

~

Als um Punkt sieben das Essen im ehrwürdigen Kommodore-Saal des Clubs aufgetragen wurde, war nur eine Dame anwesend – Lina! – und Ole Storm konnte unmöglich sagen, wann sie bezaubernder ausgesehen hatte: am Morgen, im Pyjama, mit offenen, schlafzerzausten Locken und mit vor Angriffslust blitzenden Augen, oder jetzt, mit nach hinten zusammengebundenem Haar, im eleganten Kleid und einem strahlenden Lächeln, das ein Paar reizende Grübchen auf ihre Wangen zauberte.

Ihre Augen waren nicht einfach nur grün, wie Ole bisher geglaubt hatte. Jetzt, da er ihr genau gegenübersaß, sah er, dass sich ihre Farbe und Helligkeit in einem atemberaubenden Verlauf änderte. Vom tiefdunklen Blaugrün der äußeren Iris über jenes intensive Grün, das Ole am Morgen auf zwanzig Schritt Entfernung hatte blitzen sehen, bis hin zu einem hellen, fast türkis leuchtenden Ring, in dem feine silberne Strahlen auf das Schwarz ihrer Pupillen zuliefen. Silber und Türkis. Wellen einer Brandung über einem Sandstrand.

Eigentlich hätte dieser Anblick mehr als genug sein können, um Oles Glück an diesem Tag komplett zu machen. Aber leider schien Lina eben diese Augen nur für Richard Korfmann zu haben.

Als sei es nicht schon unverschämtes Glück genug gewesen, den Platz an Pimms Vorschot zu ergattern, jetzt hatte Richard sich in seiner unnachahmlichen Selbstsicherheit auch noch den Stuhl neben Lina unter den Nagel gerissen. Und während Ole, obwohl er ihr beinahe direkt gegenübersaß, kaum von ihr beachtet wurde, lachte und scherzte sie mit Korfmann und hing buchstäblich an seinen Lippen.

Richard war hoch gewachsenen und wurde wegen seiner strubbeligen blonden Haare, dem ebenmäßigen Gesicht und den hellblauen Augen von allen Mädchen im Umfeld des Segelclubs angehimmelt. Lina schien da leider keine Ausnahme zu machen, und Ole spürte einen kalten Klumpen im Magen. Eifersucht?

Richard Korfmann selber schien, seinem charmanten Plauderton zum Trotz, Linas lebhafter Konversation nur mit halbem Ohr zu folgen. Mit dem anderen, so kam es Ole jedenfalls vor, versuchte er dem Gespräch zu lauschen, das Linas Vater Fredrik Sønstebye ein paar Plätze weiter führte.

Der Universitätsprofessor aus Stockholm unterhielt sich mit dem amerikanischen Starbootsegler Alfred Lee Loomis, einem schweren, rotgesichtigen Mann Mitte Vierzig, der angeblich so reich war, dass er dem amerikanischen Präsidenten Roosevelt das Geld für dessen Wahlkampf spendiert hatte. Bei ihnen saß Christian Hülsmeyer, der Eigner der *Lydia*.

Die Anwesenheit des hageren, nervösen Physikers mit der Nickelbrille hatte Ole anfangs ein wenig verwundert, denn Hülsmeyer hatte keinerlei Verbindungen zur Starbootklasse. Vielleicht lehrte Sønstebye an der Universität in Stockholm das gleiche Fach, in dem Hülsmeyer seine Forschungen betrieb, und möglicherweise drehte sich das Gespräch um eine von Hülsmeyers geheime Erfindungen. Was wiederum den leisen und vertraulichen Tonfall des auf Englisch geführten Gespräches erklären mochte, der es Freund Korfmann so schwer machte, etwas von dem Gesagten zu verstehen.

Dieser Idiot, dachte Ole und sah verstohlen zu seinem Clubkameraden herüber. Der sollte sich lieber um Lina kümmern, wenn die ihn schon so anhimmelt.

Richard schien den Blick bemerkt zu haben, denn plötzlich hob er den Kopf und sah Ole direkt an. Erst nach einem langen Augenblick, in dem Ole das unangenehme Gefühl hatte, als Gegner taxiert und gewogen zu werden, trat das altbekannte jungenhafte Grinsen auf Korfmanns Gesicht. Vertraulich beugte er sich vor und sagte:

»Na, Storm? Wer hätte das gedacht: Du bei einer Weltmeisterschaft. Und dann auch noch ziemlich weit oben auf der Ergebnisliste.«

»Wir sind Erste«, entfuhr es Ole. »Genau wie ihr.«

»Oh, natürlich«, antwortete Richard. »Entschuldigung. Ich vergaß.«

Das Grinsen wurde noch eine Spur breiter und der Blick spöttisch.

»Allerdings könnte es nachträglich Probleme geben ...«

»Was für Probleme?«, fragte Ole steif.

»Na ja«, antwortete Richard und betrachtete beiläufig seine Fingernägel. »Du stehst ja nicht auf der Meldeliste, und ich habe auch keinen ordnungsgemäßen Aushang der Jury gesehen, der deine Teilnahme nachträglich erlaubt. Es könnte jemand Protest einreichen ...«

Das verschlug Ole die Sprache.

»He, war doch nur ein Scherz!«, sagte Richard und lachte. »Drangekriegt!«

Verdammt, wieso kam Ole sich in Richards Gegenwart so oft wie ein dummer Schuljunge vor? Andererseits – er war sich nicht vollends sicher, ob in Korfmanns Ausdruck nicht doch noch etwas anderes als Schalk gelegen hatte. Feindseligkeit?

Zum Glück klopfte in diesem Augenblick jemand am anderen Ende des Tisches gegen sein Glas und zog so die allgemeine Aufmerksamkeit auf sich. Es war kein geringerer als der amtierende Weltmeister.

»Paul, jetzt erklären Sie uns allen mal, warum Sie auf einmal so verdammt schneidig segeln?«, fragte von Hütschler und prostete dem Konteradmiral gutgelaunt zu. »Sie wollen mir doch nicht etwa den Titel wegschnappen, an den ich mich gerade so schön gewöhnt habe?«

Alles lachte.

»Um ehrlich zu sein, Pimm«, antwortete von Wellersdorf, »mir schwebte schon so etwas vor!«

»Und deswegen haben Sie sich zusätzlichen Sachverstand ins Boot geholt?«, fuhr von Hütschler fort und nickte Ole anerkennend zu.

»In der Tat«, antwortete von Wellersdorff und klopfte Ole jovial auf die Schulter. »Storm hat den Dreher im zweiten Rennen vorhergesagt!«

Von mehreren Seiten kam anerkennendes Gemurmel und auch Lina sah nun zum ersten Mal mit etwas mehr Interesse in seine Richtung. Ole fühlte die altbekannte, lästige Hitze in seine Wangen steigen. In wenigen Augenblicken würde er auf beiden Seiten Backbordposition gesetzt haben.

»Ich würde das eher verdammtes Glück nennen«, sagte Richard leise, aber deutlich genug, dass jeder es hatte hören können.

Die Gespräche verstummten. Was hatte Richard vor? Wollte er von Wellersdorff provozieren? Der Konteradmiral taxierte den Jüngeren mit kühlem Blick und überlegte einen Moment.

»In gewisser Weise haben Sie Recht, Korfmann!«, erwiderte er dann leichthin. »Es war pures Glück. Der eine Mann fällt von einer Leiter, der andere landet in meinem Cockpit – und sagt den entscheidenden Winddreher an! Vielleicht sollte ich mich bei Ihrer bezaubernden Tischnachbarin dafür bedanken, dass sie dieser glücklichen Fügung ein wenig auf die Sprünge geholfen hat?«

Unter herzlichem Lachen für dieses elegante Bonmot stand von Wellersdorff auf und hob sein Glas in Linas Richtung.

»Meine Herren!«, rief er. »Auf das Wohl von Fräulein Sønstebye aus Stockholm! Auf ihre Schönheit und ihre glückliche Hand bei der Wahl des rechten Mannes!«

Die übrigen Segler folgten seinem Beispiel und tranken Lina zu. Diese quittierte den Trinkspruch, indem sie nun ihrerseits das Glas hob. »Was die Schönheit angeht, lieber Herr Konteradmiral, so fühle ich mich natürlich sehr geschmeichelt«, sagte sie mokant. »Was die glückliche Hand betrifft, so möchte ich Sie doch bitten, mir das nächste Mal einfach jemanden zu schicken, der – wie sagt man auf Deutsch? – schwindelfrei ist.«

Damit hatte sie unbestritten die Lacher auf ihrer Seite, und wer von den ausländischen Seglern den Wortwechsel in Deutsch nicht hatte verstehen können, ließ ihn sich eilig von seinem Sitznachbarn ins Englische oder Holländische übersetzen.

In diesem Augenblick, da Lina der strahlende Mittelpunkt der illustren Regattagesellschaft war, blickte sie Ole unvermittelt an und lächelte ihm verschwörerisch zu. Ihm allein!

Plötzlich lag ein goldenes Glitzern über allem. Das gleiche goldene Glitzern, das Ole an diesem Morgen auf dem Wasser der Förde gesehen hatte. Es war der Augenblick, in dem Ole sich unsterblich in Lina verliebte.

Und es sollte für lange Zeit der letzte helle, unbeschwerte Moment sein. In Oles Leben, aber ebenso in dem aller anderen.

Noch bevor die allgemeine Heiterkeit abgeklungen war und sich die Gespräche wieder anderen Dingen zuwandten, betrat ein Marineoffizier in Uniform den Saal. Er sah sich unsicher um, entdeckte den Konteradmiral und ging auf ihn zu. Von Wellersdorff hörte sich aufmerksam an, was ihm der andere ins Ohr flüsterte. Sein Gesicht verriet dabei kaum etwas, aber Ole schien es, als wäre es plötzlich eine Nuance bleicher geworden. Der Konteradmiral sah auf die Uhr. Dann stand er auf und klopfte abermals an sein Glas.

»Meine Herren, meine Dame, ich fürchte, ich muss Sie noch einmal um Aufmerksamkeit bitten! Es ist … es scheint etwas von absoluter Wichtigkeit vorgefallen zu sein.«

Alle verstummten. Auf einer Anrichte in der Nähe des Tisches befand sich ein großer Volksempfänger, der hier selten benutzt wurde. Von Wellersdorff ging hinüber, schaltete ihn ein und drehte an der Frequenz, bis er den Großdeutschen Rundfunk gefunden hatte. Dann stellte er die Lautstärke hoch, bis jeder im Raum die Stimme des Sprechers erkannte. Sie gehörte unverkennbar Joseph Goebbels.

Unwillkürlich hielt Ole die Luft an. Wenn der Propagandaminister persönlich im Radio zu hören war, musste es tatsächlich um etwas Wichtiges gehen.

»… liegt es im natürlichen Interesse des Deutschen Reiches«, rollte es im sattsam bekannten Goebbels'schen Tonfall aus dem Lautsprecher, »jene uns verbundenen Völker, allen voran Italien und Japan, in wahrer Freundschaft und aufrichtiger Brüderlichkeit um uns zu scharen. Nun aber ist es durch den nimmermüden Einsatz und das große diplomatische Geschick unseres Führers Adolf Hitler gelungen, jenen außenpolitischen Freunden ein weiteres starkes Mitglied hinzuzugewinnen.«

Die rhetorische Kunstpause, die Goebbels – ein ausgewiesener Meister seines Fachs – an dieser Stelle einlegte, verfehlte auch im Kommodoresaal des Yachtclubs seine Wirkung nicht. In der angespannten Stille schien sich das Knistern des Äthers auf die Luft im Raum zu übertragen.

»Geleitet vom Wunsche, die Sache des Friedens in Europa zu festigen und zu befördern«, fuhr Goebbels fort, »unterzeichnete heute, am späten Nachmittag des 23. August, die deutsche Reichsregierung, vertreten durch unseren Außenminister Joachim von Ribbentrop, einen gemeinsamen Vertrag zur nachbarschaftlichen Freundschaft und zur künftigen Vermeidung jeglicher kriegerischer Handlungen und Angriffe unserer beiden Völker gegeneinander mit der Regierung der Union der sozialistischen Sowjet- republiken.«

Ein Pakt mit Stalin!

Das Raunen, das dieser Enthüllung folgte, glich bei vielen einem schmerzhaften Aufstöhnen und steigerte sich in wenigen Momenten zu einem regelrechten Tumult, der die weitere Radioübertragung übertönte. Besonders die englischen Segler waren hellauf entsetzt, hatten sich doch Frankreich und Großbritannien bereits seit einem Jahr erfolglos um den Abschluss eines derartigen Paktes mit der Sowjetführung bemüht. Und nun war es Hitler scheinbar im Handstreich gelungen, ihnen zuvorzukommen!

»Jetzt kann nicht mal mehr der liebe Gott die Polen retten!«, hörte Ole jemanden neben sich sagen. Es war Frederik Sønstebye. Linas Vater.

Mehr als der Tumult oder die Nachricht selber, deren ganze Tragweite ihm erst später dämmern sollte, erschreckte Ole die Reaktion des Konteradmirals.

Von Wellersdorff stand reglos neben dem Radioempfänger, sein Gesicht bleich wie das Tischtuch und seine Hand im Kragen seines Hemdes zusammengekrampft, als müsse er sich in einem plötzlichen Anfall von Übelkeit Luft verschaffen. Dann ging er hinaus.

2. Kapitel

SCHWARZ

In dieser Nacht war das Wasser der Förde von einem undurchdringlichen Schwarz. Schwärzer als in anderen Nächten. Kein Grund zu sehen, keine auch noch so kleine Bewegung in der Oberfläche. Nicht einmal sein eigenes Spiegelbild konnte Ole darin finden, als er draußen auf dem Steg saß und nach unten starrte. Und dennoch sagte ihm die Schwärze des Wassers etwas. Sie war die perfekte Spiegelung seiner inneren Stimmung. Und der dort draußen in der Welt.

Wie es zu dieser völlig unwahrscheinlichen Annäherung der ideologischen Feinde Deutschland und Russland hatte kommen können, war zunächst niemandem so recht klar. Gerüchte um einen geheimen Zusatz jenes Freundschaftsvertrages machten die Runde, in dem sich der Führer Stalins Einwilligung angeblich durch territoriale Zugeständnisse im Osten erkauft haben sollte. Fest stand jedoch, dass die deutsche Führung mit diesem unerwarteten Coup die Erzrivalen Frankreich und England nicht nur überrumpelt, sondern regelrecht gedemütigt hatte. Und ebenso fest stand, dass es bei diesem Nichtangriffspakt nicht um den darin beschworenen Frieden, sondern um den kommenden Krieg ging. Den Krieg, den Hitler zur Klärung der deutschen Gebietsansprüche gegen Polen zu führen gedachte, und in den England und Frankreich wegen ihrer Garantieerklärungen für Warschau zwangsläufig mit hineingezogen würden.

Die meisten Teilnehmer der Regatta – deutsche wie ausländische – teilten von Wellersdorffs Einschätzung, dass der Ausbruch der Kampfhandlungen nun nur noch eine Frage von Tagen sein würde. Entsprechend niedergeschlagen war die Stimmung.

Die drei holländischen Starbootmannschaften beschlossen, noch in der Nacht ihre Schiffe abzubauen und so früh es ging am nächsten Morgen abzureisen. Die übrigen anwesenden Teilnehmer, die Wettfahrtleitung und die Vertreter des Clubs trafen sich eine knappe Stunde später im Rauchsalon zu einer Art Krisensitzung, deren Leitung von Wellersdorff als Rear Commodore der Starbootklasse übernahm.

Nachdem sich die Gemüter etwas beruhigt hatten und die gegenwärtige politische und militärische Aufstellung Deutschlands sorgsam erörtert worden war, einigte man sich darauf, die Regatta nicht gänzlich abzubrechen, sondern lediglich abzukürzen, indem man das für Samstag geplante fünfte Rennen und die anschließende Preisverteilung auf den morgigen Freitag vorzog. Sodann sollten die ausländischen Teilnehmer aus den nicht mit Deutschland verbündeten Staaten, also vor allem die Engländer und Amerikaner, mitsamt ihren Booten möglichst schnell und »geräuschlos« über Dänemark außer Landes gebracht werden.

Auch Professor Sønstebye würde auf diesem Wege nach Stockholm zurückkehren. Und mit ihm Lina, so wurde Ole schlagartig klar.

Die Organisation des heiklen Transportes wollte von Wellersdorf am kommenden Tag persönlich in die Hand nehmen.

Ole hatte sofort verstanden, was dies zu bedeuten hatte: Sie würden nicht weiter an der Regatta teilnehmen. Und wenn sie zehnmal in Führung lägen.

Von Wellersdorff sah die Enttäuschung in Oles Augen.

»Mir bleibt keine andere Wahl. Ich bin vermutlich der Einzige, der in dieser Situation und in der Kürze der Zeit ein geeignetes Schiff für den Transport auftreiben kann«, erklärte er.

Dann legte er die Hand auf Oles Schulter und fuhr fort: »Nimm's nicht so schwer, Storm. Mit ein bisschen Glück wird diese Krise nicht lange andauern und du wirst bald wieder bei einer Weltmeisterschaft vorne mitmischen. Vielleicht sogar als Steuermann.«

Ole nickte. Das unerwartete Lob war nur ein schwacher Trost. Plötzlich hatte er das Gefühl gehabt, dringend frische Luft zu benötigen und war hinunter ans Wasser gegangen. Da saß er nun und verglich die Schwärze des Wassers mit der Stimmung seines Herzens.

Ein Weltmeistertitel, völlig unverhofft in greifbare Nähe gerückt und dann doch wieder außerhalb jeder Reichweite. Ein strahlend schönes Mädchen, das mit kaum mehr als einem Lächeln und ein paar Blicken seine Gefühle auf den Kopf gestellt hatte, nur um gleich darauf auf nimmer Wiedersehen aus seinem Leben zu verschwinden. Und dies alles vor dem Hintergrund einer politischen Krise, die die ganze Welt aus der Bahn zu stürzen drohte.

Zwischen diesen drei Dingen sprangen Oles Gedanken vor und zurück. Immer wieder, knirschend wie die Nadel eines Grammophons auf einer zerkratzten Schelllackplatte.

Ole schüttelte sich unwillkürlich und stand auf. Wie von selbst gingen seine Schritte hinüber zum Liegeplatz der *Lydia*. Sie war noch da, wo sie hingehörte. Wenigstens das!

Ohne lange zu überlegen, kletterte er an Bord und setzte sich ins Cockpit an die geschwungene Holzpinne. Die mondlose Dunkelheit, das sachte Wiegen des Bootes und die kühle Nachtluft in seinen Lungen taten ihren Teil und ließen seine Sinne zur Ruhe kommen. Dann merkte Ole auf einmal, wie müde er war. Das frühe Aufstehen und die beiden ebenso aufregenden wie anstrengenden

Regattaläufe forderten ihren Tribut, und es dauerte nicht lange, bis er eingenickt war.

Ole Storm schreckte aus dem Schlaf, als er Schritte und leise Stimmen auf den Bohlen des Steges hörte. Es waren zwei Männer. Sie blieben keine zehn Meter von der *Lydia* entfernt stehen, offensichtlich um auf zwei weitere Personen zu warten, die vom Land aus herüberkamen. Die Silhouette des Kleineren der beiden war trotz der Dunkelheit unverkennbar: von Wellersdorff.

Die *Lydia* lag mit dem Heck zum Steg. Rasch duckte Ole sich tiefer ins Cockpit, um nicht entdeckt zu werden. Ohne Erlaubnis ein fremdes Schiff zu betreten, so etwas wurde im ungeschriebenen nautischen Knigge des ehrwürdigen Yachtclubs als Delikt knapp unterhalb von Piraterie oder Jungfrauenraub geführt. Und wie der bekanntermaßen strenge von Wellersdorff auf einen solchen Fauxpas reagieren würde, wollte sich Ole lieber erst gar nicht vorstellen. Andererseits war es bereits zu spät, um noch unbemerkt auf den Steg springen zu können. Und wenn die Herren ihren nächtlichen Spaziergang in diese Richtung fortsetzten, würden sie ihn zwangsläufig entdecken.

Da kam es Ole ganz gut zupass, dass der Niedergang der *Lydia* offen stand. Vermutlich war er zum Lüften aufgelassen worden. Oder Hülsmeyer war, bevor er sich zum Abendessen mit Linas Vater getroffen hatte, an Bord gewesen und hatte vergessen, die beiden kleinen Türen wieder zuzuschließen. Doch das war Ole jetzt einerlei. Mit einem schnellen Satz sprang er unbemerkt den Niedergang hinunter.

Nur Sekunden später jedoch hätte er sich dafür bereits ohrfeigen können.

»Da ist sie«, sagte eine Stimme auf dem Steg.

Oh nein, dachte Ole. Hülsmeyer!

»Kommen Sie an Bord, meine Herren!«

Ole merkte, wie sich das schmale Heck des Seekreuzers senkte und die vier Männer nacheinander über das Achterdeck an Bord kletterten. Am liebsten hätte er laut geflucht. Wie hatte er sich nur wieder in diese unmögliche Lage manövrieren können? Vorsichtig tastete er sich in der stockdunklen Kajüte nach vorne, möglichst weit vom hellen Rechteck des Niedergangs weg, bis er mit dem Rücken ans Vorschott anstieß.

Das erste Paar Stiefel stieg bereits ins Cockpit hinab, und das Schiebeluk über dem Niedergang wurde aufgeschoben.

Rasch öffnete Ole die Türe zum Vorschiff und drückte sich in die niedrige Vorpiek hinein. Im selben Augenblick, als er die Tür zuzog, erhellte ein Streichholz den Salon und eine Öllampe wurde entzündet. Ihr schwacher Lichtschein fiel durch die Ritzen der Tür. Instinktiv sah Ole sich nach einer Fluchtmöglichkeit um. Über der breiten Doppelkoje, die zum Bug hin V-förmig zulief und gleichzeitig als Stauraum für diverse Segelsäcke diente, befand sich das Vorluk. Wenn es nicht mit einem Schloss gesichert war, konnte er vielleicht hinausklettern, bevor sie ihn erwischten?

»Nice boat, Christian!«, hörte Ole den Vierten im Bunde sagen. Der Amerikaner, Loomis.

»Thank you, Alfred«, antwortete Hülsmeyer. »Please, take a seat.«

Die Männer schienen es sich um den kleinen Kajüttisch gemütlich zu machen. Sie hatten ihn also nicht bemerkt!

Ole atmete erleichtert auf. Sie würden nicht nach vorne sehen. Vorsichtig setzte er sich auf das Kopfende der Koje. Vermutlich war es das Beste, wenn er sich nicht rührte und einfach abwartete, bis sie wieder verschwanden.

Nebenan wurde ein Schapp geöffnet, Gläser klirrten, eine Flasche wurde entkorkt. In den Geruch von klammem Holz und Leinölfirnis mischte sich das zarte Aroma von Sherry, und wenige Momente später der kräftige Qualm von Tabak. Eigentlich angenehm. Wenn nicht seine Lage so verdammt prekär gewesen wäre.

»Professor Sønstebye, Herr Konteradmiral«, sagte Hülsmeyer. »Ich bin Ihnen zutiefst dankbar, dass Sie mir und Mr. Loomis mit dem Transport helfen wollen. Dennoch muss ich Sie nochmals darauf hinweisen, dass, sollte irgendwer davon Wind bekommen, speziell die Heeresversuchsanstalt, wir alle vier wegen Hochverrats an die Wand gestellt werden. Zuallererst Sie und ich, von Wellersdorff.«

Ole merkte, wie sich seine Nackenhaare aufstellten.

»Darüber sind wir uns durchaus im Klaren«, antwortete der Konteradmiral. »But we should continue in your language, Mr. Loomis.«

Alles Weitere wurde auf Englisch besprochen, von dem Ole nur ein paar einfache Brocken beherrschte und deswegen kaum etwas von dem Gesagten verstand. Ob ihn das allerdings retten würde, wenn man ihn hier vorne entdeckte, war zu bezweifeln. Also wagte er kaum, sich zu bewegen, auch wenn die harte Kante des Schlingerbretts der Koje inzwischen ein unangenehmes, taubes Gefühl in seinem Hintern verursachte.

Eine halbe Stunde später beendeten die vier Männer ihr Gespräch und verließen die *Lydia* wieder. Ole entschied, noch ein Weilchen zu warten, bevor er selber an Land ging. Sicherheitshalber.

Er ließ sich nach hinten gegen einen der Segelsäcke plumpsen und atmete tief durch. Was hatte er da gehört? Ein Transport? Vermutlich doch der, den der Konteradmiral zu organisieren hatte. Aber was hatte Hülsmeyer damit zu schaffen, der doch mit der Starbootregatta gar nichts zu tun hatte? Und was sollte dieser Transport, so heikel er auch sein mochte, mit Hochverrat zu tun haben?

Ole wurde kalt. Und das lag nicht daran, dass er lediglich sein weißes Sonntagshemd anhatte. Zwei Dinge hallten in seinem Kopf nach: Hochverrat. An die Wand gestellt.

~

Hätte Ole Storm tatsächlich Geld auf den Ausgang der Weltmeisterschaft verwettet, wie er es sich noch gestern Morgen gewünscht hatte, so hätte er nun einen schönen Gewinn eingestrichen.

Walter von Hütschler, für den er sich durchaus freute, und Richard Korfmann, dem er es weit weniger gönnte, ersegelten in beiden Läufen am Freitag einen ersten Platz und sicherten sich so den Weltmeistertitel. Zweiter wurde der Italiener Straulino vor dem Berliner Hans-Joachim Weise und dem amerikanischen Ex-Weltmeister Wegenforth.

Sie selber, von Wellersdorff und Ole, waren mit den beiden nicht gesegelten Rennen weit in die hintere Hälfte des Klassements zurückgefallen. Auf welchen Platz, das hätte Ole der am Takelschuppen ausgehängten Ergebnisliste entnehmen können. Aber um die machte er geflissentlich einen Bogen.

Auch die meisten übrigen Segler hatten anderes im Kopf als ihre Platzierungen. Jeder wollte so schnell wie möglich nach Hause. Masten wurden gelegt, Boote und Ausrüstung verzurrt und Reisegepäck verladen. Vielfach spielten sich anrührende Abschiedsszenen zwischen deutschen und ausländischen Seglern ab. Zur Preisverteilung war kaum noch ein Drittel der Teilnehmer anwesend, und wer noch geblieben war, dem war nicht sonderlich nach Feiern zumute. Walter von Hütschler war einer der Ersten, der sich nach der Zeremonie verabschiedete. Unter anderem auch von Ole, den der herzliche Händedruck und das nochmalige Lob des Weltmeisters einigermaßen tröstete. Richard Korfmann hingegen, der mit geschwellter Brust und vor Stolz glühendem Gesicht einherging, als habe er selber und nicht Pimm gesteuert, ging Ole lieber aus dem Weg.

Der Konteradmiral blieb den ganzen Tag über unsichtbar. Genauso übrigens wie Lina, deren Gegenwart er, so musste Ole sich eingestehen, am meisten vermisste. Erst am Abend tauchten beide wieder auf.

Den Nachmittag über waren abermals schwere graue Wolken

aufgezogen, und mit Hereinbrechen der Dunkelheit hatte es zu regnen begonnen. Eigentlich hätte Ole oben in der Segelmacherei zu tun gehabt, wo es jetzt warm und trocken war. Aber Meister Rausch hatte gebrummt, es wäre nur recht und billig , wenn er sich um das Boot des Konteradmirals kümmerte. Also putzte Ole den Star, legte den Mast und verzurrte beides für den Transport auf einem LKW-Anhänger der Marine. Als er alles nach bestem Wissen erledigt hatte, war er bis auf die Knochen nass. Er wollte gerade trockene Kleidung und eine Öljacke holen, die er für feuchte Segeltage in seinem Spind im Umkleideraum des Clubhauses aufbewahrte, als er Lina in Begleitung ihres Vaters, des Amerikaners Loomis und einiger englischer Segler aus dem Hauptportal kommen sah.

In Regenmäntel und Jacken gehüllt gingen sie hinunter auf die Mole und gestikulierten in Richtung Förde. Dort waren im Grau einer Regenwand die Positionslichter eines Dampfschleppers zu sehen.

Bei dessen Näherkommen konnte Ole erkennen, dass der Schlepper eine weiße Ordnungsnummer und das Kreuz der Kriegsmarine am Schornstein führte und eine flache, offene Schute vor sich her schob. Wenig später kam der Schubverband an der Spundwand des Olympiahafens längsseits, direkt vor dem Bootskran und den Starbooten. Die Festmacher gingen über und oben in der Brückennock erschien von Wellersdorf. Zum ersten Mal sah Ole ihn in voller Uniform.

»Paul, Sie sind ein Teufelskerl!«, rief Sønstebye ihm zur Begrüßung hinauf.

Von Wellersdorff winkte müde ab.

»Fragen Sie nicht, was mich das gekostet hat! Das Signalwinken mit dem Edelmetall«, er zupfte an seinem Ärmelaufschlag, an dem der breite Goldstreifen eines Konteradmirals prangte, »war jedenfalls der kleinere Teil.«

Dann zog er einen schweren Uniformmantel über, kam den Niedergang hinunter und sprang an Land.

»Wir haben keine Zeit zu verlieren!«, sagte er. »Die Sondergenehmigung für die Grenzpassage gilt nur bis morgen früh sechs Uhr. Und der Schlepper darf den Stützpunkt eigentlich gar nicht verlassen. Also, an die Arbeit!«

Drei amerikanische, vier englische, zwei schwedische und das algerische Starboot mussten auf die offene Ladefläche der Schute gekrant und das Gepäck ihrer Besatzungen auf dem Schlepper verstaut werden. Außer den von der »Evakuierung« betroffenen Seglern packten auch einige Clubmitglieder mit an. Ole und Meister Rausch waren unter ihnen. Richard Korfmann hingegen fehlte.

Es wurde nur das Nötigste gesprochen, und im regenmatten Schein der wenigen Lampen hatte das Ganze tatsächlich etwas von einem geheimen Kommandounternehmen.

»Um eins müssen wir ablegen«, trieb von Wellersdorff immer wieder zur Eile an. »Spätestens!«

Vermutlich war es nicht nur die knappe Zeit, die ihn so nervös machte, dachte Ole. Allzu deutlich hatte er noch Hülsmeyers bedrohlichen Satz vom »Hochverrat« im Ohr. Dass der Physiker früher oder später ebenfalls auftauchen würde, davon war Ole überzeugt. Und er sollte sich nicht getäuscht haben.

Es war kurz vor Mitternacht. Der letzte Star hing im Krangeschirr und bis auf einen kleinen Rest war das Gepäck verladen. Ole war gerade auf dem Weg zum Clubhaus hinauf, als Hülsmeyer plötzlich vor ihm stand. Er hatte weder Hut noch Mantel an. Sein schütteres Haar klebte nass an seinem Kopf. Seine Nickelbrille war beschlagen. Die Augen dahinter verrieten Anspannung. Oder Angst.

»Haben Sie den Konteradmiral oder Professor Sønstebye gesehen?«, fragte er Ole.

Seine Hand krampfte sich um den Griff eines großen, ledernen Reisekoffers, der so vollgestopft war, dass er in der Mitte bereits ordentlich ausbeulte. Plötzlich verstand Ole, dass der Physiker selber mit dem Transport außer Landes gelangen wollte.

»Unten, auf der Schute«, antwortete er. »Soll ich Ihnen mit dem Koffer helfen?«

»Nein, nein!«, sagte Hülsmeyer hastig und zog den Koffer an sich, als müsse er ihn vor Ole schützen. »Den behalte ich!«

Dann verschwand er eiligst in die angegebene Richtung.

Als Ole kurz darauf mit einem letzten schweren Seesack auf den Schultern die Starbootbühne erreichte, sah er den Physiker vom Schiff herunterkommen, wo er sein ominöses Gepäckstück vermutlich abgestellt hatte.

Hülsmeyers Auftauchen und die besorgten Gesichter von Sønstebye, Loomis und von Wellersdorff beschäftigten Ole derart, dass er beim Betreten der regennassen Gangway des Schleppers um ein Haar ausgerutscht und mitsamt seiner Last ins Wasser gefallen wäre. Nur mühsam konnte er das Gleichgewicht halten und das Deck erreichen. Dort stand ein Ölmantel vor ihm. Die Kapuze wurde zurückgeschlagen und blonde Locken quollen darunter hervor.

»Bloß vorsichtig mit dem«, sagte Lina und lächelte. »Da sind Vaters und meine Sachen drin.«

Ole ließ den Seesack zu Boden gleiten und lächelte unsicher zurück. Wieso wollte ihm jetzt partout keine charmante oder originelle Antwort einfallen? Stattdessen konnte er sie nur anstarren und verlegen an seinem Hemd zupfen, das patschnass an seinem Oberkörper klebte.

»Danke, dass du mithilfst! Bei dem Wetter!«, sagte Lina, als sich das Schweigen zwischen ihnen in die Länge zu ziehen drohte.

»Keine Ursache«, antwortete Ole.

Es klang allzu knapp und kühl.

Tatsächlich wurde Linas Lächeln eine Spur dünner, und die zauberhaften Grübchen verschwanden.

Verdammt, Elfi hatte Recht. In Konversationsdingen war er talentiert wie ein Fisch.

»Hör mal, wenn du wegen der Sache mit dem Nachttopf immer noch sauer auf mich bist,« sagte sie kühl, »glaub bloß nicht, dass ich mich dafür entschuldige!«

»Nein nein! Schon vergessen!«, sagte er hastig und fügte einem für seine Verhältnisse ungewöhnlichen Geistesblitz folgend hinzu: »Außerdem hast du ja nicht getroffen!«

»Ja, da hast du verdammtes Glück gehabt!«

Zu Oles grenzenloser Erleichterung kehrten die Grübchen an ihren Platz zurück.

»Normalerweise werfe ich nie daneben!«

Damit schlug sie die Kapuze wieder hoch und wollte sich an ihm vorbei zur Gangway schieben. Aber mitten in der Bewegung erstarrte sie.

Auch Ole drehte sich um.

Unten auf der Starbootbühne flammten plötzlich starke Scheinwerfer auf. Regen glitzerte nass auf einem Dutzend schwarzer Ledermäntel, unter denen Polizeiuniformen zu erkennen waren.

»Keiner rührt sich vom Fleck! Stay where you are!«, kommandierte lautstark eine scharfe Stimme.

»Gestapo!«, entfuhr es Lina.

Zu Oles Überraschung schob sie sich hinter ihn und drückte sich eng an seinen Rücken.

»Alles durchsuchen!«, befahl der Anführer der Polizeieinheit. »Die Segelboote, den Schlepper und das gesamte Gepäck!«

»Einen Moment!«, sagte von Wellersdorff laut und stellte sich den ersten Polizisten in den Weg. »Das ist ein Schiff der Kriegsmarine und wir haben alle nötigen Papiere! Sie haben keine Befugnis, hier irgendetwas zu durchsuchen.«

Zwar war der Konteradmiral einen guten Kopf kleiner als die Polizisten, aber die Autorität in seiner Stimme und die Epauletten auf seinen Schultern hielten sie zurück. Zumindest für den Moment.

»Oh doch, die haben wir!«, antwortete der Polizeioffizier heiser. »Und an Ihrer Stelle, Wellersdorff, wäre ich sehr, sehr vorsichtig.«

Damit hielt er dem Konteradmiral ein Papier unter die Nase. Trotz der Entfernung und des Regens konnte Ole sehen, wie von Wellersdorffs Gesicht versteinerte.

»Befehl direkt aus dem Staatspolizeiamt in Berlin«, rief der

Gestapooffizier so laut, dass alle Umstehenden es hören konnten, und seine Stimme troff von Wichtigkeit. »Wo ist der Physiker? Where is Mr. Hülsmeyer?«

Ole sah, wie von Wellersdorff und Professor Sønstebye einen entsetzten Blick tauschten. Einen Moment lang war nur das Prasseln des Regens zu hören.

»Verdammt! Jemand hat uns verraten!«, hörte Ole Lina hinter sich flüstern. »Ausspioniert und verraten! Jemand von der Regatta!«

Ihr Atem streifte in verwirrender Weise Oles Genick. Noch verwirrender war ihre Hand, mit der sie von hinten in seinen Hosenbund griff.

»Bleib vor mir! Die dürfen mich nicht sehen, hörst du?«, sagte sie und zog ihn mit sich in den Schatten des Brückenaufgangs. Obwohl sie einen Regenmantel trug, konnte er deutlich die Wärme und die Formen ihres Körpers auf seinem nassen Rücken spüren.

Unten auf der Pier traten zwei Polizisten in den Lichtkegel. Sie hatten Hülsmeyer in ihrer Mitte. Der Physiker war weiß wie die Wand und hatte den Kopf gesenkt. Er wehrte sich nicht.

»Er hatte sich in der Baracke da versteckt!«, sagte einer der Polizisten und zeigte auf den Takelschuppen.

Ole merkte, wie Lina scharf Luft holte und entsetzt etwas auf Schwedisch flüsterte, einen Fluch vielleicht oder ein Stoßgebet.

»Der Physiker Christian Hülsmeyer«, schnarrte der Gestapooffizier laut und schwenkte seinen Befehl, »Leiter der naturwissenschaftlichen Versuchs-Abteilung und Geheimnisträger des Reiches, ist mit sofortiger Wirkung in Schutzhaft zu nehmen ...«

Er machte eine Pause und sah direkt in die vor Schreck versteinerten Gesichter von Loomis und Sønstebye. Dann hob er die Stimme noch weiter an.

»... um ihn dem Zugriff der hier anwesenden Feinde des Reiches zu entziehen.«

Der Gestapooffizier machte eine Handbewegung und Hülsmeyer wurde abgeführt.

»Was unterstehen Sie sich?«, schnappte Sønstebye. »Feinde des Reiches ... Schweden ist neutral! Amerika auch!«

»Sie wissen sehr genau, was gemeint ist!«

»Unterstellungen! Sie können nichts beweisen!«, protestierte der Schwede. Aber seine Stimme war belegt und zitterte ein wenig.

»Noch nicht!«, korrigierte der Mann im Ledermantel und lächelte kalt und wächsern wie eine Wasserleiche. »Anfangen!«

Die Polizisten schwärmten aus. Diesmal hielt niemand sie zurück.

»Zur Tür!«, hörte Ole Lina hinter sich flüstern und ihr Griff an seinem Hosenbund wurde fester.

Rechts von ihnen stand ein Schott offen. Dahinter führte ein schmaler Gang in die kleine Messe, wo das Gepäck der ausländischen Segler gestapelt war. Ole gehorchte und bewegte sich seitlich darauf zu, Lina vor den Blicken von der Pier abschirmend.

»Hey, du da! Stehen bleiben!«

Einer der Polizisten, die auf die Gangway zukamen, hatte Ole entdeckt.

»Nicht anhalten!«

Linas Stimme war kaum zu hören, aber der flehende Ton darin war dennoch herauszuhören.

»Zwei Schritte noch!«

»Stehen bleiben, sag ich!«, bellte der Polizist.

»Wer, ich?«, fragte Ole unschuldig zurück. Er hob langsam die Hände, blieb aber erst stehen, als er die Türöffnung hinter sich hatte.

»Du musst sie aufhalten«, wisperte Lina aus der Dunkelheit hinter Ole heraus, und ihre Lippen schienen sein Ohr zu streicheln. »Bitte!«

Eine winzige Berührung ihrer Hand, die über seinen nassen Rücken strich, und etwas, das man mit viel Phantasie als einen gehauchten Kuss auf seine Wange deuten könnte, dann war Lina im Quergang des Schiffes verschwunden.

Keine fünf Sekunden später standen drei Polizisten vor Ole.

»Hast wohl Tomaten auf den Ohren!«, schnauzte der erste und packte ihn grob am Kragen.

»Immer mit der Ruhe!«, fauchte Ole zurück und versuchte, sich aus dem Griff zu befreien.

»Aus dem Weg, du Idiot!«

Jetzt wurde Ole Storm tatsächlich wütend.

Mit Schwung stieß er den Polizisten von sich, so dass er rückwärts gegen seine beiden Kollegen stolperte. Einer von ihnen ging mit einem Platschen über Bord, der zweite fiel über den noch an Deck stehenden Seesack. Einen Augenblick lang war Ole geschockt über das, was er da gerade getan hatte. Dann sauste auch schon der Schlagstock des ersten Polizisten auf ihn nieder. Zum Glück hatte er auf dem überdachten Seitendeck nicht richtig ausholen können, und Ole konnte gerade noch seinen Unterarm vor den Kopf heben. Ein gleißender Schmerz durchzuckte seinen Ellenbogen. Dann flüchtete er in das offene Schott und versuchte, die Türe zuzuschlagen. Der Polizist setzte nach und bekam gerade noch seinen Schlagstock dazwischen. Jetzt war auch der zweite Angreifer wieder auf den Beinen und mit vereinten Kräften warfen sie sich von außen gegen die Tür.

Ole hielt verzweifelt von innen dagegen. Zum Glück konnte er sich mit den Beinen an einem Absatz in der Wand abstemmen. Sonst hätte er den Stößen in seinem Rücken wohl kaum Stand halten können.

In diesem Moment kam Lina aus der Messe. In der Hand hielt sie einen Koffer. Hülsmeyers Koffer.

Beide starrten sich einen Moment lang an und nichts weiter passierte. Dann erschien ein breites Lächeln auf ihrem Gesicht, und das Grün ihrer Augen leuchtete ein weiteres Mal auf. Meeresleuchten, dachte Ole und lächelte zurück. Doch da war sie bereits verschwunden, und Ole meinte, vom gegenüberliegenden Seitendeck ein gedämpftes Platschen zu hören.

Im nächsten Augenblick splitterten in seinem Rücken die Scharniere aus dem Türholz, und er wurde im hohen Bogen nach vorne in den Gang geschleudert. Dann prasselten die Schlagstöcke auf ihn ein, und es wurde schwarz um ihn. Schwarz wie das Wasser der Förde, in das Lina den Koffer geworfen hatte.

~

Als Ole Storm wieder zu sich kam, brummte sein Schädel, als hätte er den Großbaum eines 100er-Seekreuzers dagegen bekommen. Außerdem schien jeder einzelne Knochen in seinem Körper zu schmerzen. Er kniff die Augen zusammen. Über ihm baumelte eine nackte Glühbirne von der Decke. Wo war er?

Den ersten Versuch, sich aufzusetzen, bezahlte er mit einem stechenden Schmerz im Kopf und einem grauen Flimmern auf der Netzhaut, das untrüglicher Vorbote einer weiteren Bewusstlosigkeit war. Also blieb Ole lieber erst einmal reglos liegen, bis er wieder klar sehen konnte. Dann biss er die Zähne zusammen – immerhin schienen diese noch vollzählig vorhanden! – und versuchte es erneut. Im zweiten Anlauf gelang es ihm, sich aufzurichten.

Er sah sich um. Nackte Wände, eine Eisentür, ein winziger Lichtschacht mit einem Gitter davor. Eine Zelle!

Schlagartig kehrte die Erinnerung zurück. Und mit ihr die Angst. Ole hatte Geschichten gehört von Leuten – Kommunisten, Juden oder auch nur armen Säufern –, die den uniformierten Schlägern der SA oder den anderen Schergen der Hakenkreuzpartei in die Quere gekommen und auf Nimmerwiedersehen verschwunden waren. Fing es in einer solchen Zelle an?

Plötzlich hörte er hinter sich ein Schnarchen.

Am Kopfende seiner Pritsche stand ein Holzschemel. Darauf saß, mit dem Rücken an die Wand gelehnt und friedlich über dem Bauch gefalteten Armen, der Segelmachermeister Heribert Rausch. Mit einem warmen Gefühl der Erleichterung stupste Ole ihn an.

»Ah, Junge ...«, grunzte Rausch und streckte sich.

»Wo sind wir?«, fragte Ole.

»Polizeiwache Düppelstraße.«

»Haben die uns ALLE festgenommen?«

»Nee, nur dich!«, antwortete Rausch. »Und Hülsmeyer natürlich, das arme Schwein. Aber den haben sie wohl gleich nach Berlin geschleppt.«

Ole schluckte. Hochverrat, tickte es in seinem Kopf. An die Wand stellen.

»Kannst von Glück reden«, sagte Rausch, »dass sie dich nur wegen Trunkenheit am Kanthaken haben!«

»Trunkenheit?«

Ole zwinkerte irritiert. Tatsächlich bemerkte er jetzt den strengen Geruch nach Alkohol, der von ihm ausging.

»Aber ... Ich hab doch gar nicht ...«

»Leute, die sich absichtlich mit der Gestapo anlegen, sind weg vom Fenster. Besoffene hingegen kommen mit einer Tracht Prügel und ein paar Nächten im Loch davon«, erklärte Heribert Rausch und grinste breit. »Der Konteradmiral war so geistesgegenwärtig, dir in der Messe auf dem Schlepper eine Flasche Schnaps über den Kopf zu schütten, als er dazu kam.«

Rausch schnüffelte.

»Friesengeist, wenn ich nicht irre. Na ja, passt ja irgendwie.«

Ole war ungemein erleichtert. Mit diesem Kniff hatte von Wellersdorff ihm vermutlich das Leben gerettet. Er atmete tief durch.

»Dann haben sie die Sache mit dem Koffer also nicht bemerkt?«

»Was für ein Koffer?«, fragte der Segelmacher und runzelte die Stirn.

Ole wurde siedend heiß klar, dass es wohl keinen schlechteren Ort geben konnte, um danach zu fragen. Rasch wechselte er das Thema.

»Und warum sind Sie hier drin?«

»Durfte mitkommen, um dich zu verarzten. Hättest dich mal sehen sollen!«

Er verzog das Gesicht und deutete auf ein paar blutige Lappen, die neben einer Blechschale mit rot gefärbtem Wasser auf dem Boden lagen.

»Hab mir erlaubt, ein paar von deinen Schmissen zu betakeln, damit die elende Bluterei aufhört.«

Neben der Waschschale lag eine Segelmachernadel und eine Rolle dicken, weiß geharzten Takelzwirns.

»Damit?«

Entsetzt tastete Ole sein Gesicht ab und stöhnte auf, als er eine krustige Wulst über der Augenbraue fühlte. Am Hinterkopf und am Kinn fand er zwei weitere.

»Ich hatte nichts anderes. Und einen Arzt wollten sie dir nicht spendieren.«

Ole stöhnte und sackte auf die Pritsche zurück.

»Du kannst verdammt froh sein, Junge!«, fuhr Rausch fort und rutschte mit dem Hocker neben die Pritsche. »Wenn das Mädchen nicht dazwischen gegangen wäre, das Fräulein Sønstebye meine ich, dann hätten sie dir wohl das Gehirn aus dem Schädel geklopft. Sie war ganz schön mutig, diese Kleine!«

»Lina?« Plötzlich war Ole hellwach. »Wo ist sie?«

»Auf dem Weg nach Dänemark. Marstrand vermutlich oder gleich durch bis Svendborg. Zusammen mit ihrem Vater, ihrem Verlobten und den Anderen.«

Ole zuckte zusammen. Hatte er sich verhört?

»Sie ... Lina ist verlobt?«, fragte er schwach.

Aber Rausch, der sich gerade richtig schön in Rage redete, überhörte die Frage.

»Vorausgesetzt, sie schaffen es überhaupt noch aus der 12-Meilen-Zone! Erst um halb drei hat diese Gestapofresse sie ablegen lassen. Und auch erst, nachdem seine Leute in jede Hohlniete des Schleppers gekuckt haben. Von den Starbooten und dem Gepäck der Ausländer ganz zu schweigen. Die Hälfte davon haben sie konfisziert.«

»Mit wem ist sie verlobt?«, fragte Ole noch mal und zupfte ungeduldig an Rauschs Ärmel.

»Und das auch nur, weil von W... Was ist denn?«

»Mit wem Lina verlobt ist?«

»Mit dem Vorschoter ihres Vaters. Diesem Dings ... na, wie heißt der noch ... Svenson?«

»Johannson, Sigur Johannson«, sagte Ole leise und schloss die Augen.

Plötzlich meldete sich der Schmerz in seinen Gliedern zurück und alle seine Blessuren brannten stärker denn je.

Ole kannte Sigur vom Sehen. Ein Baum von einem Kerl, blond und ziemlich gut aussehend, wenn man die etwas zu eng beieinander stehenden Augen einmal abzog. Während der Regatta hatten sie nicht viel miteinander zu tun gehabt, und auch beim Essen im Club war Sigur nicht dabeigewesen. So hatte Ole ihn natürlich auch nicht mit Lina in Verbindung gebracht.

Verdammt, aber wie hatte er auch glauben können, so ein phantastisches Mädchen sei noch zu haben? Überhaupt, wie vermessen war es, aus einem Lächeln und einer winzigen Berührung abzuleiten, ihr Leben und seines könnten irgendetwas miteinander zu tun haben? Vermutlich würde er sie nie wiedersehen, und die grausame Wahrheit war, dass sie ihn vergessen haben würde, noch bevor sie in Dänemark an Land ging.

Zu seinen übrigen Schmerzen gesellte sich ein weiterer. Aber dieser tat viel mehr weh als die anderen und saß tiefer. In der Herzgegend.

»Ach, Junge!«, seufzte Rausch, der den Ausdruck in Oles Gesicht richtig deutete und ihm mit seiner Pranke mitfühlend den Unterarm tätschelte. »Wenn das all unsere Probleme wären ...«

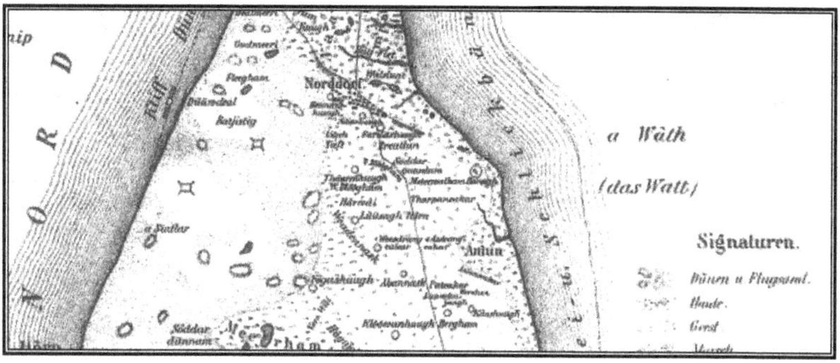

3. Kapitel

PURPUR

An diesem Abend hatte die See die Farbe von leuchtendem Purpur. Glatt und spiegelnd lag sie da. Verschwamm an ihren Rändern mit dem Abendhimmel. Keine Grenze, kein Oben und kein Unten, eine scheinbar unendliche, völlig schwerelose Weite. Einzig dort, wo die Sonne untergegangen war, zeigte ein letzter, orange glühender Strich noch an, wo man sich den Horizont hinzudenken hatte.

Ole Storm ließ sich zurücksinken. Der Sand der großen Düne auf Amrum war noch warm von der Hitze des Tages, aber im Osten zeigten sich bereits ein paar erste Sterne am Himmel. Nicht mehr lange und sie würden unten auf dem Strand den großen Holzstoß entzünden.

Es war Mittsommer. Überall auf den Inseln und auf den Deichen am Festland würden heute Nacht die Feuer brennen und eigentlich hätte alles an diesem 22. Juni 1940 so sein sollen wie jedes Jahr.

Aber nichts war mehr wie sonst. Es war Krieg. Und der Krieg war allgegenwärtig.

Polen im Herbst. Dänemark und Norwegen im April. Dann in rascher Folge Holland, Belgien und nun sogar Frankreich. Erst vergangene Woche waren deutsche Truppen durch den Triumphbogen in Paris marschiert. Ole hatte die unglaublichen Bilder in der Wochenschau gesehen.

Alles war so schnell gegangen. Schwindelerregend schnell. Kein Wunder, dass sich die Leute an den Erfolgen der deutschen Kriegsmaschine berauschten. Manche wurden sogar regelrecht besoffen davon. Selbst hier im ansonsten nicht gerade zur Hysterie neigenden Norden Frieslands.

»Wirst sehen, in drei Monaten ist alles vorbei!«, hatte selbst Nils gesagt und übermütig gegrinst. »Dann stehen wir am Trafalgar Square!«

Nils war Oles älterer Bruder.

In Statur und Aussehen ähnelte er – hoch aufgeschossen und strohblond – ihrem Vater, während sein sonniges, stets aufgeräumtes Naturell wohl eher von ihrer Mutter stammen musste. Mit Ole, der fünf Jahre jünger war, verhielt es sich genau anders herum. »Mutters dunkle Locken und Vaters dunkles Gemüt«, wie Nils ihn oft genug aufgezogen hatte.

Ole glaubte nicht an ein schnelles Ende des Krieges. Allzu leicht täuschten die schrillen Jubelmeldungen der militärischen Erfolge über den Preis hinweg, den man für all das zu zahlen hatte. Operation »Weserübung«, der handstreichartige Überfall, bei dem man binnen weniger Tage Dänemark und Norwegen überrollt hatte, war weitaus verlustreicher ausgefallen, als geplant. Drei Freunde aus Oles Segelschulgruppe in Kiel, die sich sofort nach Kriegsausbruch freiwillig zur Marine gemeldet hatten, waren an Bord der »Blücher« gefallen, als diese im Oslofjord versenkt worden war. Auch in Belgien und Frankreich, so hörte man hinter vorgehaltener Hand, hatte es bittere Verluste gegeben. Und war nicht gerade erst Hamburg als Vergeltung von englischen Bombern in Schutt und Asche gelegt worden?

»Jetzt zieh nicht schon wieder so eine Fresse!«, sagte Nils und knuffte Ole aufmunternd in die Seite. »Oder willst du dir und mir den wohlverdienten Heimaturlaub vermiesen?«

Es war in der Tat sehr selten geworden, dass sie gemeinsam ein paar Tage zu Hause verbrachten.

»Außerdem«, fügte Nils verschwörerisch hinzu, »wenn Elsbeth dich so sieht, denkt die noch, du hast Schmerzen am Sack, weil du dir 'n Tripper mit nach Hause gebracht hast oder so was. Und dann lässt sie dich wieder nicht rein in ihr Walhalla!«

Ole schnitt eine Grimasse. Er könnte sich heute noch ohrfeigen, dass er Nils jemals von seinem vergeblichen Versuch bei Elsbeth erzählt hatte und dem peinlichen Korb, den sie ihm verpasst hatte. Zwei Jahre war das jetzt schon her, und es sah Nils verdammt ähnlich, ihn immer noch damit aufzuziehen.

Trotz dieser und anderer weitaus weniger harmloser Frotzeleien, mit denen der Ältere ihn stets bedachte, liebte und bewunderte Ole seinen Bruder. Nils Storm, dem alles zu gelingen schien. Der die Ärmel hochkrempelte und das Problem beseitigte, wenn ihm etwas – oder jemand – in die Quere kam. Nils, dem dank seiner stets zu Scherzen aufgelegten Art und seines frechen Mundwerks schon als Fünfzehnjährigem sämtliche Röcke Amrums nachgelaufen waren. Was jetzt, seit er auf Heimaturlaub stets die schmucke Uniform eines Leutnants der Marine trug, natürlich noch schlimmer geworden war.

Auch Ole hatte inzwischen das Blau der Kriegsmarine anziehen müssen, wenn auch mit weitaus weniger Heldendrang als sein Bruder. Vor knapp zwei Monaten war die Einberufung zur Rekrutenausbildung ins Haus geflattert und schon in wenigen Tagen, noch vor dem offiziellen Ende einer ohnehin verkürzten militärischen Grundausbildung, würde er auf irgendeinem Kriegsschiff an die Front verlegt werden. Kämpfen fürs Vaterland, Sterben für den Führer, wie man ihnen einzubläuen versucht hatte. Sterben! Natürlich hatte Ole Angst.

»Weißt du schon, auf welchen Zossen sie dich stecken?«, fragte Nils.

Ole zuckte die Achseln. Man hatte es ihm gesagt, aber er hatte den Namen wieder vergessen. Was hätte er auch daran ändern können? Nichts.

Nils schwieg einen Moment, dann sagte er:

»Ich hab auch ein neues Kommando.«

»Aha?«

»U-102.«

Ole starrte seinen Bruder entgeistert an.

»Jetzt kuck nicht so kariert! Unsere U-Boote sind das Modernste und Seetüchtigste, was die Marine zu bieten hat«, antwortete Nils. »Außerdem sind sie das entscheidende Mittel, um die Lymies in die Knie zu zwingen. Das ist wohl spätestens seit Scapa Flow klar, oder?«

Wenn man der Propaganda glauben wollte, würden die Erfolge von Admiral Dönitz' »Wolfsrudel«, jenem fast schon legendären U-Boot-Verband, der seit Oktober im Nordatlantik Jagd auf britische Geleitzüge machte, in Bälde die Versorgung des Gegners unterbrochen haben und so die Eroberung der Britischen Insel ermöglichen. Wie gesagt, wenn man der Propaganda glauben wollte. Ole Storm neigte auch hier zur Skepsis. Und der Gedanke, in einer Röhre aus Stahl hundert Meter unter Wasser gefangen zu sein, war ihm alles andere als geheuer. Eine Abneigung, die er im Übrigen mit ihrem Vater teilte. Unter Wasser, pflegte der zu knurren, hat keiner was verloren, dem der Herr nicht Kiemen oder Flossen hat wachsen lassen.

»Und ... hast du's ihm schon gesagt?«, fragte Ole.

»Dem Alten? Bist du verrückt?«

Einen Moment lang sah Nils aufrichtig erschrocken aus.

Ole verkniff sich ein Schmunzeln. Ein Wutausbruch des ansonsten so ruhigen Vaters war das Einzige, vor dem Nils Storm Respekt zu haben schien. Ole konnte sich nicht erinnern, wie oft der Vater Nils als Jungen wegen irgendeiner seiner Schelmereien windelweich geprügelt hatte. Ein Schicksal, dem Ole selbst seltsamerweise meist entgangen war. Vermutlich wegen der großen Ähnlichkeit mit seiner Mutter.

Auch heute, da Nils ein stattlicher erwachsener Mann war, hatte sich nichts an seiner Angst vor dem Alten geändert. Und dessen ansonsten eher trübe blaue Augen hatten noch jedes Mal gefährlich aufgeblitzt, wann immer Nils versucht hatte, die Sprache auf seine U-Boot-Pläne zu bringen.

»Wenn du willst, rede ich mit ihm«, sagte Ole und bemühte sich, es ernst und treuherzig klingen zu lassen.

»Wenn du das tust ...«, setzte Nils drohend an, unterbrach sich aber, als er Oles verstecktes Grinsen sah.

»Armleuchter!«, lachte er und schlug Ole mit der flachen Hand von hinten an den Kopf. »Komm, lass uns runtergehen. Bevor wir nichts zu trinken abbekommen. Oder schlimmer noch: keins von den Mädels!«

Er erhob sich und klopfte sich den Sand von der Hose.

»Und um den Alten mach dir mal keinen Kopp. Der erfährt's noch früh genug! Vielleicht schreib ich ihm einfach eine Postkarte aus La Rochelle. Los, wer zuerst unten beim Feuer ist!«

Damit sprang Nils mit weiten Sätzen die Dünen hinunter. Ole folgte ihm, so gut er konnte. Aber Nils war immer schon der Schnellere gewesen.

Der große Holzstoß auf dem Strand war inzwischen beinahe ganz heruntergebrannt. Bald würde die Flut kommen und die Reste ins Meer holen. Aber noch strahlte die Glut eine Hitze ab, die im Wettstreit mit der Kühle der Nacht ein angenehmes Prickeln auf Oles Gesicht verursachte. Oder kam das vom Alkohol?

Nils war schon vor gut einer Stunde verschwunden, eine Flasche Köm in der Hand und zwei Mägde vom Sieversen-Hof im Arm. Ole stand noch mit ein paar von den alten Kumpels von früher zusammen, aber es wurde nicht mehr viel gesprochen. Ole kam das entgegen. Das Knacken und Knistern des Feuers war ohnehin mehr nach seinem Geschmack, als die immer gleichen Geschichten vermeintlicher Heldentaten des Krieges.

Plötzlich stand Elsbeth neben ihm.

»Hallo, Ole!«, sagte sie.

»Hallo«, antwortete er, zugegebenermaßen etwas verwirrt.

Seit der Sache vor zwei Jahren hatten sie beide versucht, einen Bogen umeinander zu machen, wann immer Ole auf der Insel gewesen war.

Sie hatte sich verändert, wirkte irgendwie erwachsener, weiblicher. Kein Babyspeck mehr. Nur die unzähligen Sommersprossen waren noch da und das kupferrote, widerspenstige Haar, das sie immer noch zu zwei dicken Zöpfen geflochten trug. Genau so, wie sie es schon als Kind getan hatte, als sie gemeinsam die Schulbank gedrückt hatten, in der kleinen Dorfschule von Nebel.

Ole hatte geglaubt, sie wäre schon vor einer ganzen Weile nach Hause gegangen. Wenn sie zurückgekommen war, dann doch nicht etwa seinetwegen?

»Gehen wir ein Stück?«, fragte sie.

Ole nickte stumm und wie selbstverständlich hakte sie sich bei ihm unter. Als sie den Strand entlangspazierten, plauderte sie munter auf ihn ein. Was auf der Insel so alles passiert war, seit es Ole zur Marineausbildung verschlagen hatte. Dass die Fischer wegen der Feindaufklärung nicht mehr so weit hinausfahren durften wie früher.

Dass ein englischer Wellington-Bomber von einer Flakstellung auf Eiderstedt abgeschossen worden und direkt neben dem Hof von Elsbeths Onkel in der Nähe von St. Peter heruntergekommen war. Belangloses Zeug.

Ole hingegen schwieg die meiste Zeit. Er wunderte sich, warum sich Elsbeth auf einmal so offensichtlich zu ihm hingezogen fühlte. Und er wunderte sich über sich selbst. Mit einem der meistumworbenen Mädchen der Insel im Arm in einer sternenklaren Nacht am Strand, was hätte er dafür noch letzten Sommer nicht alles gegeben?

Aber jetzt? Etwas ratlos blieb Ole stehen und blickte den einsamen Pfad ihrer Fußspuren zurück. Der warme rote Schein des Feuers war irgendwo hinter ihnen in der Dunkelheit verschwunden und Ole hatte das verwirrende Gefühl, als sei ihm auf dem Weg hierher noch irgendetwas anderes verloren gegangen.

Irgendwann wich der harte Sand des Strandes dem weicheren der Dünen. Ole hatte keine Ahnung, wohin sie ihn geführt hatte. Irgendwo in die Mitte zwischen Norddorf und Nebel vermutlich. Die beiden großen Leuchtfeuer Amrums, deren Peilung ihm sonst immer verlässlich den Weg nach Hause gezeigt hatten, waren wegen der Verdunklung abgeschaltet worden. Und um sich ohne sie zu orientieren, dafür hatte er vermutlich ein bisschen zu viel getrunken.

»Ich bin müde. Wollen wir uns ausruhen?«, fragte Elsbeth und zog ihn, ohne seine Antwort abzuwarten, neben sich auf ein Büschel Dünengras.

Ihre Hände, die sich plötzlich irgendwie unter seinen Pullover verirrten, waren kalt. Genau wie ihre Lippen, die kurz darauf feucht über sein Gesicht wanderten.

Oles Kopf schwirrte. Er war sich nicht sicher, ob er das hier wirklich wollte. Ihr Atem ging schneller, als sie ihn immer heftiger zu küssen und dabei ihre Bluse aufzuknöpfen begann. Ole schloss die Augen, als sie seine Hand auf ihren Busen zog. Er war klein und flach und die harten Nippel drängten sich förmlich zwischen seine Fingerspitzen. Elsbeth setzte sich auf ihn, zog ihren Rock hoch und begann, sich mit leisem Stöhnen an ihm zu reiben.

So weit waren sie schon einmal miteinander gewesen. Nur andersherum. Damals war Ole derjenige gewesen, der es forciert hatte. Angestrengt versuchte er sich vorzustellen, wie es sich damals angefühlt hatte. Aber seine Erinnerung fand nichts. Jedenfalls nichts, das mit Elsbeth zu tun hatte.

Vor seinem inneren Auge tauchte wie von selbst ein anderes Bild auf: ein seidenes, weit aufgeknöpftes Pyjamahemd, schlafzerzauste dunkelblonde Haare, meergrüne Augen, die angriffslustig blitzten. Ein Bild, das er seit einem halben Jahr in sich trug und das ihn einfach nicht loslassen wollte.

Nicht einmal jetzt.

Seine Finger vergaßen, was sie hatten tun sollen. Es dauerte noch einen Moment, bis Elsbeth es ebenfalls bemerkte. Mit einem enttäuschten Schnaufen rollte sie sich von ihm herunter in den Sand.

»Dann sind wir jetzt wohl quitt, wie?«, sagte sie bitter und zog sich die lose Bluse vor der Brust zusammen.

»So'n Quatsch«, brummte er. »Mit der Sache in der Scheune hat das nix zu tun.«

Obwohl Ole sich abwandte und in die Richtung blickte, in der er das Meer vermutete, wusste er, dass ihre bernsteinfarbenen Augen ihn fragend anstarrten. Sie wartete auf einen Grund. Ole schwieg.

»Wie dumm von mir«, sagte sie brüsk. »Du hast eine andere. Ich hätte vorher fragen sollen.«

Hastig knöpfte sie ihre Bluse zu.

»Ich dachte, ich wäre was Besonderes für dich gewesen.«

Ihre Stimme begann zu zittern, und bevor sie sich von ihm wegdrehte, sah Ole, dass ihr Tränen über das Gesicht liefen.

Was sollte er ihr sagen? Er wusste es nicht.

»Stattdessen weißt du nichts Besseres, als dich der erstbesten anderen an den Hals zu schmeißen, sowie du von der gottverfluchten Insel runter bist!«

»Hör mal, Elsbeth«, sagte er behutsam und legte ihr die Hand auf ihre Schulter. »Dieses andere Mädchen ...«

Hastig wehrte sie ihn ab.

»Und ich Dummkopf habe auf dich gewartet!«

Sie sprang auf und lief davon. Nach wenigen Sekunden war sie in der Dunkelheit verschwunden. Ole machte nicht den Versuch, ihr zu folgen.

Was Nils wohl dazu zu sagen gehabt hätte? Ein handfestes Schäferstündchen sausen zu lassen wegen eines nutzlosen, längst abgelegten Traumes. Eines Traumes, der ohnehin niemals die geringste Aussicht gehabt hatte, Realität zu werden.

Aber Ole war nicht Nils.

Und eine einzige Sekunde seiner Erinnerung an Lina war ihm zehnmal kostbarer als alles, was sein Bruder in dieser Nacht erleben mochte.

~

Nach Mittsommer war das Wetter auf Südwest umgesprungen und feucht und windig geworden. Es dauerte noch eine Stunde bis zum Sonnenaufgang, und in der Norderaue, dem Seegatt zwischen Amrum, Föhr und Langeneß stand eine unangenehme, kabbelige See. Ablaufendes Wasser, Wind gegen Tide. Aber der stäbige Fischkutter von Arne Storm wühlte sich scheinbar völlig unbeeindruckt durch die grauen Wellen. Das sonore Tackern des alten Dieselmotors klang beruhigend gleichmäßig und einschläfernd zugleich. Vor gut einer Stunde waren sie in Steenodde ausgelaufen, dem kleineren der beiden Fischerhäfen auf Amrum, und hatten seitdem kaum ein Wort gesprochen. Bis Dagebüll waren es noch gut zwei Stunden. Nils, der in dieser Situation vielleicht ein wenig für Unterhaltung gesorgt hätte, lag in seinen Ölmantel gerollt im Windschatten hinter dem Steuerhaus auf seinem Seesack und schlief tief und fest.

Im fahlen Morgenlicht war die Sicht nicht eben zum Besten, zumal die Peilfeuer abgeschaltet waren. Aber Oles Vater kannte entlang dieser Strecke jede Tonne und jede Pricke mit Vornamen. Und Ole orientierte sich ohnehin auf seine eigene Weise. Das immer wiederkehrende Muster der heranrollenden Wellen verriet ihm, wo sie sich gerade befanden. Steil und kurz: Fahrwassermitte. Steil, aber etwas länger: Fahrwasserrand. Flach und lang auslaufend und von der Farbe her etwas gelber: der mit dem Wind fließende Neerstrom in der Mündung des Amrumtiefs oder eines der anderen Priele, die sie in nordöstlicher Richtung zu passieren hatten.

Oles Vater angelte seine zerbeulte Emailletasse hinter dem Kompassgehäuse hervor und hielt sie ihm wortlos hin. Ole nahm die Blechkanne aus ihrem Lasching am Auspuffrohr, das hinter ihnen durch das Kajütdach stieg. Er schenkte ein, dann befestigte er die Kanne wieder und trank einen Schluck aus seiner eigenen Tasse. Erstaunlich wie lange die Abgase der Maschine den Kaffee warm hielten. Nur bitter wurde er mit der Zeit. Verdammt bitter.

Ole sah seinen Vater verstohlen von der Seite an. Im schwachen Schein der Kompassbeleuchtung und dem grauen Morgenlicht sahen die strengen Falten um seinen Mund noch tiefer aus und ließen ihn alt und verbraucht aussehen. Älter als die Sechzig, die er inzwischen tatsächlich war.

Aber noch hielten Arne Storms schwielige Hände das Steuer sicher und noch fuhr er jeden zweiten Tag, den Gott werden ließ, vor dem Morgengrauen zum Fischfang hinaus aufs Meer. So wie er es getan hatte, seit er zwölf war und das Handwerk von seinem Vater und dessen Vater gelernt hatte.

Heute war eine Ausnahme. Nicht etwa, um seine beiden Söhne am Ende ihres Heimaturlaubes persönlich nach Dagebüll zur Eisenbahn zu bringen. Nicht, weil Nils und Ole dem Krieg und einem unsicheren Schicksal entgegenreisen würden. Nein, zu solchen Sentimentalitäten hätte er sich nie verstiegen.

Er hatte großen Wert auf die Feststellung gelegt, dass er sie lediglich mitnehme, weil er ohnehin ein paar Bestellungen auf dem Festland abzuholen habe. Vierzig Meter Stellnetz, eine Rolle geteertes Grundtau und einen kleinen Kanonenofen für den nächsten Winter, der sein zugiges Schlafzimmer in der Mansarde des kleinen Reetdachhauses heizen sollte. Vor allem aber ein paar wichtige Ersatzteile für den Schiffsdiesel, und die waren ja in diesen Zeiten schwer genug zu bekommen, so dass man sie besser nicht allzu lange in irgendeinem Pappkarton in der Fährstation herumstehen lassen sollte.

Nils hatte beim Frühstück eine perfekte Imitierung der väterlichen Begründung geliefert, natürlich erst nachdem der Alte bereits zum Kutter gegangen war, und Ole musste jetzt noch schmunzeln, wenn er daran dachte.

»Brauchst gar nicht so dumm zu grienen«, brummte der Vater,

der es in der Spiegelung der Scheibe bemerkt hatte. »Ich weiß Bescheid.«

»Was meinst du?«

Arne Storm machte eine unbestimmte Kopfbewegung durch die offene Schiebetür zum Achterdeck, wo Nils schlief.

»Dass er zu den U-Booten geht!«

Der Vater zog ebenso geräuschvoll wie missbilligend die Nase hoch und spuckte den Rotz durch die halboffene Tür in den Wind.

»Er hat's dir gesagt?«, fragte Ole erstaunt.

»Das hat sich der Feigling nicht getraut«, knurrte der Vater. »Aber er konnte es sich nicht verkneifen, damit vor den Weibsleuten anzugeben. U-Boote! Wie kann einer nur so dämlich sein?«

Es klang weniger wütend als resigniert. Jedenfalls nicht so, als sollte noch das große Donnerwetter folgen, vor dem Nils sich selber so bange gemacht hatte. Eine ganze Weile sagte keiner ein Wort. Erst als sie den dunklen, flachen Rücken von Langeneß querab an Steuerbord hatten und das Wasser merklich ruhiger wurde, meldete sich der Vater wieder brummend zu Wort.

»Wenn sie dich einteilen auf dem neuen Schiff und sie geben dir die Chance, selber auszusuchen, dann nimm dir 'ne Station unter Deck, klar? Da will meistens keiner hin, weil du nichts sehen kannst und die ganzen verdammten Bazis, die neuerdings zur Marine kommen, da unten seekrank werden. Aber oben an Deck, da fliegen als Erstes die Splitter herum, wenn ihr einen Treffer kassiert!«

Ole nickte. Er war ein wenig überrascht. Normalerweise war es nicht die Art seines Vaters, sich solche Gedanken zu machen. Und erst recht nicht, derartig viele Worte darüber zu verlieren.

»Das Gleiche gilt für die Geschütztürme und die Brücke. Auf die wird immer zu erst gezielt. Kapiert?«

Ole erinnerte sich, dass sein Vater im letzten Krieg ebenfalls zur See gefahren war und mehrere Gefechte erlebt hatte. Aber er sprach nie darüber. Dass er einmal im Skagerrak sogar versenkt und nur mit Glück überlebt hatte, wusste Ole nur von Tante Elfi in Kiel, die es ihm unter dem Siegel der Verschwiegenheit erzählt hatte. Was bei ihr allerdings nicht viel zu bedeuten hatte.

»Übernimm mal«, brummte der Vater und zeigte auf das Steuerrad.

Ole nahm das Ruder. Mit steifem Schritt das Rollen des Kutters ausgleichend trat der Alte aus dem Steuerhaus und verschwand nach vorne zu dem Niedergang, der hinunter in die winzig kleine Vorpiek führte. Sie war kaum mehr als ein Lagerraum für Fischereigerät und Ölzeug, aber, abgesehen vom Steuerhaus, die einzige überdachte Kajüte auf dem Kutter.

Nach wenigen Momenten war Arne Storm wieder da und drückte seinem Sohn wortlos einen in Wachstuch geschlagenen Gegenstand in die Hand. Ole übergab das Ruder und wickelte das Päckchen aus. Es war ein Taschenmesser mit gezackter Klinge und Marlspieker. Es schien sehr alt und viel benutzt, und als Segelmacher hatte Ole natürlich bereits ein Takelmesser. Aber dieses hier trug eine schöne, altmodisch geschnörkelte Gravur in dem schwarzen Horngriff. O.S. Seine Initialien.

»Das O steht für Ove«, sagte Arne.

Ove Storm. So hatte Oles Großvater geheißen.

Ole erinnerte sich dunkel. Der Großvater war in einem Novembersturm über Bord gegangen, im dem Jahr als Ole in die Schule gekommen war. Wie die meisten Fischer der Insel hatte er nicht schwimmen können und war sofort untergegangen. Erst drei Wochen später hatte die See die Leiche freigegeben und nahe Rantum an den Strand geworfen.

»Hat immer steif und fest behauptet, das Ding bringt ihm Glück«, sagte Arne Storm rau und hielt die Augen auf der Kimm. »Tatsächlich hatte er es zu Hause vergessen, an dem Tag, als es passierte ... Also sieh verdammt noch mal zu, dass du's nie irgendwo liegen lässt!«

Ole war gerührt. Er konnte sich nicht erinnern, überhaupt jemals ein Geschenk von seinem Vater bekommen zu haben. Und nun gab er ihm etwas derart Kostbares. Ole nahm das Messer und schnitt ein Stück von der ausgedienten Flaggenleine ab, mit der die Kaffeekanne an den Schornstein gelascht war. Damit bändselte er das Messer an seinem Gürtel fest und steckte es in die Hosentasche.

Bis Dagebüll sprachen sie kein Wort mehr.

Am Anleger im Fährhafen halfen Nils und Ole dem Vater, die bestellten Sachen aus der Poststelle der Fährgesellschaft zu holen und auf den Kutter zu verladen. Dann kam der Abschied. Wie nicht anders zu erwarten, fiel er kurz und bündig aus. Knapper Händedruck, keine Umarmung, keine überflüssigen Sentimentalitäten. Das war nicht die Art von Arne Storm. Auch wenn diesmal seine beiden einzigen Söhne in den Krieg zogen und er, das ahnte Ole seit ihrem Gespräch auf der Überfahrt, Angst um sie hatte.

Ole und Nils standen nebeneinander auf der Mole und sahen dem Kutter nach, bis er um die Hafenmauer herum verschwunden war. Der Vater hatte sich nicht noch einmal zu ihnen umgedreht.

»Lass uns was frühstücken!«, sagte Nils und knuffte Ole aufgeräumt wie eh und je in die Seite. »Mir hängt der Magen in den Kniekehlen.«

Bis ihr Zug ging, hatten sie noch etwas Zeit und so schlenderten sie zum altehrwürdigen Deichhotel hinauf. Dort bestellte Nils für sie beide eine große Kanne Kaffee und je ein halbes Dutzend Spiegeleier auf Schwarzbrot mit Krabben und Bratkartoffeln. Ole ließ sich die Eier und die Bratkartoffeln schmecken, verzichtete aber auf den Kaffee. Von dem hatte er auf dem Kutter schon genug gehabt. Das Gespräch mit dem Vater auf der Überfahrt erwähnte er nicht, ebenso wenig dass der Alte über Nils heimlichen Wechsel zu den U-Boot-Fahrern im Bilde war. Wenn der Vater es Nils nicht aufs Brot geschmiert hatte, brauchte er es ebenfalls nicht zu tun. Er hatte ohnehin den Verdacht, dass er mit dieser Nachricht bei Nils nicht viel mehr als ein Achselzucken geerntet hätte.

Sie zahlten und gingen zum Bahnhof, wo sie gemeinsam in den Bummelzug stiegen, der über Niebüll nach Husum und weiter nach Hamburg fuhr. Von Station zu Station füllten sich die Wagen.

Hauptsächlich waren es junge Männer, Soldaten wie Nils und Ole, die nach dem verlängerten Wochenende zu ihren Einheiten zurückkehren mussten, und so hatte Nils in ihrem Abteil bald eine sehr interessierte Zuhörerschaft für die Geschichte von seinem Abenteuer mit den beiden Mägden vom Sieversen-Hof. Seine Hoffnung allerdings, Ole könnte nun seinerseits damit herausrücken, ob ihm bei Elsbeth diesmal mehr Erfolg beschieden war, wurde enttäuscht. Ole schwieg eisern. Stattdessen gaben die anderen Burschen ihre Erlebnisse – oder Prahlereien – zum Besten. So verging die Fahrt wie im Fluge.

In Husum musste Ole in einen anderen Zug umsteigen, der ihn über Rendsburg zu seiner Ausbildungskompanie nach Eckernförde bringen würde. Da er das Gleis wechseln musste und so gut wie keinen Aufenthalt hatte, blieb ihm auch nicht viel Zeit für den Abschied von Nils, der im selben Zug weiter nach Hamburg fuhr. Und das war vielleicht auch gut so. Denn dieses Lebewohl fiel beiden schon merklich schwerer.

Während Ole seinen Seesack aus der Ablage zerrte und durch den engen Gang zur Tür bugsierte, machte Nils ein paar aufmunternde Bemerkungen, die im weiteren Sinne mit Seekrieg, Heldentum und dem daraus resultierenden Erfolg bei Frauen zusammenhingen.

An der Tür nahm er Ole unvermittelt in die Arme und drückte ihn fest an sich.

»Pass auf dich auf, Kleiner!«

»Und du auf dich!«

»Um mich mach dir man keine Sorgen. Wenn's ernst wird tauch ich einfach ab!«, antwortete Nils.

Es hatte locker und scherzhaft klingen sollen. Aber seine Stimme klang seltsam heiser und belegt.

»Und jetzt sieh zu!«

Damit stieß er Ole förmlich aus dem Waggon und warf ihm den Seesack hinterher. Keinen Augenblick später schnaufte und ruckelte es und der Zug fuhr wieder an. Aus der offenen Tür heraus winkte Nils ihm zu, bis eine Qualmwolke aus einem Seitenventil der Lokomotive ihn verschluckte.

Mit Erstaunen und Rührung hatte Ole die Tränen gesehen, die seinem Bruder übers Gesicht gelaufen waren, und auch er selber hatte einen mächtigen Kloß im Hals.

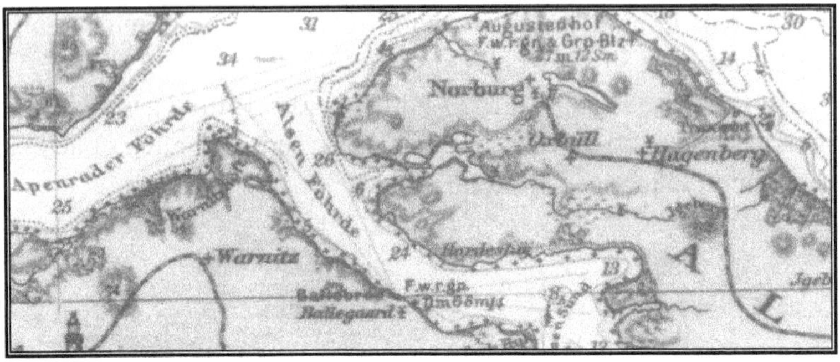

4. Kapitel

REGENGRAU

Die See war grau und stumpf vom Regen. Und stumm. Sie wusste nichts zu erzählen vom zarten Spiel des Windes auf den Wellen und den geheimnisvollen Mustern einer Strömung, erst recht nichts vom hellen Glitzern des Sonnenlichts auf einer leicht geriffelten Oberfläche. Nur vom Regen sprach sie, vom kalten, anhaltenden Regen, der seit Tagen in faden, windlosen Schleiern auf die Förde niederging.

Es war Anfang Juli und Ole war wieder in Kiel. Er blickte auf die gleichen Ufer, die er jahrelang vom Yachtclub aus gesehen hatte. Aber inzwischen war es eine andere, tristere Welt geworden, eine Welt im Krieg, eisengrau eben, und unendlich weit entfernt von jenem lichten, warmen Morgen, als er Lina zum ersten Mal begegnet war.

Wo früher leichte weiße Yachten aus Holz und Segeltuch um die Wette gesegelt waren, lagen nun dicht an dicht die schweren, tarnfarbenen Stahlleiber der Kriegsschiffe, missmutig auf ihren nächsten Waffengang harrend. Im Regen waren sie kaum mehr als kalte Schatten vor dem verwaschenen Hintergrund des Fördeufers und der Stadt.

Und auf eines von ihnen, die *Schleswig-Holstein*, hatte das Schicksal Ole nun verschlagen.

Das Linienschiff *Schleswig-Holstein* war jenes Kriegsschiff gewesen, das im Jahr zuvor am 1. September mit seinen Schüssen auf die Westerplatte in Danzig den Zweiten Weltkrieg eröffnet hatte. Im Moment lag sie, nach ihrem Einsatz bei der Operation »Weserübung« in Norwegen, zur Reparatur von Gefechtsschäden und zur neuerlichen Proviantaufnahme an der Ausrüstungspier im Arsenal.

Noch zur Kaiserzeit gebaut, war sie ein betagter, eckiger Kasten von Schiff. Unförmig und hässlich, selbst für einen Kriegskreuzer, bei denen man ohnehin keine Maßstäbe an Schönheit und Linienführung anlegen durfte. Der Bug war, wie vor dem Ersten Weltkrieg allgemein üblich, noch »falsch herum« geneigt, das Freibord mittschiffs für echten Seegang definitiv zu niedrig, und die Funk- und Signalmasten schienen sich seltsam schief nach vorne zu krümmen. Von den ursprünglich drei Schornsteinen waren, nach ihrer Umrüstung von Kohlefeuerung auf Ölkessel, nur die beiden hinteren übrig geblieben, die nun seltsam unbeholfen die Lücke zwischen Haupt- und Achteraufbau zu füllen versuchten. An ihren Schweißnähten nagte der Rost und sandte kleine braunrote Rinnsale an den fensterlosen grauen Aufbauten hinunter, nur schlecht kaschiert durch hastig aufgepönte Mennige. Wasser, Rost und Dreck sammelte sich zu trüben Pfützen, die in den Dellen und Beulen des nackten, von keinem einzigen Meter Holzplanke bemäntelten Stahldecks standen.

Hinzu kamen die Narben, die ihr der jüngste Zusammenstoß mit britischen Verbänden vor Norwegen eingebracht hatte. Einer der beiden Geschütztürme auf dem Achterdeck hatte einen Treffer kassiert und war halb aus seiner Verankerung gerissen, Steuerbord mittschiffs hatten mehrere großkalibrige Maschinengewehrgarben oder vielleicht auch Bombensplitter tiefe Spuren hinterlassen und auf dem geschwärzten Vorschiff schien es gebrannt zu haben. Nein, die *Schleswig-Holstein* war alles andere als ein schönes Schiff. Und als Ole sie zum ersten Mal gesehen hatte, war es Abneigung auf den ersten Blick gewesen.

Eine Abneigung im Übrigen, die auf Gegenseitigkeit zu beruhen schien. Auf unheimliche Art und Weise schien auch die *Schleswig-Holstein* alles daranzusetzen, es Oles schwer zu machen.

Gleich am ersten Tag war er ausgerutscht und einen der steilen Niedergänge hinuntergesegelt – etwas, das ihm bisher noch auf keinem anderen Schiff passiert war und ihm reichlich blaue Flecken und Spott eingebracht hatte. Am zweiten Tag war ein Bodengitter in einer Peilnock nicht richtig eingelegt gewesen und Ole wäre, hätte er sich nicht im letzten Moment noch an der Reling festgehalten, um ein Haar abgestürzt. An seiner Stelle waren jedoch besagtes Bodengitter und der offene Farbtopf, mit dem er gerade hantiert hatte, zwei Stockwerke tiefer durch eine offene Ladeluke in die darunter befindliche Proviantlast eingeschlagen, wo sie für reichlich Aufregung gesorgt und Ole eine gehörige Abreibung eines Unteroffiziers eingebracht hatten.

Gleich in der ersten Nacht hatte Ole festgestellt, dass genau über seiner Koje die Abwasserleitung eines der Mannschaftsklosetts entlang führen musste. Der Häufigkeit nach zu urteilen, mit der die unappetitlichen Geräusche über ihn hinweggurgelten, schien es die einzige Toilette auf dem ganzen verdammten Schiff zu sein und ob die gelegentlichen Tropfen, die auf seine Koje fielen, Schwitzwasser waren oder Schlimmeres, das wagte Ole sich gar nicht erst vorzustellen.

Überhaupt war die *Schleswig-Holstein*, wenn überhaupt möglich, unter Deck noch hässlicher als oben. Niedrig, mangelhaft beleuchtet und derartig unübersichtlich angeordnet waren die Gänge, dass Ole sich in diesen ersten Tagen wohl ein Dutzend Mal verlaufen hatte. Und wie oft er sich in einem der Decks den Kopf angestoßen hatte, wusste er schon gar nicht mehr. Eine Lüftung schien auf der *Schleswig-Holstein* ebenfalls nicht zu existieren. Überall in ihren

Eingeweiden stand derselbe feuchtmuffige Geruch nach Kombüse, Pumpklo und Dieselöl.

Das Schlimmste von allem jedoch war, dass man Ole für den Decksdienst eingeteilt hatte. Anfänglich hatte er noch gehofft, er bekäme so vielleicht wenigstens hin und wieder ein paar Festmacher zu spleißen oder eine Persenning zu flicken. Aber schon nach der ersten Woche wusste er, worum es für einen Decksgast ausschließlich ging: Reinschiff und Rostklopfen. Besonders für Letzteres gab es auf der *Schleswig-Holstein* ja auch reichlich Bedarf.

Im Gefechtsfall hatte die Decksmannschaft zudem die leichten, nur unzureichend gepanzerten MGs an Oberdeck zu bemannen. Mit flauem Gefühl in der Magengegend sah Ole zu den Einschusslöchern mittschiffs. Einer seiner neuen Kameraden hatte ihm erzählt, dass bei dem Gefecht mit den britischen Verbänden acht Männer gefallen waren, sieben von ihnen aus der Deckscrew.

Die Worte seines Vaters kamen ihm in den Sinn, sich nur ja eine Position unten im Schiff zu suchen, wenn man ihn fragte. Natürlich hatte man nicht gefragt. Man hatte ihn einfach eingeteilt mit den Worten, dass man auf einem kesselgetriebenen Schiff mit einem Segelmacher ohnehin nichts Besseres anzufangen wüsste.

Die Reparaturarbeiten waren vollendet und schon morgen sollte es zurück an die Nordfront gehen. Bergen oder Narvik, vielleicht auch Island. Etwas Genaueres hatte man ihnen nicht gesagt. Fest stand nur eins: Es würde ungemütlich werden. In jeder Beziehung. So passte das graue Regenwetter über Kiel bestens zu Oles trüben Zukunftsaussichten.

An diesem Nachmittag standen noch Treibstoff- und Munitionsübernahme auf dem Dienstplan. Während vorne und achtern die großen Kaliber mit einem Kran an Deck und hinunter in die Munitionslasten gehoben wurden, mussten Ole und einige andere mittschiffs die schweren Holzkisten mit der MG- und Handfeuermunition Hand über Hand in die engen Lagerräume hinunterlassen. Jede verdammte Kiste einzeln. Vor dem Rücken brechenden Gewicht der Munition war Ole nicht bange. Aber die feuchte, finstere Enge der Munitionslast war ihm ein Graus. Und natürlich hatte ihn der Unteroffizier – es war der gleiche, der ihn seit der Sache mit dem Farbeimer als seinen »speziellen Kunden« betrachtete – ganz nach unten geschickt.

Während er auf die nächste Kiste von oben wartete, versuchte Ole sich dadurch aufzuheitern, an andere unerfreuliche Arbeiten zu denken, die er schon einmal auf anderen Schiffen hatte tun müssen. Auf Knien ein Teakdeck schrubben, oder ein verstopftes Pumpklo zerlegen und reinigen. Auf einem Zwölfer hatte er einmal geholfen, einhundert Quadratmeter zerrissenes und störrisch hin und her schlagendes Segeltuch einzufangen, nachdem bei sechs Windstärken das Großfall gebrochen war. Was für ein Kampf. Als sie das Segel endlich auf dem hin und her schlingernden Großbaum verzurrt hatten, war die Haut über Oles Knöcheln blutig gewesen und ein Fingernagel fehlte. Immerhin war er damals stolz gewesen. Von Stolz konnte hier an Bord keine Rede sein.

Ein Fluchen von oben riss Ole zurück ins Hier und Jetzt. Gerade noch konnte er verhindern, dass ihn die Kiste, die dem Mann über ihm aus der Hand gerutscht war, an der Schulter erwischte. Mit ohrenbetäubendem Lärm ging sie neben ihm entzwei und ergoss ihren öligen Inhalt über die bereits gestapelten Kisten. Wehmütig dachte Ole an das Großsegel des Zwölfers. Er hätte nie für möglich gehalten, wie sehr ihm ein schnödes Stück Baumwolle mit ein paar Nähten, Kauschen und Reffbändseln würde fehlen können. Er schluckte. Verdammt, war das nun Schweiß, der ihn so in den Augen zwickte? Oder war es etwas anderes, das man besser möglichst schnell mit dem Handrücken wegwischte, bevor es jemand sah?

Als gute eineinhalb Stunden später die letzte der verhassten Kisten gestapelt war und Ole sich erschöpft und erleichtert aus seinem stickigen Verlies ans Tageslicht zurückarbeitete, gönnte ihnen der Obermaat großzügig ein paar Minuten Pause. Rasch verdrückte sich Ole auf das Achterdeck, wo er sich an die Reling lehnte und erst einmal tief Luft holte. Überrascht stellte er fest, dass der Regen aufgehört hatte. Mehr noch, zum ersten Mal seit über einer Woche stahlen sich ein paar verirrte Sonnenstrahlen durch die Wolkendecke und ließen das Wasser glitzern.

Plötzlich erstarrte Ole. Hatte er eine Vision? Oder war es die Folge von Anstrengung und Sauerstoffmangel unter Deck, die ihm ein Trugbild vorgaukelte?

Direkt vor ihm leuchteten strahlend weiß die Segel einer großen, rassigen Segelyacht. Langsam und majestätisch wie ein Schwan zwischen hässlichen schwarzen Aaskrähen zog sie an den Kriegsschiffen vorbei, genau in jenen einzelnen Flecken Sonnenlicht hinein, der ihre Takelage und jeden einzelnen Plankengang ihres weißen Rumpfes in magischem Gold aufleuchten ließ.

Einzig die Tatsache, dass auch seine Kameraden neben ihm das Schauspiel mit offenem Mund und blanken Augen verfolgten, ließ Ole nicht vollends an seinem Verstand zweifeln.

Groß- und Fliegersegel gingen herunter, und nur unter Fock und Besan fuhr der als Bermuda-Yawl getakelte Zweimaster einen eleganten Aufschießer, bis er längsseits an der Pier zum Stehen kam. Ein Anleger ohne Motoreinsatz war ein beachtliches Manöver für ein Schiff von gut und gerne 70 Tonnen Gewicht. Wer immer dort das Ruder führte, verstand etwas von seinem Handwerk.

»Ist ja ein dolles Ding!«, sagte einer von Oles Kameraden voller Bewunderung. »Woher die wohl kommt?«

»Aus Mürwik«, antwortete Ole, ohne die Augen von der Yacht abzuwenden.

Er hatte sie sofort erkannt.

»Das ist die *Skagerrak*.«

Sie gehörte der Marineschule in Flensburg. Im letzten Juni war sie auf ihrer Jungfernfahrt von der Weser, wo sie bei Abeking & Rasmussen gebaut worden war, durch den Kanal gekommen und hatte vor dem Kaiserlichen Yachtclub Station gemacht. Von Takelung, Rumpfform und Segelverhalten her war sie das Modernste und Schnellste, was die Yachtkonstrukteure bis dato hervorgebracht hatten, und es hieß, Erich Raeder, Großadmiral und Oberbefehlshabender der Kriegsmarine, habe sie beim alten Henry Rasmussen in Auftrag gegeben, um höchstselbst mit ihr nach Amerika zu segeln und dort zum Ruhme der deutschen Marine den legendären 100-Guinee-Cup zu gewinnen. Nun, das war vor dem Krieg gewesen, und die Ansichten des Herrn Raeder, wie die Marine zu Ruhm und Ehre gelangen sollte, hatten sich grundlegend gewandelt. Inzwischen wurde die *Skagerrak*, wie alle anderen größeren Yachten der Marine, ausschließlich für die nautische Ausbildung von jungen Offizieren eingesetzt. Nachschub an Menschenmaterial, nach dem die unersättliche Kriegsmaschinerie ständig verlangte.

»Mürwik?«, fragte Oles Kamerad. »Von der Kadettenschule?«

»Genau die«, knurrte der Obermaat, der sich inzwischen zu ihnen gesellt hatte. »Und während sich unsereins beim Feindeinsatz im Nordmeer die Eier wegschießen lassen darf, machen die künftigen Herren Offiziere erst mal ein zwei Wochen Segelurlaub auf der heimeligen Ostsee!«

Er zog geräuschvoll die Nase hoch und spuckte das unerfreuliche Ergebnis abfällig in Richtung der Yacht.

»Na ja, die erwischt's auch noch früher oder später! Los jetzt! Zurück an die Arbeit, ihr verdammten Faulpelze! Reise Reise!«

~

Dienstausscheiden war um sechs und trotz reichlich Arbeit verging die Zeit bis dahin quälend langsam. Sobald die Musterung vorüber war, hatte es jeder eilig, an Land zu kommen. Die einen wollten den letzten Abend vor dem Auslaufen im Schoße ihrer Familien verbringen, die anderen hatten weit unkeuschere Schöße im Sinn, die drüben auf der sündigen Meile Kiels auf sie warteten. In den Quartieren rasierten und parfümierten und putzten sich beiderlei Landgänger heraus, was das Zeug hielt. Auch Ole verspürte den unbestimmten und ihm selbst etwas rätselhaften Impuls, ein frisches Hemd anzuziehen. Rätselhaft deswegen, weil er doch lediglich ein paar Meter auf der Pier zu gehen und sich die *Skagerrak* aus der Nähe anzusehen gedachte. Aber das Gedränge vor den Kleiderspinden und Rasierspiegeln war so groß, dass Ole dann doch verschwitzt und zerknittert wie er war hinunter auf die Pier ging.

Die stattliche, 27 Meter lange und 5,5 Meter breite Segelyacht wirkte mit ihrem weit überhängenden Bug und Heck und dem betonten Deckssprung überraschend leicht und elegant. Das breite, weitläufige Teakdeck und die Anordnung der chromblitzenden Beschläge machten einen aufgeräumten Eindruck, und das Wenige, das an Luken, Oberlichtern und Aufbauten darauf verteilt war, erglänzte in makellos lackiertem Mahagoni. Der mächtige Großmast mochte an die 90 Fuß hoch sein und war, ebenso wie der kleinere Besan, schneidig nach achtern gepfeilt. Ein Schiff, das von seiner gesamten Konstruktion her nur einem einzigen Zweck verpflichtet war: dem Sieg bei Segelregatten.

Langsam schlenderte Ole nach achtern, um sich das Cockpit und die »Hütte« näher anzusehen, wie der kurze, etwas erhöhte Kajütaufbau direkt vor dem Steuerstand genannt wurde.

Ole stutzte. Aus dem Niedergang schob sich genau in diesem Moment ein wohlbekannter stiernackiger Glatzkopf. Ole hätte mit allem gerechnet, aber nicht damit.

»Meister Rausch?«, rief er aus und strahlte von einem Ohr zum anderen.

Der Segelmacher fuhr herum, auch er über alle Maßen erfreut.

»Ole! Das ist ja ein Ding! Was machst du denn hier? Mensch, komm an Bord!«

Das ließ sich Ole nicht zweimal sagen. Der kräftige Griff, mit dem Rausch ihm von der Pier auf das Deck der Segelyacht hinüber half, artete in ein ausgiebiges herzliches Händeschütteln aus.

»Erzähl! Wie ist es dir ergangen? Auf welchem schönen Schiff lässt dich der Führer über die Meere schippern?«, fragte Rausch, als er Ole ins Cockpit zog.

»Auf der *Schleswig-Holstein*. Da!«, seufzte Ole und nickte zu dem unansehnlichen grauen Klotz hinüber. »Morgen früh laufen wir aus.«

»Oh ...«, machte Rausch. »Das ist ja weniger schön.«

Er ließ offen, ob er damit Oles baldigen Fronteinsatz meinte oder das Schiff an sich, das auch er mit sichtlichem Missfallen betrachtete.

Erst jetzt fiel Ole auf, dass Rausch ebenfalls Uniform trug. Die Abzeichen auf den Schulterklappen wiesen ihm den Dienstgrad eines Hauptbootsmanns zu.

»Und Sie?«, fragte Ole. »Was machen Sie hier?«

»Seemännische Ausbildung von Offiziersanwärtern.«

»Aber die Werkstatt...?«

»Ach, die Zeiten sind nicht allzu rosig für alles, was mit Segeln zu tun hat«, antwortete Rausch gedehnt. »Und bevor sie mich einziehen und weiß der Geier wohin stecken, dachte ich, heuer ich lieber noch mal freiwillig an. Als Decksmeister in der Segelcrew von unserem guten Herrn Konteradmiral.«

»Von Wellersdorff?«, fragte Ole. »Ist der etwa auch hier?«

»Das will ich meinen! Der skippert die Yacht. Oder glaubst du, der überlässt irgendjemand anderem den Spaß, mit dem schönsten Schiff der ganzen verdammten Reichskriegsmarine über die Ostsee zu segeln?«

Liebevoll tätschelte er den Kajütaufbau der *Skagerrak*. Aber dann verflog das sonnige Lächeln aus seinem Gesicht. Er sah sich vorsichtshalber um, ob sie allein waren, dann fuhr er mit gesenkter Stimme fort: »Wer wollte es ihm auch verdenken? Es gibt Gerüchte, dass er sich nicht mehr lange als Chef der Offiziersschule wird halten können. Differenzen mit dem Großadmiral und ein paar hohen Tieren aus der Partei. Du verstehst.«

Ole nickte verständnisvoll, obwohl ihm nur zum Teil klar war, was Rauschs Andeutungen besagen sollten.

»Und dann rat mal, wer außerdem noch zur Crew gehört?«

Ole konnte nur die Achseln zucken.

»Unser Herr Starbootweltmeister!«

»Pimm? Pimm van Hütschler?«, fragte Ole zutiefst erstaunt.

»Quatsch. Dein Freund, der Schnösel ... Korfmann! Sein Vater meinte wohl, dass er noch 'ne handfeste Offiziersausbildung abhaben soll, bevor er ihn nach Berlin holt, um Karriere zu machen.«

Ole runzelte die Stirn. Natürlich freute es ihn zu hören, dass Richard Korfmann es einmal mehr so gut getroffen hatte. Aber irgendwie hatte er auch gewisse Schwierigkeiten, sich den selbstbewussten, um nicht zu sagen selbstgefälligen Richard als gehorsam Befehle ausführenden Offiziersschüler vorzustellen.

»Ist er an Bord?«, fragte er. »Richard meine ich?«

»Nee, die sind natürlich alle auf Landgang. Apropos! Komm, ich zeig dir das Schiff!«, sagte Rausch aufmunternd und verschwand unter dem Schiebeluk.

Ole folgte ihm bereitwillig in das kleine Deckshaus, das fast zu einem Drittel von einem großen Kartentisch eingenommen wurde. Von dort ging es weiter einen geschwungenen, steilen Niedergang hinab unter Deck.

»In der Achterkammer logiert natürlich der Konteradmiral«, sagte Rausch und deutete auf eine Tür, die halb offen stand.

Ole konnte einen Salon mit einem weiteren Navigationsplatz, gepolsterten Sitzbänken und einer Koje mit zugezogenem Vorhang erkennen.

»Was Kapitänleutnant Strasser natürlich gar nicht schmeckt. Der ist normalerweise der Ausbildungsskipper, wenn der Kon.Ad. nicht mitfährt. Jetzt muss er sich mit einer der Kammern für die Offiziersanwärter begnügen. Und die sind natürlich empfindlich kleiner.«

Rausch deutete auf die Kabinentüren, die entlang des Mittelganges folgten. Drei an Steuerbord, drei an Backbord.

»In der hier wohnt übrigens Korfmann!«

Ole äugte neugierig in die von Rausch bezeichnete Kammer hinein. Sie verfügte über zwei Etagenkojen und davor gerade genug Platz, um sich einmal um die eigene Achse drehen zu können. Es gab zwei schmale Spinde. Einer war mit einem Vorhängeschloss gesichert, der andere stand weit offen und gab den Blick frei auf unordentlich durcheinander geworfene Kleidungsstücke. Ole musste grinsen. Dieser gehörte mit Sicherheit nicht seinem Freund Richard, der stets pedantisch auf Ordnung hielt.

Rausch zog ihn weiter. Ein paar Meter nach vorne mündete der Mittelgang im geräumigen Salon der *Skagerrak*. Mehrere Oberlichter erhellten einen mächtigen, langen Tisch, der an beiden Seiten und am Kopfende von lederbespannten Sitzbänken eingefasst wurde. Ole entwischte ein anerkennender Pfiff durch die Zähne.

»Ist ja riesig!«

»Täusch dich nicht«, sagte der Segelmacher. »Wir segeln mit vier Mann Stamm und zwölf Kadetten. Da wird's schon mal ganz schön eng an der Back.«

Alles, Bodenbretter, Schränke, Wandverkleidung, Sitzbänke und der Tisch, waren aus dem gleichen dunkel schimmernden Holz, das Ole bereits in der Achterkammer und oben im Deckshaus gesehen hatte. Durchaus geschmackvoll, aber längst nicht so üppig wie auf manch anderer Segelyacht dieser Größe. Ein Zeichen dafür, dass die *Skagerrak* vornehmlich als Regattayacht konzipiert worden war.

»Tja, und hier vorne hausen Obermaat Fleck, der Smut, und meine Wenigkeit.«

Durch die vor dem Salon liegende Kombüse und eine weitere Tür erreichten sie die Vorpiek, einen lang gestreckten, niedrigen Raum. Spätestens hier hatte aller Komfort ein Ende. An beiden Seiten unter zwei Bullaugen gab es je einen kleinen Schrank und eine einfache Koje mit Schlingerbrett. Die Bordwände waren gänzlich unverkleidet, und im Abstand von einem halben Meter zueinander sah man die nackten Stahlspanten, auf welche die sechs Zentimeter starken Mahagoniplanken der »*Skagerrak*« genietet waren. Aufrechtes Stehen war hier nicht mehr möglich. Und nicht nur unter der großen Vorschiffsluke war alles klamm und feucht. Noch weiter vorne in Richtung Kettenkasten entdeckte Ole im Halbdunkel einige große Taurollen und gigantische Segelsäcke.

»Nicht gerade das Parkhotel, was?«

Ole nickte. Trotzdem hätte er alles dafür gegeben, dieses Quartier mit seiner Koje unter der tropfenden Abwasserleitung auf der Schleswig-Holstein zu tauschen.

»Ach Herrjeh, das Ding hab ich fast vergessen«, brummte Rausch und deutete auf ein Segel, das aus einem der Segelsäcke hervorquoll. »Die Baumfock. Unser schnöseliger Supersegler hat sie über die scharfe Kante vom Ankerspill gezerrt.«

Ole musste grinsen. Rausch hatte Richard Korfmann noch nie leiden können. Er kniete sich hin und nahm den Riss mit Kennermiene in Augenschein. Rausch stand gebückt neben ihm und fuhr sich nachdenklich mit der Hand über die Glatze.

»Hmm, sag mal, du hast nicht rein zufällig Lust, mir dabei zu helfen? Das Ding ist ein bisschen schwer, um es allein hin und her zu ziehen.«

Ole blinzelte irritiert. Hatte er sich verhört? Er durfte ein Segel reparieren?

»Natürlich nur, wenn du Lust hast«, setzte Rausch rasch nach. »Ich will dich nicht um deinen wohlverdienten...«

»Doch! Doch!«, sprudelte es aus Ole heraus. »Nichts lieber als das!«

Wenig später saß Ole mit dem schweren Vorsegel auf den Knien unter dem offenen Vorluk, einen fleckigen, abgenutzten Segelmacherhandschuh an der rechten Hand, und wie von selbst glitt die Nadel mit dem geharzten Faden durch das schwere Tuch. Von außen war das vertraute Glucksen des Wassers gegen den Rumpf zu hören und Ole war, wenn auch nur für den Augenblick, mit sich und der Welt versöhnt.

»Fast wie früher, hm?«, sagte auch Heribert Rausch.

Ole lächelte, ohne von seiner Arbeit aufzusehen. Dann hörte er das vertraute Schmatzen und scharfe Luftholen, das stets ein jedes Stück Kautabak begleitete, das der Meister sich in den Mund schob.

»Wenn nur der verdammte Krieg nicht wär!«, seufzte Rausch und wischte ein paar Reste Priem von seinem Takelmesser. »Ne Affenschande ist das. Sommer und kein einziges Segel auf'm Teich. Die Boote aufgeslippt in irgendwelchen Schuppen, machen die Planken auf, weil sie keinen Tropfen Wasser zu sehen kriegen. Die einzigen, die vielleicht noch segeln, außer uns natürlich, sind ein paar Parteibonzen. Apropos ... Erinnerst du dich an diesen hübschen 50er-Kreuzer aus dem Club? Wie hieß der noch?«

»Den von Hülsmeyer?«, Ole sah ruckartig von seiner Arbeit auf. »Natürlich, die *Lydia*!«

Wie hätte er jemals »sein« Schiff vergessen können? Oder die Nacht, in der er unfreiwillig in die Fluchtpläne ihres Eigners eingeweiht wurde. Plötzlich tauchten noch andere, längst verdrängte Bilder auf. Zum Beispiel das von Lina, die Hülsmeyers Koffer über Bord gehen ließ, und Ole bemerkte, wie sein Herz heftiger gegen die Rippen schlug.

»Was ist mit ihr?«, fragte Ole. »Also der *Lydia*, meine ich?«

»Du hast das damals, glaube ich, nicht mitbekommen. Aber keine Woche, nachdem sie Hülsmeyer verhaftet haben, sind sie gekommen und haben die Yacht konfisziert. Angeblich, um sie für ihn sicherzustellen. Aber ... hier!«

Rausch tippte sich bedeutungsvoll mit dem Zeigefinger unter das rechte Auge.

»Tatsächlich segelt jetzt irgendein Parteibonze mit ihr auf dem Wannsee herum. Stell dir das mal vor! So ein Schiff auf dem Wannsee.«

»Und ... Hülsmeyer?«, fragte Ole.

»Ist nie wieder aufgetaucht. Das arme Schwein. Es heißt, dass er im Gefängnis Selbstmord begangen hat.«

Rausch senkte verschwörerisch die Stimme.

»Ich persönlich tippe eher darauf, dass er die Befragung der

Gestapo nicht überlebt hat. Die werden ihn wohl ziemlich in die Mangel genommen haben.«

Um herauszufinden, wo sein Koffer abgeblieben ist, schoss es Ole sofort durch den Kopf. Und wer mit ihm unter einer Decke steckte. Wie eine kalte Hand griff diese Erinnerung nach ihm.

»Was hat Hülsmeyer eigentlich für eine Erfindung gemacht?«, fragte er vorsichtig.

»Genau weiß ich das nicht. Er war ein ziemlich hohes Tier in Peenemünde. Irgendwas mit diesen Dingern, na, wie heißen die ... diesen Raketen vielleicht. Oder sonst irgendwelchen neuartigen Superwaffen. Der Konteradmiral will nicht, dass darüber geredet wird.«

»Und das hat seinen verdammten Grund!«, schnarrte in diesem Augenblick eine Stimme, und die Tür zur Vorpiek flog auf. Sowohl Ole als auch Rausch fuhren erschrocken zusammen.

Es war der Konteradmiral.

»Ich dachte, ich hätte das klar genug zum Ausdruck gebracht, Herr Hauptbootsmann!«

Von Wellersdorff war binnen des Dreivierteljahres sichtlich gealtert. Sein Haar war vollends ergraut und noch schütterer geworden. Die Furchen auf seiner Stirn und um den Mund waren tiefer, was seinem ohnehin scharf geschnittenen Gesicht nun einen fast asketischen Ausdruck gab. Vielleicht eine Folge der Schwierigkeiten, von denen Rausch gesprochen hatte? Aber seine grauen Augen blitzten wie eh und je und auch seine Stimme hatte nichts von der alten Schärfe eingebüßt.

»Verdammt, Rausch, es hätte weiß Gott wer hinter dieser Tür stehen und lauschen können! Du weißt, was ich meine!«

Rausch senkte den Kopf.

»Jawohl, Herr Konteradmiral.«

Von Wellersdorffs Blick wanderte zu Ole. Er war kühl und es war kein Anzeichen von Wiedersehensfreude darin zu erkennen.

»Na Storm? Immer noch kein sauberes Hemd am Leib, wie ich sehe!«

Ole sah an seinem noch von der Munitionsschlepperei verdreckten Äußeren herab. Siedend heiß stieg ihm das altbekannte, lästige Rot in die Wangen. Nun wusste er, warum er vorhin das Gefühl gehabt hatte, besser ein frisches Hemd anzuziehen. Immerhin schien der Konteradmiral nach dieser Zurechtweisung etwas milder gestimmt.

»Ole«, sagte er eindringlich, »was damals beim Club passiert ist, diese Razzia, das wirst du für dich behalten, verstanden? Weißt du warum?«

»Damit die Sache mit Hülsmeyers Koffer nicht rauskommt«, antwortete Ole.

Von Wellersdorff und Rausch tauschten einen überraschten Blick.

»Was war mit dem Koffer?«, fragte der Konteradmiral langsam. Der bedrohliche Unterton in seiner Stimme jagte Ole ein unangenehmes Prickeln über den Haaransatz.

»Wieso? Lina... ich meine, das Fräulein Sønstebye hat ihn doch über Bord geworfen.«

Beide, der Segelmacher und der Konteradmiral waren sprachlos.

Von Wellersdorff setzte sich auf die zweite Koje und starrte eine ganze Weile auf seine Knie.

»Ich dachte, Sie wüssten das?«, sagte Ole unsicher.

»Nein, das wusste ich nicht«, antwortete von Wellersdorff. »Die Gestapo hat einen Teil des Gepäcks konfisziert. Wir dachten, Hülsmeyers Sachen wäre dabei gewesen.«

Obwohl ihm die Frage förmlich auf den Lippen brannte, hütete sich Ole, nach dem Inhalt des ominösen Gepäckstücks zu fragen.

»Und sie hat ihn ins Wasser geworfen?«, fragte der Konteradmiral noch einmal. »Wo?«

»Auf dem Schlepper. Achtern, vom Seitendeck aus«, antwortete Ole.

Von Wellersdorf und Rausch tauschten einen bedeutungsvollen Blick. Es schien Ole, als ob beide den gleichen Gedanken hatten, denn der Konteradmiral nickte dem Segelmacher unmerklich zu und sagte leise: »Wir sollten keine Zeit verlieren!«

Dann fuhr von Wellersdorff in scharfem Tonfall in Oles Richtung fort: »Was du uns da erzählt hast, Storm, wirst du niemals jemand anders gegenüber erwähnen, verstanden? Nie! Am besten, du vergisst, was du in jener Nacht gesehen und gehört hast.«

»Verstanden!«, sagte Ole und schluckte.

»Gut. Dann geh jetzt zurück auf dein Schiff! Und sprich auch nicht darüber, dass du hier warst!«

Damit stand von Wellersdorff auf.

»Kommen Sie, Herr Hauptbootsmann!«

Ohne ein weiteres Wort oder auch nur einen Blick zu Ole verschwand der Konteradmiral aus der Vorpiek. Ole starrte ihm konsterniert nach. Und auch Rausch konnte nur die Achseln zucken.

»Besser du tust, was er sagt«, brummte er und klopfte Ole mit seiner Pranke auf die Schulter. »Mast und Schotbruch, Junge. Halt die Ohren steif und den Kopf unten, wenn's knallt!«

Damit war Ole allein.

Er blieb noch ein paar Augenblicke so sitzen, wie ihn die beiden anderen verlassen hatten, enttäuscht darüber, dass sein Besuch auf der *Skagerrak* so abrupt und mit einem derart negativen Beigeschmack endete. Und verwirrt über von Wellersdorffs plötzliche Eile, die ganz offensichtlich durch seine Erwähnung von Hülsmeyers Koffer ausgelöst worden war. Darauf konnte sich Ole keinen Reim machen.

Er legte das Takelwerkzeug zusammen, faltete die Fock, so gut er das in der Enge der Vorpiek alleine vermochte, und ging ebenfalls hinaus.

Als er in den Salon kam, war vom Konteradmiral und dem Segelmacher nichts mehr zu sehen und zu hören. Dafür stand im Halbdunkeln unter dem Niedergang ein anderer Mann. Er hatte den Kopf gesenkt, fast so als lausche er an der geschlossenen Tür zur Achterkabine. Als er Ole kommen hörte, fuhr er herum und beeilte sich, von der Tür des Konteradmirals wegzukommen.

Es musste der Smut sein, denn vom Dienstgrad her war er lediglich Obermaat. Außerdem hielt er eine Gemüsekiste vor den schwabbeligen Bauch gepresst. Einen Augenblick starrte er Ole aus weit hervortretenden Augen an. Dann erkannte er offensichtlich, dass er nur einen einfachen Matrosen vor sich hatte, der obendrein nicht mal hier an Bord gehörte.

»Wer bist du denn, Freundchen?«, fragte er heiser und versperrte ihm den Weg. »Was hast du hier herumzuschnüffeln?«

»Ich habe Hauptbootsmann Rausch geholfen, die Kutterfock zu flicken!«, antwortete Ole und konnte nicht verhindern, dass es ziemlich giftig klang. »Und wenn hier einer schnüffelt, dann wohl eher Sie!«

Damit schob er sich an dem Obermaat vorbei, stapfte den Niedergang hinauf und weiter über die Gangway auf die Pier.

~

Als die Schleswig-Holstein am nächsten Morgen auslief, war Ole überzeugt, weder die *Skagerrak* noch von Wellersdorff oder Rausch jemals wiederzusehen. Zunächst verholte das Linienschiff von seinem Liegeplatz im Marinearsenal lediglich zu einer Reede draußen auf der Förde. Dort sollte sie auf ein Versorgungsschiff warten, das erst gegen Abend eintreffen würde und das sie im Verbund mit zwei anderen Schiffen hinauf nach Norwegen eskortieren sollte. Am Vormittag, Ole war als Ankerwache auf der Back eingeteilt, kam eine Barkasse längsseits. Kurz darauf tauchte der Postenläufer vorne bei Ole auf, ein bleicher Junge aus Oles Korporalschaft, und erklärte ihm atemlos, dass er sich sofort beim Kommandanten zu melden habe. Mit mulmigem Gefühl eilte Ole zum K-Raum, der mittschiffs im ersten Unterdeck lag. Er klopfte, wartete gehörig auf das Herein und betrat den Raum.

»Matrose Storm meldet sich zur Stelle!«, rief er und nahm Haltung an.

Der Kommandant der Schleswig-Holstein hatte den Rang eines Kapitäns zur See, hieß Kleikamp und war ein klapperdürrer, ungesund wirkender Mann Ende Fünfzig. Er hatte schlechte Zähne, trübe Augen mit schweren, gelblichen Tränensäcken darunter, und stand dem Schiff, das er befehligte, in Punkto Hässlichkeit in Nichts nach. Hinter seinem Rücken wurde er allgemein nur »das Gespenst« genannt.

Es dauerte eine ganze Weile, bis das Gespenst sich herabließ, auf Oles Anwesenheit zu reagieren.

»Packen Sie Ihre Sachen, Matrose!«, raunzte er unfreundlich, ohne von seinem Stapel Papiere aufzusehen. »Das Marinepersonalamt ist der Meinung, dass Sie als Koch dringender auf einem anderen Schiff benötigt werden. In zehn Minuten fahren Sie mit der Barkasse zurück ins Arsenal.«

Ole blinzelte. Er sollte versetzt werden, was an sich ja fast an ein Wunder grenzte. Aber ... als Koch? Das konnte sich nur um eine Verwechslung handeln. An einem Herd hatte Ole in seinem Leben noch nichts anderes zustande gebracht als überkochende Milch und angebrannte Spiegeleier.

»Als ob es nicht schon genug gottverdammte Köche in der Marine gäbe«, setzte Kleikamp missmutig nach.

Er unterschrieb ein Formular, hustete feucht darauf und hielt es Ole hin, immer noch ohne ihn eines Blickes zu würdigen.

»Ihre Versetzungsurkunde. Wegtreten!«

Besser er klärte das Missverständnis gleich auf, bevor es später Ärger gab. Nur wie? Ole zögerte.

Erst jetzt hob der Kommandant den Kopf und musterte ihn aus trüben, wässrigen Augen.

»Haben Sie noch was zu sagen?«, fragte er und sein Desinteresse an einer wie auch immer gearteten Antwort war offensichtlich.

Ole zögerte.

»Nein. Melde mich ab!«, sagte er dann rasch, grüßte und verließ eilig die Kammer.

Draußen im Gang atmete Ole mehrmals tief durch. Dann breitete sich warm die Erkenntnis in ihm aus, dass der liebe Gott in letzter Minute doch noch ein Einsehen mit ihm gehabt und ihm einen rettenden Tampen hingeworfen hatte. Mochte ihm das Missverständnis um seinen Beruf auch später mit lautem Knall um die Ohren fliegen, alles war besser als eine Feindfahrt auf diesem Seelenverkäufer unter dem Kommando eines triefäugigen Gespenstes.

Im Gehen warf er einen flüchtigen Blick auf seinen Versetzungsbescheid, um herauszufinden, wohin es ihn diesmal verschlagen sollte – und blieb wie angenagelt stehen!

Dort, in der zweiten Zeile unter »versetzt nach …«, stand Schwarz auf Weiß zu lesen:

»2. Ausbildungskompanie der Marineoffiziersschule Mürwik, Segelschulschiff *Skagerrak*, u.d. Kommando von Kapitänleutnant z.S. Strasser.«

Weiter unten waren mehrere Stempel und Unterschriften, von denen sich eine besonders schwungvoll abhob. Es war die Signatur von Konteradmiral Paul Freiherr von Wellersdorff.

Es dauerte fast eine ganze Minute, bis Ole wieder zu sich kam. Blieben noch neun, bis die Barkasse ablegen würde. Mit einem lauten Jubelruf rannte er los, um seinen Seesack zu packen.

~

Wenige Stunden später war die *Skagerrak* bereits unter vollen Segeln und mit raumem Wind auf dem Weg zurück nach Flensburg, das nach einer Nacht vor Anker am kommenden Mittag erreicht werden sollte. Die Wogen von Oles schwindelhaftem Glücksgefühl hatten sich so weit gelegt, dass er sich den pragmatischeren Problemen seiner märchenhaften Errettung zuwenden konnte. Wie zum Beispiel der Tatsache, dass er an Bord der *Skagerrak* tatsächlich die Kombüse versorgen sollte. Und das, obwohl er vom Kochen ungefähr so viel Ahnung hatte, wie eine Möwe vom Reinschiffmachen.

»Was sagst du da?«, fragte Heribert Rausch gereizt.

Der Segelmacher war gerade dabei, Ole in der schwankenden, engen Kombüse in die tieferen Geheimnisse der Kochgerätschaften und Proviantfächer einzuweisen.

»Ich sagte, ich kann gar nicht kochen«, wiederholte Ole.

»Das musst du mit von Wellersdorff abmachen«, antwortete Rausch missmutig. »Vielleicht schickt er dich ja zurück auf die *Holstein.*«

»Alles – nur das nicht!«

»Na also«, brummte Rausch. »War nun mal dummerweise der Smut, der ausgefallen ist und nicht der Segelmachermeister. Du kannst überhaupt von Glück reden ...«

Ole war sich der Verrücktheit seines Schicksals durchaus bewusst. Wieder einmal hatte der Konteradmiral ihn mit einem tiefen Griff in die Trickkiste aus einer scheinbar ausweglosen Zwickmühle befreit. Auch wenn er bei der knappen Begrüßung an Bord der *Skagerrak* wortlos darüber hinweggegangen war. Und noch eine zweite Sache war mehr als seltsam: Wieder war Ole nur deswegen unter sein Kommando gekommen, weil sich jemand anders eine Verletzung zugezogen hatte.

»Was ist denn eigentlich mit ihm passiert?«, fragte Ole. »Dem Smut, meine ich?«

»Obermaat Fleck? Och, der ...«, machte Rausch und runzelte die Stirn. »Sagen wir mal, er ist über was gestolpert und unglücklich aufgeschlagen.«

Bei dieser wolkigen Andeutung beließ es der alte Segelmacher.

Stattdessen fuhr er mit seinen Erklärungen fort, wann es an Bord der *Skagerrak* welche Malzeit zu geben hatte und wo die dafür notwendigen Rohstoffe lagerten.

»Fürs Erste hast du Glück. Wenn wir unter Segeln sind genügt eine Suppe zu Mittag. Du hast noch eine gute halbe Stunde bis Eins. Also halt dich ran.«

Damit wollte er gehen.

»Warten Sie!«, rief Ole und konnte nicht ganz verhindern, dass ein wenig Panik mitschwang.

»Ich weiß doch gar nicht wie das geht, Suppe machen, meine ich!«

»Da oben steht alles drin«, antwortete Rausch und zeigte auf eine kleine, schmierige Kladde, die über der Pantry hinter einem Handlauf klemmte. Damit war er endgültig verschwunden.

Nun denn! Wenn das Schicksal beschlossen hatte, ihn dafür, dass er vom Fronteinsatz verschont bleiben sollte, vom Segelmacher zum Koch zu degradieren, so war dies ein Preis, den Ole zu zahlen bereit war. Mit grimmiger Entschlossenheit machte er sich ans Werk.

Das handgeschriebene, vermutlich von Obermaat Fleck zusammengestellte Büchlein beinhaltete eine bunte Mischung aus Kochrezepten, technischen Hinweisen zur Handhabung des schweren Enders-Petroleumherdes sowie eine Art Speiseplan nebst Haushaltskostenrechnung für die *Skagerrak*. Letzterem konnte Ole anhand des fortlaufenden Datums entnehmen, dass die Yacht erst vor zwei Tagen in Flensburg ausgelaufen war und noch zwei weitere Wochen Ausbildungstörn vor sich haben sollte.

Für heute Mittag war in Flecks Wochenplan eine Gemüsesuppe mit Griesklößchen verzeichnet. Ole erinnerte sich dunkel, den Smut gestern mit einer Kiste Grünzeug im Arm gesehen zu haben. Tatsächlich fand er diese obenauf im Proviantschapp und ein passendes Rezept weiter vorne im Buch. So weit, so gut. Den schweren Petroleumherd in Gang zu bringen, ohne mit der Stichflamme das ganze Schiff anzuzünden, und einen ausreichend großen Topf mit Wasser darauf zu bugsieren, ohne ihn bei der Krängung und den kurzen, stampfenden Schiffsbewegungen über die Bodenbretter oder das eigene Hemd zu verschütten, das war schon weitaus schwieriger. Ebenso die Sache mit dem Gemüse. Ole war es schleierhaft, wie man eine Karotte putzen oder eine Kartoffel schälen konnte, ohne nicht wenigstens die Hälfte ihres Umfanges dem Abfallkorb zu opfern. Dieser Umstand war es vielleicht auch, der dafür sorgte, dass die Suppe ziemlich dünn ausfiel. Zumal Ole die geplanten Griesklößchen vorsichtshalber gleich ganz ignoriert hatte. Und schließlich war da noch der Gebrauch von Gewürzen und Salz. Spätestens hier versagte das schriftliche Vermächtnis seines Amtsvorgängers vollends und Ole musste sich auf sein zugegebenermaßen nicht besonders glückliches Händchen verlassen.

Entsprechend verhalten war die Reaktion, als Ole sein Elaborat kurz nach ein Uhr Mittags in dreizehn weiße Porzellanschalen abgefüllt an Deck brachte und an die Crew verteilte. Der Konteradmiral aß lediglich zwei Löffel und ignorierte den Rest. Rausch aß zwar etwas mehr, verzog jedoch das Gesicht und schüttelte unmerklich den Kopf in Oles Richtung. Kapitänleutnant Strasser, ein hagerer, ohnehin schon recht mürrisch wirkender Enddreißiger, dessen scharf geschnittene Nase und tief liegende, dunkle Augen irgendwie an einen auf Beute lauernden Raubvogel erinnerten, schüttete seine Suppe nach drei Löffeln demonstrativ über Bord. Lediglich ein paar von den Offiziersanwärtern aßen ihre Schalen leer – vielleicht weil sie vom Manöverdrill her zu viel Hunger hatten oder ohnehin nichts Besseres gewohnt waren.

Kleinmütig setzte sich Ole in eine Ecke vor den Kajütaufbau, um selber etwas von seiner Suppe zu essen. Sie schmeckte tatsächlich überhaupt nicht. Kaum hatte er die ersten Löffel hinuntergeschluckt, als sich Richard Korfmann mit seiner Suppenschale zu ihm setzte.

»Mann, wo hast du denn Kochen gelernt?«, fragte er und grinste Ole in seiner üblichen sonnigen Art an. »Das schmeckt ja wie frisch rausgekotzt!«

»Danke für das Lob!«, antwortete Ole missmutig. »Du bist zu großzügig.«

»Keine Ursache. Aber jetzt sag mal ... Wie hast du das nur wieder hingedreht?«

»Was? Die Suppe?«

»Quatsch! Hier an Bord aufzutauchen! Und dann auch noch als Ersatzsmut!«

Ole zuckte die Achseln. Wie sollte er diese Frage beantworten, wo er es doch selber nicht wusste. Richard knuffte ihn vertraulich an.

»Bist dem Konteradmiral so lange um den Bart gegangen, bis der dich rausgehauen hat, damit du nicht an die Front musst, stimmt's? Weil ihr so gute Kumpel seid, du und er? Komm schon, deinem alten Freund Korfmann kannst du das doch sagen! Ich hab kein Problem damit. Vitamin B ist ne feine Sache!«

Ole starrte Richard verständnislos an. Was zum Teufel meinte er mit Vitamin B?

»Jetzt glotz nicht so! Ist ja nicht so, dass ich's dir nicht gönne!«

Korfmann strich sich mit seiner altbekannten Geste die blonden Haare aus der Stirn.

»Nur um meine Magenschleimhaut tut's mir jetzt schon leid!«

Mit einer lässigen Handbewegung schüttete er seine Suppe in Oles Schale und verschwand. Ole hatte schon fast vergessen, wie es sein konnte, wenn man mit Korfmann befreundet war. Von einem Augenblick auf den nächsten konnte er von herzlicher Freundlichkeit auf grandiose Arroganz umschalten. Trotzdem war Ole froh, dass Richard an Bord war.

Erst nachdem der Abwasch erledigt und die Kombüse aufgeklart war, traute sich Ole zurück an Deck. Dort durfte er, zu seiner großen Freude, Richard und den anderen Kadetten bei den zahlreichen Segelmanövern zur Hand gehen.

Endlich wieder Segeln!

Was konnte es überhaupt Schöneres geben? Den ganzen Nachmittag über wurden auf der Fahrt nach Norden Wenden, Halsen, das Ein- und Ausreffen der Segel, sowie das beliebte Boje-über-Bord-Manöver »gepaukt«, mit dem die Bergung eines über Bord gefallenen Besatzungsmitglieds geübt wurde. Nach der leidigen Kombüsenarbeit war das eine wahre Befreiung.

Zumal die Segeleigenschaften der *Skagerrak* tatsächlich noch spektakulärer waren, als Ole es erwartet hatte. Wie riesige Flügel wölbten sich die Segel über ihnen in den Himmel und zogen das Schiff kraftvoll durch die Wellen. Acht, neun Knoten hoch am Wind mochten es wohl mindestens sein. Und das, obwohl nicht mal besonders viel Wind war. Wann immer es ein kleines bisschen auffrischte, krängte das Schiff willig nach Lee, beschleunigte spürbar und ließ sich das untere Laufdeck von gurgelndem weißem Schaum benetzen. Vor allem raumschots flog die *Skagerrak* förmlich über die Wellen.

Leider flog auch etwas anderes dahin; nämlich die Zeit bis zu den nächsten Mahlzeiten. Vier waren es an der Zahl, die Ole bis zu ihrer geplanten Rückkehr nach Flensburg noch zu überstehen hatte. Und vier weitere kulinarische Beinahe-Schiffskatastrophen waren das Ergebnis.

Der Nachmittagskaffee geriet Ole dünn wie »Bodensee« – so hatte Richard gespottet, weil er den Boden seiner Tasse sehen konnte – und es wurde allgemein moniert, dass Ole, statt eines anständigen, frisch gebacken Kuchens lediglich mit ein paar trockenen Dosenkeksen aufwarten konnte. Das Rührei zum Abendessen war, trotz Oles vergleichsweise reichem Erfahrungsschatz bei der Fabrikation dieses Gerichts, angebrannt und versalzen. Und die wieder aufgewärmte Mittagssuppe schließlich, die es zum Wachwechsel um Mitternacht geben sollte, war trotz verzweifelten Nachbesserns mit einer allzu klumpig geratenen Mehlschwitze noch ebenso ungenießbar wie das Original.

Etwa eine Stunde nach Mitternacht fiel der Anker der *Skagerrak* in einer ringsum von steilen, bewaldeten Ufern beschützten Bucht im nördlichen Teil der Halbinsel Als. Diese Gegend Dänemarks gehörte schon immer zum bevorzugten Revier deutscher Segler und natürlich auch der Ausbildungsschiffe der Marineschule. Normalerweise ankerten hier um diese Jahreszeit stets mehrere Yachten.

In dieser Nacht jedoch war die *Skagerrak*, wie im Krieg nicht anders zu erwarten, allein. Das einzige andere Licht, das in der Schwärze der Nacht auf dem Wasser schimmerte, stammte von einem einsamen Bauernhof am oberen Ende der Bucht.

Die Ankerwache wurde eingeteilt, und nach wenigen Minuten, der Tag war lang und anstrengend gewesen, war Ruhe im Schiff eingekehrt. Dennoch lag Ole in seiner neuen Koje im Vorschiff wach. Die Wellen, die seine wundersame »Errettung« nach wie vor in seinem Kopf schlug, kabbelten sich mit der wachsenden Sorge, seine Zeit auf der *Skagerrak* könnte sich, seiner mangelhaften Kochkünste wegen, weitaus kürzer gestalten als erhofft.

Und dann war da noch etwas, das ihn am Schlafen hinderte. Ein lästiges, ungleichmäßiges Pochen außen an der Bordwand. Irgendjemand hatte wohl das Dingi, mit dem zuvor eine Landleine ausgebracht worden war, um ein Schwoien des Schiffes um den Anker herum zu verhindern, längsseits am Vorschiff vertäut und die Fender vergessen.

Nun klopfte und schabte es mit jeder kleinen Welle direkt neben dem Kopfende von Oles Koje.

Wenigstens dieser eine Unruheherd ließ sich abstellen, dachte sich Ole, und stieg durch das Vorluk an Deck.

Die Luft war lau und der Wind rauschte in den Bäumen des nahen Ufers. Vorne am Vorstag kauerte ein Kadett, der zur ersten Ankerwache eingeteilt worden war. Er bemerkte Ole nicht. Vielleicht schlief er auch.

Im gelblichen Schein des Ankerlichtes fand Ole die Vorleine des Beibootes auf einer Klampe belegt. Er löste sie, führte es nach hinten zum überhängenden Heck der *Skagerrak* und band es dort wieder an, wo es niemand stören würde.

Dann wollte Ole rasch wieder nach vorne in seine warme Koje verschwinden. Doch als er den Besanmast passierte, hielt ihn etwas zurück. Hatte er nicht gerade seinen Namen gehört?

Zwischen dem hinteren Süll des Steuercockpits und dem Mastfuß des Besans befand sich ein kleines, geschütztes Skylight. In der darunter liegenden Kammer des Konteradmirals brannte Licht.

Einer der beiden Flügel des Oberlichts war aufgestellt und ließ den angenehmen Geruch von Maisblattzigaretten nach draußen dringen. Und Stimmen.

»Ihr neuer Smut ist ja wohl ein ziemlicher Rohrkrepierer.«

Das war Kaleu Strasser. In ätzendem Tonfall fuhr er fort: »Da haben Sie grandios daneben gegriffen, Herr Hauptbootsmann.«

Also stammte die Idee von Rausch? Ole konnte nicht anders, als weiterhin zuzuhören.

»Da haben Sie wohl Recht«, antwortete Rausch und räusperte sich verlegen. »Aber er war der einzige Ersatz, den wir in der Kürze der Zeit bekommen konnten.«

»Na ja, Schwamm drüber!«, fuhr Strasser fort. »Morgen in Mürwik fliegt er eben wieder von Bord. Und zwar achtkantig.«

Ole hatte nichts anderes erwartet und wollte rasch seinen unerlaubten Lauschposten räumen, um sich nicht auch noch die Sünde der Spitzelei aufzuhalsen. Doch zu seiner großen Verblüffung hörte er, wie von Wellersdorff sagte: »Matrose Storm bleibt an Bord!«

Ole dachte, er hätte sich verhört. Vorsichtig lugte er in die erhellte Achterkammer hinab. Der Konteradmiral saß mit verschränkten Armen und geschlossenen Augen auf seiner Koje, Strasser auf der Längsbank. Rausch stand am Kartentisch und hatte einen Teil des dort eingebauten schweren Kurzwellenfunkgerätes auseinander geschraubt, das offensichtlich seit ein paar Tagen nicht mehr richtig funktionierte.

»Sie machen Witze?«, fragte Strasser ungläubig. »Der Junge kann doch nicht für zwei Pfennig kochen!«

»Dann macht das eben wer anders«, antwortete von Wellersdorff, ohne die Augen zu öffnen.

»Aha. Und wer schwebt Ihnen da vor? Ich vielleicht? Oder einer von den Kadetten? Die sind hier, um Seemannschaft zu lernen, nicht Kräuterkunde!«

Strassers Stimme klang gereizt. Der Konteradmiral antwortete nicht sofort. Aber Ole hätte schwören können, dass er, als er die Augen aufschlug, dem Segelmacher einen auffordernden Blick hinwarf.

»Ich kann das doch machen ...«, sagte Rausch langsam und rieb sich mit der Hand über die Glatze.

»Wie stellen Sie sich das vor?«, protestierte der Kaleu. »Sie sind hier der Decksmeister! Sie haben sich um das Schiff zu kümmern.«

»Ach, das bisschen Kombüse mache ich doch nebenbei«, antwortete Rausch. »Ich habe Storm an Bord geholt, also werde ich das auch ausbaden ... Mit Ihrer Erlaubnis, Herr Konteradmiral?«

Von Wellersdorff nickte großzügig und sagte: »Gute Idee, Decksmeister. Ich nehme dann Spiegelei mit Speck auf Schwarzbrot zum Frühstück!«

»Spiegelei ...«, murmelte Rausch. »Sehr wohl. Wenn ich mich dann jetzt zurückziehen dürfte? Das hier repariere ich morgen.«

Damit legte der Segelmacher seinen Schraubenzieher aus der Hand und verließ die Achterkammer. Ole konnte kaum glauben, was er da gerade gehört hatte. Die Kombüse... nebenbei? Was war nur in Rausch gefahren?

Auch Strasser schien das Ganze nicht zu verstehen.

»Ich verlange eine Erklärung!«, sagt er steif. »Wir haben in Mürwik zig Köche. Einer von denen wird ja wohl ...«

»Wir fahren nicht nach Mürwik«, unterbrach ihn der Konteradmiral. »Jedenfalls vorerst nicht.«

Der Kaleu stutzte.

»Wohin dann?«

»Nach Norden. Vielleicht den Kleinen Belt rauf und den Großen wieder runter ... Fyn rund. Wie wär's, Herr Kaleu? Ist doch ein schöner Törn!«

Von Wellersdorff erhob sich und betrachtete scheinbar interessiert die Karte, die auf dem Tisch lag.

»Aber ... dafür haben wir keine Genehmigung vom Oberkommando«, warf Strasser ein. »Wir können noch nicht mal eine einholen, weil das verdammte Funkgerät kaputt ist!«

»Lassen Sie das getrost meine Sorge sein«, knurrte von Wellersdorff. »Wir haben noch eineinhalb Wochen Ausbildung vor uns. Ich gedenke nicht, die damit zu vergeuden, immer nur zwischen Kiel und Flensburg hin- und herzugondeln.« Dann setzte er mit deutlichem Sarkasmus hinzu: »Jetzt, wo unser geliebter Führer die Ostsee für uns erobert hat. Quasi im Handstreich und ganz ohne Verluste.«

»Ich muss mich entschieden gegen diesen Tonfall verwehren!«, schnappte Strasser und nahm unwillkürlich Haltung an. »Der Führer hat ...«

»Der Führer hat mit seinem überhasteten, unüberlegten Vorgehen in Norwegen ein Viertel unserer einsatzfähigen schwimmenden Verbände auf den Meeresgrund geschickt!«, unterbrach ihn von Wellersdorff grob. »Also kein Wort mehr darüber, verstanden? Wir segeln nach Norden. Und jetzt, gute Nacht, Herr Kapitänleutnant.«

Ohne weiteres Wort drehte sich Strasser um. Sein ohnehin schon rot geädertes Gesicht leuchtete vor Ärger wie ein Backbord-Positionslicht.

Aber der Konteradmiral war noch nicht fertig mit ihm. Kurz bevor der Kaleu die Tür geöffnet hatte, schoss er noch eine Salve ab.

»Ach ja, eine Sache noch ... Sie haben nach dem Grund gefragt, warum der Matrose Storm an Bord dieses Schiffes bleibt?«

»Allerdings.«

»Weil er etwas kann, mit dem selbst Sie, mein lieber Strasser, Ihre liebe Not haben. Von unseren formidablen Kadetten ganz zu schweigen.«

»Ach, und das wäre?«

»Er kann segeln!«

Ole zuckte zusammen, als die Tür zur Achterkammer ins Schloss knallte. Das unbestimmte Gefühl beschlich ihn, dass der Konteradmiral ihm mit diesem Lob einen Bärendienst erwiesen hatte. Für die weitere Reise, so viel war klar, würde Kaleu Strasser sein unverbrüchlicher Feind sein.

Hastig ging Ole zurück zur Vorschiffsluke. Der Posten am Ankerspill, das verriet ein leises Schnarchen, war nun tatsächlich eingeschlafen. Gut so. Besser niemand wusste etwas von Oles Ausflug aufs Achterdeck.

Gerade als er das Vorluk anhob und darunter abtauchen wollte, sah Ole im Cockpit eine Bewegung. Rasch duckte er sich hinter den Mast.

Als er einen Augenblick später nach achtern lugte, war der Schatten verschwunden. Und mit ihm das Dingi, das Ole dort angebunden hatte.

Aus der Dunkelheit hinter dem Schiff drang das leise Geräusch von Ruderdollen und ins Wasser tauchender Riemen zu ihm herüber. Jemand ruderte heimlich an Land. Blonde Haare. Das war alles, was Ole erkannte.

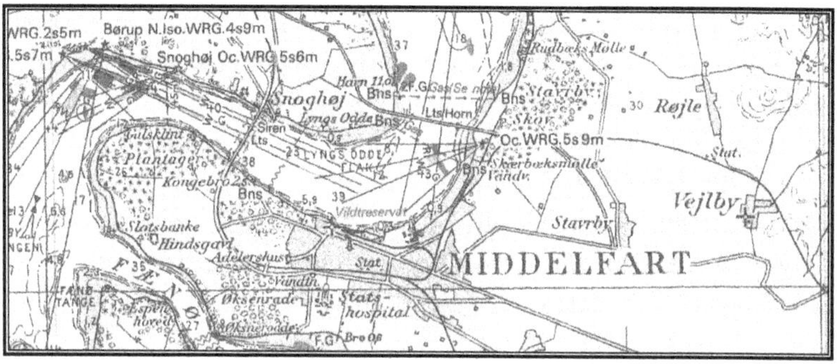

5. Kapitel

DUNKELGRÜN

Es war einer jener seltenen Tage, an denen die See in ihrem prachtvollsten Dunkelgrün leuchtete wie ein Smaragd. Ein Grün, das ihr Wasser tiefer und geheimnisvoller erscheinen ließ, als es die reine Distanz zum Meeresboden hergab. Das noch einen Rest vom Schwarz der Regenwolken in sich trug, die vom frischen Wind zum Horizont geblasen worden waren, und gleichzeitig schon das hellere Blau des Himmels widerspiegelte, das so typisch war für die Ostsee, wenn die klare Luft auf der Rückseite einer Wetterfront über sie hinwegwehte.

Bei stetig auffrischendem Nordwest segelte die *Skagerrak* hoch am Wind den Kleinen Belt hinauf. Weil er keine anderen Pflichten mehr an Bord hatte und weil ihm niemand eine andere Anweisung gegeben hatte, packte Ole nach Kräften bei den Segelmanövern mit an.

Im Moment saß er neben seinem Clubkameraden Richard Korfmann auf der hohen Kante und beobachtete voller Zufriedenheit die schräg von vorne heranrollenden Wellen. Die Kämme waren in der letzten halben Stunde zusehends glasiger geworden und hier und da waren erste weiße Schaumkämme zu sehen. Hin und wieder leckte eine der Wellen am Bug empor und warf Gischtfontänen hinauf, die der Fahrtwind nach achtern trug. Richard und die übrigen Kadetten zogen jedes Mal die Köpfe ein und drehten ihre Gesichter in die Kapuzen ihres Ölzeugs. Ole duckte sich nicht. Viel zu sehr genoss er dieses salzige Beißen und Prickeln in den Augen. Wie sehr hatte er das vermisst!

Grün war die See, und grün war die Hoffnung. Hieß es nicht so? Ole jedenfalls konnte sich keine bessere Farbe vorstellen, um das Gefühl der Erleichterung zu beschreiben, das in ihm keimte, seit er an Bord der *Skagerrak* dem Krieg davonsegeln durfte.

Auch die belanglosen Plaudereien, die Richard inzwischen mit ihm geführt hatte, trugen erheblich zu Oles steigender Zuversicht bei. Sie drehten sich um ihre gemeinsame Zeit in der Jugendgruppe des Yachtclubs, um Mädchen und wichtige Leute, die dort ein- und ausgegangen waren. Und natürlich ums Segeln, das einzige Thema, bei dem Ole einigermaßen mit Richard mithalten konnte. Zwar ließ Oles Freund vor den übrigen Kadetten keinen Zweifel daran, wer von ihnen beiden aus seiner Sicht der bessere Segler war. Fast hätte man glauben können, dass es Richard gewesen war und nicht der geniale Pimm von Hütschler, der ihr Starboot zum erneuten Weltmeistertitel gesteuert hatte.

Immerhin würdigte Korfmann Ole als »passablen« Vorschoter. Auch wenn Ole diese Unterscheidung ein wenig gegen den Strich ging, immerhin hatten sie während der Regatta gleichauf gelegen, so war er Richard dennoch von Herzen dankbar, dass er ihn im Kreise seiner Kameraden wie einen Freund behandelte und ihm damit half, den verunglückten Einstand zu korrigieren, den sich Ole mit seinen Kochkünsten bei den Kadetten geleistet hatte.

Das Einzige, das Oles Stimmung nach wie vor ein wenig trübte, war das Gesicht von Meister Rausch, wenn er zu ihm herübersah. Er war mürrisch und wortkarg und offenbar schien ihm seine neue

Aufgabe in der Kombüse doch nicht so einfach von der Hand zu gehen, wie er Strasser hatte glauben lassen.

Ole rätselte noch immer, was den Segelmacher geritten hatte, für ihn als Koch einzuspringen.

Und dann war da natürlich noch der Kaleu. Der böse Geist an Bord dieses Schiffes.

Zwar hatte Ole nach Kräften versucht, ihm aus dem Weg zu gehen. Aber die finsteren Blicke, mit denen Strasser ihn auf Schritt und Tritt verfolgte, spürte er so deutlich wie die Gischt auf der Haut.

Erst vorhin hatte er Ole beim Einstecken eines Reffs ins Großsegel vor allen anderen Crewmitgliedern angeblafft. Dass Ole offensichtlich keine Ahnung vom Umgang mit Segeln habe, hatte er geschimpft, weil er die Reffbändsel am Groß viel zu stramm angezogen habe.

Und jetzt, keine zwanzig Minuten später, machte er Ole lautstark dafür verantwortlich, dass die mangelhaft verzurrte Reffbahn des Großsegels permanent im Wind flappte und gegen den Baum schlug.

Idiot, dachte Ole. Der Konteradmiral hat absolut Recht, wenn er meint, dass du nicht segeln kannst!

Wortlos stand Ole auf, um das Segel festzuzurren. So fest wie er es eigentlich schon vorhin getan hatte.

»Hohmeier! Sie helfen ihm! Korfmann, Sie auch!«, rief der Kaleu Richard und einem weiteren Kadetten zu, die etwas weiter vorne auf der Kante saßen, »Damit er's diesmal endlich richtig macht!«

Die beiden sprangen sofort auf und gingen Ole zur Hand.

Hohmeier war ein fröhlicher, untersetzter Bursche mit rötlich blondem Haar, einer Unzahl an Sommersprossen und einem breiten rheinländischen Akzent. Er war ungefähr in Oles Alter oder knapp darüber und teilte sich mit Richard unter Deck eine der Schlafkammern. Offensichtlich der Benutzer des Spindes mit seinem chaotischen Inhalt.

»Donnerwetter! Der hat ja regelrecht einen Narren an dir gefressen«, staunte Hohmeier, als sie gemeinsam die flatternde Segelbahn auf den Großbaum zogen. »Was hast du dem bloß getan?«

Ole zuckte nur die Achseln. Was sollte er auch sagen?

»Was wohl? Er hat für ihn gekocht. Das trägt er ihm immer noch nach!«, warf Korfmann trocken ein und setzte einen halben Schlag auf den Reffbändsel, den Ole gerade stramm gezogen hatte.

»Richard will damit sagen, dass wir und die anderen Jungens eigentlich ganz froh sind, dass du nichts mehr mit der Kombüse zu tun hast!«, erklärte Hohmeier grinsend. »Ich bin übrigens der Karl.« Er streckte Ole unter dem Segel die Hand hin. Ole schlug ein.

»He! Das ist kein Kaffeekränzchen!«, bellte Kaleu Strasser in diesem Augenblick aus dem Cockpit. »Storm, halten Sie mit Ihrem gottverdammten Geschwätz meine Kadetten nicht von der Arbeit ab, klar?«

Karl drehte den Rücken zum Cockpit und schnitt eine Grimasse, die ziemlich gekonnt Strassers Gesichtsausdruck imitierte. Ole senkte hastig den Kopf, damit der Kaleu sein breites Grinsen nicht sehen konnte.

Am frühen Abend passierte die *Skagerrak* die Insel Fænø und kreuzte gegen einen starken Gegenstrom das enge, gewundene Fahrwasser von Middelfart hinauf. Der Wind hier im Sund war böig und die Schläge waren kurz und kräftezehrend.

»Klarmachen zur Wende!«, rief der Konteradmiral, der das Ruder übernommen hatte, und mit eiligem Getrappel wurden Schoten und Winschen bemannt.

»Ist klar!«, kam es zurück.

»Re!«

Der Bug schwang durch den Wind, die Segel schlugen wild und wurden mit lautem »Hole! Hole!« und rasselnden Winschen wieder eingefangen. Und jedes Mal, wenn die Schoten ächzend und knarrend steif gekommen waren, war es bereits Zeit für das nächste »Klar zum!«.

Wenig später steuerte der Konteradmiral die Yacht an die Holzpier des Örtchens Middelfart. Wegen der starken Strömung im Sund und den ungleichmäßigen Windverhältnissen verzichtete von Wellersdorf diesmal auf ein Anlegemanöver unter Segeln und ließ stattdessen den etwa 100 PS starken Dieselmotor anwerfen. Mit seiner Hilfe schob sich die Yacht langsam und kontrolliert an ihren Liegeplatz für die kommende Nacht.

Nach einem kurzen, aber herzhaften Abendessen aus grobem Brot und Bratwürstchen, das Meister Rausch ihnen mit mürrischem Gesicht auf die Back stellte, hieß es für die gesamte Crew: »Landgang bis Mitternacht«.

Der Konteradmiral selber war der erste, der das Schiff verließ, um, wie er in Strassers Richtung sagte, das örtliche Telegrafenamt aufzusuchen. Ole vermutete, dass er dem Kaleu damit zu verstehen gab, dass er nun doch die Erlaubnis des Marineoberkommandos für diesen Törn einzuholen gedachte. Wenig später machten sich auch Kaleu Strasser und seine Kadetten »landfein«. Einzig der Segelmachermeister sollte auf Geheiß des Konteradmirals an Bord zurückbleiben. Als Hafenwache und um endlich das defekte Funkgerät in der Achterkammer zu reparieren.

Eigentlich wäre Ole gerne mit Richard losgezogen, aber bevor er ihn hatte fragen können, war Korfmann bereits verschwunden.

Stattdessen fragte Karl, ob Ole nicht Lust hätte, ein wenig mit ihm die Gegend zu erkunden. Dankbar willigte Ole ein.

Während die meisten ihrer Kameraden am Ufer entlang zum nächsten Gasthaus wanderten, das an der Fähre hinüber zum Festland lag, gingen Ole und Karl in die entgegengesetzte Richtung. Sie erklommen die steilen Kopfsteinpflastergässchen, ließen die Ortsgrenze hinter sich und stiegen weiter hinauf bis zu einer freien Anhöhe oberhalb von Middelfart. Von hier aus hatte man eine atemberaubende Aussicht über den Sund.

Wie an den Strand gewürfelte Muscheln lagen dort unten die bunten Häuschen und Gärten des kleinen Ortes in der Abendsonne. Weiter im Norden zogen sich die Küstenlinien Jütlands und

Fünens auseinander, bis sie, jede in ihre Richtung, im bläulichen Dunst verschwanden. Nach Süden hin erstreckte sich der Blick weit zurück über das Seegebiet des Kleinen Belt mit seinen zahllosen Inseln und Buchten.

Direkt am südlichen Fuß des Höhenzuges, auf dem sie standen, lag ein geschützter Fjord, vom offenen Wasser des Sundes durch die Insel Fænø getrennt. Dort ankerte ein Schiff. Auf der glitzernden Fläche des Wassers war es nicht viel mehr als ein dunkler Fleck. Doch deutlich genug waren die charakteristischen Aussparungen im Vorschiffsbereich zu erkennen, wo die Klappen der beiden Torpedorohre saßen.

»Deutsches Schnellboot«, stellte Karl fest.

Ole nickte. Ein Schnellboot dieser Klasse war knappe 40 Meter lang, hatte ein Gewicht von etwa 100 Tonnen und konnte mit seiner 2500 PS starken Dieselmaschine auf über 40 Knoten Fahrt beschleunigt werden. Ole hatte sich erst kürzlich eines dieser Boote auf der Werft in Kiel näher angesehen, weil ihn die eleganten Linien und der flache Brückenaufbau auf angenehme Art an die schnittigen Motoryachten erinnert hatten, die noch im letzten Sommer zuhauf auf der Förde hin- und hergesaust waren.

»Was haben die hier verloren?«, fragte Karl. »Auf dieser Seite von Fünen gibt's doch gar keinen Stützpunkt. Ob die auf dem Weg zur Nordfront sind?«

Ole schüttelte den Kopf.

»Dann würden sie den Großen Belt rauffahren.«

Er kniff die Augen zusammen. Es sah es so aus, als ob von Bord des Schnellbootes ein Beiboot zu Wasser gelassen wurde.

»Na ja, nicht unser Bier ...«, sagte Karl in diesem Moment in seinem breiten rheinländischen Akzent. »Apropos Bier ... Ich hab einen Mordsdurst und da vorn war eine Kneipe, die so richtig herrlich verrucht ausgesehen hat.«

Karls verruchte Kneipe war ein kleines, einfaches Gasthaus am oberen Ortsausgang von Middelfart. Ole war der Gedanke nicht ganz geheuer, in seiner deutschen Marineuniform in diesem Teil Dänemarks, der erst vor wenigen Wochen von der Wehrmacht überrannt worden war, in eine x-beliebige Kneipe zu marschieren. Zumal Karl angedeutet hatte, unbedingt ein paar hübsche dänische Mädchen »klarieren« zu wollen.

Aber Oles Sorge war unbegründet.

Der Schankraum der Gaststätte war bis auf drei ältere Männer leer, Bauern oder Fischer vermutlich, die ihnen vom Ecktisch her lediglich ein paar finstere Blicke zuwarfen, sich dann aber nicht weiter um sie kümmerten. Und das einzige »Mädchen«, das es hier gab, war die etwa vierzigjährige, eher stämmig gebaute Wirtin.

Ole, der ein paar Brocken Dänisch konnte, bestellte »to store Øl« und wenige Augenblicke später standen zwei große Krüge des einheimischen Gerstengebräus vor ihnen auf dem Tresen.

»Mensch, Junge, du bist zu gebrauchen!«, lobte Karl.

Als Ole sich mit einem »mange Tak« bedankte, grinste die Wirtin breit, antwortete »Wohl bekomm's!« und begann, in fließendem Deutsch Konversation mit ihnen zu machen. Über ihre schicken Uniformen, mit welchem Schiff sie hier seien, wohin sie segeln würden, und so weiter. Karl erteilte begeistert Auskunft und tat alles, um die Gunst der Wirtin zu erringen. Ob deren kokette Fröhlichkeit aufrichtig war oder eher einer wohl kalkulierten Geschäftstüchtigkeit entsprang, wusste Ole nicht zu sagen. Aber als Karl und er schnell das zweite und danach das dritte Bier vor sich stehen hatten, ohne selbige bestellt zu haben, bestand für Ole kein Zweifel mehr, woher der Wind wehte.

Während Karl sich weiterhin mächtig bei der Wirtin ins Zeug legte, zog sich Ole vom Tresen in eine Nische am Fenster zurück und blickte hinaus. Er hatte das dringende Bedürfnis nach einem klärenden Gespräch mit Meister Rausch, und solange noch alle anderen an Land waren, war die Gelegenheit dazu günstig. Er trank aus, winkte Karl kurz zu und ging.

Eine Viertelstunde später war Ole am Schiff. Es war es bereits halb Elf geworden und Ole fragte sich, ob Rausch nicht schon längst in die Koje gegangen war.

Aus dem Skylight über der Kammer des Konteradmirals drang Licht. Richtig, Rausch hatte ja das Funkgerät reparieren wollen. Lautlos schlich Ole über die Laufplanke an Deck, um durch einen Blick von oben festzustellen, ob er einen günstigen Moment bei seinem alten Meister erwischen würde oder nicht.

Aber Rausch saß am Kartentisch des Konteradmirals und schlief. Sein Schnarchen drang bis zu Ole an Deck herauf. Vor ihm lagen Werkzeuge und ein Bauteil des defekten Funkgerätes, das er zur Reparatur halb aus seiner Verankerung in der Schottwand gezogen hatte. Daneben konnte Ole ein halbvolles Glas mit einer bernsteinfarbenen Flüssigkeit erkennen, sowie die dazugehörige Flasche Weinbrand.

Aber das war nicht, was Ole verblüffte.

Außer dem schlafenden Segelmacher war noch jemand anders in der Kammer des Konteradmirals: Kaleu Strasser!

Ganz offensichtlich kümmerte er sich nicht um Rausch, sondern war damit beschäftigt, irgendetwas zu suchen. Systematisch öffnete er Schapps und Schränke und kramte darin herum. Jetzt nahm er sogar das Kojenpolster und die Bodenbretter hoch! Was zum Kuckuck glaubte Strasser da zu finden? Von Wellersdorffs Sparstrumpf?

Ole überlegt kurz, dem Konteradmiral bei seiner Rückkehr von seiner Beobachtung zu berichten. Aber dann verwarf er den Gedanken wieder. Er hatte bereits genug Ärger an Bord losgetreten. Und wenn der Kaleu meinte, an Bord herumspuken zu müssen, würde er den Teufel tun und ihm dabei in die Quere kommen.

Plötzlich vernahm Ole Lärm auf der Pier. Eine Gruppe angeheiterter Kadetten kam vom Gasthaus zurück. Auch der Kaleu in der Achterkammer hatte wohl etwas gehört, denn er hielt inne und hob den Kopf.

Schnell zog sich Ole vom Skylight zurück und setzte sich in unverfänglicher Pose ins Cockpit, als wolle er hier lediglich vor dem Schlafengehen noch ein wenig frische Luft schnappen. Dann wartete er. Als die Kadetten über die Laufplanke an Bord gepoltert kamen, grüßte er einige von ihnen und folgte ihnen unauffällig unter Deck.

Am Fuß des steilen Niedergangs angekommen, sah er gerade noch, wie Kaleu Strasser aus von Wellersdorffs Kabine kam, sich an einigen der Offiziersanwärter vorbeidrückte und in seiner eigenen Kammer verschwand. Ole konnte hören, wie von innen der Schlüssel herumgedreht wurde.

Als sich die Truppe der Offiziersanwärter bierselig eine gute Nacht gewünscht und in ihre Kojen verzogen hatte, stand plötzlich Richard vor ihm. Ole runzelte die Stirn. Er konnte sich nicht erinnern, dass Korfmann mit den übrigen an Bord gekommen war. Also musste er bereits zuvor hier gewesen sein.

»Na, Storm, wie war's an Land?«, fragte er leutselig.

»Ganz famos«, antwortete Ole und konnte nicht verhindern, dass ihm die nächste Frage etwas spitz herausrutschte: »Und du? Was hast du hier an Bord gemacht?«

Der Blick, den Korfmann ihm zuwarf, erinnerte Ole einen winzigen Moment lang an den Augenblick vor einem halben Jahr, als Richard ihn im Kaisersaal des Kieler Yachtclubs quer über den Tisch taxiert hatte. Kühl, misstrauisch, abschätzend. Aber noch schneller als damals trat auch diesmal wieder jenes jungenhafte, verschwörerische Grinsen auf Richards Gesicht. Von allen Angewohnheiten Richards, war dies diejenige, die Ole am meisten verwirrte: wie schnell er von einer auf eine andere Stimmung umschalten konnte.

»Na, was wohl? Ich hab was Hochprozentiges gesucht!«, antwortete er und klopft Ole jovial auf die Schulter. »Allerdings ist mir wohl jemand zuvorgekommen und hat das alte Versteck von Obermaat Fleck geplündert.«

Ole verstand.

»Wenn du den Weinbrand meinst«, antwortete er, »den hat sich der Decksmeister nach achtern geholt, als Schmierstoff zur Reparatur des kaputten Funkgerätes.«

»Ach so, das erklärt natürlich alles!«, sagte Richard und grinste.

Ole runzelte die Stirn.

»Alles ... außer der Frage, was der Kaleu dort gesucht hat. Der war nämlich auch da und hat in sämtlichen Schapps rumgewühlt. Kannst du dir das erklären?«

Einen Augenblick lang schien Richard ernsthaft besorgt zu sein, dann zuckte er die Achseln.

»Das Signalhandbuch wahrscheinlich«, sagte er. »Offensichtlich hat er vor, uns morgen oder irgendwann damit im Unterricht zu quälen. Er hat mich danach gefragt, und ich hab ihm gesagt, dass ich glaube, der Konteradmiral hätte es in seiner Kammer.«

Ole nickte.

Dann ging ihm etwas anderes durch den Kopf. Was wohl der Konteradmiral sagen würde, wenn er seinen Decksmeister in dieser Verfassung an seinem Kartentisch vorfinden würde? Besser er ging, um Rausch zu wecken.

Als Ole in die Achterkammer kam, fand er Rausch mit seinem kahl rasierten Schädel auf den Kartentisch gesackt, was seinem Schnarchen einen noch besseren Resonanzboden verschaffte.

Richard war Ole gefolgt.

»Donnerwetter!«, sagte er nun und betrachtete die Flasche. »Was so ein harmloser Weinbrand mit so einem gestandenen Salzbuckel anstellen kann ... He, Decksmeister, reise reise!«

Energisch rüttelte er den Segelmacher am Ärmel, brachte aber nicht viel mehr als ein unwilliges Knurren aus ihm heraus.

Ole schüttelte den Kopf.

»So wird das nix. Komm, pack an!«

Vorsorglich schob er die Werkzeuge und die ausgebauten Innereien des Funkgerätes zur Seite und zerrte Rausch mit Kraft aus der Navi-Ecke heraus. Richard packte von der anderen Seite mit an. »Uff«, stöhnte Korfmann, »Stockbesoffen, das Aas! Na ja, Nomen est Omen!«

»Was für ein Omen?«

»Mann, Storm, was bist du nur für ein Schlaukopf ... Rausch ... Voll-Rausch! Kapiert?«

»Ah so ...«

Schnaufend bugsierten sie den Segelmacher durch den Mittelgang in den Salon und weiter durch die Kombüse ins Vorschiff. Dort ließen sie ihn wie einen nassen Sack auf seine Koje plumpsen.

»Na ja, ich geh dann auch mal auf die Matratze. Gute Nacht!«

Damit war Richard verschwunden.

Ole wickelte Rausch gnädig in eine grobe Wolldecke ein und schob ihm seinen ledernen Kautabaksbeutel als Kopfkissen unter. Dann fiel ihm die Weinbrandflasche und das Glas ein, die noch auf dem Kartentisch in von Wellersdorffs Kammer standen. Die musste der Konteradmiral ja auch nicht unbedingt zu sehen bekommen.

Also schlich sich Ole noch einmal nach hinten und holte beides in die Kombüse. Die Flasche ließ er in ihrem Fach im Schrank verschwinden, das halb volle Glas trank er kurzerhand selber aus.

Der Weinbrand hinterließ einen seltsamen Nachgeschmack auf seiner Zunge, und als Ole wenige Augenblicke später ausgestreckt auf seiner Koje lag und sich alles um ihn zu drehen begann, wurde er sich vage bewusst, dass da irgendetwas nicht stimmen konnte.

Doch dann war er auch schon fest eingeschlafen.

~

Am nächsten Morgen ließen Oles Kopfschmerzen erst nach, als die *Skagerrak* das enge, gewundene Fahrwasser des Kleinen Belt bereits weit hinter sich gelassen hatte. Doch damit befand Ole sich ganz offensichtlich in guter Gesellschaft. Gut die Hälfte der Kadetten sah so aus, als hätten sie zu tief ins Glas geschaut. Heribert Rausch hatte sich gleich nach dem Frühstück mit zerknittertem Gesicht und einer fadenscheinigen Ausrede in die Vorpiek zurückgezogen. Und Karl, der es mit tatkräftiger Unterstützung der Wirtin offensichtlich besonders bunt getrieben hatte, war bereits zweimal am Heck gewesen, um Rasmus ein »Opfer« darzubringen. Seltsam, Ole konnte sich nicht erinnern, selber auch so viel getrunken zu haben. Eigentlich konnte er sich überhaupt nicht erinnern. Nur, dass er irgendwann alleine zum Schiff zurückgekommen war. Der Rest lag irgendwie im Nebel.

Dieser waberte kurioserweise nicht nur in seinem Kopf, sondern trieb auch in dichten, feuchtkalten Bänken über die See.

Obwohl der kalte Nordwest, der an diesem Morgen dieses ungewöhnliche Wetterphänomen hervorgebracht hatte, nur mäßig wehte, machte die *Skagerrak* mit raumem Wind noch gute Fahrt. Schon bald tauchten an Steuerbord die schemenhaften Umrisse der Insel Æbelø aus dem Nebel auf. Selbst bei dieser schlechten Sicht waren die hohe Steilküste und die dichten, majestätisch über dem Meer thronenden Buchenwälder unverkennbar.

Etwa eine Meile nördlich der Insel mahnte eine Untiefentonne vorbeikommende Schiffe, ausreichend Abstand von einem steinigen Flach zu halten. Das dünne, ungleichmäßige Bimmeln der Signalglocke war weithin zu hören, ohne dass das Seezeichens selber zu sehen gewesen wäre.

In solch einer Waschküche, das wusste Ole seit seiner Kindheit auf Amrum, wo es sogar einen Ort gab, der Nebel hieß, trug der Schall deutlich weiter als bei klarer Sicht. Dafür war es ungleich schwerer, den genauen Standort der Schallquelle zu bestimmen.

Daher war sich Ole nicht wirklich sicher, von wo das zweite Geräusch kam, das er seit geraumer Zeit in ihrem Kielwasser hörte. Mal schien es genau von achtern zu kommen, mal mehr von Backbord. Nur eins war klar: es handelte sich zweifelsfrei um einen Schiffsdiesel, zu groß für einen Kutter, zu kräftig für ein anderes ziviles Schiff.

»Das Schnellboot ...«, raunte Karl ihm zu, der neben ihm saß und es ebenfalls gehört hatte.

Ole nickte. Erst vor wenigen Minuten, als die Nebelbänke auseinander gewichen waren, hatte Ole geglaubt, den flachen Rumpf im Kielwasser gesehen zu haben. Aber es war nur ein winziger Moment gewesen, dann war das Licht wieder trüber geworden, und der graue Schatten war mit dem Nebel verschmolzen, aus dem er aufgetaucht war. Fast schon gespenstisch.

Und noch etwas kam Ole nicht ganz geheuer vor. Jedes mal, wenn es so klang, als sei das Motorengeräusch an Backbord querab, schien es kurz darauf wieder leiser zu werden und zurückzufallen. Die *Skagerrak* lief keine sechs Knoten. Viel zu langsam für ein Schnellboot. Warum überholte es nicht?

Der Konteradmiral schien sich dieselbe Frage zu stellen. An der Art, wie er über die Schulter nach hinten blickte, konnte Ole erkennen, dass auch er ihren geheimnisvollen Begleiter bemerkt hatte.

Beim Passieren der Untiefentonne vor Æbelø hatte von Wellersdorff Richard, Karl und die übrigen Kadetten zum Navigationsunterricht zusammengerufen und ihnen eine der Situation angepasste, knifflige Aufgabe gestellt: Standortbestimmung im Nebel, ohne sichtbare Landmarken, nur durch Kompass, Kurslinie, Tiefenlotung und Auskoppeln von Bootsgeschwindigkeit und Strömung.

Jetzt, zweieinhalb Stunden später, rief er die angehenden Offiziere in Zweiergruppen an den Kartentisch ins Deckshaus, um ihre Ergebnisse zu überprüfen. Keiner der zwölf war mit seinen Koordinaten auch nur ansatzweise in die Nähe des von ihm selber ermittelten Standortes gekommen. Selbst Richard nicht, was diesen sichtlich verärgerte.

Nach von Wellersdorffs Berechnung befand sich die *Skagerrak* kurz vor Fyns Rev, einem berüchtigten, sich mehrere Meilen weit nach Norden erstreckenden Riff. Auch hier gab es wieder eine Untiefentonne, die es in jedem Falle im Norden zu umfahren galt. Diese Tonne hatte von Wellersdorff als Zielpunkt ihrer Navigationsübung angepeilt.

»Decksmeister!«, rief er Rausch zu, der nach der Mittagssuppe das Ruder übernommen hatte. »Stell mir zwei Mann als Ausguck ans Vorstag und zwei an jedes Want. Wenn ich mich nicht verrechnet habe, müssten wir jetzt ziemlich bald die Nordtonne Fyns Rev treffen.«

Keine zwei Minuten später sichtete der Ausguck an Steuerbord die Tonne. Der Konteradmiral ließ halsen und auf südlichen Kurs in den Großen Belt abfallen. Ein anerkennendes Murmeln lief über Deck, während die Kadetten die Schoten holten. Die Tonne bei diesem Nebel derart punktgenau anzusteuern, war eine Demonstration navigatorischer Extraklasse.

Der Konteradmiral gönnte sich zufrieden eine seiner Maisblattzigaretten. Und im Gesicht von Heribert Rausch sah Ole zum ersten Mal seit zwei Tagen wieder eine Spur von guter Laune.

Der Einzige, der sich alle erdenkliche Mühe gab, unbeeindruckt auszusehen, war Strasser.

»Und jetzt?«, fragte er säuerlich. »Im nördlichen Teil des Großen Belt gibt es keinen einzigen Hafen, den wir bei Nebel sicher anlaufen könnten.«

»Dann segeln wir eben so lange weiter, bis der Nebel weg ist!«, antwortete der Konteradmiral in aller Seelenruhe.

Der Kaleu schnaubte verächtlich.

»Lassen Sie mich rufen, wenn's so weit ist!«

Damit verschwand er unter Deck. Rausch und von Wellersdorff tauschten einen belustigten Blick.

Dann senkte der Segelmacher die Stimme: »Und was machen wir mit unserem Wachhund?«

Er zeigte mit dem Daumen über die Schulter nach hinten, von wo nach wie vor das gedämpfte Dröhnen des Schnellbootes zu hören war. Also das war es: ein Wachhund!

Vielleicht hatte der Konteradmiral doch keine Genehmigung bekommen, so weit nach Norden zu fahren? Oder er hatte sie gar nicht erst eingeholt. Das sähe von Wellersdorf tatsächlich ziemlich ähnlich, dachte Ole, und sah zum Konteradmiral hinüber.

Dieser legte den Kopf in den Nacken und blickte in den Mast hinauf.

»Der Nebel wird wieder dichter«, murmelte er. Dann stahl sich ein spitzbübisches Grinsen auf sein Gesicht. »Das Schöne an einem Segelboot ist ja, dass es nicht annähernd so viel Lärm macht wie ein Schnellboot, nicht wahr? Wollen doch mal sehen, ob wir ihm nicht einen kleinen Streich spielen können.«

Von Wellersdorff übernahm Rauschs Platz am Ruder.

»Klar machen zum Wenden!«, sagte er, während er Windrichtung und Stand der Segel peilte. »Wir gehen auf Gegenkurs und hoch an den Wind. Aber alles hübsch leise!«

»Hab ihr gehört, ihr müden Leiber?«, knurrte Rausch, als er durch die Reihen der an Deck sitzenden Kadetten ging. »Los los! Auf Manöverstation! Aber wehe, einer legt die Schoten über die Winsch! Die Segel werden Hand über Hand geholt! Und keinen Mucks dabei, kapiert?«

An den Gesichtern der Kadetten konnte Ole erkennen, dass kaum einer von ihnen begriff, was der Konteradmiral vorhatte.

»Re!«

Von Wellersdorff drehte am Ruder, und fast lautlos schwang die große Yacht herum. Niemand sprach ein Wort. Selbst die Segel gaben in der schwachen Brise nur ein mattes Flappen von sich.

Obwohl der Nebel fast alle Laute verschluckte, konnte Ole hören, wie das Motorengeräusch in einiger Entfernung langsam hinter dem Heck der Yacht hindurchwanderte und leiser wurde.

Der Konteradmiral und Rausch tauschten einen Blick und ein Kopfnicken. Nun verstand Ole, was von Wellersdorff vorhatte.

»Der andere soll glauben, dass wir um die Untiefe herum nach Süden abbiegen, oder?«, fragte Ole leise, als er sich zu Meister Rausch an den Besanmast stellte. »Stattdessen fahren wir aber nach Nordwesten zurück.«

»Keine Ahnung, wen du meinst?«, sagte Rausch in schlecht gespielter Überraschung.

»Na, das Schnellboot natürlich, das uns seit dem Kleinen Belt hinterherfährt!«

»Ach, das Schnellboot...«, machte Rausch beiläufig.

»Was hat das zu bedeuten?«, fragte Ole leise. »Dass er uns folgt, meine ich.«

»Keine Ahnung. Aber eins steht fest: Der Kerl wird ganz schön blöd kucken, wenn der Nebel zurückgeht und wir plötzlich verschwunden sind.«

Rausch spuckte die Reste seines Priems über Bord und zeigte Ole ein breites Grinsen. Wenn es wegen der leidigen Kombüsengeschichte je eine Verstimmung zwischen ihnen gegeben hatte, so war sie jetzt vergessen.

»Dann kann er meinetwegen den ganzen Großen Belt nach uns umgraben!«

»Pschhht!«, machte der Konteradmiral und nickte mit dem Kopf in den Nebel achteraus.

Ole spitzte die Ohren. Tatsächlich! Das Motorengeräusch hatte gänzlich gestoppt, dann wurde es abrupt wieder lauter. So einfach ließ sich ihr Verfolger offensichtlich doch nicht abschütteln.

»Schoten fieren! Wir gehen platt vor den Wind!«, kommandierte der Konteradmiral halblaut.

Wieder änderte die Yacht den Kurs und wieder lief alles nahezu geräuschlos ab. Aber genau wie zuvor vollzog auch dieses Mal das Schnellboot nach einer kurzen Verzögerung ihren Kurswechsel mit.

Aber so schnell gab von Wellersdorff nicht auf. Es folgten eine Halse, ein Luvmanöver und mehrere weitere Wenden. Schließlich griff der Konteradmiral besonders tief in die Trickkiste, indem er die Yacht mehrere Minuten lang mit back gehaltenen, also auf der falschen Seite dicht gezogenen Segeln quasi auf der Stelle treiben ließ.

Mitten in diesem seltsamen, nebelumwaberten Tanz, in dem sich die *Skagerrak* und ihr Verfolger umeinander drehten, tauchte Kaleu Strasser im Cockpit auf. Offensichtlich hatte er die mehrfachen Kurswechsel anhand der Schiffsbewegungen bemerkt.

»Darf ich erfahren, was hier vor sich geht?«, fragte er unwirsch.

»Das sehen Sie doch, Herr Kaleu!«, antwortete von Wellersdorff aufgeräumt. »Segelmanöverübung.«

Strasser wandte sich ab und starrte mit finsterem Blick in den Nebel hinaus. Das Motorengeräusch war inzwischen erheblich leiser geworden und schien sich nun, nach dem »Bremsmanöver« des Konteradmirals, vollends in die falsche Richtung zu verlaufen.

Ole begriff, dass der Kapitänleutnant ebenfalls von der Anwesenheit ihres Bewachers gewusst haben musste und nun alles andere als erfreut darüber war, dass von Wellersdorff es geschafft hatte, ihn abzustreifen. Und noch eine Sache wurde Ole klar, als er das dünne, freudlose Lächeln von Wellersdorffs bemerkte: Auch für den Konteradmiral war das Spielchen, das er mit ihrem Verfolger trieb, weitaus mehr als nur eine segeltaktische Denksportaufgabe.

Am späteren Nachmittag war es der Sonne doch noch gelungen, die Oberhand über den Seenebel zu gewinnen. Und mit den grauen Schwaden hatte sich auch jeder Zweifel aufgelöst, ob ihr unheimlicher Verfolger noch einmal auftauchen würde. Er war verschwunden wie ein böser, grauer Geist, der nur im Schutze der kalten, feuchten Nebel hatte existieren können.

Auch der Wind war wieder etwas aufgefrischt und hatte zurück auf West gedreht. Mit guter Fahrt und ohne kreuzen zu müssen, arbeitete die *Skagerrak* sich stetig weiter nach Norden. Nicht auf der sonst üblichen Strecke im Großen Belt, wie Ole aufgefallen war, sondern im etwas abgelegeneren, durch weitere Untiefen und Inseln verzweigten Fahrwasser an der Westküste der Insel Samsø hinauf.

»Wie weit nach Norden wollen Sie noch?«, hatte Strasser voller Missbilligung gefragt, als sie am frühen Abend die schöne Insel Tunø mit ihrem kleinen Fischerei- und Fährhafen und der geschützten Außenreede passiert hatten, ohne dass der Konteradmiral Anstalten gemacht hatte, die Fahrt zu unterbrechen.

»Wir segeln die Nacht durch«, war von Wellersdorff knappe Antwort gewesen. Wohin hatte er nicht gesagt. Offensichtlich war er fest entschlossen, sich nicht in die Karten sehen zu lassen.

»Sie müssen ja wissen, was Sie tun«, hatte Strasser geknurrt. »Sie tragen die Verantwortung.«

Wieder so eine Äußerung, dachte Ole, die auch als Drohung verstanden werden konnte.

Mit Hereinbrechen der Dunkelheit hatte der Konteradmiral die Segelwache für die Nacht auslosen lassen. Ole zog die Runde von Mitternacht bis um vier Uhr früh, die allgemein als »Hundewache« bekannt und entsprechend wenig beliebt war. Während Karl, den das gleiche Los ereilt hatte, noch mit der zu erwartenden schlechten Sicht und den niedrigen Temperaturen haderte, freute sich Ole. Er segelte gerne in der Nacht. Vor allem wenn der Himmel im Norden, wie um diese Jahreszeit in dieser Breite üblich, kaum wirklich dunkel war.

Nach einem flüchtigen, im Stehen eingenommenen Abendessen aus einer dünnen Suppe ging Ole vorsorglich in die Koje, um zur Mitternacht hin halbwegs ausgeschlafen zu sein.

Als Richard, der zur früheren Wachmannschaft gehörte, ihn kurz vor Mitternacht unsanft weckte, bemerkte Ole als Erstes den Seegang. »Wo sind wir?«, fragte er.

»Zehn Meilen südöstlich von Grenå.«

Ole war verwundert. Die dänische Hafenstadt Grenå lag bereits am Kattegatt.

»So weit oben? Was wollen wir denn da?«

»Woher soll ich das wissen? Und wenn du glaubst, dass der Alte in Grenå einlaufen will, hast du dich geschnitten!«

Richard schien eindeutig schlechte Laune zu haben. Seine Stimmungsschwankungen waren Ole von früher her noch bestens bekannt. Mal war er der beste Freund, mal der arrogante, abweisende Schnösel, den der Segelmachermeister stets in ihm sah. Die Ruppigkeit, die er Ole gegenüber nun an den Tag legte, war vielleicht auf eine lange, unerquickliche Segelwache zurückzuführen.

»Wohin fahren wir dann?«, fragt Ole vorsichtig.

»Da bleibt wohl nicht mehr viel, oder?«, antwortete Richard grimmig. »Anholt! Und jetzt sieh zu!«

Bevor Ole noch etwas fragen konnte, war Richard bereits aus der Vorpiek verschwunden.

Ole setzte sich aufrecht hin und rieb sich den Schlaf aus den Augen. Draußen hinter dem Glas des winzigen Bullauges über seiner Koje erstreckte sich die schwarze Weite der See, nur gelegentlich von einem vorüberhuschenden Schaumkamm unterbrochen. Im Norden lag ein heller Streif am Himmel. Mittsommer war erst wenige Wochen her und die nordischen Nächte waren hell. Ole überlegte. Anholt war eine kleine dänische Insel mitten im Kattegatt. Fast schon auf halber Strecke nach Schweden ...

Schweden! Seit der Starbootregatta im letzten Sommer war das Land für Ole mit einem anderen Namen verbunden.

Verdammt! Waren es die stärkeren Bewegungen des Schiffes, die hier im Bugraum besonders deutlich zu spüren waren, oder warum hatte Ole auf einmal so ein flaues Gefühl in der Magengegend? Er war doch noch nie seekrank gewesen!

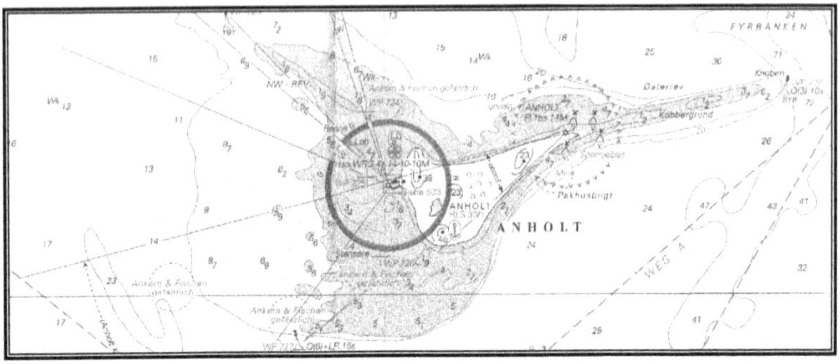

6. Kapitel

TÜRKIS

In der späten Nachmittagssonne schimmerte die See vor Anholt in all jenen Farben, die Ole am meisten liebte. Weit draußen das dunkle, ruhige Blaugrün des tiefen Wassers, das sich mit flacher werdendem Grund allmählich in immer helleres Grün verwandelte, bis es schließlich vor dem Strand in einem beinahe durchsichtigen Türkis leuchtete, durchzogen vom Silber der sich auf dem Strand brechenden Wellen. Ein märchenhafter, strahlender Farbverlauf, den Ole in dieser Schönheit schon lange nicht mehr gesehen hatte. Seit Ende August des vergangenen Jahres nicht mehr, um genau zu sein.

Es waren dieselben Farben wie in Linas Augen.

Sehnsüchtig blickte Ole nach Nordosten, wo ein dunkler Strich auf der Kimm lag. Schweden. Mehr eine dunstige Ahnung als die Kontur einer Küste. Keine vierzig Meilen bis dort und doch unerreichbar fern. Und selbst wenn er jemals hinkäme, was würde es ihm nützen? Dies dort drüben war die Westküste der schwedischen

Halbinsel. Lina und ihr Vater lebten in Stockholm, hunderte von Meilen entfernt auf der Ostseite des Landes. Ole schüttelte unwillig den Kopf. Schweden und Lina, beides war nichts als unsinnige Tagträumerei.

Ole lag ausgestreckt am Rand der bewaldeten, Vestklit genannten Anhöhe der Insel und schnitzte mit dem Takelmesser seines Großvaters an einem Stück Holz herum. Hinter ihm rauschten die Föhren und knorrigen Eichen im Westwind und der warme, angenehme Geruch von Ginster, Heidekraut und Strandhafer lag in der Luft. Unten in dem kleinen, von einer schützenden Steinmole umfassten Fischerhafen war die *Skagerrak* zu sehen. Nach der durchsegelten Nacht lag sie nun sauber aufgeklart und friedlich neben zwei Krabbenkuttern am Kai.

Ole seufzte. Anholt bei Sonne, das war einer der besten Ort in der ganzen Ostsee, den man sich vorstellen konnte. Salzig, klar und sommerfrisch. Meilenweit entfernt von jener grauen Welt im Krieg, die gnädig von der Krümmung des weiten Horizonts verborgen wurde.

Den Vormittag hatte die Crew zur Erholung frei bekommen. Die meisten der Kadetten hatten ihn schlicht verschlafen. Ole hatte ihn gemeinsam mit Richard, Karl und einigen anderen am Strand in der Sonne auf der faulen Haut verbracht. Am Nachmittag war dann vom Konteradmiral Unterricht für die Kadetten angeordnet worden. Verwaltungs- und Militärrecht. Strassers Fach. Ole war froh, nichts damit zu schaffen zu haben. Der Kaleu hatte, das wusste Ole aus Karls treffsicherer Parodie, die unangenehme Angewohnheit, seinen ohnehin schon allzu zähen Lehrstoff mit langatmigen Exkursen in nationalsozialistischer Geisteserziehung zu verdicken. Danach hatte für die Kadetten noch ein Zehn-Kilometer-Dauerlauf um die halbe Insel auf dem Programm gestanden. »Mens sana in corpore sano«, wie Strasser angemerkt hatte. Selbst die simple körperliche Ertüchtigung hatte in seinen Augen noch dem Führer zu gefallen.

Nein, Ole beneidete keinen der angehenden Offiziere um das,

was sie erwartete. Heute nicht. Und erst recht nicht, wenn diese Reise endete.

Die *Skagerrak* lag also still und verlassen da. Einzig Rausch war vorhin einmal kurz an Deck zu sehen gewesen. Kämpfte vermutlich wieder mit dem defekten Funkgerät, das so etwas wie ein heimliches Hobby von ihm zu sein schien.

Der Konteradmiral war ebenfalls nicht an Bord.

Ole kniff die Augen zusammen. Er stand seit über einer Stunde auf dem Molenkopf der Hafeneinfahrt. Genau wie Ole selber schien auch von Wellersdorff voller Ungeduld nach Norden übers Meer zu blicken. Allerdings wohl kaum wegen der schwärmerischen Sehnsucht für ein schwedisches Mädchen. Es sah so aus, als warte er auf etwas. Ein Schiff vermutlich.

Vielleicht ein befreundeter Kommandant auf dem Rückweg von der Nordfront, überlegte Ole, der ihm vertrauliche Neuigkeiten über den Stand des Krieges bringen würde, Nachrichten, die nicht durch die Filter der Propaganda gelaufen waren?

Eine Telegrafenstation oder eine Funkstelle, mit der sich der Konteradmiral nach dem Verbleib seiner Verabredung hätte erkundigen können, gab es auf der Insel nicht. Also musste er sich wohl oder übel in Geduld fassen.

Sehr viel länger würde er allerdings nicht mehr warten können, dachte sich Ole. Zum einen würden die *Skagerrak* bald wieder nach Süden segeln müssen, da ja der Ausbildungstörn in wenigen Tagen enden musste. Zum anderen würde das friedliche Sommerwetter nicht mehr allzu lange halten. Von Westen her segelten schnell und hoch aufquellende Wolkengebirge heran, untrügliche Vorboten einer baldigen Wetterverschlechterung.

Inzwischen war es sechs Uhr. In ein oder zwei Stunden, spätestens aber bei Einbruch der Nacht, so schätzte Ole mit dem Gesicht im Wind, würde es richtig losgehen.

Bei starkem oder gar stürmischem Westwind aber war das Ansteuern des kleinen Hafens von Anholt gefährlich und selbst das Ankern vor der Insel für ein größeres Kriegsschiff riskant, sodass es also für den Besuch des Konteradmirals, wer immer es sein mochte, knapp werden würde.

Tatsächlich war dort auf dem Meer ein Schiff zu sehen, das sich der Insel von Norden kommend näherte. Allerdings war es nur ein weiterer Fischkutter. Bemerkenswerterweise steuerte er nicht außen um das sich mehrere Meilen von der Nordwestspitze der Insel aus ins Meer erstreckende Anholt-Riff herum, sondern hielt unbeirrt auf die berüchtigte Untiefe zu. Offensichtlich musste es dort irgendwo so etwas wie eine Passage geben. Ole kniff die Augen zusammen. Richtig, etwa eineinhalb Meilen vor dem Hafen war eine etwas dunklere Färbung des Wassers zu erkennen.

Ein Schiff, das den normalen Weg außen um das Riff herum wählte, hatte eine fünfmal so lange Strecke vor sich. Allerdings war die Passage nicht ganz ungefährlich. Sie war schmal, durch keinerlei Tonnen oder Pricken bezeichnet und wies zu allem Überfluss in ihrer Mitte eine flache Barre auf, die wie ein Finger in den Weg ragte und in einem scharfen Knick zu umfahren war. Als der Kutter die Stelle passierte, konnte Ole erkennen, wie sich rechts und links davon die Heckwelle auf den kaum hüfttiefen Sandbänken brach.

Vermutlich wurde der Durchschlupf nur von den ortskundigen Fischern benutzt. Und sicherlich auch nur bei gutem Wetter. Bei Dunkelheit oder auch nur bei schlechter Sicht würde er kaum auszumachen und bei Sturm aus West oder Nordwest nahezu unpassierbar sein.

Der Kutter hatte die Passage inzwischen gemeistert und drehte mit schäumender Bugwelle auf die Hafenmole zu.

Ole steckte sein Takelmesser in die Tasche zurück, stand auf und reckte sich. Vielleicht konnte er beim Anlegen anpacken und dafür ein paar der leckeren Jomfruen ergattern? Die schmackhaften, etwa fünfzehn Zentimeter großen Garnelen wurden gleich nach dem Fang in eigens dafür auf den Kuttern befeuerten Siedetöpfen gekocht und waren eine echte Delikatesse. Zuhause in Kiel waren sie unter dem Namen »Kaisergranat« bekannt und wurden zu entsprechend adeligen Preisen verkauft.

Als Ole wenig später unten am Hafen eintraf, sah er, dass er bereits zu spät war, um beim Annehmen der Leinen zu helfen. Der Kutter lag schon fest vertäut an der Pier. Allerdings schien es ohnehin keine Jomfruen zu geben, die er sich hätte verdienen können. Die drei Fischer, die vor ihrem Schiff an Land standen, machten keinerlei Anstalten, einen Fang anzulanden, und die ineinander gestapelten Holzkisten, die Ole an Deck des Kutters sehen konnte, waren leer. Stattdessen schienen die Männer auffälliges Interesse an der Segelyacht zu haben.

Langsam näherten sie sich der *Skagerrak*. Die beiden größeren der Fischer blieben unschlüssig auf der Pier stehen, der dritte, er war etwas schmächtiger und trug einen schwarzen Ölmantel mit tief ins Gesicht gezogenem Südwester, klopfte an die Bordwand der Yacht. Doch dort blieb alles still. Scheinbar waren Strasser und die Kadetten noch nicht von ihrem Dauerlauf zurückgekommen.

Stattdessen tauchte der Konteradmiral auf, der von der Außenmole herübergekommen war. Ole staunte, als er die drei Ankömmlinge sichtlich erleichtert und mit Handschlag begrüßte. Dann verschwand er mit dem kleineren der Männer an Bord der Yacht.

Sollte dieser Kutter das Schiff sein, auf das von Wellersdorff so angespannt gewartet hatte? Die beiden anderen Fischer, die weiter vor der Yacht auf der Pier standen, sahen nicht so aus, als ob sie Ole eine Antwort auf diese Frage geben würden. Im Gegenteil, die finsteren, misstrauischen Blicke, die sie ihm zuwarfen, als sie ihn entdeckten, ließen wenig Zweifel daran, dass sie vor dem Schiff Wache gingen, damit das Treffen des Konteradmirals nicht gestört würde.

Also änderte Ole wie beiläufig seine Richtung und verschwand in der halb offen stehenden Tür eines niedrigen, mit Netzen und Reusen behängten Holzschuppens, um von hier aus die Sache im Auge zu behalten.

Wenig später stand der Konteradmiral wieder auf der Pier, wo er sich kurz mit den beiden Fischern unterhielt. Ole konnte nicht genau sehen, was dort vor sich ging. Ebenso wenig hatte er sehen können, wo der dritte Fischer inzwischen abgeblieben war. Vermutlich war er, ohne dass Ole es bemerkt hatte, bereits auf den Fischkutter zurückgekehrt. Das einzige, was Ole von seinem Versteck aus deutlich erkennen konnte war, dass von Wellersdorff den beiden Männern Geld in die Hand zählte.

Inzwischen war auch Rausch auf die Mole geklettert, wie üblich eine Kugel Kautabak zwischen den Zähnen knetend. Nachdem sich der Konteradmiral von den beiden Fischern verabschiedet hatte, winkte er den Segelmacher zu sich und steuerte direkt auf Oles Fischerhütte zu. Unmittelbar vor seinem Versteck setzten sie sich zu einer vertraulichen Unterhaltung auf einen Stapel leerer Fischkisten.

Ole hielt die Luft an. Wenn er jetzt versuchte, sich zu verdrücken, würden sie ihn bemerken und mit Sicherheit denken, er hätte sie bespitzelt. Besser also, er blieb, wo er war. Ole seufzte. Irgendwie kam ihm die Situation weidlich bekannt vor.

Wenn von Wellersdorff von dem Fischer eine Nachricht erhalten hatte, so war es nicht die von ihm erhoffte. Sein Gesichtsausdruck war noch finsterer als zuvor, und was er sagte, klang angespannt und besorgt.

»Sie sitzen fest. Auf den Koster-Inseln.«

»Auf den Kostern? Verdammt!«, brummte Rausch und spuckte seinen Priem aus. »Das ist nicht mal dreißig Meilen von der norwegischen Grenze entfernt! Was haben die denn die ganze Zeit über getrieben?«

»Sie sind aufgehalten worden.«

Ole hatte nicht die leiseste Ahnung, worum es hier eigentlich ging. Aber eines war ihm inzwischen glasklar: dass es sich um etwas weitaus Heikleres handeln musste, als den über Gebühr ausgedehnten Segeltörn eines exzentrischen Marineausbilders.

»Und jetzt?«, fragte Rausch und wischte sich mit der Hand über die Glatze, als habe ihm die Sache den Schweiß aus den Poren getrieben. »Wir können doch nicht einfach hier sitzen bleiben und auf sie warten. Es ist nur eine Frage der Zeit, bis Strassers Wachhunde uns hier aufspüren.«

»Das werden wir auch nicht«, antwortete von Wellersdorff und nickte zum Kutter hinüber. »Sie haben sie hierher geschickt, um uns auszurichten, dass sie nach Marstrand fahren werden. Dort beginnt morgen ein Hafenfest. Falls sie noch mal kontrolliert werden, kann ihnen das als halbwegs glaubwürdige Ausrede dienen.«

Marstrand. Schweden. Ole fühlte, wie seine Hände plötzlich feucht wurden.

»Mit Verlaub, Herr Konteradmiral, wir können denen nicht noch weiter entgegensegeln!«, schnaubte Rausch. »Im ganzen Kattegatt wimmelt es nur so von deutschen Verbänden. Wir würden auffallen wie ein gelber Köter mit drei Beinen und in Windeseile hat das Oberkommando Wind davon bekommen!«

Von Wellersdorff zuckte nur vielsagend die Achseln, als wolle er andeuten, dass er damit ohnehin rechne.

»Außerdem«, setzte Rausch mürrisch hinzu und machte eine Kopfbewegung nach Westen, »wird es da draußen bald ziemlich ungemütlich werden.«

Tatsächlich waren die Gewitterwolken erheblich schneller herangekommen, als Ole erwartet hatte. Es war bereits merklich frischer geworden und der Wind begann, in den Wanten der Yacht zu singen. Ole schätzte, dass es innerhalb der letzten Viertelstunde von einem auf fünf Beaufort aufgefrischt hatte.

»Dann sollten wir sehen, dass wir vorher von hier verschwinden«, nickte der Konteradmiral. »Sowie Strasser und die Crew zurück sind, laufen wir aus!«

Rausch schnaubte resigniert. Dann startete er einen letzten Versuch. »Können wir ihr nicht einfach das Ding mitgeben? Dann wären wir es ein für allemal los!«

Ole war sich nicht sicher, ob er sich nicht verhört hatte. Ihr? Und ... was für ein »Ding«?

»Nein«, hörte Ole den Kaleu entschieden antworten. »Das wäre die unsicherste Lösung von allen. Außerdem wollen die beiden Fischer nicht nach Schweden zurück, sondern weiter nach Ebeltoft, hier in Dänemark.«

Bevor Ole sich noch weiter fragen konnte, was hier eigentlich vor sich ging, kam einer der beiden stämmigen Männer von dem Kutter zu von Wellersdorff und Rausch zurück. Er hatte einen anderen, graubärtigen Mann bei sich, der ein rostiges, altes Fahrrad vor sich herschob, das Ole entfernt an Tante Elfies schlecht geölten Drahtesel erinnerte.

In bruchstückhaftem, stark dänisch gefärbtem Deutsch erklärte der Fischer, dass der Mann mit dem Fahrrad der Leuchtturmwärter des auf dem Sønderberg im Süden der Insel positionierten Leuchtfeuers sei, und von dessen luftiger Höhe aus ein kleineres deutsches Kriegsschiff gesehen habe, das von Südosten her auf die Insel zuhalte.

Von Wellersdorff und Rausch tauschten alarmierte Blicke.

»Wie weit ist es entfernt?«

Der Fischer übersetzte die Frage.

»Femtien«, antwortete der Leuchtturmwärter auf dänisch und zeigte zur Sicherheit die Zahl mit den Händen.

»Fünfzehn Meilen!«, murmelte der Konteradmiral. »Mit Glück eine Dreiviertelstunde, bevor es um die Südspitze herumkommt. Wenn wir es vorher ums Riff herum schaffen, haben wir vielleicht noch eine Chance, ungesehen zu entwischen.«

In diesem Augenblick kehrten Strasser und die Kadetten von ihrem Geländelauf durch die Dünen zurück.

~

Auslaufen? Jetzt?«, fragte Kaleu Strasser entgeistert. »Da draußen bläst es mit sechs Windstärken. Bald werden es sieben oder acht sein, so wie der Barometerstand fällt! Abgesehen davon ist es in einer Stunde stockduster!«

Tatsächlich war das goldene Abendlicht inzwischen einem unheilvollen, zwielichtigen Grau gewichen und die ersten Regentropfen kamen herab. Wellenkämme leckten nass über die Steinmauer der Hafenbefestigung und in der engen Durchfahrt zwischen den beiden Molenfeuern kabbelte sich bereits eine unangenehme, kurze Welle.

»Keine Diskussion, wir laufen aus!«, wiederholte von Wellersdorff und blitzte Strasser an. »Sorgen Sie dafür, dass die Männer umgehend Deckskleidung und Ölzeug anziehen.«

»Herr Konteradmiral, ich muss in aller Form protestieren«, fuhr Strasser verkniffen fort und nahm Haltung an. »Mit dem Befehl zum Auslaufen gefährden Sie das Ihnen anvertraute Schiff und seine Besatzung!«

»Blödsinn! Wann eine Gefährdung für das Schiff besteht, entscheide ich! Und jetzt sorgen Sie gefälligst dafür, dass die Crew sich fertig macht. Ich möchte das Ablegemanöver besprechen.«

»Nein!«

Der klare und unmissverständliche Widerspruch verblüffte sogar den Konteradmiral. Die meisten der Kadetten waren inzwischen, von dem offenen Streit ihrer Vorgesetzten angelockt, an Deck zusammengekommen. In ihren Minen stand eine Mischung aus Sensationslust, Unverständnis und Besorgnis.

»Befehlsverweigerung, Herr Kaleu«, sagte von Wellersdorff gefährlich leise. »Dafür werde ich Sie zur Rechenschaft ziehen!«

Strasser rührte sich nicht, sondern starrte den Konteradmiral mit unverhüllter Feindseligkeit an. Nur das Pfeifen des Windes und das Schlagen eines Falls gegen den Großmast waren zu hören. Nach einem langen Moment nickte von Wellersdorff.

»Kapitänleutnant Strasser, hiermit suspendiere ich Sie mit sofortiger Wirkung vom Dienst. Holen Sie Ihre Sachen und verlassen Sie auf der Stelle das Schiff!«

»Wie bitte?«

Das hatte selbst Strasser nicht erwartet.

»Sie haben mich sehr gut verstanden. Sie verlassen sofort dieses Schiff! Übermorgen kommt eine Fähre. Mit der können Sie nach Grenå fahren und von dort weiter nach Flensburg. Alles weitere dann nach meiner Rückkehr. Wegtreten!«

Die Adern im Gesicht des Kaleus schwollen rot an. Dann nahm

er abrupt Haltung an, drehte auf dem Absatz um und verschwand unter Deck.

»Womit das, verdammt noch mal, endlich erledigt wäre!«, knurrte von Wellersdorff mit grimmiger Befriedigung.

Dann winkte er Rausch ins Cockpit.

»Decksmeister, lassen Sie die Crew sich umziehen, Ölzeug und Rettungskragen anlegen und die Strecktaue spannen. Unter Deck muss alles schwerwetterfest gemacht werden.«

»Habt ihr gehört, Jungens?«, rief Rausch und klatschte in die Hände. »Wir laufen aus! Womit wir endlich zu dem Teil eurer Ausbildung kommen, der das Wort seemännisch verdient!«

Ein paar der Kadetten lachten unsicher, aber die meisten sahen ängstlich von einem zum anderen. Weniger wegen der Aussicht, auslaufen zu müssen, als wegen der unerhörten Szene, die sie eben beobachtet hatten.

Einer nach dem anderen verdrückten sie sich unter Deck, um sich ihrer Sporthosen zu entledigen und ihre Segelbekleidung anzulegen.

Wenig später waren alle vollzählig an Deck zurück. Alle, bis auf den Kaleu.

»Also ... herhören!«, rief von Wellersdorff. »Sowie wir unter Maschine den Liegeplatz verlassen und in der Hafeneinfahrt die Nase im Wind haben, setzen wir Besan und Baumfock. Das Großsegel bekommt zwei Reffs, geht aber erst hoch, wenn wir weiter draußen sind ...«

Mitten im Satz brach der Konteradmiral ab und starrte auf Strasser, der in diesem Augenblick ebenfalls an Deck gekommen war.

Er hatte seine volle Uniform angezogen und die weiße Offiziersmütze aufgesetzt. Es war jedoch nicht sein makelloser Paradeaufzug, der alle zum Schweigen brachte, sondern die Pistole, die er auf von Wellersdorff gerichtet hielt.

Ole hielt, wie alle übrigen, unwillkürlich die Luft an.

»Konteradmiral Freiherr von Wellersdorff,« rief Strasser, »im Namen des Führers und als ranghöchster Offizier nach Ihnen enthebe ich Sie hiermit gemäß § 39, Absatz 3, Reichskriegsmarinegesetz Ihres Kommandos über dieses Schiff und stelle Sie vorübergehend unter Arrest.«

Von Wellersdorff musterte den Kaleu aus kühlen grauen Augen. Statt einer Antwort verschränkte er lediglich die Arme vor der Brust und schwieg.

An seiner Stelle jedoch polterte Rausch los: »Mann, wie können Sie es überhaupt wagen ...?«

»Missachtung der Fahrtgebietsbeschränkung des Marineoberkommandos«, übertönte ihn Strasser, »Zweckentfremdung sowie Gefährdung des ihm anvertrauten Schiffes!«

Strasser sah sich suchend um. Dann entdeckte er Richard.

»Fähnrich Korfmann! Sie bezeugen mir den Vorfall!«

Alle an Deck starrten überrascht zu Richard. Von Wellersdorff nickte langsam, als habe sich soeben eine lange gehegte Vermutung bestätigt. Richards Gesicht war starr und weiß wie Muschelkalk.

Strasser fuhr ungerührt fort.

»Bringen Sie ihn in seine Kammer, Korfmann, schließen Sie von außen ab und übergeben Sie mir den Schlüssel.«

Ole war gespannt, wie Richard sich angesichts dieser Aufforderung verhalten würde.

Aber von Wellersdorff ersparte ihm das Weitere.

»Niemand betritt meine Kammer!«, blaffte er. »Und niemand stellt mich unter Arrest!«

Er schob Rausch beiseite und ging mit drohend ausgestreckter Hand geradewegs auf Strasser zu.

»Und jetzt geben Sie mir die Waffe und verschwinden Sie von diesem Schiff!«

Der Kaleu hob die Pistole, lud sie mit einer schnellen Handbewegung durch und richtete sie auf von Wellersdorffs Kopf.

»Glauben Sie ja nicht, dass es mir schwerfallen würde!«, zischte er, die Augen zu Schlitzen verengt und das Gesicht eine starre, rot geäderte Maske.

Von Wellersdorff blieb stehen und starrte wütend zurück.

Dann verlagerte sich seine Blickachse und ging knapp an Strasser vorbei – direkt in Oles Gesicht, der schräg hinter dem Kaleu stand. Auch sein Gesichtsausdruck änderte sich, er zeigte mit einem Mal so etwas wie Irritation oder Besorgnis. Gleichzeitig schüttelte er unmerklich den Kopf, als wolle er sagen: Junge, tu es nicht!

Ole war zutiefst irritiert. Was sollte das? Er hatte sich doch keinen Zentimeter bewegt.

Aber genau das war es, was der Kaleu hatte glauben sollen!

Mit einem raschen Schritt zur Seite fuhr Strasser zu Ole herum, um die Waffe auf ihn zu richten. Aber dazu kam es nicht. Noch bevor Strasser sich auch nur halb hatte umdrehen können, war von Wellersdorff mit einem blitzschnellen Ausfallschritt hinter ihn getreten und schlug Strassers Hand mit der Waffe nach oben. Der Schuss löste sich, pfiff aber nur irgendwo über ihren Köpfen durch die Takelage. Mit dem zweiten Schlag, einem prächtigen linken Aufwärtshaken gegen Strassers Kinn, schickte von Wellersdorff seinen um einen ganzen Kopf größeren Gegner auf die Teakbretter. Dann trat er mit seinem schweren Seestiefel auf Strassers Handgelenk, nahm ihm die Waffe ab, und richtete sie nun seinerseits auf ihn.

»In fünf Sekunden sind Sie von meinem Schiff verschwunden!«, knurrte er, als habe er sich lediglich beim ersten Mal nicht ganz verständlich ausgedrückt. »Eins ... zwei ... drei ...«

Der Kapitänleutnant rappelte sich auf und beeilte sich, an Land zu kommen. Offensichtlich hatte er keinerlei Zweifel, dass auch von Wellersdorff nicht zögern würde, die Waffe zu benutzen.

»Gottverdammter Idiot! Das hat uns nichts als wertvolle Zeit gekostet!«, raunzte der Konteradmiral hinter ihm her. Dann blickte er sich suchend nach Rausch um. »Decksmeister, schick die Leute an die Leinen! Wir legen sofort ab!«

Damit bückte er sich zum Maschinenpaneel der Hilfsmotors hinunter, drehte den dort steckenden Schlüssel und drückte die Zündung.

Nichts geschah. Er drückte abermals, aber der Schiffsdiesel blieb stumm.

Von Wellersdorff und Rausch tauschten einen Blick. Rausch verschwand wortlos unter Deck und der Konteradmiral drehte sich langsam zum Ufer um.

Dort, etwa dreißig Meter entfernt, stand Strasser und blickte zu ihnen herüber, das Gesicht zu einem Grinsen verzerrt.

Von Wellersdorff verfluchte ihn lautlos.

Dann tauchte auch Rausch wieder im Niedergang auf.

»Der Schweinehund hat die Spritpumpe demoliert! Keine Chance, das mit Bordmitteln zu richten.«

»Und keine Chance, aus diesem engen Loch unter Segeln wegzukommen!«, sagte von Wellersdorff finster. »Verdammt, das wusste er natürlich! Jetzt sitzen wir wirklich hier fest!«

Er verstummte und runzelte die Stirn. Dann blickte er an der Pier entlang, wo die Kutter lagen.

Fünf Minuten später waren die Festmacher gelöst und die *Skagerrak* entfernte sich langsam von ihrem Liegeplatz – an einer 30 Meter langen Schleppleine hinter dem Fischkutter, der am Nachmittag von Norden hereingekommen war.

Ole, Richard und Karl waren auf dem Vorschiff damit beschäftigt, das Vorsegel zum Setzen vorzubereiten.

»Der ist doch komplett verrückt geworden!«, zischte Richard und nickte in Richtung des Konteradmirals, der am Ruder stand und Anweisungen über Deck rief. »Ich glaube fast, Strasser hatte Recht, als er ...«

»Dein Freund Strasser ist ein gottverdammtes Arschloch!«, fuhr Karl ihm gereizt dazwischen. »Dem weine ich keine Träne nach!«

Ole konnte nur zustimmen. Der Kaleu stand mit geballten Fäusten und hochrotem Gesicht auf der Pier und sah zu, wie sein Plan, die *Skagerrak* im Hafen festzuhalten, doch noch vereitelt worden war.

»Meinetwegen! Ist Strasser eben ein Arschloch«, brummte Richard missmutig, »aber das hier ist doch nicht normal! Wenn wir wenigstens wüssten, was der Alte vorhat? Oder wo er mit uns hin will?«

»Marstrand! Wenn's dir dann besser geht!«

Die Antwort war Ole einfach so herausgerutscht. Aus irgendeinem Grund ärgerte er sich jedoch noch im gleichen Augenblick, dass er seine Vermutung nicht für sich behalten hatte.

Richard und Karl sahen Ole überrascht an. Nach einem Augenblick begann Karl zu grinsen.

»Na klar, Marstrand!«, sagte er in spöttischem Ton. »Warum nicht gleich ans Nordkap?«

Richard hingegen lächelte nicht.

»Verfluchte Schlamperei!«, rief der Konteradmiral in diesem Augenblick aus dem Cockpit. »Das verdammte Dingi ist noch draußen!«

Bei Segelbedingungen, vor allem bei so harten wie den hier zu erwartenden, bestand die Gefahr, dass das Beiboot im Schlepp hinter der Yacht voll Wasser schlug oder in einer Welle kenterte. Daher wurde es vor jedem Auslaufen routinemäßig mit einer Talje an Deck gehoben und kopfüber festgelascht. Heute war dies jedoch in der Eile des Aufbruchs vergessen worden.

»He, ihr drei!«, rief Rausch ihnen zu. »Karl, Ole, Richard! Das Beiboot mittschiffs bringen und das Heißgeschirr anschlagen! Aber mit ein bisschen Beeilung, wenn ich bitten darf!«

Gehorsam wollte Ole sich auf den Weg nach achtern machen, um das Dingi zu holen. Aber Richard hielt ihn am Arm zurück.

»Ich mach das! Hilf du Karl mit der Talje.«

Damit verschwand Richard eilig nach achtern.

Während Ole gemeinsam mit Karl das Heißgeschirr vorbereitete, blickte er Richard irritiert hinterher.

Die plötzliche Hektik, mit der er sich an ihm vorbei zum Dingi gedrängt hatte, passte nicht so recht zu der überlegenen Selbstsicherheit, mit der sich Richard ansonsten über Deck bewegte. Und jetzt kniete er achtern über der Klampe und fummelte umständlich an der Vorleine des Beibootes herum, als habe er noch nie einen Kopfschlag gesehen.

Auch Rausch wurde ungeduldig.

»Verdammt, Korfmann! So schwer kann das doch nicht sein?«, bellte er. »Hole, hole! Das Dingi muss an Deck sein, bevor wir die Molenköpfe passieren!«

Die Yacht wurde bereits durch den Vorhafen geschleppt. Die Hafenausfahrt war keine fünfzig Meter mehr entfernt. Und draußen war die See bereits ziemlich ruppig.

»Ja ja!«, rief Richard zurück.

Umständlich holte er die Vorleine ein und streckte die Hand aus, um das Beiboot von der Bordwand abzuhalten. Doch dann schrie er plötzlich laut auf

»Au, verdammt!«

Hastig zog Richard die Hand zurück, als habe er sie sich zwischen Beiboot und Bordwand geklemmt. Dabei ging die Vorleine über Bord und das Dingi trieb achteraus davon.

»Korfmann, du Schwachkopf!« schrie Rausch und machte den Konteradmiral am Ruder darauf aufmerksam. »Er hat das verdammte Dingi losgelassen!«

Von Wellersdorff drehte sich um und blickte dem Beiboot hinterher, dass vom Wind zurück in den Vorhafen getrieben wurde.

»Himmelherrgott!«, schimpfte Rausch. »Wie sollen wir das verdammte Ding jetzt wieder kriegen, im Schlepp hinter dem Kutter?«

»Gar nicht!«, antwortete von Wellersdorff kalt. »Wir lassen es treiben. Um nicht noch mehr Zeit zu verlieren!«

Richard hob abwehrend die Hände.

»Ich ... das tut mir leid! Ich wollte nicht, dass es die Bordwand verkratzt ...«, sagte er, verstummte aber, als er den Blick sah, den von Wellersdorff ihm zuwarf.

Als sie einen Augenblick später die Molenköpfe passierten und die ersten Spritzer Gischt über das Vorschiff leckten, setzte der Regen ein. Ole klappte den Kragen seines Ölzeuges hoch. Bei all den verwirrenden Ereignissen der letzten Stunde war doch eines glasklar: Es würde eine ziemlich ungemütliche Nacht werden.

Draußen vor dem Hafen zeigte das Wasser keine Spur mehr von dem betörenden Farbenspiel, das Ole hier noch am Nachmittag gesehen hatte. Die heranrollenden Wellen wurden von der Hafenmole zurückgeworfen und zu einer unangenehm giftigen Kabbelsee zusammengestaucht. Der dabei aufgewühlte Sandgrund färbte die Oberfläche im stetig abnehmenden Licht in einem ungesunden, schmutzigen Grüngrau.

Eine Farbschattierung im Übrigen, die sich auch im Gesicht des einen oder anderen Kadetten wieder fand.

Wenn es eine heikle Phase dieses Manövers gab, dann war es jetzt. Vorne wühlte und stampfte der stäbige Kutter mit schaumigem Bug durch die kurzen, steilen Wellen, ohne so recht vom Fleck zu kommen, und hinten stellte die Yacht, da in diesem Moment Besan und Baumfock flatternd und wild schlagend am Mast hochstiegen, die größte denkbare Belastung für die Schlepptrosse dar. Diese war am Großmast der *Skagerrak* befestigt, weil keine der Klampen im Bug dem gewaltigen Zug standgehalten hätte.

Durch das unterschiedliche Auf und Ab der beiden Schiffe kam die Trosse immer wieder lose, nur um im nächsten Moment mit einem gefährlichen Ruck und unter Ächzen und Knarren bis zum Bersten gespannt zu werden. Besorgt wanderte Oles Blick nach achtern, wo aus dem Regengrau die weißen Brandungszähne der Steinmole zu ihnen herüberbleckten.

Aber alles ging glatt und wenige Minuten später hatte der Kutter sie so weit von der Mole freigeschleppt, dass die Trosse gelöst werden konnte.

Von Wellersdorff am Ruder hob den Arm und winkte der Kutterbesatzung einen kurzen Dank und Abschied zu. Ole sah zwei der drei Männer an Deck. Sie winkten zurück. Dann drehte der

Kutter ab und nahm, anstatt in den Inselhafen zurückzulaufen, direkten Kurs auf die dänische Festlandsküste und ihren Heimathafen Ebeltoft.

Mit lautem Knattern von Vor- und Besansegel legte sich die *Skagerrak* mächtig auf die Seite, nahm aber im nächsten Moment Fahrt auf und begann, sich aus eigener Kraft vom Ufer frei zu segeln. Das riskante Auslaufmanöver war geglückt. Nicht nur Ole atmete auf, auch Rausch und von Wellersdorff tauschten einen erleichterten Blick.

Allerdings hielt die befreite Stimmung nicht lange vor. Die *Skagerrak* kämpfte sich gerade hoch am Wind mit Kurs Nordnordwest an der Kante des Anholt-Riffs entlang, als keine Meile südlich von ihnen eine flache, graue Silhouette aus einer Regenwand auftauchte.

Das Schnellboot! Es hielt geradewegs auf sie zu.

Dann war unvermittelt ein entferntes, gegen das Heulen des Windes und das Peitschen der Wellen seltsam flach und kraftlos klingendes Knattern zu hören. Ole sah zahlreiche kleine Pulverwolken vor der Mündung des Flugabwehrgeschützes auf dem Achterdeck, die schnell vom Wind weggeweht wurde. Doch die vielköpfigen Gischtfontänen, die keine hundert Meter vor der Yacht aus dem Wasser schlugen, machten Ole und den übrigen Mitgliedern der Crew umso drastischer klar, was hier gerade passierte: Die *Skagerrak* wurde beschossen! Das ebenfalls unter der Reichskriegsflagge fahrende Schnellboot erachtete sie als Feind.

Ole stockte der Atem. Die Gesichter von Karl, Richard oder den anderen Kadetten um ihn herum spiegelten seine eigenen Gefühle wieder: Verunsicherung, Ratlosigkeit, Angst.

Es bestand kein Zweifel, was man auf der Brücke des Schnellbootes mit dem Warnschuss hatte bezwecken wollen. Die Yacht sollte zum Abdrehen und zur Rückkehr in den Hafen gezwungen werden!

Ole sah sich nach dem Konteradmiral um. Sein Gesicht war unbewegt und hart wie Stein, der Mund nur noch ein schmaler Strich. Ole kannte diesen Ausdruck. Er hatte ihn während der Starboot-Regatta gesehen, als sie die »Parade« abgenommen hatten. Der Konteradmiral hatte seinen Fluchtversuch gegen den weit überlegenen, vielfach schnelleren Gegner noch lange nicht aufgegeben!

Ole folgte seinem Blick. Er war nach Lee gerichtet. Zum Riff. Auch von Wellersdorff hatte das Einlaufen des Kutters am Nachmittag beobachtet. Also hatte auch er gesehen, dass es dort eine Passage gab. Eine geheime Hintertür aus der Falle, in die das Schnellboot sie zu treiben versuchte.

Ihr Gegner war ihnen inzwischen erheblich nähergekommen. In wenigen Minuten würde das Schnellboot sie überholt haben und ihnen den Weg um die äußere Spitze des Anholt-Riffes herum versperren. Sich ihnen mit schussbereiten Geschützen in den Weg legen. Oder die beiden Torpedoklappen im Bug in ihre Richtung drehen.

»Wo ist die verdammte Querung?«, hörte Ole den Konteradmiral fluchen.

Auch Heribert Rausch schien zu wissen, um was es ging, und diesbezüglich die gleichen Bedenken zu haben wie Ole.

»Das ist Wahnsinn, Paul!«, schrie er gegen den Wind, und Ole hörte irritiert, dass er den Konteradmiral zum ersten Mal beim Vornamen nannte. »Die Durchfahrt ist schon bei gutem Wetter kaum zu finden! Vor allem die Barre in der Mitte. Die ist bei dieser Sicht nicht auszumachen!«

»Von dir und mir vielleicht nicht. Aber von ihm!«

Ole sah, wie der Konteradmiral seine kühlen grauen Augen auf ihn richtete, und sein Herz setzte einen Schlag aus.

Wenn du mir das Manöver versaust, schmeiß ich dich über Bord! Von Wellersdorffs Worte hallten in Oles Erinnerung nach.

Neuerliches Geschützfeuer, jetzt bereits erheblich lauter, bekräftigte die Absicht ihres Verfolgers, sie zum Abdrehen zu zwingen. Und diesmal gingen die Geschossgarben nur zwei Schiffslängen voraus ins Wasser, sodass Ole vermeinte, die Gischt der Fontänen im Gesicht zu spüren.

Wenige Augenblicke später klammerte sich Ole Storm im spitzen Bug der *Skagerrak* ans Vorstag und starrte konzentriert auf die Farben des Meeresbodens voraus. Mit voller Fahrt jagte die Yacht an der Riffkante entlang und schon nach den ersten paar Wellen war Ole von der hoch aufspritzenden Gischt bis auf die Haut durchnässt. Hinter ihm stand Heribert Rausch, eine seiner Pranken fest auf Oles Schulter gelegt und seine Stimme rau vor Anspannung.

»Das ganze Riff ist steinig, bis auf die Durchfahrt. Die hat sandigen Grund. Du musst nach Sand Ausschau halten, Ole!«

Trotz des zusehends schwindenden Lichtes konnte Ole tatsächlich bereits das Wechselspiel von Kraut und dunklen Steinfeldern am Meeresgrund erkennen, untrügliches Zeichen dafür, dass es verdammt flach wurde. Aber nirgendwo die leiseste Spur von Sand.

»Drei Faden!«, schrie Karl, den der Konteradmiral ans Leewant beordert hatte, um mit der Lotleine die Wassertiefe nachzuhalten.

Ein Faden entsprach dem Stück einer Lotleine, das ein Mann zwischen seinen ausgebreiteten Armen von rechts nach links spannen konnte, also etwa einem Meter achtzig. Drei Faden waren mithin weniger als fünfeinhalb Meter Wassertiefe. Die *Skagerrak* hatte einen Tiefgang von dreieinhalb Metern. Oder zwei Faden.

»Unter drei Faden jetzt!«

Karls Stimme bekam einen schrillen Ton.

Das Schnellboot hatte sie inzwischen überholt und begann nach steuerbord zu drehen. Wie Ole es erwartet hatte, wollte es sich ihnen in den Weg legen.

Zu allem Überfluss ging in diesem Moment eine heftige Regenbö über sie hinweg. Ole merkte es weniger am stärkeren Prasseln des Regen und dem unheimlichen, hohen Singen des Windes in der Takelage als daran, dass plötzlich so gut wie alle Farben aus dem Wasser verschwanden.

Die *Skagerrak* legte sich einen Moment lang bedrohlich auf die Seite und luvte an. Doch dann richtete sie sich wieder auf und für einen Augenblick kehrte durch eine Lücke in der Bewölkung ein Rest des rötlichen Abendlichtes zurück. Aus dem Augenwinkel konnte Ole an steuerbord etwa fünfzig Meter querab eine breite, hellere Stelle im Wasser erkennen, in deren grauer, wellenrauer Oberfläche eine Ahnung von wärmerem Gelb mitschimmerte. Sand!

»Da ist es!«, rief Ole. »Da!«

»Backbord querab! Auf vier Uhr!«, donnerte Rausch nach achtern und gestikulierte wild mit ausgestrecktem Arm in die Richtung, die Ole angezeigt hatte. »Wir sind schon fast dran vorbei!«

Von Wellersdorff warf sofort das Ruder herum und mit einem gewaltigen Ruck, der Ole und Rausch beinahe über Bord gefegt hätte, drehte der Bug sich zum Riff. Ole hörte den Konteradmiral achtern mehrere kaum verständliche Kommandos schreien, und mit lautem Ächzen der Schoten wurden die Segel gefiert. Die Yacht richtete sich auf und pflügte nun mit schäumendem Bug direkt auf das Anholt-Riff zu. Oder besser gesagt: auf die schmale Lücke darin, die einzig und allein Ole zu sehen vermochte.

Was war, wenn er sich geirrt hatte? Was, wenn es bloß ein größerer Sandfleck am Meeresgrund gewesen war, der die *Skagerrak* nirgendwo anders hinführte als in den unvermeidlichen Schiffbruch?

Ole verdrängte den Angst einflößenden Gedanken und kniff die Augen zusammen. Nein. Voraus am Meeresgrund lag die schmale, helle Spur des Sandes wie ein geheimer Pfad vor ihm ausgebreitet. Auch die Zeichnung der Wellen im Fahrwasser wurde flacher und half ihm, die Richtung zu bestimmen.

Kurz drehte Ole den Kopf nach achtern und sah, wie sich das Schnellboot, das sich nun wieder deutlich achteraus befand, mit schäumender Bugwelle an die Verfolgung machte. Wo es tief genug war für eine Segelyacht, so war vermutlich das Kalkül seines Kommandanten, konnte ein Schnellboot mit der Hälfte des Tiefganges allemal bestehen. Im Zweifelsfall würden sie einfach aufstoppen und zusehen, wie die *Skagerrak* zweihundert Meter voraus auf das Riff ging und in tausend Stücke zermahlen wurde.

»Die Barre! Denk an die Barre in der Mitte!«, hörte Ole den warnenden Ruf des Segelmachers an seinem Ohr.

Ole riss sich zusammen und blickte wieder nach vorne. Rechts und links ihres Kurses donnerten steile Grundseen auf die steinigen Wälle des Riffs, während dort, wo die Passage lag, das Wasser etwas flacher war. Doch dann kam die Barre.

Und mit ihr der bei Weitem gefährlichste Teil der Passage.

Hier war die See nur noch ein einziges Chaos aus schmutzigweißer Gischt und sich brechender Wellen. Ole hörte, wie Rausch hinter ihm einen halb erstickten Fluch ausstieß und der Griff, mit dem der Segelmacher sich an Oles Schulter festklammerte, wurde schmerzhaft.

Ole wusste, dass das Fahrwasser um die Barre herum etwa fünfundvierzig Grad nach rechts abknickte, um gleich darauf wieder scharf in die Gegenrichtung zu führen. Aber an welcher Stelle, um Himmels willen?

Krampfhaft hielt Ole Ausschau, konnte aber in der wütenden See nichts erkennen. Wenn sie zu früh den Kurs änderten, würden sie die Seitenwand des Kanals treffen, quer schlagen und auf Grund gehen. Warteten sie zu lange, rasten sie mit voller Geschwindigkeit auf die tödliche Barre. Und an ein Zurück – oder auch nur ein Abbremsen ihrer aberwitzigen Geschwindigkeit – war bei diesem Wind und der Enge der Passage ebenfalls längst nicht mehr zu denken.

Rausch hatte vollkommen recht gehabt: Bei diesen Bedingungen war es unmöglich, den Weg durch diese Hölle zu finden! In wenigen Augenblicken würde der Kiel den Grund berühren und die Yacht auf dem Riff auseinander brechen. Was konnte er noch tun? Nichts.

Folge den Strudeln!

Die Stimme seines Vaters.

Wenn du nicht weiter weißt, folge den Strudeln!

Ole schloss unwillkürlich die Augen, um das Bild in seiner Erinnerung besser sehen zu können.

Auflaufendes Wasser in einem schmutzigbraunen, aufgewühlten Priel hinter seiner Heimatinsel Amrum. Tobende Wellen an den Rändern und eine scheinbar unüberwindliche Bank aus Gischt voraus. Seinen Vater am Steuerrad ihres Kutters, der in stoischer Ruhe darauf zuhielt, bis er genau im rechten Moment hart das Ruder legte. Und er selber, Ole, damals kaum zehn Jahre alt, der mit ebenso absoluter Sicherheit wusste, warum sie es schaffen würden: Bevor die Wucht des Wassers die flache Barre traf, bildeten sich kleine, rasch drehende Verwirbelungen an der Oberfläche. Genau an der Stelle, wo das Wasser noch tief genug war. Nicht davor und nicht dahinter. In die Richtung, in die die Strudel davonliefen, lag stets die Öffnung zum rettenden, ruhigeren Seegatt.

Folge den Strudeln!

Ole riss die Augen auf.

In all dem Wellenchaos waren tatsächlich kleine Verwirbelungen zu erkennen, etwa zwanzig Meter voraus, die sich schräg nach rechts bewegten. Er zögerte keinen Moment.

»Jetzt! Steuerbord! Vierzig Grad!«, schrie er aus voller Lunge nach achtern.

Er hatte keine Ahnung, ob von Wellersdorff ihn im Tosen der Elemente verstanden hatte. Aber offensichtlich hatte er Rauschs Armbewegungen und die von ihm in die Höhe gereckten vier Finger richtig gedeutet. Denn wieder ruckte der Bug der *Skagerrak* scharf nach rechts.

Plötzlich gab es einen gewaltigen Knall. Aber nicht von unten, von wo Ole ihn erwartet hatte, sondern von oben, aus der Takelage.

»Patenthalse!«, schrie Rausch ihm ins Ohr.

Ole verstand. Die Segel hatten ungewollt und unkontrolliert die Seite gewechselt, als das Heck der Yacht plötzlich durch den Wind gedreht hatte. Zum Glück waren nur die Baumfock und der Besan oben, nicht das Großsegel. Sonst hätte der Ruck leicht den Mast brechen lassen können.

Rausch stieß Ole ungeduldig an, damit er wieder nach vorne blickte.

Folge den Strudeln!

Wie die Steinchen von Hänsel und Gretel im Wald lagen sie vor Ole in der kochenden See. Er musste sie nur einsammeln. Kleine, silberne Ariadnefäden in einem tödlichen Labyrinth, die um sich selber wirbelten und den wie irre kochenden Wellen zu trotzen schienen.

»Fünf Grad Steuerbord! Jetzt geradeaus!«, rief Ole und Rausch zeigte die Richtung per Handzeichen nach achtern. Die Yacht gehorchte.

Dann plötzlich lag eine weitere Wand aus tosenden, sich brechenden Wellen voraus. Die hintere Kante des Bogens, der um die Barre herumführte. Ole hielt die Luft an. Wo waren seine Strudel? Da!

»Jetzt Backbord! Schnell! Vierzig, nein, fünfzig, sechzig Grad!«

Wieder gehorchte die *Skagerrak*, drehte nach links zurück und wieder schlugen die Segel mit einem schmerzhaften Ruck zur anderen Seite. Der Wind griff ins Tuch und die Yacht legte sich schwer auf die Seite. Heribert Rausch verlor den Halt und wäre um ein Haar vom Bug gerutscht, wenn Ole ihn nicht festgehalten und zurück ans Vorstag gezogen hätte.

Aber wenn es noch eines letzten Quäntchens Glück für ihre waghalsige Flucht bedurft hatte, so war es diese plötzliche, unerwartet heftige Krängung der Yacht.

Denn in diesem Moment krachte und rumpelte es unter dem Kiel und mit einem kurzen, scharfen Nicken des Buges schrammte die *Skagerrak* über die allerletzte Kante des Riffs hinweg. Hätte das Schiff aufrecht gestanden, durchzuckte es Ole, wäre der Kiel hängen geblieben. Und der Mast von oben gekommen. So sicher wie das Amen in der Kirche.

Dann öffnete sich die Passage. Die Yacht richtete sich wieder auf und stürmte ins tiefere Wasser hinaus.

Noch ein paar Augenblicke später und Oles silberne Strudel verloren sich, ebenso wie das beißende Weiß der Gischt über den Untiefen. Die Wellen um sie herum wurden wieder höher und länger, ihre Farbe dunkler.

»Fünf Faden!« krächzte Karl am Lot mit heiserer Stimme. »Jetzt fünfeinhalb Faden Wasser!«

Ole atmete tief durch und drehte sich zu Rausch um, der ihm vor schierer Erleichterung so heftig auf die Schulter klopfte, dass Ole meinte, sein Schlüsselbein knacken zu hören.

Dann blickten sie gemeinsam zurück zu der Stelle, die sie gerade passiert hatten.

Im schwindenden Licht war das Weiß der wütenden Brandung zu sehen. Und dahinter die graue Silhouette des Schnellbootes. Es befand sich noch hinter der Barre. Ob es auf Grund gelaufen war oder sein Kommandant beschlossen hatte, dem selbstmörderischen Zickzack der Yacht nicht weiter zu folgen und sich durch langsame Rückwärtsfahrt aus der gefährlichen Passage zu befreien, war nicht zu sagen. Aber eines war eindeutig: Es bewegte sich nicht weiter in ihre Richtung.

Dann peitschte die nächste, dunkle Regenbö über das Wasser und Ole verlor das Schnellboot außer Sicht.

~

Es wurde in der Tat eine ungemütliche Nacht. Wegen der beinahe absoluten Finsternis und dem unheimlichen, hohen Heulen des Windes in der Takelage. Wegen der rauen Wellen, die wie aus dem Nichts heraus vor dem Bug auftauchten, die Yacht schüttelten und beißende Gischtfontänen über das Deck jagten. Wegen der Seekrankheit, mit denen nicht wenige der zukünftigen nautischen Offiziere zu kämpfen hatten. Vor allem aber, weil die Stimmung an Bord niedergedrückt und zutiefst verunsichert war.

Ole sah es in den Gesichtern seiner Kameraden. Sie alle wurden von den gleichen Fragen gequält, die auch er sich wieder und wieder stellte. Was hatte Strassers pathetischer Versuch, den Konteradmiral unter Arrest zu stellen, zu bedeuten? Und was die Warnschüsse des deutschen Schnellbootes? Und schließlich ihre halsbrecherische Querung des Anholt-Riffs?

Sobald die *Skagerrak* aus der gefährlichen Passage heraus und ihr Verfolger zurückgeblieben war, hatte der Konteradmiral zusätzlich zu Fock und Besan das Großsegel und das zweite, Flieger genannte Vorsegel setzen lassen. Viel zu viel Segelfläche für diesen Starkwind. Die Yacht ächzte und stöhnte bis in die Spanten und überall in ihrem Inneren leckten Wasserrinnsale durch die unter der Last arbeitenden Plankenstöße, Fugen und Luken. Die Segel knatterten schmerzhaft im Wind, wann immer die *Skagerrak* in einer Welle zu stark anluvte, und ihre Schoten und Fallen waren bis zum Bersten belastet.

Was hatte von Wellersdorff zu verbergen oder zu befürchten, dass er sie nachts und bei Sturm unter Vollzeug durchs Kattegatt prügelte? Wovor mochte er auf der Flucht sein?

Eine dunkle, beklemmende Erinnerung stieg in Ole auf und ließ ihn mehr frösteln, als die Nässe, die klamm und salzig unter sein Ölzeug gekrochen war. Ein paar Worte, die er vor einem Dreivierteljahr unfreiwillig an Bord einer anderen Segelyacht aufgeschnappt hatte.

Hochverrat. An die Wand stellen.

Gab es eine Verbindung zwischen den seltsamen Geschehnissen von damals und jenen von heute?

Ole warf einen verstohlenen Blick zum Konteradmiral hinüber, der nach wie vor am Ruder der Yacht stand. Sein Gesicht wurde von unten herauf von der Kompassbeleuchtung beschienen, der einzigen Lichtquelle an Bord. Vergeblich versuchte Ole, darin zu lesen. Seine Züge waren wie versteinert, sein Blick starr auf den Horizont geheftet.

Dort, genau voraus, lag ein dünner, silberner Streif auf der Kimm. Eine ferne, schwache Ahnung jener warmen nordischen Sommernächte, in denen es zur Mitternacht immer noch taghell war, und um drei Uhr früh schon wieder. Inzwischen musste es bereits vier sein, aber noch immer umfing sie die Finsternis des Sturmes.

Immerhin verriet dieser kleine Schimmer am Horizont Ole die Richtung, in die sie segelten. Nach Norden! Wollte der Konteradmiral also wirklich nach Marstrand segeln, wie er gesagt hatte? Und wenn ja, wer waren die Männer, die von Wellersdorff dort zu treffen hoffte?

Plötzlich wurde Ole von einem Ruf aus seinen Gedanken gerissen.

»Positionslichter backbord achteraus!«

Das Schnellboot! Das war Oles erster Gedanke. Es hatte sie doch noch eingeholt!

Mit einem Schlag waren alle an Deck hellwach und starrten nach hinten in die Dunkelheit. Etwas mehr als eine Meile achteraus waren ein grünes Licht und darüber zwei weiße Toplaternen auszumachen, die sich in ihre Richtung bewegten.

Sie selber segelten ohne Positionslichter. Vielleicht hatte ihr Verfolger sie noch nicht gesehen.

»Schoten fieren!«, kommandierte von Wellersdorff. »Klar zum Abfallen!«

Bisher war die *Skagerrak* hoch am Wind in nördliche Richtung gesegelt, jetzt lief sie vor dem Wind nach Südosten ab. Im rechten Winkel aus der Kurslinie ihres Verfolgers heraus.

Die Anspannung an Deck war mit Händen zu greifen. Wie würde der andere reagieren? Würde er ihrer Kursänderung folgen?

Es dauerte eine ganze Weile, bis bei der schlechten Sicht klar wurde, was vor sich ging.

»Behält seinen Kurs bei«, brummte Rausch und die Erleichterung war ihm anzumerken. »Hat uns scheinbar gar nicht gesehen.«

»War auch zu groß für das S-Boot«, raunte von Wellersdorff Rausch leise zu, und Ole verstand ihn nur, weil er direkt daneben stand. »Allerdings eindeutig eins von unseren Schiffen. Fregatte vermutlich oder ein Versorger. Besser, wir fahren noch ein Stückchen weiter in diese Richtung, bevor wir zurück auf Kurs gehen. Sicher ist sicher.«

Eine knappe halbe Stunde, nachdem das andere Schiff in der Dunkelheit verschwunden war, nahm der Wind noch einmal kräftig zu. Die *Skagerrak* legte sich hart auf die Seite und luvte unkontrolliert in den Wind. Wellen überspülten das Laufdeck in Lee bis an den Aufbau, und mit ohrenbetäubendem Lärm begannen die Segel im Wind zu schlagen, dass Ole dachte, sie müssten jeden Moment in Fetzen vom Mast gefegt werden.

»Klarmachen zum Bergen von Großsegel und Flieger!«, schrie der Konteradmiral gegen das infernalische Heulen des Windes an. Gleichzeitig stemmte er sich ins Ruder, um die Yacht zurück auf Kurs zu bringen.

Als Rausch gerade Richard und zwei Kadetten eine Aufgabe zuteilen wollte, rief der Konteradmiral: »Decksmeister, der Kadett Korfmann geht in den Bug! Und zwar allein!«

Ole erschrak. Das Zusammenschnüren des heruntergelassenen, wild im Wind schlagenden Vorsegels in der schmalen, auf und nieder stampfenden Bugspitze war die mit Abstand gefährlichste Aufgabe beim Segelbergen. Besonders bei Dunkelheit und Seegang. Normalerweise wurde sie daher auch von mindestens zwei oder drei Mann erledigt.

»Allein?«, fragte Rausch zurück.

»Allein!«, antwortete von Wellersdorff kühl. »Als Strafe für das verlorene Dingi!«

Auch Richard war sichtlich geschockt. Im Schein der zum Segelbergen eingeschalteten Decksbeleuchtung konnte Ole sein Gesicht erkennen. Zunächst lag ein Ausdruck von ungläubiger Überraschung darin, der sich jedoch schnell in etwas verwandelte, das Ole nicht so einfach einordnen konnte. Es konnte ebenso gut Angst sein wie Hass. Dann klinkte Richard die Sicherungsleine seiner Rettungsweste in das nach vorne laufende Strecktau ein und verschwand in den Bug.

Das empfindlichere Fliegersegel musste als Erstes gesichert werden. Mit ohrenbetäubendem Knattern des Tuches rutschte es am vorderen der beiden Vorstage hinunter an Deck.

Von seiner Position am Mast aus, wo er gerade das zum Setzen und Bergen des Großsegels notwendige Fall bereit legte, konnte Ole sehen, wie Richard vorne im Bug mit dem störrischen, wild schlagenden Tuch des Vorsegels kämpfte.

In diesem Moment rollten mehrere große Wellen aus der Dunkelheit heran und ließen die Yacht wild auf und nieder stampfen. Der Kamm der dritten der Welle brach sich genau auf der Bugspitze und plötzlich war Richard verschwunden.

Zuerst dachte Ole, sein Freund habe sich unter das Segel geduckt, um der Wucht der Welle zu entgehen. Aber dann durchfuhr ihn ein heißer Stoß Adrenalin, und er wusste, was geschehen war.

»Mann über Bord!«, schrie er aus voller Lunge nach achtern, und hörte, wie sein Ruf aufgenommen und mehrfach wiederholt wurde.

Fieberhaft ließ Ole den Karabiner seiner Sicherungsleine in das Strecktau einschnappen und hastete daran entlang in den Bug.

Auch Richard musste noch an seiner Sicherungsleine mit dem Schiff verbunden sein.

Als sich Ole an dem wie wild um sich schlagenden Vorsegel, das Richard hatte festbinden sollen, vorbeigekämpft hatte, entdeckte er den Karabinerhaken von Richards Sicherungsleine am Vorstag.

Ole legte sich flach auf den Bauch und schob sich über den Rand des Bugs. Mehr als einen Meter unter ihm, am anderen Ende der Sicherungsleine, konnte Ole Richards blonden Schopf in der Dunkelheit erkennen. Die Haare klebten ihm vor dem Gesicht und Ole konnte nicht erkennen, ob er die Augen geöffnet hatte. Aber so willenlos und schlaff, wie er in seiner Rettungsweste baumelte und den Kopf zur Seite hängen ließ, konnte er nur bewusstlos sein. Mit jeder neuen Welle, in die der Bug hineinschnitt, wurde er komplett vom vorbeirauschenden Wasser und fahlem Schaum verschluckt, nur um beim Wiederauftauchen mit hässlichem Klatschen gegen die Bordwand geschleudert zu werden.

Ole versuchte verzweifelt, mit ausgestrecktem Arm Richards Ölzeug zu fassen zu bekommen. Vergeblich. Das einzige, das er erreichen konnte, war die Sicherungsleine. Und die war viel zu stramm, als dass er daran das Gewicht des Körpers hätte heben können.

Dann waren Heribert Rausch und zwei weitere Mann bei ihm. Während die Kadetten das Vorsegel bändigten, das mit seinem wilden Hin- und Herschlagen auch die Helfer bedrohte, versuchten Ole und der Segelmachermeister mit vereinten Kräften, Richard an seiner Leine hochzuziehen. Doch jede neue Welle, die von unten an dem leblosen Körper zerrte, riss ihnen das Gewicht wieder aus den Händen und Richard prallte mit Kopf und Schulter gegen den Rupf zurück.

»Wir müssen ihn da wegkriegen!« schrie Rausch Ole ins Ohr. »Sonst schlägt der Bug ihm den Schädel ein!«

Oder er ersäuft vorher, dachte Ole und überlegte fieberhaft.

Abermals prallte Richards Körper mit dumpfem Klatschen gegen die Bordwand und machte ihm klar, wie wenig Zeit ihnen blieb.

Für mehr als zwei Männer, die Richard heben konnten, war in der schmalen Bugspitze einfach kein Platz. Also musste jemand hinunter, um eine Bergungsleine an ihm zu befestigen.

Plötzlich kam Ole ein aberwitziger Gedanke. Es war riskant, nein, völlig verrückt, aber es war die schnellste Lösung, und wenn sie noch länger tatenlos zusahen, wie der Bug auf Richard niederhämmerte, würde es zu spät sein.

Hastig rutschte Ole zurück zum Mast, wo er das Großfall bereitgelegt hatte. Fieberhaft befestigte er dieses an der Öse seiner Rettungsweste, dort wo auch seine Sicherungsleine angespleißt war. Den Knoten knüpfte er so, dass ein etwa eineinhalb Meter langes, loses Ende übrig blieb.

Dann hastete er zurück in den Bug.

»Ich geh runter und schneide ihn los!« schrie er dem Segelmacher ins Ohr. »Wenn wir abtreiben, müssen Sie das Großsegel herunterrauschen lassen!«

»Bist du wahnsinnig, Junge?«, brüllte Rausch entsetzt zurück. »Im Dunkeln finden wir euch nie wieder. Ihr werdet beide ersaufen!«

»Das hier ist das Großfall!«, rief Ole und zeigte Rausch das lose Ende der Leine. »Lassen Sie das Großsegel ausrauschen! Das Gewicht wird uns an Bord ziehen!«

Rausch blinzelte Ole entgeistert an.

Dann verstand er, worum es Ole ging, und nickte.

»Du bist genauso wahnsinnig, wie der Alte da hinten am Ruder.«

Ole sah ihn nur grimmig an, befestigte seine Sicherheitsleine an der gleichen Stelle, an der auch Richards Karabiner hing, und zog das Takelmesser seines Großvaters unter dem Ölzeug hervor.

Sieh zu, dass du es nie verlierst, hörte er seinen Vater sagen. Hastig knotete er sich die Schnur, mit der es zuvor am Gürtel befestigt war, ums Handgelenk.

Dann rutschte er über den Bug ins Wasser.

Zwar hatte der Konteradmiral beim Ruf »Mann über Bord« die Yacht sofort zum Wind hin anluven lassen, um die Fahrt zu verringern, aber trotzdem war die *Skagerrak* noch immer erschreckend schnell. Sofort wurde Ole von der Wucht des vorbeirauschenden Wassers erfasst und der Brustgurt seiner Schwimmweste schnitt ihm beinahe die Luft ab. Ebenso plötzlich wurde er mit Macht gegen den Rumpf geschleudert. Und gegen Richard. Instinktiv packte er zu und klammerte sich an ihm fest.

Von der nächsten Welle wurde er unter Wasser gerissen, den Auftriebskörpern seiner Schwimmweste zum Trotz. Nur nicht loslassen, dachte Ole verzweifelt.

Nach langen Sekunden tauchte er wieder auf, holte tief Luft und versuchte, das lose Ende des Großfalls an Richards Rettungsweste zu befestigen. Doch die Strömung und die Wucht der nächsten Wellen waren zu stark. Immer wieder wurde ihm das Fall entrissen.

Erst beim dritten Versuch, als sich der Bug für einen langen Moment aus dem Wasser hob, konnte er eine Schlaufe um Richards Körper werfen. Dann krachten sie beide ins Wasser zurück.

An einen vernünftigen Knoten war unter diesen Umständen nicht zu denken. Also wickelte Ole das Fall einfach mehrfach um den Brustgurt seiner Schwimmweste, setzte zwei halbe Schläge darauf und umschloss das lose Ende zusätzlich fest mit der Faust.

Nun hatte er Richards Körper und seinen eigenen aneinander gebunden. Doch das Schwierigste stand ihm noch bevor: Ihrer beiden Sicherheitsleinen zu kappen.

Inzwischen hatte auch Ole mehrere schmerzhafte Schläge des Rumpfes gegen Kopf und Schulter einstecken müssen, und sein linker Arm fühlte sich seltsam taub an. Auch hatte er schon reichlich Salzwasser geschluckt und gallige Übelkeit stieg in ihm auf. Er hustete und würgte und wurde sich urplötzlich bewusst, dass er genauso gut hier vorne mit Richard sterben konnte, wenn es ihm nicht gelang, ihre Sicherheitsleinen zu durchschneiden. Oder wenn er das Taschenmesser verlor.

Das Messer! Verzweifelt tastete Ole nach dem Bändsel an seinem Handgelenk. Großvaters Messer war noch da!

Er wartete die nächste Welle ab, die ihn und Richard aus dem Wasser zog, dann hob er das Messer an den Mund und klappte mit den Zähnen die Klinge heraus.

Welche der beiden Leinen sollte er zuerst zerschneiden? Seine eigene? Bloß nicht! Er würde nach unten sacken und nicht mehr an Richards Leine herankommen.

Mit drei schnellen Schnitten hatte er Richards Leine durchtrennt. Sofort sackte der bewusstlose Körper einen halben Meter nach unten, bis er mit seinem vollen Gewicht in der Schlaufe hing, die Ole um ihn herumgelegt hatte. Ole fluchte, als er merkte, dass er sich nun kaum noch bewegen konnte.

Dann wurden sie beide wieder unter Wasser gedrückt. Diesmal war es kaum zum Aushalten und Ole meinte tatsächlich, ertrinken zu müssen.

Doch endlich hob eine weitere Welle den Bug. Mit einer letzten verzweifelten Anstrengung riss Ole den Arm mit dem Messer nach oben und durchschnitt seine eigene Sicherungsleine.

Sofort ließ der Druck um seine Brust nach, und die See trug sie beide, Richard und ihn, aneinander gebunden davon. Ole meinte, den Rumpf der Yacht an sich vorbeirauschen zu spüren, und in einem kurzen Moment der Panik glaubte er, achteraus in der schwarzen Unendlichkeit der See verloren zu gehen. Bis er sich an das rettende Tau erinnerte, das ihn und Richard mit dem Schiff verband.

Dann kam der Ruck.

Als das Gewicht ihrer Körper von der Geschwindigkeit der Yacht in das Fall hineingerissen wurde, war es Ole, als werde er in zwei Hälften zerrissen, und alle Luft, die er noch in der Lunge gehabt hatte, wurde herausgepresst.

Dann verstärkte sich der Zug noch einmal und ihre Körper wurden willenlos im Wasser umeinander gewirbelt. Oben und unten, nicht mehr auseinander zu halten.

War es so auch für Großvater gewesen, als er ertrank? Das war Oles letzter Gedanke. Er durfte das Messer nicht loslassen! Dann schwanden ihm die Sinne und alles war nur noch schwarz.

Der Meeresboden, der Oles Körper nach seiner langen schrecklichen Fahrt hinab in die schwarze Tiefe empfing, war überraschend weich. Und überhaupt nicht kalt, wie Ole immer erwartet hatte.

Und dann war da inmitten der Finsternis mit einem Male dieses Licht. Ole konnte es auf seinen geschlossenen Lidern spüren. Ein warmes, goldenes Licht, das leicht schwankte und hier unten, in der kalten, einsamen Tiefe des Meeres eigentlich nichts verloren hatte.

Es sei denn natürlich, man war tot und ertrunken, und das Licht leitete einen dorthin, wo die Seelen all jener hingelangten, die ihre sterbliche Hülle hinter sich gelassen hatten.

Nach einer Weile wagte Ole die Augen zu öffnen. Da war nicht nur Licht. Unscharf konnte er auch ein Gesicht sehen, das auf ihn herabblickte. Und eine Hand, die ihm zart über die Stirn strich.

Manche der Fischer auf den nordfriesischen Inseln glaubten fest, dass ein ertrunkener Seemann am Grunde der See von einer Meerjungfrau empfangen und getröstet wurde. Sein Vater hatte ihm als Kind oft entsprechende Geschichten erzählt.

Ole blinzelte, um die salzigen Schlieren zu vertreiben, die seinen Blick trübten. Seine Meerjungfrau hatte lange, blonde Haare und meergrüne Augen. Und als sie ihn anlächelte, zeigten sich zwei wundervolle Grübchen auf ihren Wangen.

Lina? War das möglich?

Ole wollte sich aufrichten und etwas sagen, aber ihre kühle, schlanke Hand legte sich auf seine Lippen.

»Schhhht!« machte die Meerjungfrau »Nicht sprechen!«

Sie hatte sogar ihre Stimme.

Ein unbeschreibliches Gefühl der Wärme und des Trostes durchströmte Ole. Ertrinken war also wirklich nicht der schreckliche Tod, wie man gemeinhin glaubte. Denn es war das Gegenteil von Einsamkeit und Kälte, das einen am Grund des Meeres erwartete. Es waren Wärme, Geborgenheit, Liebe.

Dankbar schloss Ole abermals die Augen.

Aber die Dunkelheit, die ihn nun wieder umfing, hatte all ihre Schrecken verloren.

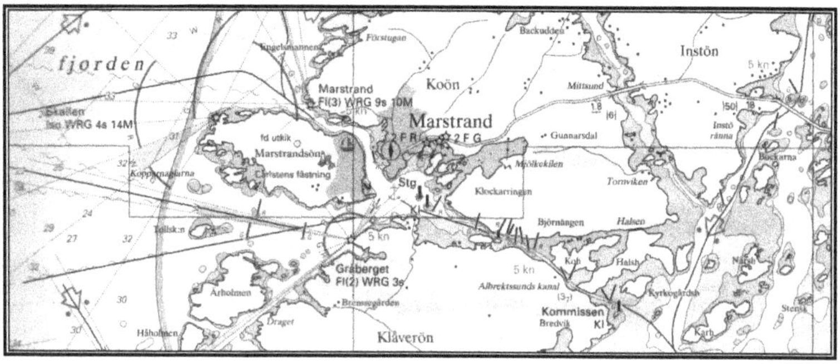

7. Kapitel

ANTHRAZIT

Im ersten fahlen Morgenlicht war die See noch immer aufgewühlt und ihre Farbe ein hartes, metallisches Anthrazit. Wie der Schuppenpanzer eines Ungeheuers, dessen feuchtschwarz schimmernder Leib in seiner ganzen Größe nur langsam von einem ersten, aschgelben Lichtschimmer am Himmel aus der Dunkelheit der Nacht herausgearbeitet wurde. Selten war Ole die See so furchteinflößend und gleichzeitig so schön erschienen, wie in dieser Stunde.

Obwohl der Wind bereits nachgelassen hatte, war sie noch immer zornig. Wie ein altes, hungriges Tier, das sich um eine sicher geglaubte Beute betrogen fühlte. Ole fröstelte. Nein, er war nicht ertrunken. Aber viel hätte nicht gefehlt, dass der gierige schwarze Schlund dieses Ungeheuers Richard und ihn verschlungen hätte. So wie vor Jahren den Fischer Ove Storm, dessen Initialen in den Griff von Oles Takelmesser eingeritzt waren.

Inzwischen saß Ole in trockene Kleidung gehüllt mittschiffs an Deck der *Skagerrak*. Sein Blick ging ins Leere und seine Gedanken waren bei Lina, deren Gesicht er letzte Nacht so deutlich vor sich gesehen hatte, als er in den rauen Wassern zwischen Leben und Tod gekreuzt war. Deren Stimme er gehört und deren Hand er sogar auf seinen Lippen gespürt zu haben glaubte.

Aber natürlich war es nicht sie gewesen, die sich über ihn beugte, als er später aus seiner Bewusstlosigkeit erwacht war. Es war der Konteradmiral, der ihn, nachdem er und Richard vom Gewicht des herabrauschenden Großsegels und der vereinten Kraft der Crew an Deck der Yacht gezogen worden waren, in seine Achterkammer gebracht und sich dort persönlich um ihn gekümmert hatte, seine Schnitte und Prellungen verarztet und ihm sogar trockene Kleidung angezogen hatte. Ole war überrascht und gerührt von dem Maß an Wärme und Fürsorge, die von Wellersdorff ihm gegenüber gezeigt hatte.

Und trotzdem war er enttäuscht. Zu real war seine traumhafte Begegnung mit Lina gewesen. So real, dass er sich tatsächlich suchend nach ihr umsah, als der Konteradmiral ihm aus der Koje auf die zittrigen Beine half. Was hatte er erwartet? Dass sie tatsächlich hinter von Wellersdorff auf dem Sofa sitzen würde? Oder, noch besser, dass plötzlich ihr hübscher Meerjungfrauenschwanz hinter dem zugezogenen Vorhang der zweiten Koje hervorrutschte, die sich auf der anderen Seite der Achterkammer befand?

Nein, sie war und blieb ein Traumgespinst.

Die frische Luft, die ihn an Deck empfing, nachdem er die Admiralskammer verlassen hatte, und der bittere Geschmack des heißen Kaffees, den ihm Rausch gebracht hatte, halfen Ole, seine wirren Erinnerungen an die vergangene Nacht und an seine vermeintliche Begegnung mit Lina wenigstens ein Stück weit zu verdrängen.

Langsam wurde es heller, und Ole ließ den Blick über das Meer schweifen.

Inzwischen war das wilde Tier müde geworden. Der Atem seiner Dünung ging flacher, die Klauen seiner Brecher waren stumpf geworden, und nur vereinzelt sträubte sich sein Schuppenpanzer noch in einer dunkel geriffelten Windbö. Stattdessen war etwas anderes hinzugekommen. Eine Bewegung unter der Oberfläche, entgegen der Windrichtung, wie ein Echo, das von einem fernen Hindernis nach hinten geworfen zu seiner Schallquelle zurückläuft. Obwohl es noch außer Sichtweite lag, wusste Ole genau, welches Hindernis diesen Schwell hervorrief: die Felsen einer nicht mehr allzu fernen Küste.

»Du fragst dich sicher, wohin wir eigentlich segeln?«

Ole hob überrascht den Kopf, als von Wellersdorff sich unvermittelt neben ihn an Deck setzte.

»Schweden?«, fragte Ole zurück.

Der Konteradmiral nickte und zog, genau wie Ole, die Beine an den Oberkörper.

»Marstrand, um genau zu sein.«

Ein paar Kadetten, die in der Nähe saßen, nahmen die unerwartete Vertraulichkeit wahr, die von Wellersdorff Ole gegenüber zeigte, und zogen sich vorsichtshalber außer Hörweite zurück.

Ole wartete. Doch eine Erklärung, warum sie den kleinen schwedischen Schärenort etwa 30 Meilen nördlich von Göteborg anliefen, blieb aus. Ebenso eine wie auch immer geartete Reaktion auf Richards nächtlichen Unfall und Oles waghalsige Rettungsaktion.

Stattdessen fing von Wellersdorff von etwas gänzlich anderem an.

»Erinnerst du dich noch an unseren Start bei der WM, als wir die Parade abgenommen haben?«

Ole war ebenso überrascht wie verwirrt. Natürlich erinnerte er sich! Er würde seiner Lebtag nicht vergessen, wie sie gewendet hatten, den nachfolgenden, vorfahrtsberechtigten Schiffen einfach vor dem Bug hindurchgekreuzt waren, und damit einen entscheidenden Vorteil errungen hatten. Aber was hatte das hier und jetzt verloren?

»Du erinnerst dich hoffentlich auch, dass wir für dieses Himmelfahrtsmanöver einen triftigen Grund hatten?«

Der Konteradmiral sah ihn prüfend von der Seite an und Ole war dankbar, dass ihm eine Antwort einfiel.

»Der Wind hat ungünstig gedreht?«

»Richtig. Aber die anderen Boote auf unserer Seite, Weise, Straulino und die anderen, machten keinerlei Anstalten, zu wenden und zu versuchen, auf die richtige Seite hinüberzukommen, oder?«

Ole schüttelte den Kopf. Von Wellersdorffs Gesicht verfinsterte sich mit einem Male und seine Stimme wurde hart.

»Siehst du, und genau das ist das Elend! Entweder, die Leute sind dumm und verstehen nicht, dass sie in die falsche Richtung segeln, oder sie wissen es, sind aber zu feige und scheuen eine Konfrontation, weil hinter ihnen ja auch wieder Boote segeln, die ihnen in gleicher Dummheit oder Feigheit die Vorfahrt abverlangen werden. Das Ergebnis ist das gleiche: Keiner geht auf den richtigen Kurs, und so segeln alle weiter in die Irre.«

Der Konteradmiral machte eine lange Pause und starrte auf die Wellen hinaus. Vielleicht wollte er Ole auch die Chance geben, das Gehörte zu verstehen. Dann fuhr er fort:

»Ich glaube, eine Segelregatta ist eine perfekte Parabel für das Leben. Es gibt einen Start und ein Ziel, es gibt Verlierer und Gewinner, und letztlich ist derjenige vorne, der rechtzeitig die Winddreher erkennt.«

Ole bemerkte von Wellersdorffs eisgraue Augen, die ihn durchdringend anblickten.

»Wenn du siehst, dass die Dinge in eine falsche ...«, er korrigierte sich, »... in eine perverse Richtung zu laufen beginnen, musst du den Mut haben, deinen Kurs zu wechseln. Du musst eine riskante oder schmerzhafte Entscheidung treffen, und notfalls alleine auf die andere Seite segeln.«

Der Konteradmiral verstummte.

Auf die andere Seite segeln? Mit einem Schaudern begann Ole die wahre Dimension dieser Parabel zu begreifen.

Von Wellersdorff musste es in seinem Gesicht gelesen haben und nickte befriedigt.

»Wenn das hier vorbei ist, werde ich dir alles erklären. Das verspreche ich dir. Aber einstweilen gilt: Je weniger du weißt, desto besser für dich.«

Damit stand er auf und verschwand im Niedergang.

Kurz nach seinem Gespräch mit dem Konteradmiral machte Ole sich auf den Weg, um Richard zu besuchen, den sie, so hatte ihm Meister Rausch erklärt, in seine Kammer gebracht und dort versorgt hatten. Ole hoffte, dass es dem Freund ebenfalls schon wieder besser ging, denn er verspürte das dringende Bedürfnis, einige Fragen mit ihm zu klären.

Als Ole an Richards Tür klopfte, dauerte es eine Weile, bis der Freund »Herein!« rief.

Richard lag auf der Koje und sah noch immer ziemlich blass und mitgenommen aus. Er hatte sich mehrere Rippen geprellt oder vielleicht auch gebrochen, die linke Hand verletzt und eine Platzwunde am Kopf davongetragen. Alles in Allem hatte er mehr Glück als Verstand gehabt.

»Wie geht's dir?«, fragte Ole, als er eintrat.

»Ist mir noch nie besser gegangen«, gab Richard zurück und verzog schmerzhaft das Gesicht, als er sich auf der Koje aufrichtete.

Ole schloss die Türe hinter sich. Was er Richard fragen wollte, war nicht für fremde Ohren bestimmt.

»Was ist los zwischen dir und von Wellersdorff?«

»Wie meinst du das?«

»Komm schon, das weißt du genau! Er hat dich alleine bei Sturm nach vorne in den Bug geschickt. Das war doch eine Strafe für irgendwas. Und jetzt komm nicht mit der Sache mit dem Dingi. Das war viel zu unwichtig!«

Richard schien zu überlegen. Dann verzog sich sein Mund zu einem spöttischen Grinsen.

»Ich weiß schon ... Dafür dass wir an eurer Stelle Weltmeister geworden sind!«

»Jetzt bleib mal ernst!« antwortete Ole. »Vielleicht hat es was mit deinem Vater zu tun und dem, was er in Berlin macht?«

»Blödsinn!«, antwortete Richard, nun ebenfalls gereizt. »Mein Alter ist im Innenministerium und der Kon.Ad. bei der Marine. Was sollen die miteinander zu schaffen haben? Ich glaube, du hast zuviel Phantasie!«

Ole kniff den Mund zusammen. Er war sich sicher, dass er sich die Feindschaft zwischen den beiden nicht bloß einbildete.

»Aber es ist gut, dass du gekommen bist«, fuhr Richard fort. »Ich wollte sowieso mit dir reden.«

Mühsam schwang er die Beine aus der Koje und streckte Ole die Hand hin.

»Du hast mir das Leben gerettet, Storm, und ich bin dir zu Dank verpflichtet.«

Ole war etwas irritiert über die Förmlichkeit dieser Geste, aber er ergriff die Hand und schüttelte sie.

»Hätte jeder andere auch getan«, murmelte er.

»Hör auf! Niemand wäre so bekloppt gewesen, selber über Bord zu springen und seinen eigenen Hals zu riskieren!«, entgegnete Richard entschieden. »Niemand außer dir! Ich ... Ich werde das wieder gutmachen. Vielleicht sogar schon eher als du denkst.«

Ole runzelte die Stirn. Was hatte das zu bedeuten?

»Du hast ja selber gesagt, dass mein Vater einigen Einfluss in Berlin hat. Ich werde ihm sagen ...«

»Das vergiss man schnell wieder!«, unterbrach ihn Ole, dem diese Wendung des Gespräches unangenehm zu werden begann. »Ich möchte nichts von deinem Vater! Und auch nicht von dir!«

Richard schien Oles plötzliche Befangenheit zu spüren, und plötzlich war das alte, überhebliche Grinsen wieder da.

»Na schön, du willst also, dass ich auf ewig in deiner Schuld bleibe. Du Schweinehund! Auch gut! Aber wenn du glaubst, dass ich dich deswegen bei der nächsten Regatta vorne durchsegeln lasse, dann hast du dich verdammt noch mal geschnitten. Kapiert?«

Das klang schon eher wie der Richard, den er kannte.

»Das wird wohl kaum notwendig sein«, sagte Ole und grinste

zurück. »Das nächste Mal, wenn wir gegeneinander antreten, wirst du nur noch meine Heckwelle zu schmecken kriegen.«

»Das werden wir sehen …«, entgegnete Richard.

Damit streckte er Ole abermals die Hand hin, und dieses Mal sollte eine Wette damit besiegelt werden.

»Der Verlierer zahlt!«

Obwohl er den Preis nicht kannte, nickte Ole und schlug ein.

Eine knappe Stunde später kamen die ersten flachen Schären südlich von Marstrand in Sicht. Grauschwarze Rücken steinerner Wale, die aus der See auftauchten, umzüngelt vom fahl leuchtenden Weiß der gegen sie anrennenden Brandung. Einige von ihnen trugen spitze, dreieckige Rückenflossen aus aufeinander geschichteten Felsbrocken, Baken genannt. Gemeinsam mit den vielen Leuchtfeuern waren sie die wichtigsten Wegweiser durch den Irrgarten des felsigen Schärenfahrwassers.

Zwei von ihnen, die Kråkan-Bake und der einige Meilen vor der Küste stehende Leuchtturm Hätteberget, wiesen ihnen den Weg in den ringsum von felsigen Schären und grünen Hügeln beschützten Sund von Marstrand. Unter hellem Rasseln der Kette fiel dort kurz darauf der Anker.

Marstrand war nicht besonders groß und die Zeiten, in denen es einmal ein prosperierender Handelshafen und bedeutender Flottenstützpunkt gewesen war, lagen schon lange zurück. Aber noch immer war der Ort eine wahre Perle.

Beiderseits eines schmalen, im Halbkreis um eine Insel verlaufenden Sundes schmiegten sich bunt gestrichene, mit Balkonen und Veranden verzierte Holzhäuser an die Hänge der steil abfallenden Ufer, und wann immer sich ein Sonnenstrahl durch die Wolkendecke schlich, leuchteten sie in hellem Gelb und Blau oder dem für Schweden so typischen dunklen Rot. Es gab enge, gepflasterte Gässchen, schattige Plätze mit mächtigen, alten Laubbäumen, und blühende Obstgärten, deren kräftiger, erdiger Duft bis hinaus zur *Skagerrak* wehte. An kleinen, wackligen Holzstegen und Bojen waren offene Fischerkähne und kleinere Segelboote vertäut, die ebenso farbenfroh bemalt zu sein schienen, wie die Häuser ihrer Besitzer. Auf der Slipbahn der örtlichen Werft waren zwei Krabbenkutter und mehrere kleinere Boote und Yachten zur Überholung aufgepallt.

Ein kleines, unter schwarzem Kohlequalm hin und her schnaufendes Fährschiffchen verband die beiden Ufer des Sundes miteinander, und über allem thronte der Karlsstein, die mächtige, graue Festung mit ihren steil aufragenden Mauern und dem massigen, runden Turm.

An diesem Tag hatte sich der Ort noch zusätzlich herausgeputzt. Natürlich, der Konteradmiral hatte ja von einem Sommerfest gesprochen. An allen Häusern und über der Festung wehten die blaugelben Schwedenfahnen, und die Uferpromenade ebenso wie die Plätze waren voll mit Buden und Zelten. Dazwischen drängten sich trotz der morgendlichen Stunde bereits viele Menschen. Nicht wenige von ihnen blieben auf der kurzen Mole am Hafen stehen und blickten voller Neugier zu der stattlichen weißen Segelyacht aus Deutschland herüber, die dort draußen im Sund vor Anker gegangen war.

Im Krieg galt Schweden offiziell als neutral. Aber die engen wirtschaftlichen Beziehungen, vor allem die umfangreichen Erzlieferungen an die deutsche Schwerindustrie im Rheinland, machten aus den Schweden quasi Verbündete des Dritten Reiches.

So mochte das unangemeldete Auftauchen einer Yacht unter der Flagge der Kriegsmarine von den Besuchern des Sommerfestes durchaus als Überraschungsbesuch einer befreundeten Nation gewertet werden, und Ole sah viele winkende Hände am Ufer.

»Komm, wink doch mal zurück!«, hörte Ole Karl Hohmeier aufgeregt rufen. »Hast du die Mädels da drüben gesehen? Eine blonder als die andere!«

Und wenn schon, dachte Ole. Das einzige blonde Mädchen, das ihn interessierte, lebte in Stockholm. Und das war Hunderte von Meilen entfernt.

Nicht nur Karl winkte frenetisch zum Ufer zurück. Auch die anderen Kadetten schwenkten ausgelassen ihre Arme, sichtlich aufgekratzt von der Aussicht auf den bevorstehenden Landgang. Es wurde gescherzt und gelacht, als hätte es weder die Kälte noch die Seekrankheit der vergangenen Sturmnacht gegeben. Oder die Schüsse des Schnellbootes, dachte Ole, und die waghalsige Querung des Anholt-Riffes.

»Endlich wissen wir, wofür die ganze Schinderei gut war!«, rief einer der Kadetten fröhlich aus. »Ein Sommerfest in Schweden als Höhepunkt unserer Ausbildungsfahrt! Unser Kon.ad. ist schon ein Teufelskerl!«

»Jau!«, stimmte ihm Karl lautstark zu. »Und die Miesepeter im Oberkommando haben doch tatsächlich ein Schnellboot geschickt, um uns davon abzuhalten. Die wollen ihm und uns einfach nicht gönnen, dass wir uns hier mit den kleinen Schwedinnen vergnügen!«

Alle lachten.

Einzig Ole wusste, dass das Fest nicht der Grund ihrer Anwesenheit in Schweden war.

Wenig später, die Crew war noch mit dem nach einem Seetörn obligatorischen »Reinschiff« beschäftigt, setzte eine kleine Ruderbarkasse vom Ort aus zu ihnen über und ging an der *Skagerrak* längsseits. An Bord befanden sich der Ortsvorsteher und einige andere Honoratioren der Stadt. Sie begrüßten die Gäste aus Deutschland überaus freundlich und luden den Konteradmiral und seine Crew für den Abend zu einem Bankett ein, das in einem Saal oben in der Festung stattfinden sollte. Von Wellersdorff nahm die Einladung höflich dankend an. Dann erkundigte er sich beiläufig, ob vielleicht noch weitere Gäste von außerhalb eingetroffen seien, aus Norwegen zum Beispiel. Er zeigte ein Stück den Fjord hinauf, wo eine kleinere, ziemlich heruntergekommen aussehende Segelyacht ankerte. Am Heck wehte eine norwegische Flagge.

Der Ortsvorsteher zuckte die Achseln. Die norwegische Yacht sei bereits gestern hier angekommen, aber von der Besatzung hatte bisher niemand etwas gesehen. Ole bemerkte den diskreten Blick, den Rausch und der Konteradmiral miteinander tauschten. Ohne Zweifel war dies das Schiff, das der Konteradmiral bereits auf Anholt zu treffen gehofft hatte.

Die Honoratioren verabschiedeten sich und ruderten gutgelaunt und scherzend zu ihrem Sommerfest zurück.

Auch die Kadetten waren in aufgeräumter Stimmung, hatte von Wellersdorff doch angekündigt, dass auch sie sich nach dem Reinschiff bis zum Abend in den Trubel an Land stürzen durften. Allerdings unter dem Versprechen, nichts zu trinken und sich anständig zu benehmen. Vor allem den Damen gegenüber. Ein Hin- weis, der bei Karl und einigen anderen ein breites Grinsen hervorrief.

Kurze Zeit später ging die kleine Dampfbarkasse, die als Fähre zwischen den beiden Ortsteilen verkehrte, schnaufend und rußend an der *Skagerrak* längsseits, um die Crew an Land zu bringen. Mit dem Verweis auf das verloren gegangene Dingi hatte von Wellersdorff den Ortsvorsteher um diese Gefälligkeit gebeten.

Karl war der erste, der auf die Fähre sprang. Auch Richard schien es sehr eilig zu haben, den stechenden Blicken des Konteradmirals zu entkommen. Ole hingegen zog es überhaupt nicht an Land. Ihm war weder nach einem Fest, noch nach der lärmenden Ausgelassenheit seiner Kameraden zumute. Am liebsten hätte er sich einfach in der Vorpiek auf seiner Koje zusammengerollt und eine Mütze voll Schlaf nachgeholt, die ihm nach der letzten Nacht noch zu fehlen schien.

Also ging er unter Deck, um den Konteradmiral um Erlaubnis hierfür zu bitten. Doch gerade, als er an die Kammer klopfte und, wie üblich, sofort eintreten wollte, packte ihn eine schwere Hand und zog ihn von der Türe weg.

»Halthalthalt!«, sagte Rausch, der urplötzlich hinter ihm aufgetaucht war. »Was willst du da drin, Junge?«

»Den Konteradmiral fragen, ob ich an Bord bleiben kann«, antwortet Ole etwas irritiert.

Rausch schüttelte den Kopf und schob ihn unmissverständlich zum Niedergang zurück. »Das wird nichts. Alle müssen an Land. Auch du!«

Nach einem Moment verstand Ole und nickte gehorsam. Natürlich mussten von Wellersdorff und Rausch bei ihrem geheimen Treffen mit der Besatzung des norwegischen Schiffes ungestört sein.

An Land angekommen hatte Ole schnell alle seine Kameraden aus den Augen verloren. Lustlos schob er sich durch das Festgetümmel auf der Uferpromenade, vorbei an Schaubuden und Gauklern, dem Tanzboden, wo eine Folkloretruppe zur Musik im Kreis wirbelte, weiter entlang an bunt geschmückten Bierschänken und Imbissständen voller Süßwerk oder dem traditionellen schwedischen Smørgasbrod.

Überall, wo er hinkam, wurde er neugierig betrachtet, und mehrmals wurde er in freundlich klingendem Schwedisch eingeladen, sich doch an einen der Tische zu gesellen und diese oder jene Leckerei zu probieren. Aber mehr als ein höfliches Lächeln und ein Kopfschütteln brachte er nicht zustande.

»Ole! Mensch, komm her!«, hörte er plötzlich eine laute Stimme mit breitem rheinländischem Akzent rufen. Es war Karl, der rotgesichtig, verschwitzt und das Uniformhemd halb aus der Hose hängend, mit einigen anderen aus der Crew an einem Haut-den-Lukas stand. Offensichtlich waren sie in einem hemdsärmeligen Wettstreit mit ein paar jüngeren Schweden begriffen, bei dem es weniger um die angezeigte Schlagkraft ging, als um den Schlag, den man sich dadurch bei einer kichernden Gruppe Mädchen erhoffte.

So viel zu von Wellersdorffs Mahnung, sich höflich und zurückhaltend zu benehmen, dachte Ole.

»Was ist jetzt, Ole?«, rief Karl ungeduldig und zeigte auf den schweren Holzhammer. »Du bist der Nächste! Zeig den Mädels, was ein Pfund ist!«

Ole hob abwehrend die Hand und verschwand, so schnell es ging, im Gedränge.

Hinter einer Biegung der Uferpromenade wurde es merklich ruhiger. Nur noch wenige Menschen waren hier unterwegs und von dem Festgetümmel war zum Glück kaum noch etwas zu hören. Erleichtert setzte sich Ole unter einen Baum am Ufer und blickte über den Sund.

Auf der anderen Seite standen einige kleinere Sommerhäuser auf dem flachen, felsigen Ufer. Jedes von ihnen hatte einen eigenen wackeligen Holzsteg. An einem von ihnen lag eine Segelyacht mittlerer Größe. Zehn oder zwölf Meter vielleicht.

Von Aufbau und Cockpit war nicht viel zu erkennen, da beides von einer unordentlichen darübergezerrten Persenning verdeckt war. Der Bug war etwas voller und höher als bei den Yachten, die Ole von zuhause kannte, was bei den hiesigen Wellengrößen jedoch sicher gerechtfertigt war. Das Heck war nicht langgezogen und elegant wie das der *Lydia*, sondern kurz und rund wie das eines Kanus oder Kutters mit einem hinten angehängten Ruder. Ansonsten zeigte sie jedoch durchaus gefällige Linien, und ihr hoher Mast versprach gute Segeleigenschaften.

Dennoch. Selbst aus dieser Entfernung und quer über den Sund herüber konnte Ole erkennen, dass sich die Yacht in einem erbärmlichen Zustand befand. Das Großsegel hing schlampig zusammengewurstelt auf dem Großbaum, vom Mast blätterte in großen Placken der schützende Klarlack, und eine Saling hing verbogen nach unten wie das halb abgerissene Ohr eines Straßenköters. An Deck und auf der Persenning klebte Möwenschiet, und der ehemals weiße Rumpf war in ein von Schmutzläufern durchzogenes Grau übergegangen. Zur Krönung des Ganzen prangten in den Rumpfplanken am Bug und Mittschiffs mehrere tiefe Kratzer und Macken, die von diversen ungeschickten Anlegemanövern zeugten.

Wem immer dieses Schiff gehörte, er konnte nicht für zwei Pfennig segeln. Und kümmerte sich im wahrsten Sinne des Wortes einen Dreck darum.

Ole verzog das Gesicht.

Der traurige Anblick der Yacht machte ihm auf eine Art zu schaffen, die ihn mehr als verwirrte. War es die plötzliche bittersüße Erinnerung an sonnige Segelnachmittage auf der Kieler Förde, die in ihrer Unbeschwertheit scheinbar auf immer der Vergangenheit angehörten? An »seine« *Lydia*, Hülsmeyers wundervollen Seekreuzer, der eine ähnliche Größe gehabt hatte? Oder war es etwas anderes, nämlich dass er und diese halbwracke Yacht auf gewisse Weise dasselbe Schicksal teilten: müde und angeschlagen von einem strapaziösen Törn, vernachlässigt und unklar zurückgelassen von denjenigen, von denen sie sich eigentlich Zuwendung und Hilfe erhofft hatten?

Plötzlich musste Ole sich abwenden. Vielleicht war er einfach nur übermüdet. Vielleicht war alles, was er in den vergangenen Tagen gesehen und erlebt hatte, einfach zu viel gewesen.

Mit gesenktem Kopf schlich er sich eine der stillen, steilen Kopfsteinpflastergassen hinauf. Nur fort vom Wasser und dem traurigen Anblick der Yacht.

Wie er den Rest des Tages herumgebracht hatte, wusste Ole später nicht mehr. Ziellos war er über die felsige Insel gewandert, bis ihn seine Schritte irgendwann hinauf zu den mächtigen Mauern der Karlsstein-Festung gebracht hatten.

Auf deren Seeseite fand er einen halb eingestürzten, von Büschen und Brombeergestrüpp überwucherten Eckturm und kletterte in ihm zur Wehrmauer hinauf. Die Mauerkrone war breit und mit Gras und Flechten bewachsen. Und der Ausblick über die Schärenlandschaft rund um Marstrand war atemberaubend schön.

Im Licht der Mittagssonne, die inzwischen die letzten Wolken vertrieben hatte, war das Wasser im Süden und Südwesten eine einzige strahlend blaue Fläche, gesprenkelt von hunderten kleinerer und größerer Felsinseln, deren glatt polierte Flanken in allen Farben zwischen Ocker und Kupfer glänzten. Im Osten zog sich, grün bewaldet und in zahlreichen Buchten und Kaps vor und zurück springend, die schwedische Festlandsküste dahin. Im Süden konnte man in einiger Entfernung wie auf einer Perlenschnur weitere größere, bewaldete Inseln ausmachen, die das Schärengewässer zur offenen See hin abgrenzten wie eine schützende Mauer. Plötzlich verstand er, warum die Schweden vom Schärengarten sprachen. Es war der steinerne Vorgarten ihres Festlandes.

Ole setzte sich mit den Beinen über den Rand der Mauer und ließ den grandiosen Anblick auf sich wirken. Zum ersten Mal an diesem Tag schien sein Verstand ein wenig zur Ruhe zu kommen, und das lästige Schwirren der Fragen in seinem Kopf verstummte. An ihre Stelle trat eine bleierne Müdigkeit, die ihn daran erinnerte, dass er, seit sie Anholt verlassen hatten, viel zu wenig Schlaf bekommen hatte.

Er ließ sich hintenüber ins harte Gras sinken, das auf der Mauerkrone wuchs, und starrten in den endlosen blauen Himmel über sich.

Zwei Minuten später war er fest eingeschlafen.

~

Das Geräusch, das ihn weckte, war nicht besonders laut. Aber es hatte etwas Alarmierendes an sich, das Ole sofort auffahren ließ. Ein Zischen, gefolgt von einem entfernten, leisen Knall, das in seinem Unterbewusstsein irgendwie mit einer Notsituation verknüpft war. Und richtig, als er die Augen aufschlug, sah er den gekrümmten weißen Rauchschweif und das rote Leuchten einer über dem Meer niedergehenden Seenotrakete.

Inzwischen war es später Nachmittag geworden. Die Sonne stand bereits ein gutes Stück weiter im Westen, und Ole musste die Augen gegen das grelle Glitzern abschirmen, als er zum Meer hinunterblickte.

Im Gegenlicht sah er die Silhouette eines Schiffes, die ihm erschreckend bekannt vorkam. Vor allem die Aussparungen im Vorschiff, wo die Klappen der Torpedorohre saßen.

Das Schnellboot!

Mit einem Mal war Ole hellwach und auf den Beinen.

Dann entdeckte er, wer die Leuchtrakete abgeschossen hatte. Keine hundert Meter unter ihm auf den Klippen stand eine hochgewachsene Gestalt und schwenkte die Arme, die strubbeligen blonden Haare zerzaust vom Wind. Richard Korfmann!

Es gab keinen Zweifel daran, dass er der Schnellbootbesatzung mit der Leuchtrakete ein Zeichen gegeben hatte. Denn von dem Marineschiff hatte inzwischen ein Beiboot abgelegt, dessen Besatzung Richards Winken erwiderte.

Dein Freund Richard ist ein Verräter, schoss es Ole mit schmerzhafter Klarheit durch den Kopf.

Wie hatte er mit dem Schnellboot Kontakt aufnehmen können? Und woher hatte er gewusst, was das geheime Ziel des Konteradmirals gewesen war?

Noch während Ole sich die Frage stellte, wusste er bereits die Antwort: Du hast es ihm selber gesagt, du Idiot! Beim Auslaufen auf Anholt! Schmerzhaft klar sah Ole die Situation vor sich, als er Marstrand erwähnte. Karl war auch dabei gewesen. Er hatte gelacht. Richard nicht.

Und dann? Dann war das Dingi abgetrieben. Nachdem Richard auffällig lange an dessen Schleppleine herumgefummelt hatte. Jetzt war klar, was da so lange gedauert hatte. Richard musste, während er sich über die Klampe beugte, eine hastige Nachricht in sein Notizbuch gekritzelt haben, dass jeder der Kadetten stets bei sich zu tragen hatte, und es ins Beiboot geworfen haben. Dann hatte er es absichtlich losgelassen, damit es zurück an Land trieb. Und von Strasser gefunden wurde, der ja alles von der Mole aus beobachtet hatte!

Plötzlich sah Ole weitere Situationen. Die Nacht in der Ankerbucht, als jemand heimlich mit dem Beiboot an Land ruderte. Middelfahrt, als Strasser das Schiff durchsuchte. Richard war auch an Bord gewesen! Strasser, wie er Richard aufforderte, den Konteradmiral zu verhaften. Vermutlich hatten die beiden die ganze Zeit über gemeinsame Sache gemacht, um die Pläne des Konteradmirals zu durchkreuzen!

Diese gipfelten in dem geheimen Treffen, das vermutlich genau in diesem Moment an Bord der Yacht stattfand!

Natürlich! Die Besatzung des S-Bootes hatte hier draußen auf Richards Signal gewartet, um von Wellersdorff in flagranti zu erwischen!

Wie lange würde die Barkasse um die Insel herum brauchen? Vielleicht konnte er ihnen noch zuvorkommen und von Wellersdorff warnen? Er musste es zumindest versuchen!

In halsbrecherischem Tempo kletterte er von der Mauer, sprang die letzten zwei Meter ins hohe Gras, und rannte, was Beine und Lunge hergaben, zurück zum Ort.

Als Ole die mächtige Festungsmauer schon fast umrundet hatte, hörte er plötzlich hinter sich den keuchenden Atem und die Schritte eines Verfolgers in vollem Lauf.

»Ole, warte!«

Richard! Er musste ihn gesehen haben, als er von der Mauer kletterte.

Im selben Augenblick, als Ole den Kopf drehte, um über die Schulter zu blicken, war Korfmann auch schon heran und riss ihn mit einem Hechtsprung zu Boden.

Unsanft schlug Ole mit dem Gesicht auf dem harten Boden auf. Von seinem Kinn her breitete sich ein stechender Schmerz aus. Doch der währte nur wenige Sekunden, dann gewann Oles Wut die Oberhand.

Mit einem Aufschrei rollte Ole herum.

»Verräter!«, schrie er und versuchte mit aller Gewalt, sich aus Richards Umklammerung zu befreien

»Wenn einer ein Verräter ist, dann Wellersdorff!«, keuchte Richard.

Er wehrte die wütenden Schläge und Tritte, mit denen Ole ihn zu treffen versuchte, lediglich ab, anstatt selber welche auszuteilen.

»Er will geheime Dokumente an unsere Feinde weitergeben! Pläne für eine Erfindung ... Eine Waffe, die für unseren Sieg von entscheidender Wichtigkeit sein kann!«

Also das war es, was in Hülsmeyers Koffer gewesen war. Pläne für eine Waffe. Einen Moment lang ließ Ole von Richard ab.

»Kapierst du jetzt endlich?«, schnaufte dieser. »Genau das wollen wir verhindern!«

»Wer ist wir?«

Plötzlich musste Richard lachen.

»Was für eine dumme Frage: Die geheime Staatspolizei natürlich!«

»Du bist bei der Gestapo?«, fragte Ole und konnte sein Entsetzen nicht länger verbergen.

»Mann, Storm, mein Vater ist stellvertretender Leiter der Abteilung IV im Reichssicherheitshauptsamt. Geheime- und Sonderpolizei! Jetzt sag bloß, das wusstest du nicht?«

Natürlich hatte Ole das nicht gewusst. Derlei Dinge hatten ihn nie interessiert. Nun bekam er die Quittung.

»Seit wann arbeitest du für die?«

»Oh, schon seit zwei Jahren, seit ich von Kiel weggegangen bin! Auf Wellersdorff bin ich seit letztem Frühjahr angesetzt.«

Plötzlich hörte Ole Linas Worte. Jemand hat uns verraten. Jemand von der Regatta. Das hatte sie an jenem Abend auf dem Schlepper gesagt, als Hülsmeyer verhaftet wurde.

»Du hast die Starboot-WM mitgesegelt, um ihn auszuspionieren?«

Trotz der Anstrengung und der Wut wurde Ole plötzlich eiskalt.

»Natürlich!«, antwortete Richard, und es klang beinahe leutselig. »Allerdings war es ein ziemlich irrer Zufall, dass ich gleich in von Hütschlers Boot einen Platz bekommen habe. Und mein alter Herr musste all seine Verbindungen dafür in die Waagschale werfen!«

»Du ... mieses Schwein!«

Richard lachte.

»Tröste dich! Die Regatta an sich hat mir natürlich auch rasend viel Spaß gemacht. Genauer gesagt, euch in Grund und Boden zu segeln, Wellersdorff und dich!«

Richard grinste breit. Als Ole ihn nur feindselig anstarrte, wurde er jedoch ebenso schnell wieder ernst.

»Ole, hör zu!«, sagte er eindringlich. »Diese Waffe, um die es geht, Hülsmeyers Erfindung, wenn sie tatsächlich funktioniert, wird sie uns so mächtig machen, dass wir den Feind auf einen Schlag vernichten können, verstehst du? Jeden Feind! Egal, ob im Westen oder im Osten! Wir radieren sie einfach von der Landkarte, bis zum letzten Mann!«

Richards Augen glühten vor plötzlicher Begeisterung.

»Und jetzt stell dir vor, diese großartige Chance will er herschenken! An unsere Feinde! Ehrlich, das konnten wir doch nicht zulassen! Sag selbst!«

Bei der bloßen Vorstellung erschauerte Ole bis ins Mark. Eine Waffe, die den Feind bis auf den letzten Mann ausradierte ... War es das, was der Konteradmiral gemeint hatte? Dinge, die in eine perverse Richtung zu laufen beginnen ... Sein Grund, auf die andere Seite zu segeln?

Die plötzliche Erkenntnis der Dimension verschlug Ole die Sprache und er senkte den Blick. Was von Richard offensichtlich als Zustimmung missverstanden wurde.

»Siehst du!«, sagte er und setzte sein gewinnendstes Lächeln auf. »Ich wusste, du würdest das verstehen!«

Ole ballte die Faust, holte kurz und trocken aus und landete einen Schlag mitten in Richards Gesicht, dass es nur so knirschte. Korfmann schrie auf, schlug die Hände vor Mund und Nase und sackte stöhnend zur Seite.

»Bei Gott, ich hätte dich ersaufen lassen sollen!«, zischte Ole, spuckte verächtlich aus und stand auf.

Einen Augenblick später nahm Richard die Hände vom Gesicht und starrte zu ihm herauf. Sein Mund war eine wilde, blutverschmierte Kopie seines üblichen, überheblichen Grinsens.

»Du bist noch viel dümmer, als ich gedacht habe, Storm!«

Ole sparte sich eine Antwort, drehte auf dem Absatz um und begann abermals zu rennen.

»Du Schwachkopf! Was glaubst du, was du jetzt noch für ihn tun kannst?«, hörte er Richard höhnisch hinter ihm herrufen. »Er ist tot, verstehst du? Tot!«

Atemlos erreichte Ole die ersten Häuser und hastete eine der steilen Gassen hinunter zum Hafen.

Als er sich der Uferpromenade näherte, wurde das Gedränge der Menschen dichter und dichter, und er kam nur noch quälend langsam voran. Ungeduldig schiebend kämpfte er sich durch die Menge. Passanten, die er dabei anrempelte und die ihm vorwurfsvoll hinterher schimpften, bemerkte er nicht.

Dann hatte er die kurze Steinpier erreicht, an der die Uferpromenade endete, und kletterte auf die Mauer. Dort draußen lag die *Skagerrak* vor Anker.

Längsseits lag ein kleines, offenes Ruderboot. Es musste den Besuchern des Konteradmirals gehören.

In der anderen Richtung, den Sund hinunter, war von der Barkasse des Schnellbootes noch nichts zu sehen. Noch bestand Hoffnung!

Ole sah sich um. Weiter vorne an der Mole entdeckte er ein Ruderboot, dessen Riemen noch in den Dollen eingelegt waren. Er lief hin, löste die Leine und sprang hinein, ohne sich um die irritierten Blicke der Umstehenden zu scheren. Dann begann er zu pullen, was das Zeug hielt.

Minuten später war er draußen bei der Yacht. Doch im selben Moment, als er an Deck der *Skagerrak* sprang, hörte er hinter sich den Motor der Barkasse. Mit voller Fahrt kam sie den Sund heraufgerauscht, und Ole glaubte, Gewehrläufe in der Sonne blitzen zu sehen. »Meister Rausch, Herr Konteradmiral!«, schrie er aus voller Lunge und polterte zum Deckshaus. »Das Schnellboot!«

Nach einem kurzen Augenblick erschien der kahle Schädel des Segelmachers unten im Niedergang und starrte Ole wütend an.

»Was willst du?«

»Richard hat uns verraten!«, rief Ole. »Das Schnellboot ist hier!«

»Was redest du da?«

Mit wenigen Sätzen war Rausch oben an Deck. Als er die Barkasse entdeckte, erbleichte er. Den Priem, den er im Mund hatte, spuckte er über Bord.

Dann war auch von Wellersdorff bei ihnen.

»Wir müssen fliehen! Schnell!«, rief Ole, lief zu seinem Ruderboot zurück, um die Leine, die er nur hastig um die Klampe getüddelt hatte, zu lösen.

Doch von Wellersdorff schüttelte den Kopf.

»Dafür ist es zu spät!«

Tatsächlich trennten die Barkasse und die Yacht nur noch wenige hundert Meter. Jeder Versuch, mit Oles Fischerkahn oder dem Beiboot der norwegischen Segelyacht zu entkommen, musste scheitern.

»Du kannst nichts dafür!«, brummte Rausch, als er Oles Gesichtsausdruck sah, und klopfte ihm mit seiner Pranke auf die Schulter. »Mach dir keine Vorwürfe!«

»Die Pläne!«, sagte von Wellersdorff plötzlich. »Sie dürfen denen nicht in die Hände fallen!«

»Gut«, nickte Rausch entschlossen. »Ich halte sie auf, solange ich kann!«

Der Konteradmiral verschwand wieder unter Deck, vorbei an drei weiteren Männern, die soeben heraufkamen. Die Gäste des Konteradmirals. Auch sie starrten mit schockierten Gesichtern zu der herannahenden Barkasse herüber.

Ole klappte vor Überraschung der Mund auf. Einer der Männer war Professor Sønstebye, Linas Vater!

Und dann setzte Oles Herzschlag vollends aus und ihm war, als versuchte irgendjemand, ihm die Decksplanken unter den Füßen wegzuziehen.

Hinter ihrem Vater erschien sie selber im Niedergang: Lina!

Leibhaftig und nicht als Wunschbild seiner Erinnerung! Oder

als Meerjungfrau, wie in der letzten Nacht, als er für einen kurzen Moment aus den Tiefen seiner Bewusstlosigkeit aufgetaucht war.

Ole wollte etwas sagen, brachte aber keinen Ton hervor. Stattdessen konnte er sie nur anstarren. Sie hatte die dunkelblonden Haare nach hinten gebunden, trug ein knielanges, helles Sommerkleid und darüber eine offene dunkelblaue Strickjacke. Sie war noch schöner, als er sie in Erinnerung hatte. Ihre Augen, im Moment von einem tiefen, unergründlichen Grün, streiften Oles Blicke nur kurz, dann trat sie wortlos neben ihren Vater, hakte sich bei ihm unter und sah gefasst der nahenden Barkasse entgegen.

Das brachte auch Ole jäh ins Hier und Jetzt zurück, in eine Situation, wie sie bitterer und grotesker gar nicht sein konnte: Endlich sah er sie wieder, jedoch nur, um sie sofort wieder zu verlieren. Denn dass dieses Treffen nicht nur für den Konteradmiral und Linas Vater hinter Gitter enden musste, sondern vermutlich auch für Lina, das sah Ole trotz aller Gefühlswirren klar und deutlich.

Keiner an Deck bewegte sich. Alle starrten schweigend auf das herannahende Unheil in Gestalt der Barkasse.

Rausch und die übrigen Männer waren mit grimmiger Entschlossenheit vor dem Niedergang zusammengerückt, um von Wellersdorff die notwendige Zeit zu verschaffen, die Pläne wo auch immer verschwinden zu lassen.

Damit standen Lina und Ole plötzlich alleine im Cockpit und Ole merkte, dass sie ihn ansah. Der Anflug eines traurigen Lächelns spielte um ihren Mund.

»Dich treffe ich scheinbar nur, wenn ich bis zum Hals in Schwierigkeiten stecke!«

»Ja«, antwortete Ole lahm, weil er keine Ahnung hatte, was er sonst noch sagen konnte. »Scheinbar.«

Lina nickte knapp, und ihr Blick ging wieder zur Barkasse hinaus.

»Wann bist du an Bord gekommen?«, fragte Ole.

»Auf Anholt. Ich hatte Nachrichten für den Konteradmiral.«

Natürlich, sie war auf dem Kutter gewesen! Die Gestalt im

schwarzen Ölzeug. Ole schüttelte den Kopf. Sie war auf die Yacht gegangen, aber nicht wieder herunter!

Aber warum hatte sie sich danach vor allen versteckt? Und wo war sie gewesen, als Ole heute Morgen in der Kammer des Konteradmirals erwacht war?

Plötzlich schossen ihm mehr Fragen durch den Kopf. Hunderte. Ob sie jemals an ihn gedacht hatte, seit ihrer Begegnung auf dem Schlepper? Ob der Ring an ihrer Hand tatsächlich bedeutete, dass sie mit Sigur Johannson verlobt war? Oder ob sie ihn, was der Himmel verhüten möge, inzwischen bereits geheiratet hatte?

Doch zum Fragenstellen war es nun zu spät. Die Ankunft der Barkasse verhinderte es. Mit unsanftem Knirschen ging sie auf Höhe des Cockpits längsseits. Mehrere uniformierte Matrosen des Schnellbootes sprangen an Deck, ihre Karabiner im Anschlag. Wortlos hoben Rausch, Sønstebye, und die beiden anderen Männer die Hände. Ole folgte ihrem Beispiel und Lina ebenso. Ein rotbärtiger Offizier im Range eines Oberleutnants betrat die Yacht. Vielleicht der Kommandant des Schnellbootes? Dann folgten Richard, den sie irgendwo an Land aufgepickt haben mussten, und Kapitänleutnant Strasser, den die Schnellbootfahrer auf Anholt an Bord genommen haben mussten, und von dem sie erfahren hatten, wohin die Flucht der *Skagerrak* führte.

»Tja, so schnell sieht man sich also wieder, was Decksmeister?«, ätzte der Kaleu nun. »Wo ist er? Wo ist Wellersdorff?«

»An Land!«, log Rausch.

»Unsinn! Natürlich ist er an Bord!«, sagte Richard und schob den Kaleu zur Seite. »Oberleutnant! Schicken Sie Ihre Leute runter! Aber schnell! Vermutlich versucht er gerade, die Pläne zu vernichten!«

Trotz der Wut, die in Ole hochkochte, als er Richard sah, registrierte er, dass nichts an dessen selbstbewusstem Auftritt daran erinnerte, dass er noch heute Morgen auf diesem Schiff ein normaler Befehlsempfänger gewesen war. Im Gegenteil. Offensichtlich schien er sogar das Kommando bei dieser Aktion innezuhaben.

Der Oberleutnant nickte wortlos einigen seiner Männer zu, die sich sofort in Richtung des Niedergangs bewegten.

Dort stand Rausch. Und der machte keinerlei Anstalten, zur Seite zu gehen. Den Gewehrkolbenhieb, mit dem der vorderste Matrose ihn zur Seite stoßen wollte, fing er mit einer geschickten Handbewegung ab und stieß seinerseits den Schnellbootmann zurück. »Dummer, alter Esel!«, blaffte Strasser und fummelte eine Automatikpistole hervor. »Gib den verdammten Weg frei oder ich schieß dich zur Seite!«

Auf der Glatze des Segelmachers begannen feine Schweißperlen zu glänzen, aber sein Griff um den Handlauf neben dem Niedergang wurde fester. Er wich keinen Zentimeter.

»Wie du willst!«, zischte Strasser und entsicherte die Waffe. Ole hielt die Luft an.

»Schon gut, Heri.« Zu Oles grenzenloser Erleichterung war in diesem Moment der Konteradmiral hinter Rausch aufgetaucht und hatte dem Segelmacher die Hand auf die Schulter gelegt.

Rausch schob sich zur Seite und ließ von Wellersdorff heraus. Ole atmete erleichtert durch. Der Suchtrupp der Schnellbootmatrosen verschwand eilig unter Deck.

»Darf ich fragen, was das alberne Piratenspiel zu bedeuten hat?«, fragte von Wellersdorff kühl in Richtung des Oberleutnants.

»Das wissen Sie verdammt gut: Hochverrat und Kollaboration mit dem Feind!«, antwortete Richard an Stelle des Schnellbootkommandanten.

»Ah, ich sehe, der Herr Fähnrich ist befördert worden«, nickte dieser in gespielter Anerkennung zu. »Hut ab! Welchen Rang bekleiden Sie denn inzwischen, Herr ...?«

»Sonderagent der Gestapo im Range eines Sturmbannführers«, entgegnete Richard und deutete spöttisch eine knappe Verbeugung an. »Beauftragt, ein paar Papiere einzusammeln, die der Heeresversuchsanstalt abhanden gekommen sind.«

»Ich habe nicht die leiseste Ahnung, wovon Sie sprechen.«

»Natürlich nicht«, antwortete Richard mit nachsichtigem Lächeln. »Wenn Sie mich jetzt bitte entschuldigen? Ich bin ein bisschen in Sorge, Sie könnten irgendwo unter Deck ein kleines Papierfeuerchen abgefackelt haben.«

Er ging zum Deckshaus und schnüffelte. »Obwohl es nicht danach riecht! Vermutlich waren sie Ihnen zu wertvoll, um sie zu vernichten? Umso besser! Diesmal werden wir sie finden. Das verspreche ich Ihnen!«

Damit verschwand Richard den Niedergang hinunter. Einen Augenblick herrschte an Deck Schweigen. Dann baute sich Strasser vor ihnen auf. Er konnte seinen Triumph nur schlecht verbergen. »Wir wissen, dass Sie die Pläne bereits im letzten Sommer außer Landes schaffen wollten. Mit Ihrem angeblichen Boottransport und mit Hilfe Ihres alten Freundes hier. Und jetzt versuchen Sie es erneut!«

»Kompletter Unsinn!«, entgegnete der Konteradmiral. »Ich weiß nichts von irgendwelchen Geheimpapieren. Und dieses Treffen hier ist rein zufälliger Natur. Professor Sønstebye und seine Freunde wollten, ebenso wie wir, das Sommerfest hier in Marstrand besuchen.«

»Ja, der gute Herr Professor ...«, sagte Strasser langsam und fixierte Sønstebye, »... der sich inzwischen weniger für seinen Lehrstuhl der Physik in Stockholm zu engagieren scheint als für eine dieser norwegischen Widerstandsgruppen, mit denen wir es neuerdings zu tun haben. Ich nehme an, die anderen beiden Herren gehören demselben Verein an?«

Sønstebye erbleichte und auch die beiden Angesprochenen traten unsicher von einem Bein aufs andere.

»Der Empfänger von Hülsmeyers Plänen sollte ein anderer Ihrer so genannten Segelkameraden aus der Starbootszene sein, Mr. Loomis, nicht wahr? Ein Amerikaner. Ein Feind! Und zufälligerweise Besitzer einer der größten Waffenfabrikationen der Vereinigten Staaten.«

Nun war es an von Wellersdorff und Rausch, erschrockene Blicke zu tauschen.

»Sie sehen«, nickte Strasser selbstgefällig und tippte sich an seine Raubvogelnase, »wir hatten die ganze Zeit über den richtigen Riecher! Allerdings war Herr Hülsmeyer uns auch mit einigen Details behilflich.«

»Nachdem Sie ihn entsprechend gefoltert haben, nehme ich an?«, entgegnete von Wellersdorff kühl.

»Wahrscheinlich hätte er auch zugegeben, für die Flecken in Hitlers Unterhose verantwortlich zu sein, wenn Sie ihn nur danach gefragt hätten!«

»Halten Sie den Mund, Wellersdorff!«, bellte Strasser und die Adern in seinem Gesicht traten hervor. »Sie sind absolut nicht mehr in der Position, sich Scherze zu erlauben! Schon gar nicht über den Führer!«

»Ich werde Ihnen jetzt noch ein paar ganz andere Dinge über den Führer sagen ...«, fuhr von Wellersdorff ungerührt fort, zog sein goldenes Zigarettenetui hervor und klappte es auf. »Diesen Postkarten malenden Herrn Gefreiten, der sich für den größten Schlachtenlenker seit Bonaparte hält und sich anmaßt, unsere Streitkräfte gegen den verdammten Rest von Europa zu Felde zu führen!«

»Schweigen Sie!«, schrie Strasser außer sich und Ole sah mit wachsendem Unbehagen, dass Strasser noch immer seine Waffe in der Hand hielt.

Der Konteradmiral schien es nicht bemerkt zu haben. Oder wollte es nicht bemerken. Mit aufreizender Nonchalance nahm er eine Maisblattzigarette aus dem Etui, klopfte sie auf dem Deckel zurecht und steckte sie in den Mund.

»Ihr Führer, Strasser«, sagte er dabei, »der nicht mal vier Wochen gebraucht hat, um die Hälfte unserer schwimmenden Verbände vor Norwegen auf den Meeresgrund zu schicken! Dessen schier grenzenloser nautischer Sachverstand sich aufs Redenschwingen bei der Taufe unserer Schlachtschiffe beschränkt ...«

Ole sah sich Hilfe suchend um. Auch Lina, ihr Vater und Rausch hatten die Gefahr erkannt. Mahnend legte der Segelmacher dem

Konteradmiral die Hand auf den Oberarm. »Lass gut sein, Paul!«, raunte er leise.

Aber von Wellersdorff dachte nicht daran. »Wusstest du, Heri, dass Hitler bei seinem Besuch an Bord der *Schleswig-Holstein* letztes Jahr schon nach zehn Minuten so seekrank war, dass er die Offiziersmesse vollgekotzt hat? Weswegen er jetzt wahrscheinlich felsenfest daran glaubt, dass die gottverdammte U-Bootwaffe die bessere Lösung sei, weil die bei Seegang einfach abtauchen ... Haben Sie mal Feuer, Strasser?«

Plötzlich ging alles gedankenschnell. Im selben Augenblick, als Strasser seine Waffe hoch riss, versuchte Rausch dazwischen zu gehen. Allerdings war er einen Schritt zu spät, um Strassers Hand mit der Pistole zur Seite schlagen zu können.

Der Kaleu drückte ab und die Kugel, die für von Wellersdoff bestimmt gewesen war, traf Rausch aus kürzester Distanz in die Brust. Ole zuckte zusammen, als der scharfe Knall die Luft zerriss. Er sah das Feuer aus der Mündung der Waffe blecken, sah wie der Segelmacher zurücktaumelte, den Kopf senkte und beinahe irritiert nach dem nassen roten Fleck tastete, der sich rasch auf seinem Hemd auszubreiten begann. Dann hörte er, wie jemand »mein Gott!« sagte. Es war Lina. Sie hatte vor Schreck die Hand vor den Mund geschlagen. Oles Blick ging von ihr zu Rausch zurück, und er sah, wie der Segelmacher nach vorne in die Knie ging. Erst jetzt begriff er, dass es wirklich passiert war, und der Schock fuhr ihm schneidend heiß durch die Eingeweide, als hätte auch er eine Kugel abbekommen.

Ole stieß seinen Bewacher zur Seite und sprang nach vorne, um Rausch zu stützen. Auch von Wellersdorff war sofort bei ihnen. Gemeinsam setzten sie den Segelmacher behutsam an Deck. Die Hände, mit denen Ole den massigen Oberkörper des Segelmachers stützte, fühlten warmes Blut. Voller Entsetzen nahm er die schnell größer werdende rote Lache wahr, die sich an Deck bildete. Schon nach wenigen Augenblicken hatte sie das nächste Speigatt erreicht und rann von dort aus ins Wasser hinunter. Hellrotes Blut auf dem blütenweißen Rumpf. »Heribert!«, sagte von Wellersdorff leise und strich dem Segelmacher fast zärtlich über die Stirn. »Mensch, was machst du für einen Quatsch? Das war meine Kugel!«

»Ich hab doch gesagt, ich halt sie für dich auf!«, antwortete Rausch mit brüchiger Stimme und versuchte, ein Grinsen zustande zu bringen. Der Versuch misslang gründlich und endete in einem schmerzhaften Hustenanfall. Hilfesuchend blicke Ole zu Lina auf, aber dort, wo sie zuvor noch gestanden hatte, war sie nicht mehr zu sehen.

Stattdessen kehrte in diesem Augenblick Richard an Deck zurück. Undeutlich und wie von Ferne hörte Ole, wie er Strasser kräftig zusammenstauchte. Nicht, weil er auf einen wehrlosen Mann geschossen hatte, sondern weil er riskiert hatte, von Wellersdorff zu treffen. Und dessen Unversehrtheit als mutmaßlicher Drahtzieher des Verrats war für Richard und seine eigenen Pläne von größter Wichtigkeit. Rauschs sinnloser Tod schien ihn nur insoweit zu berühren, als er den Segelmacher nun nicht mehr verhören konnte. Dieser Zynismus machte Ole fassungslos, und die Wut ließ seinen Magen zu einem kalten, harten Klumpen zusammenschrumpfen. »Lass gut sein, Junge«, brummte Rausch und der Blick aus den klugen blauen Augen ließ keinen Zweifel daran, dass er Oles Gefühle hatte lesen können. »Ist schon genug, wenn sie einen von uns ...« Der Rest ging in einem abermaligen Hustenanfall unter, und diesmal blieb ein dünnes rotes Rinnsal in Rauschs Mundwinkeln zurück.

»Können wir denn gar nichts tun?«, fragte Ole verzweifelt und suchte den Blick des Konteradmirals, obwohl er längst wusste, dass es nichts mehr zu tun gab, als dem Freund die Hand zu halten.

»Nein«, sagte von Wellersdorff leise und schüttelte langsam den Kopf. »Er lichtet die Anker.« Dann strich er dem Segelmacher abermals über die Stirn. »Gute Fahrt, Heri, grüß mir die Kieler Förde!«

»Ja, die Förde ...«, hauchte Rausch und jetzt gelang ihm doch noch ein Lächeln.

Die kleinen blauen Augen gingen weiter zu Ole.

»Junge, wenn du heimkommst ...« Rausch verstummte abrupt und runzelte die Stirn, als habe er vergessen, was er sagen wollte. Instinktiv griff Ole nach der Hand, mit der Rausch suchend nach der seinen tastete. Von einer Sekunde auf die nächste wurde das Gesicht des Segelmachers aschgrau, und die Pranke, mit der er Oles Hand umklammert hielt, verkrampfte sich zu einem eisenharten Griff. Suchend wanderten seine Augen nach oben in den Mast, als wolle er vor dem Auslaufen noch ein letztes Mal den Stand der Segel oder die Richtung des Windes prüfen. Dann brach sein Blick.

Einen langen Moment war es absolut still an Bord der *Skagerrak*. Keiner bewegte sich oder sprach ein Wort, nicht einmal Korfmann oder Strasser. Dann schrie plötzlich einer der Matrosen: »Das Mädchen! Das Mädchen ist weg!« Ole wischte sich irritiert die Tränen aus dem Gesicht. Hektisches Rufen und Rennen war zu hören, als das Deck nach ihr abgesucht wurde.

»Sie ist weg!«, meldete der rotbärtige Oberleutnant. »Und unten kann sie auch nicht sein! Ich habe die ganze Zeit am Niedergang gestanden!«

»Das verdammte Miststück ist ins Wasser geklettert, als der Glatzkopf den Löffel abgegeben hat!«, knurrte Strasser. »Verflucht, wieso hat das keiner gemerkt?«

»Worauf wartet ihr noch, ihr Mehlaugen?«, schrie Richard zornig. »Nehmt das Boot und sucht sie! Weit kann sie ja nicht sein!«

Mehrere Männer des Schnellbootes sprangen in die Barkasse und legten sofort ab. Die übrigen verteilten sich an Deck und auf dem Aufbau.

»Glauben Sie, sie hat die Pläne bei sich?«, fragte Strasser. »Blödsinn! Das hätten wir ja wohl gesehen, wenn sie etwas anderes unter ihrem Kleid versteckt hätte als ihre Titten!«, antwortete Richard grob. »Aber ich habe verdammt noch mal was dagegen, dass sie uns entkommt!«

Verzweifelt suchte Ole die umliegende Wasseroberfläche ab. Aber von Lina war nichts zu sehen. Sie hätte doch unmöglich die ganze Strecke bis zum Ufer tauchen können? Als er dem Blick des Konteradmirals begegnete, nickte dieser ihm grimmig zu.

»Hoffentlich schafft sie's«, murmelte er. »Dann hätte Heris Tod wenigstens noch ein Gutes gehabt!«

»Oberleutnant, ziehen Sie einen Mann auf die Saling!«, sagte Richard. »Einen Scharfschützen! Wenn das Miststück irgendwo den Kopf aus dem Wasser streckt, soll er sie abknallen, verstanden?«

»Das kannst du nicht tun!«, schrie Ole verzweifelt und wollte auf Richard zugehen und ihn am Kragen packen.

Aber der Schlag eines Gewehrkolbens stoppte ihn und der jähe Schmerz in seiner Magengrube ließ ihn neben dem toten Rausch an Deck zusammensacken. Die nächsten Minuten waren die Hölle für Ole. Den toten Rausch direkt vor Augen und die Angst im Herzen, Lina könne es in der nächsten Sekunde genauso ergehen, äugte er immer wieder zu dem Mann auf der Saling empor, der dort stand und sein Gewehr am Mast abstützte. Von Wellersdorff und natürlich auch Linas Vater, der totenbleich neben dem Kartenhaus stand, erging es ebenso. Aber kein Schuss fiel und auch kein Ruf, der angezeigt hätte, dass sie irgendwo aus dem Wasser aufgetaucht war.

Und nach einer Zeitspanne, die Ole endlos lang erschien, kehrte auch die Barkasse wieder zur Yacht zurück. Entweder war Lina die Flucht geglückt, oder sie war bei dem Versuch ertrunken. Strasser befahl Ole und einem der beiden Norweger, Rauschs Leiche in einen großen Segelsack zu packen und an Bord der Barkasse zu bringen. Dann fesselte man Ole ebenso wie von Wellersdorff, dem Professor und den beiden anderen Widerstandskämpfern die Hände auf dem Rücken und brachte sie an Land. Der rotbärtige Oberleutnant, der die Barkasse steuerte, machte einen weiten Bogen um den Festtagstrouble, der durch die Stürmung der Yacht und den tödlichen Schuss auf Rausch merklich aus dem Tritt gekommen schien, und brachte sie zu einem Steg am nördlichen Ausgang des Sundes, nahe der Stelle, von wo aus Ole heute Vormittag auf die alte Yacht hinübergeblickt hatte. Hier wartete bereits eine Gruppe bewaffneter schwedischer Polizisten auf sie, deren Hilfe Richard und Strasser sich offenbar bereits zuvor gesichert hatten, und eskortierte sie gemeinsam mit den Schnellbootmännern zur Karlsstein-Festung hinauf.

Dort, in einem von massigen, hohen Mauern eingefassten Kasernenhof, wurden sie voneinander getrennt. Schlagartig ging Ole auf, dass er, seit Rausch in seinen Armen gestorben und Lina verschwunden war, mit den anderen Gefangenen kein Wort gewechselt hatte. Nun würde es keine Gelegenheit mehr dazu geben. Der Konteradmiral musste Oles verzweifelten Blick in seinem Rücken gespürt haben. Denn gerade als seine Bewacher ihn durch eine niedrige Tür auf der anderen Seite des Hofes schieben wollten, machte er sich los und drehte sich zu Ole um. Er nickte ihm aufmunternd zu, und seine Lippen formten etwas, das ein lautloses »nur Mut« sein konnte. Dann verlor Ole ihn aus dem Blick, als auch er selber von seinen Bewachern unsanft durch eine Tür in den Turm der Festung gestoßen wurde.

Minuten später fand Ole sich in einer kalten, dunklen Zelle wieder. Von dem Mut, den der Konteradmiral ihm mit auf den Weg hatte geben wollen, war hier unten nicht mehr viel angekommen. Als die schwere, eisenbeschlagene Türe ins Schloss fiel, war er allein mit seiner Verzweiflung, seiner Wut und seiner Trauer. Das Einzige, was ihn halbwegs aufrecht hielt, war die Hoffnung, dass Lina die Flucht geglückt sein könnte. Nach einer Weile wurde das Licht in der Zelle schwächer und schwächer. Durch das kleine vergitterte Loch oben in der meterdicken Steinmauer konnte Ole ein blassblaues Stückchen Abendhimmel sehen und eine einzelne Möwe, die einsam im goldenen Abendlicht ihre Kreise zog. Das ferne, wehmütige Kreischen des Seevogels ließ ihn unwillkürlich erschauern.

Horch auf den Schrei der Möwen, er ist die Stimme jener, die auf See geblieben sind! Das war der Spruch, der in groben Buchstaben über der Tür zu der winzigen Totenkapelle in Nebel auf Amrum geschnitzt stand.

Rausch war nicht auf See geblieben. Er war erschossen worden. Ole musste an den blutüberströmten Leichnam denken, den er in den Segelsack hatte stopfen müssen. Wenn er schon keine Seebestattung bekam, dann hoffentlich wenigstens ein anständiges Begräbnis an Land.

Das Schreien der Möwe verstummte und als Ole aufstand, um besser aus dem Gitterfenster sehen zu können, war sie bereits davon geflogen. Ole sank auf die Pritsche zurück, zog Arme und Beine eng an den Körper und schloss die Augen.

~

Er hatte tief und traumlos geschlafen. Als er erwachte, sickerte bereits fahlblaues Morgenlicht durch das Gitterfenster. Sofort wusste Ole, dass er nicht mehr alleine in der Zelle war.

Ruckartig fuhr er hoch. Eine Gestalt lag in eine Decke gewickelt auf dem nackten Steinboden der Zelle. Ein leises Stöhnen war zu hören.

Ole huschte hinüber und schlug die Decke zurück.

Es war von Wellersdorff.

»Ole … bist du das?«, fragte er schwach und blinzelte.

»Ja.«

Irgendwie hatte Ole erwartet, dass der Konteradmiral übel zugerichtet sein würde, aber er konnte keinerlei offene Verletzungen erkennen. Dennoch schien von Wellersdorff heftige Schmerzen zu haben und am Ende seiner Kräfte zu sein. Kalter Schweiß stand auf seiner Stirn, und die Augen, mit denen er Ole anblickte, glänzten fiebrig. Die Folter, die sie angewendet hatten, musste aus Schlimmerem als aus Schlägen bestanden haben, dachte Ole und merkte, wie ihm flau wurde.

»Was haben die mit Ihnen gemacht?«

»Nach den Plänen gefragt«, antwortete von Wellersdorff, und mit dem Anflug eines grimmigen Lächelns schien ein Teil seiner

Lebensgeister zurückzukehren. »Was bedeutet, dass sie das Versteck an Bord immer noch nicht gefunden haben!«

Ole war erleichtert.

»Und wo ist das?«

Noch während ihm die Worte herausrutschten, sah Ole ein, dass es töricht war, danach zu fragen. Von Wellersdorff schüttelte den Kopf. Er würde es ihm nicht verraten.

»Wenn du Glück hast, lassen sie dich in Frieden. Vielleicht haben sie mich aber auch nur deswegen hier in diese Zelle gebracht, weil sie glauben, dass ich dir alles verrate. Dann werden sie dich ebenfalls verhören.«

Foltern, hätte er ebenso gut sagen können. Ole erbleichte.

»So oder so ist es besser für dich, wenn du es nicht weißt!«, nickte von Wellersdorff. »Hast du was zu trinken?«

Ole griff nach dem Tonkrug mit Wasser, der unter der Pritsche stand, half dem Konteradmiral sich aufzurichten und den Krug an den Mund zu führen.

»Der einzige, der das Versteck außer mir kannte, war Heribert«, fuhr von Wellersdorff fort, als er getrunken hatte. »Aber sie haben ja selber dafür gesorgt, dass sie ihn nicht mehr fragen können.«

Bittere Erinnerungen strömten auf Ole ein. Und Schuldgefühle. Hatte nicht er selber alles ins Rollen gebracht, indem er Rausch und von Wellersdorff erzählt hatte, dass Lina den Koffer des Physikers über Bord geworfen hatte? Hätte er nur geschwiegen! Die verfluchten Pläne lägen noch auf dem Grund der Förde, und Heribert Rausch wäre noch am Leben.

Der Konteradmiral schien in seinem Gesicht gelesen zu haben. Mit leiser Stimme sagte er: »Du fragst dich, ob das alles seinen Tod wert gewesen sein kann?«

Ole senkte den Blick und nickte.

»Die Antwort lautet: ja. Sein Leben – genauso wie meines, das vermutlich bald vor einem Standgericht enden wird – liegt in der Waagschale gegen viele tausend andere Leben. Unschuldige Menschen, deren Tod wir zu verhindern versuchen.«

Ole verstand.

»Hülsmeyers Waffe«, murmelte er. »Ist sie wirklich so schlimm wie Korfmann behauptet?«

»Schlimmer!«, antwortete von Wellersdorff mit einer Stimme, die Ole die Kehle eng werden ließ. »Ich habe versprochen, dir ein paar Dinge zu erklären, wenn alles vorbei ist. Nun, es sieht ganz danach aus, als sei jetzt alles vorbei, nicht wahr? Wenn auch anders als erhofft ... Komm, hilf mir!«

Er streckte die Hand aus und ließ sich unter Stöhnen von Ole auf die Beine und hinüber zur Pritsche helfen. Die Schmerzen, die er bei jeder seiner Bewegungen litt, standen ihm ins Gesicht geschrieben, und als er endlich saß, brauchte er eine ganze Weile, bis er weitersprechen konnte.

»Als Hülsmeyer begriffen hatte, welche Höllenmächte er zu entfesseln im Begriff stand, und als der Krieg immer wahrscheinlicher wurde, wollte er seine Formeln und Konstruktionszeichnungen vernichten. Aber dafür war es bereits zu spät. Er befürchtete, dass einer seiner Assistenten, der gleichzeitig als Spitzel auf ihn angesetzt war, bereits alles kopiert und beiseite geschafft haben könnte.«

Der Konteradmiral machte eine Pause, ob um nachzudenken oder um weiter zu Atem zu kommen, das vermochte Ole nicht zu sagen. Dann fuhr er mit festerer Stimme fort:

»Um wirklich sicher zu gehen, dass seine Entdeckung nie zum Einsatz kommen würde, sah er also nur noch eine Möglichkeit: Die Sache auch der Gegenseite zugänglich zu machen, den Engländern oder Amerikanern, in der Hoffnung, dass dann keine von beiden Seiten es wagen könnte, die Waffe einzusetzen.«

Von Wellersdorff setzte den Krug erneut an den Mund und trank.

»Dein Segelmachermeister und ich und einige andere waren der Meinung, dass es absolut richtig und notwendig war, ihm dabei zu helfen. Unser erster Anlauf mit dem Bootstransport im September ist, wie du ja weißt, gescheitert. Aber nachdem du uns erzählt hast, was in der Nacht auf dem Schlepper passiert ist, haben wir sofort einen weiteren Versuch gestartet. Leider haben einige Herren in Berlin davon Wind bekommen und uns das Schnellboot auf den Hals gehetzt. Du kannst dir vorstellen, dass es ihnen gewaltig gegen den Strich ging, dass jemand ihr wertvolles Geheimnis an den Feind weiterreicht.«

Ole nickte. Allerdings war ihm eine Sache unklar.

»Aber wenn sie wussten, dass die Pläne an Bord der *Skagerrak* waren, warum haben sie uns dann nicht einfach versenkt? Mit einem Torpedo vom Schnellboot zum Beispiel, vor Anholt?«

»Gute Frage. Ich glaube, sie wollten auf Nummer Sicher gehen. Wahrscheinlich haben sie nur vermutet, dass die Pläne an Bord waren. Außerdem hatten sie ja bereits ihre eigenen Leute auf der Yacht, denen sie nur den Auftrag erteilen mussten, sie zu finden!«

»Korfmann und dem Kaleu.«

»Ja. Dass Strasser auf mich angesetzt war, wusste ich schon länger. Deswegen ging von ihm kaum Gefahr für uns aus. Aber dass Korfmann ebenfalls dazu gehörte, habe ich viel zu spät begriffen. Ein Fehler, der mich jetzt teuer zu stehen bekommt ...«

Der Konteradmiral verstummte und starrte mit gerunzelter Stirn in den leeren Krug, als könne er darin etwas sehen, das ihm zu denken gab. Aber der Krug war leer.

Von Wellersdoff wandte sein Gesicht ab und starrte an die Wand. Auch Ole schwieg betreten. Schließlich brach der Konteradmiral die Stille.

»Ich glaube nicht, dass sie uns noch viel Zeit lassen«, seufzte er. »Wenn du also noch etwas fragen willst, tu es jetzt.«

Ole senkte den Blick. Er hatte bereits zu viele Antworten auf zu viele Fragen bekommen. Verstanden hatte er sie alle, geholfen hatte ihm keine einzige. Dennoch hatte er das unbedingte Bedürfnis, etwas anzusprechen. Nicht, um es zu verstehen, sondern einfach nur, um darüber zu reden.

»Lina...«, begann er und sah, wie ein feines, wissendes Lächeln um die Mundwinkel des Konteradmirals trat.

Besser, er versteckte seine Sorge doch in einer Frage.

»Was hat sie mit der Sache zu tun?«

»Sie ist eine von Sønstebys engsten Vertrauten innerhalb seiner Widerstandsgruppe. Sie schaffen Norweger, die seit der Besatzung in ihrem Land verfolgt werden, über die Grenze nach Schweden. Politiker, Juden, Literaten und Künstler, egal. Jeden, der in Norwegen um sein Leben bangen muss. Keine ganz ungefährliche Sache.«

»Dann sind Lina und ihr Vater auch Norweger?«

»Nein, sie sind Schweden. Allerdings ist Frederik nicht ihr Vater, nur ihr Professor.«

Ole starrte den Konteradmiral überrascht an.

»Sønstebye lehrt Physik an der Universität in Stockholm. Sie war seine Studentin, bevor sie sich gemeinsam politisch engagierten. Er gibt sie als seine Tochter aus, weil… nun ja, weil es einfacher ist. Wenn ein Mann seines Alters ein vertrauliches Verhältnis zu einem jungen Mädchen pflegt, gibt es leicht Gerede. Du verstehst.«

Ole verstand. Und spürte umgehend ein unangenehmes, saures Gefühl in sich aufsteigen.

»Aber, ich denke, sie ist verlobt?«

»Siehst du, und genau deswegen gibt er sie als seine Tochter aus«, antwortete von Wellersdorff. »Damit niemand auf falsche Gedanken kommt! Sie ist mit Frederiks Vorschoter verlobt, an den du dich vielleicht noch von Kiel her erinnerst.«

»Sigur Johannson…«, antwortete Ole tonlos.

»Auch er ist einer von Frederiks Studenten und ein Widerstandskämpfer. Du siehst, es besteht kein Grund zur Sorge!«

Ole war insgeheim anderer Meinung. Und auch das säuerliche Gefühl, das von seinem Magen her aufstieg, war durch Sigurs Erwähnung eher noch stärker geworden.

»Glauben Sie, sie hat es geschafft?«

»Nach allem, was Frederik mir über sie erzählt hat, ist sie eine erstaunliche junge Frau. Ich kann mir nicht vorstellen, dass sie über Bord springt und dann einfach ertrinkt.«

Das konnte Ole allerdings auch nicht. Er war erleichtert, dass der Konteradmiral es ebenso sah.

»Und was wird aus uns?«, fragte er nach einer Weile vorsichtig.

Der Konteradmiral sah ihn nachdenklich an.

»Was dich angeht, so hoffe ich, dass sie einsehen, dass du nichts mit unserer… Verschwörung zu tun hast. Was uns andere betrifft, den Professor, seine Leute und mich, so gebe ich mich keinerlei Illusion hin. Wenn sie mit uns fertig sind, stellen sie uns an die Wand.«

An die Wand. Wie damals, als Ole von Wellersdorff an Bord der Lydia zum ersten Mal von dieser Gefahr hatte sprechen hören, richteten sich seine Nackenhaare auf. Nur dass es sich diesmal kälter anfühlte. Es war keine vage Gefahr mehr. Es war grausame Gewissheit.

»Dann war also alles völlig umsonst!«

Mutlos schüttelte Ole den Kopf.

»Nicht völlig.«

Von Wellersdorff brachte ein schmales Lächeln zustande.

»Solange sie die Pläne nicht gefunden haben, werden sie nie ganz sicher sein können, dass sie nicht doch in die Hände der Alliierten gelangt sind. Das alleine ist schon ein kleiner Sieg!«

»Aber … wenn die Pläne auf der Yacht sind, werden sie sie früher oder später finden müssen.«

Der Konteradmiral schüttelte entschieden den Kopf.

»Nein, das werden sie nicht! Das Versteck ist zu gut! Vermutlich werden sie es sogar selber von Bord schaffen, ohne es zu merken!«

Plötzlich hörten sie aus dem Gang vor der Zellentür entfernte Schritte und Stimmen.

»Schnell!«, zischte der Konteradmiral. »Hilf mir auf den Boden zurück!«

Ole verstand zunächst nicht warum, aber er stützte den Konteradmiral, als dieser sich unter Schmerzen zurück an die alte Stelle legte, und breitete wie zuvor die Decke über ihn.

»Du musst so tun, als ob ich gar nicht erst zu Bewusstsein gekommen bin!«, sagte er. »Das ist deine einzige Chance!«

Dann griff er noch einmal nach Oles Hand und dieses eine Mal schien das sonst so kühle Grau seiner Augen warm und blau wie die See an einem windstillen Sommertag.

»Viel Glück, Junge!« Damit zog er sich selber die Decke über das Gesicht und bewegte sich nicht mehr.

Drei Sekunden später drehte sich ein Schlüssel im Schloss, und die Zellentür schwang auf. Zwei Männer der Schnellbootbesatzung traten ein, gefolgt von Strasser. Ole starrte ihn feindselig an, doch der Kaleu beachtete ihn nicht. Seine Aufmerksamkeit galt dem in die Decke gewickelten Körper zu seinen Füssen.

»Los, hoch!«, bellte er und stieß von Wellersdorff mit der Stiefelspitze an.

»Hören Sie doch auf!«, zischte Ole. »Was wollen Sie noch von ihm? Sie haben ihn doch umgebracht! Genau wie Rausch!«

Inständig hoffte Ole, dass das grimmige Gesicht, das er zur Schau stellte, ausreichte, um die Lüge seiner Ahnungslosigkeit zu überdecken.

»Unfug! Er lebt!«, knurrte Strasser unwillig zurück, aber Ole konnte auch eine winzige Verunsicherung in seiner Haltung erkennen.

»Los, sieh nach!« befahl er einem seiner beiden Begleiter.

Von Wellersdorffs Gesicht blieb absolut unbewegt, als der Matrose die Decken zurückschlug und ihn unsanft abtastete. Mit Erleichterung sah Ole, dass sich nicht einmal die Augäpfel unter den Lidern bewegten.

»Sein Herz schlägt. Aber er scheint tatsächlich noch bewusstlos zu sein.«

»Zur Seite!«, blaffte Strasser.

Der Mann gehorchte und wich zurück. Strasser trat von Wellersdorff mit voller Wucht mehrmals in die Seite.

Ole schnappte nach Luft. Unmöglich, dass der Konteradmiral dies ohne Schmerzenslaute oder zumindest ein Stöhnen hinnehmen konnte. Unfassbarerweise zeigte von Wellersdorff nicht die kleinste Reaktion. Mit Beherrschung hatte das nichts mehr zu tun. Er musste, als er die Decke über den Kopf zog, seine eigene Ohnmacht herbeigeführt haben. Ole hatte von Menschen gehört, die das konnten. Eine andere Erklärung gab es nicht.

»Besorgt einen Arzt!«, befahl Strasser. »Er muss durchhalten, bis er in Berlin vors Tribunal kommt.«

Einer der beiden Schnellbootmänner verschwand. Dann packte Strasser Ole unsanft am Kragen und stieß ihn dem zweiten Bewacher in die Arme.

»Mitkommen!«

Wo ist das Versteck?«, fragte Strasser zum dritten Mal, und Ole gab wieder dieselbe Antwort, er wisse es nicht.

Sie befanden sich in einer Wachstube der Festung, deren kleine Fenster von oben auf den Kasernenhof hinabblickten. Zwei Schnellbootmänner standen neben der Tür. Sie hatten Ole auf einen schweren Stuhl in der Mitte des Raumes platziert. Ihm gegenüber auf der Kante eines Schreibtisches saß Strasser und spielte andeutungsvoll mit der Lederschlaufe am Ende eines kurzen, schweren Holzstocks.

Um dem Blick Strassers auszuweichen, starrte Ole angestrengt auf seine Fußspitzen hinunter. Der Holzboden um sie herum war mit dunklen Flecken gesprenkelt. Getrocknetes Blut. Ole wurde flau bei dem Anblick. Von Wellersdorff hatte gewusst, warum er ihm nichts verraten hatte.

Noch hatte Strasser nicht zugeschlagen, aber Ole wartete voller Schrecken auf den Moment, in dem er seinen Platz auf der Schreibtischkante aufgab.

»Du warst von Anfang an dabei«, fuhr Strasser beinahe gelangweilt fort, als stelle er etwas derartig Offensichtliches fest, dass man es eigentlich gar nicht aussprechen musste. Beiläufig blätterte er dabei durch einige Papiere, die neben ihm auf dem Tisch lagen.

»Hier: Du hast sogar eingesessen, weil du versucht hast, die Durchsuchung des Schleppers zu behindern.«

Strasser blickte auf, und sein Ton wurde merklich schärfer.

»Also hör auf, den Ahnungslosen zu spielen, und pack aus!«

»Aber ... ich weiß doch nichts!«, sagte Ole verzweifelt. »Nur das, was Richard mir erklärt hat.«

»Sturmbannführer Korfmann, für dich!«, korrigierte der Kaleu.

Seine Rechte fuhr durch die Lederschlaufe des Holzstocks. Dann stand er auf.

Ole schluckte. Jetzt war es wohl so weit.

Doch der Schlagstock baumelte weiter lose an Strassers Handgelenk. Anstatt sich ihm zu nähern, wandte der Kaleu sich einem der Fenster zu und blickte in den Hof hinab. Er zog eine Taschenuhr aus der Brusttasche, klappte sie auf und musterte das Zifferblatt.

»Ich will, dass du dir etwas ansiehst« sagte Strasser und winkte Ole zu sich herüber, ohne ihn dabei eines Blickes zu würdigen.

Ole erhob sich und leistete dem Befehl Folge, widerwillig und mit einer plötzlichen, unheilvollen Ahnung, die sich beim ersten Blick aus dem Fenster bewahrheitete.

Unter ihnen im Kasernenhof hatte ein halbes Dutzend mit Gewehren bewaffneter Matrosen des Schnellbootes Aufstellung genommen. Einige Schritte entfernt waren drei weitere Männer zu sehen. Ihre Körper sahen auf eine unheimliche, widernatürliche Art krumm und verdreht aus, als ob ihnen das aufrechte Stehen Schmerzen bereitete. Trotz der Augenbinden erkannte Ole sofort den Professor und die beiden anderen Widerstandskämpfer. Sie standen mit auf dem Rücken gefesselten Händen vor der inneren Festungsmauer. Noch in derselben Sekunde, als Ole verstand, was Strasser ihn da mitansehen ließ, fielen die Schüsse. Sønstebye und die beiden Norweger krümmten sich im Kugelhagel und brachen dann zusammen.

Geschockt wich Ole zurück. Übelkeit stieg in ihm auf. Und hilflose Wut.

Strassers Mundwinkel verzogen sich zu einem kalten Lächeln. Unschwer war darin die perverse Befriedigung zu erkennen, die ihm die Hinrichtung verschafft hatte.

»Und jetzt zurück zu uns!«, sagte er, und das Lächeln verschwand. »Auf den Stuhl mit ihm!«

Die beiden Schnellbootmänner packten Ole, zerrten ihn zurück auf den Holzstuhl und fixierten seine Unterarme mit Lederschlingen auf den Armlehnen. Dann trat Strasser vor ihn hin, beförderte den Stock mit einem routinierten Schwung an der Lederschlaufe in seine Handfläche und ließ ihn mehrmals surrend durch die Luft sausen, als müsse er vor der eigentlichen Arbeit noch eine kleine Lockerungsübung absolvieren.

»Zum letzten Mal ... Wo sind die Pläne?«

Bevor Ole auch nur den Kopf schütteln konnte, stieß Strassers Stock nach vorne und bohrte sich unter seinen Rippenbogen. Genau dort, wo der Solarplexus saß. Der scharfe Schmerz ließ Ole nach Luft ringen und sich im Stuhl vornüber krümmen. Eine Bewegung die der Kaleu offensichtlich genau so hatte herbeiführen wollen, denn als Ole sich nach vorne bewegte, wartete dort abermals die Stockspitze auf ihn. Diesmal fuhr sie ihm unter das Kinn und drückte sein Gesicht nach oben, so dass Strassers finstere Raubvogelaugen direkt vor seinen waren.

»Glaub mir, Storm, wenn ich mit dir fertig bin, wirst du keinen einzigen heilen Knochen mehr im Leib haben«, zischte er. »Dann wirst du darum betteln, mir alles erzählen zu dürfen!«

Damit trat er einen Schritt nach hinten und holte mit dem Stock aus.

Ole presste das Kinn auf die Brust und hielt die Luft an, alle Muskeln seines Körpers in Erwartung des Schlages angespannt. Doch das Surren des Stockes blieb aus.

Stattdessen hörte Ole, wie die Türe sich öffnete.

»Strasser! Halt!«

Richard. Ole öffnete die Augen.

»Er weiß nichts! Lassen Sie ihn gehen!«

»Wie bitte? Aber er ist doch ...«

»Ich sagte, er weiß nichts!«, unterbrach Korfmann den Kaleu und setzte, an die beiden Schnellbootmänner gewandt, hinzu: »Macht ihn los!«

Im nächsten Augenblick waren die Fesseln von Oles schmerzenden Unterarmen verschwunden, und er atmete erleichtert auf.

»Was hat das zu bedeuten?«, fragte Strasser steif und blickte geradeaus an Richard vorbei. Es war unverkennbar, wie sehr ihn die Sache brüskierte.

»Wie ich höre, ist von Wellersdorff noch nicht wieder zu sich gekommen. Also sehe ich keine Notwendigkeit für diese Befragung.«

Der Konteradmiral hatte also Recht gehabt, schoss es Ole durch den Kopf. Sie hatten ihn nur deswegen in Oles Zelle gebracht, damit er sein Geheimnis verriet.

»Selbst wenn er ihm letzte Nacht nichts hat erzählen können«, protestierte der Kaleu hartnäckig, »es ist doch klar, dass er in die Sache eingeweiht war!«

»Das glaube ich nicht«, seufzte Richard und nahm Strasser zur Seite. »Hören Sie zu ...«

Was folgte, war für Ole nicht zu verstehen.

»Und jetzt lassen Sie uns bitte allein!« endete Richard schließlich in normaler Lautstärke.

Offensichtlich hatte seine Erklärung den Kaleu überzeugt. Zwar blitzte er Ole noch einmal finster an, aber ohne weitere Worte verließen er und die beiden Schnellbootmänner den Raum.

Als Richard die Tür hinter ihnen geschlossen hatte, drehte er sich zu Ole um und breitete die Arme aus.

»Na, wie hab ich das gemacht? Damit ist dein Name von der Liste der Verschwörer verschwunden.«

Tatsächlich grinste er.

Ole reagierte nicht. Wie konnte er nur dieses Gesicht aufsetzen?

Wie konnte er so tun, als ob das alles ein Dummejungenstreich war, eine kleine Misere, aus der man sich unter Segelkameraden gegenseitig heraushalf? Und dann? Erwartete er etwa im Ernst, dass Ole ihm gegenüber Dankbarkeit zeigte?

Korfmann registrierte Oles feindselige Blicke und verstand. Als er weitersprach, war sein Tonfall bereits um ein paar Grad kühler.

»Na ja. Ich hatte dir ja prophezeit, dass du meine Hilfe brauchen würdest«, stellte er lapidar fest.

Er ging um den Schreibtisch herum, setzte sich und begann, ein loses Blatt Papier zu beschriften. »Du wirst an Bord der *Skagerrak* zurückkehren, in den normalen Decksdienst, und, sowie wir hier fertig sind, helfen, das Schiff nach Flensburg zurückzusegeln.«

Er grinste genüsslich.

»Unter dem Kommando von Kapitänleutnant Strasser. Das kann ich dir leider nicht ersparen.«

Er setzte seine Unterschrift unter das Papier und hielt Ole den Zettel entgegen.

»Hier! Der Passierschein für die Wachen am Tor. Besser du gehst Strasser aus dem Weg und hältst die Schnauze. Aber das ist dir ja ohnehin nie besonders schwer gefallen, nicht wahr?«

Ole starrte auf den Zettel, der seine Freiheit bedeutete. Am liebsten hätte er ihn Korfmann aus der Hand genommen, darauf gespuckt und vor dessen Augen zerrissen.

»Du hast sie auf dem Gewissen!«, entfuhr es ihm. »Alle! Rausch und von Wellersdorff! Und die drei da unten im Hof.«

Richard legte den Zettel auf der Kante des Schreibtisches ab und musterte Ole. Sein Blick war eiskalt, und kein noch so kleiner Hauch der vorherigen Kumpelhaftigkeit lag noch darin.

»Ich erwarte weder Verständnis noch Dankbarkeit von einem ungebildeten, starrköpfigen Fischersohn wie dir. Ich erwarte lediglich, dass du diesen gottverdammten Wisch hier nimmst und damit an Bord verschwindest, kapiert? Und damit sind wir dann ein für allemal quitt miteinander! Falls du verstehst, was ich damit sagen will.«

Ole verstand nur zu gut. Nach kurzem Zögern nahm Ole den Zettel vom Tisch und ging zur Tür. Dort wandte er sich noch einmal um. Er hatte das Bedürfnis, etwas Entscheidendes klarzustellen.

»Ich werde nichts vergessen!«

Er konnte nicht verhindern, dass es wie eine Drohung klang. Aber warum auch?

Von jetzt an waren sie Feinde.

8. Kapitel

BLASSBLAU

An diesem Nachmittag war die See eine gläserne blassblaue Fläche, unbewegt und ohne jeden Windstrich, die sich kaum von der dunstigen Konsistenz des Himmels darüber unterschied. Die Felseilande, die Marstrand zu Hunderten umlagerten, schienen mit ihren massigen, dunklen Braun-, Grau- und Ockertönen auf eine widersinnige Art in dieser farblosen Schwerelosigkeit zu treiben.

Genau so fühlte sich Ole. Versteinert und zur Reglosigkeit verdammt, zur gleichen Zeit jedoch in einem seltsamen Vakuum driftend. Nicht mehr in Gefangenschaft, aber alles andere als frei. Keinen Wind in den Segeln, keinen klaren Kurs und ohne festen Boden unter den Füßen.

Ole hob den Blick. Jenseits des Schärengürtels, wo die offene See sich zum Horizont hin erstreckte, gab es nichts mehr, an dem sich das Auge noch hätte festhalten können. Nichts, bis auf das dunkel gekräuselte Schraubenwasser und den schwefelgelben, zäh in der

Luft stehenden Schweif aus Dieselabgasen, die das Schnellboot auf seinem Weg nach Südwesten zurückgelassen hatte.

Heute Morgen, nach drei Nächten in der Festung, war von Wellersdorff auf das Schnellboot gebracht worden. Dieses hatte zwischenzeitlich ebenfalls den geschützteren Ankerplatz im Sund aufgesucht, und Ole hatte an den Aktivitäten der Crew erkennen können, dass das Auslaufen unmittelbar bevorstand. Als schließlich der Anker gelichtet wurde und der niedrige graue Bug sich dem offenen Meer zuwandte, hatte Ole von Wellersdorff noch einmal gesehen. Eingerahmt von zwei Bewachern hatte er auf dem Achterdeck des Schnellbootes gestanden, die Hand gehoben und zu ihm hinübergeblickt. Ole, an Deck der *Skagerrak* stehend, hatte zurückgewunken, obwohl er nicht sicher war, ob er sich den Gruß des Konteradmirals nicht nur eingebildet hatte. Vielleicht hatte er mit der Hand nur die grelle Sonne abgeschirmt, als er einen unweigerlich letzten Blick auf die Silhouette »seiner« Yacht geworfen hatte.

Nach der Abfahrt des Schnellbootes hatte Ole sich von Bord der *Skagerrak* geschlichen, was inzwischen ohne Probleme möglich war, da diese jetzt an der Pier der kleinen Werft lag. Er war mit der kleinen Dampffähre über den Sund gefahren und hatte den steinigen Weg um die Festungsmauern herum genommen. Von seinem alten Ausguck aus hatte er dem Schnellboot so lange nachgeblickt, bis es schließlich im Dunst auf der Kimm verschwunden war.

Ole wusste, dass er den Konteradmiral nicht mehr wiedersehen würde.

Plötzlich wurde Ole von einem unendlichen Gefühl der Einsamkeit übermannt. Wie ein Seemann, der nachts über Bord gefallen und dessen Schiff in der Dunkelheit verschwunden war: allein in einem schwarzen Meer treibend, ohne Hoffnung auf Rettung, und nur deswegen überhaupt noch den Kopf über Wasser haltend, weil es nichts anderes mehr zu tun gab, als noch ein bisschen weiterzuschwimmen.

In dieser Stimmung begann Ole seine Verluste zu zählen.

Der Konteradmiral, Rausch, der Professor. Weg. Tot, oder, in von Wellersdorffs Fall, so gut wie tot.

Lina. Ebenfalls verschwunden. Auch sie würde er wohl nicht wieder zu Gesicht bekommen. Das sagte ihm die unerbittliche Logik der Ereignisse. Die schwedische Polizei hatte so eng mit Korfmann und Strasser zusammengearbeitet, dass sie den Deutschen die Festung zur Verfügung gestellt und dort sogar Folterungen und Hinrichtungen geduldet hatten. Nein, Lina würde sofort von der Polizei verhaftet werden, sowie sie sich noch einmal in Marstrand blicken ließe.

Und dann Karl. Der lustige Karl Hohmeier, hemdsärmelig und mit rotem Haut-den-Lukas-Gesicht, immer darauf erpicht, irgendeinem Mädel zu imponieren. Ihn hatte Ole ebenfalls nicht mehr getroffen. Während seines unfreiwilligen Aufenthalts in der Festung waren die Kadetten mit einem Mannschaftswagen der schwedischen Polizei ins nahe gelegene Göteborg gebracht worden, von wo aus, das hatte Ole von einem der Schnellbootmänner erfahren, sie an Bord eines deutschen Erzfrachters in die Heimat zurückkehren würden. Die menschenhungrige Maschinerie des Krieges wartete bereits auf sie.

Auch Richard Korfmann war nicht mehr in Marstrand. Er war ebenfalls mit dem Schnellboot abgereist. Vermutlich wollte er wenigstens die Genugtuung haben, den Konteradmiral persönlich nach Berlin und vors Kriegsgericht zu bringen – wenn er schon in einem anderen entscheidenden Punkt versagt hatte: Es war ihm nicht gelungen, die verlorenen Pläne zu finden!

Zwei Tage lang hatten Strasser und ein gutes Dutzend Mann aus der Schnellbootbesatzung die *Skagerrak*, die dazu eigens an die Werftpier verlegt worden war, buchstäblich bis auf die Spanten auseinander genommen, ohne etwas zu finden. Für den Fall, dass es dem Konteradmiral doch irgendwie gelungen war, die Pläne über Bord zu werfen, waren sogar drei schwedische Helmtaucher angeheuert worden, die mehrere Stunden lang den Meeresgrund rund um die Stelle absuchten, an dem die Yacht zuvor geankert hatte.

Irgendwann hatte Korfmann zähneknirschend einsehen müssen, dass sie nichts finden würden, und hatte die Suche abgebrochen.

Damit hatte der Konteradmiral, obwohl persönlich gescheitert, doch noch einen letzten bescheidenen Triumph errungen – nämlich den, dass seine Feinde nie wirklich sicher sein konnten, ob er sie nicht doch noch irgendwie überlistet hatte.

Aber was bedeutete das schon?

Ole schüttelte traurig den Kopf. Das Blau der See begann sich langsam dunkler zu färben. Zeit, dass er zum Schiff zurückkehrte.

~

Nach der Abfahrt des Schnellbootes gab es außer Ole und Strasser nur noch drei Deutsche vor Ort, einen Obermaat und zwei Mannschaftsdienstgrade aus der Schnellbootbesatzung, die helfen sollten, die *Skagerrak* zurück nach Flensburg zu segeln.

Ole hockte abseits von ihnen in einer Ecke der Messe und löffelte schweigend die fade, dünne Suppe, die es zum Abendessen gab. Eine Schüssel mit gesottenem, verführerisch duftendem Speck und dicken Klößen stand drüben auf der langen Back, wo Strasser und die anderen saßen. Ole wagte gar nicht erst, danach zu fragen.

Der Kaleu hatte ihm bei seiner Rückkehr an Bord ordentlich die Hölle heiß gemacht, weil er den halben Tag über verschwunden war, und ihm lautstark Prügel angedroht, wenn dergleichen noch einmal vorkommen sollte. Ole war es egal gewesen. Er hatte den Kopf eingezogen und den Blick auf den Decksplanken gehalten, während das Donnerwetter über ihn hinwegging. Er wollte nur noch eins: dass dieser Albtraum hier zu Ende ging und er wieder nach Hause kam. Was dann passieren würde, war ihm einerlei. Selbst wenn sie ihn auf die *Schleswig-Holstein* zurückschicken sollten.

Zum Glück rückte der Zeitpunkt näher, an dem auch die *Skagerrak* Marstrand verlassen würde. Morgen, spätestens übermorgen sollte es so weit sein, abhängig davon, wann die Yacht wieder segelfähig sein würde.

Noch gab es einiges zu tun. Außer den Arbeiten, die durch die rigorose Suche nach den Plänen notwendig geworden waren – Wandpaneele und Bodenbretter waren abgeschraubt, Kojen und Schränke teilweise demontiert worden – mussten auch einige ältere Schäden beseitigt werden. So war heute Morgen bereits die von Strasser auf Anholt demolierte Spritpumpe ausgetauscht und endlich ein neues Funkgerät eingebaut worden. Mit einem Hauch von Genugtuung hatte Ole beobachtet, wie der Kaleu die alte, defekte Anlage mit einem unbeherrschten Stiefeltritt über Bord ins Hafenbecken befördert hatte, vermutlich ein wütender Akt der Rache dafür, dass sie ihn seit Beginn der Reise daran gehindert hatte, mit seinen Hintermännern oder dem Schnellboot Kontakt halten zu können.

Außerdem schwamm bereits ein neues Dingi längsseits neben der Yacht. Morgen sollten neue, passende Auflagen angebracht werden, auf denen es an Deck festgelascht werden konnte. Und einige in der Sturmnacht beschädigte oder lose gekommene Beschläge wollten ebenfalls noch ausgetauscht oder gerade gebogen werden.

Alles in Allem ein gutes Dutzend Arbeiten, von denen Strasser ihm sicher nur die unangenehmsten zuweisen würde. Kopfüber in der Bilge den Pumpensod reinigen zum Beispiel, oder die Bordtoilette auseinander nehmen oder ähnliche Nettigkeiten vielleicht.

Eine Schikane, die der Kaleu sich bereits für ihn ausgedacht hatte, war seine dauerhafte Einteilung zur Backschaft. Normalerweise rotierte dieser unbeliebte Posten innerhalb der Mannschaft. Strasser hatte ihn Ole selbstverständlich gleich für den ganzen Rest der Reise aufgebrummt.

Die Aufgabe des Backschafters beinhaltete das Aufdecken des Tisches und das Servieren des Essens, später das Abdecken und Spülen des schmutzigen Geschirrs, und zu guter Letzt noch das Reinigen der Kochtöpfe und das Aufklaren der Kombüse. Dass Ole nicht auch noch kochen musste, lag wohl daran, dass er zu Anfang der Reise seinen Mangel an diesbezüglichem Talent ausreichend unter Beweis gestellt hatte.

Einer der Schnellbootmatrosen war Hilfskoch und hatte diese Aufgabe übernommen. Und natürlich machte er sich einen Spaß daraus, Ole möglichst viel Dreck und Angebranntes an seinem Arbeitsplatz zu hinterlassen.

Abgesehen davon war Ole jedoch zufrieden damit, sich in die Kombüse verkrümeln zu können, und während drüben in der Messe die Gläser klirrten und glühende Reden über die Großtaten des Krieges geschwungen wurden, genoss er es regelrecht, in Ruhe und Frieden seine Töpfe schrubben zu können.

Nach getaner Arbeit zog sich Ole geräuschlos in die Vorpiek zurück, ohne sich noch einmal im Salon blicken zu lassen. Sollten sie trinken und schwadronieren bis zum Umfallen, er würde ihnen keine Möglichkeit geben, weiter auf ihm herumzuhacken. Zumindest heute Abend nicht mehr.

Natürlich logierte Strasser nun wieder standesgemäß in der Achterkammer, und von den Schnellbootmännern hatte jeder eine der Kadettenkammern bezogen. Ole hingegen war in der Vorpiek geblieben, froh, diese für sich allein zu haben – auch wenn sie ihm nun noch karger vorkam als zuvor und mit schmerzlichen Erinnerungen behaftet war.

Eine Weile starrte Ole zu der leeren Koje von Rausch hinüber. Dann löschte er die kleine Ölfunzel, die er aus der Kombüse mit nach vorne genommen hatte, und drehte sich unter seiner Pferdedecke mit dem Gesicht zur Bordwand.

Obwohl er hundemüde war, konnte er nicht einschlafen. Also lag er einfach nur so da, die Augen geschlossen, und lauschte.

Hinter den Stimmern von Strasser und seinen Handlangern in der Messe traten nach und nach andere Geräusche hervor. Das leise Flappen eines Falls irgendwo oben im Mast, das Glucksen und Schwappen des Wassers unter dem Bug, das gleichmäßig im

Auf und Ab des Schiffes wiederkehrende Knarren der Festmacher.

Und dann war da noch etwas anderes. Etwas, das Ole nicht zuordnen konnte. Leise Schritte auf den Holzbohlen der Werftpier? Stimmen, die miteinander flüsterten?

Ole erhob sich von seiner Koje und spitzte die Ohren.

Dann ein Knacken nahe am Schiff. So klang die Stelling, die mittschiffs vom Deck aus auf den Steg führte, wenn jemand den Fuß darauf setzte.

Ole war alarmiert. Irgendjemand hatte heimlich das Schiff betreten.

Er trat unter die Vorschiffsluke und öffnete sie einen Spalt. Es musste schon nach Mitternacht sein, aber immer noch war es nicht ganz dunkel. Im bläulichen Zwielicht der nordischen Nacht lagen die Seitendecks leer vor ihm. Er hob die Luke etwas weiter an, um nach achtern zu spähen. Im Cockpit hatte sich etwas bewegt. Ein Schatten, oder besser: eine schwarz gekleidete Gestalt.

Ole hielt die Luft an. Eigentlich müsste er jetzt Alarm schlagen, aber irgendetwas hielt ihn zurück. Seine Abneigung gegen Strasser vielleicht?

Er schob den Oberkörper ein kleines Stück weiter aus der Luke hervor, um mehr von dem geheimnisvollen Eindringling zu sehen.

Blitzschnell fuhr ihm von hinten ein kräftiger Unterarm um die Kehle. Eine Hand verschloss ihm mit festem Griff den Mund.

Instinktiv begann sich Ole zu wehren, doch obwohl er alles andere als ein Schwächling war, gelang es ihm nicht, den Angreifer abzuwehren. Im Gegenteil. Sein Widersacher zwang ihn mit dem Oberkörper nach vorne, bohrte ihm das Knie in den Rücken und nagelte ihn unerbittlich mit dem Gesicht auf die Decksplanken.

»Still, oder ich brech dein Genick!«, zischte eine dunkle Stimme.

Deutsch mit einem starken nordischen Akzent. Zur Bekräftigung zog der Unbekannte Oles Kopf noch ein Stückchen weiter herum, bis es unschön zu knirschen anfing.

Ole stellte sofort seine Gegenwehr ein.

Auch unter Deck waren nun Schreie zu hören. Ole zuckte erschrocken zusammen, als auch Schüsse fielen.

Dann war plötzlich alles wieder still.

Mit einem gekonnten Griff drehte der Angreifer Ole den Arm auf den Rücken, so dass er jeden weiteren Versuch einer Gegenwehr sofort unterbinden konnte. Dann zerrte er Ole vollends aus dem Vorluk und auf die Beine.

Zwischen Großmast und Kartenhaus befanden sich mehrere Skylights. Das größte von ihnen blickte auf die Messe hinunter. Leise rief Oles Angreifer einen Namen hinab – Sigur? – und bekam von unten eine knappe Antwort. Ole konnte Dänisch leidlich gut verstehen und, da es ähnlich klang, auch ein klein wenig Schwedisch. Dies hier war eine andere Sprache. Ebenfalls nordisch, aber rauer. Norwegisch!

Augenblicke später wurde Ole den Niedergang hinunter und durch den Mittelgang in die Messe bugsiert.

Auch Strasser und die drei Schnellbootmänner waren überrascht und überwältigt worden. Im schwachen Licht der einzigen Öllampe, die noch brannte, sah Ole, dass zwei von ihnen leicht verletzt waren und bluteten, der Obermaat am Bein, ein anderer an der Hand. Alle vier standen vor dem Querschott, das Messe und Kombüse voneinander trennte. Die Hände auf den Kopf starrten sie finster auf die Pistolen, mit denen die Angreifer sie in Schach hielten.

Diese waren lediglich zu dritt, Oles Bewacher mit eingerechnet. Über den Gesichtern trugen sie schwarze Masken mit Schlitzen für Augen und Mund, die sie sich aus Wollmützen zusammen improvisiert zu haben schienen.

Unsanft wurde Ole in die Reihe der Deutschen gestoßen und legte, ebenso wie die anderen, die Hände auf den Kopf.

Trotz dieser Geste und trotz der handfesten Art, wie mit ihm umgesprungen wurde, empfand er keinerlei Angst vor den Angreifern. Es waren Norweger. Hier an diesem Ort und in dieser Aufmachung konnten sie nichts anderes sein als Widerstandskämpfer,

Freunde des Professors. Sie waren gekommen, um die Pläne zu holen.

Das schien auch Kaleu Strasser zu glauben.

»Verdammte Idioten!«, knurrte er. »Das was ihr sucht, existiert nicht mehr! Euer sauberer Komplize, der Konteradmiral, hat Hülsmeyers Pläne vernichtet!«

»Maul halten und abwarten!«, raunzte einer der Norweger zurück.

Sein Deutsch war leidlich gut. Er war auffallend groß und schien der Anführer der Gruppe zu sein. Ole starrte ihn irritiert an. Irgendwie kamen ihm Statur und Stimme bekannt vor. Und die im Sehschlitz der Maske auffallend eng beieinander stehenden Augen.

»Umdrehen!«, befahl er nun. »Gesicht zur Wand, Hände auf dem Rücken!«

Alle gehorchten. Ole wurde, da er außen in der Reihe stand, zuerst gefesselt. Nach ihm kam der Obermaat mit der Beinverletzung an die Reihe. Als auch ihm die Hände gebunden waren und der Norweger sich Strasser zuwenden wollte, ging weiter achtern eine Tür auf und Schritte waren zu hören. Es gab also noch einen vierten Widerstandskämpfer.

Ole drehte den Kopf, um über die Schulter blicken zu können.

Der Anführer rief eine Frage den Mittelgang herauf.

»Har du hittat?«

Ole stutzte. Diesmal war es Schwedisch! Hast du sie gefunden?

Und dann stockte ihm vollends der Atem.

»Nej! De är borta!«

Die verneinende Antwort kam eindeutig von einer Frau.

Von ihr!

Eine Sekunde später stand Lina in der Messe.

Trotz des schlechten Lichts und der Maskierung hätte Ole sie auf zwanzig Schritt Entfernung erkannt, alleine an den Augen, die funkelnd grün aus der Maske hervorblitzten.

Lina streifte Ole nur mit einem kurzen Blick und ohne sich

etwas anmerken zu lassen, dann wandte sie sich an den Anführer, hob die Maske vom Mund und flüsterte ihm etwas zu.

Die Art, wie sie dabei ihre Hand auf seinen Oberarm legte und ihn zu sich herabzog, verriet Vertraulichkeit. Eine besondere Vertraulichkeit. Plötzlich verstand Ole, wer dieser Mann war: Linas Verlobter! Er hatte den Namen doch eben erst gehört, als der andere Norweger ihn durchs Skylight gerufen hatte. Sigur. Sigur Johannson.

Ole hatte jedoch keine Zeit, verblüfft zu sein. Oder eifersüchtig. Denn dieser kurze Moment der Ablenkung, da Lina mit Sigur sprach, wurde von Strasser ausgenutzt.

Was in den folgenden drei, vielleicht vier Minuten geschah, war mit den Worten »heilloses Chaos« nur unzureichend zu beschreiben. Es sollten die schrecklichsten Minuten werden, die Ole in seinem bisherigen Leben durchgemacht hatte.

Der Kaleu rammte dem Mann, der ihn gerade hatte fesseln wollen, den Ellenbogen in den Magen, stieß ihn zur Seite und sprang zum Salontisch, über dem die einzige Lichtquelle im Raum hing. Ehe einer der anderen Widerstandskämpfer reagieren konnte, schlug er die Öllampe aus ihrem Haken und schmetterte sie gegen die nächstbeste Schottwand, wo sie klirrend zu Bruch ging. Eine Sekunde lang war es beinahe völlig dunkel, bis das ausgelaufene Öl Feuer fing. Schlagartig loderten die Flammen auf und tauchten die Messe in ein infernalisches, rot flackerndes Licht.

Schreie ertönten und es wurde geschossen. Instinktiv warf Ole sich auf den Boden, wobei er den am Bein verwundeten Obermaat mit sich hinunterriss. Im Flackern der Flammen konnte Ole einen Schatten sehen, der nach achtern in den Mittelgang rannte. Der Kaleu. Ole erkannte ihn, als er den schwachen Schein des elektrischen Notlichtes passierte, das den hinteren Teil des Ganges und den Niedergang beleuchtete.

Offensichtlich hatte Strasser nicht vor, zu fliehen. Anstatt die Stufen hinauf an Deck zu verschwinden, rannte er weiter zur Achterkammer und verbarrikadierte sich dort. Einer der Norweger und Lina folgten ihm, konnten aber nur noch von außen an der verriegelten Tür rütteln.

Inzwischen hatte sich im Salon das Feuer ausgebreitet und beißende Rauchschwaden erfüllte die Luft.

Sigur hatte die Maske vom Gesicht gezogen und schrie seinem verbliebenen Mitstreiter, den er Ivar nannte, etwas zu. Selbst ohne es zu verstehen wusste Ole, dass es darum ging, das Feuer zu löschen. Natürlich durfte die *Skagerrak* nicht in Flammen aufgehen, wenn sie die Pläne retten wollten!

Sigur riss sich die Jacke vom Leib und begann, mit ihr auf die Flammen einzuschlagen. Ivar folgte seinem Beispiel.

»Ihr zwei! Helft mit!«, schrie Sigur dem Smut und dem dritten, noch nicht gefesselten Schnellbootmann zu. »Los, Bewegung! Sonst knallt's!«

Er warf dem Smut seine Jacke hin und dem anderen eine Decke, die zusammengefaltet in der Ecke der Sitzbank gelegen hatte.

Als auch Ivar seine Pistole auf sie richtete, gehorchten die beiden Deutschen widerwillig. Hustend nahmen sie die Jacke und die Decke und schlugen auf die Flammen ein.

Ivar und Sigur wechselten ein paar Worte. Dann verschwand Linas Verlobter im Mittelgang. Ivar blieb, um mit seiner Jacke ebenfalls weiter gegen die Flammen zu kämpfen.

Die beiden Deutschen schienen es jedoch nicht sonderlich eilig zu haben, das Feuer in den Griff zu bekommen. Ungeduldig gab Ivar dem Smut, der ihm am nächsten stand, einen kräftigen Stoß und bellte ihn auf Norwegisch an, sich mehr ins Zeug zu legen.

Der Smut hob erneut die Jacke, doch anstatt auf die Flammen zu schlagen, fuhr er herum und hieb sie Ivar ins Gesicht. Dann wollte er sich auf ihn stürzen.

Der Norweger hatte die Bewegung jedoch kommen gesehen und seine Waffe hochgerissen. Im selben Augenblick, als der Deutsche Ivar unter sich begrub, fiel der Schuss. Er klang seltsam gedämpft und kaum lauter als das Tosen der Flammen, vielleicht weil der massige Körper des Smutjes den Schall abgeschirmt hatte.

Ole sah, wie er mit weit aufgerissenem Mund, aber ohne den Schrei noch herauszubekommen, zur Seite kippte und reglos liegen blieb.

Noch bevor Ivar seine Balance wiedergefunden hatte, stürzte sich der zweite Schnellbootmann auf ihn. Verbissen kämpften sie um die Waffe, ihre Körper grotesk von den nun wieder auflodernden Flammen angeleuchtet.

Als sie gegen den brennenden Tisch taumelten, bekam der Deutsche eine halbvolle Bierflasche zu packen, die dort noch stand, und schlug zu. Er traf Ivar mit voller Wucht am Kopf, so dass der Hals der Flasche abbrach und der Norweger sofort zu Boden ging. Die Pistole, die er festgehalten hatte, flog zur Seite und verschwand irgendwo in Dunkelheit und Rauch.

»Erich, mach uns los, verdammt!«, rief der neben Ole kauernde Obermaat leise, als er sah, dass sein Kamerad nach der Waffe zu suchen begann. »Wir müssen verschwinden, bevor die anderen was merken!«

In diesem Augenblick hatte der Mann namens Erich die Waffe gefunden, steckte sie hinten in den Hosenbund und kam zu ihnen herüber. Erst löste er dem Obermaat die Handfesseln, dann befreite er auch Ole.

»Schnell, durchs Vorschiff!«, rief er und machte Anstalten, in diese Richtung zu verschwinden.

Sollten sie doch! Ole wusste, was er zu tun hatte. Wenn er die Pläne und damit das Vermächtnis des Konteradmirals retten wollte, musste er das Feuer löschen. Rasch griff er nach Ivars Jacke und begann auf die Flammen einzuschlagen.

»Was treibst du da noch, du Vollidiot?«, blaffte ihn der Obermaat an und fiel ihm in den Arm. »Komm mit!«

Ole stieß ihn grob von sich.

Der Obermaat starrte ihn einen Augenblick lang feindselig an. Dann nickte er langsam.

»Der Kaleu hat recht! Du bist einer von denen, ein gottverdammter Vaterlandsverräter!«

Er wandte sich an seinen Kameraden, der bereits in der Tür zur Kombüse stand.

»Erich, gib mir die Knarre!«

Der Angesprochene reichte ihm Ivars Waffe und der Obermaat richtet sie auf Ole.

In diesem Augenblick war ein Stöhnen neben dem Tisch zu hören. Ivar war wieder zu sich gekommen.

Kaltblütig schwenkte der Obermaat die Waffe auf den Norweger hinunter und drückte dreimal ab. Ivar war sofort tot.

Ole zuckte entsetzt zusammen.

Dann sah er, wie der Obermaat den Lauf der Pistole wieder auf ihn richtete.

Ole erstarrte, alle Luft in die Lunge gepresst in Erwartung der tödlichen Kugel. Das war also der Moment, in dem alles enden sollte?

Der Schuss fiel. Ole spürte nichts.

Für eine Sekunde sah der Schnellbootmann vor ihm mindestens ebenso überrascht aus, wie er selbst. Dann ließ er die Waffe fallen und brach zusammen. Ole begriff, dass nicht der Deutsche geschossen hatte, sondern jemand anders.

Der Mann namens Erich hatte Reißaus genommen. Seine Schritte polterten bereits durch die Vorpiek und weiter an Deck.

Ole drehte sich um. Aus dem dichten Rauch im Salon tauchte Lina auf, ihre Pistole noch in der ausgestreckten Hand. Ole spürte, wie ihm vor Erleichterung und Dankbarkeit die Knie weich wurden.

»Wo ist Ivar?«, fragte Lina rau.

Ole zeigte auf einen der reglosen Körper am Boden.

Trotz des flackernden rötlichen Lichts, das vom Feuer auf ihr Gesicht geworfen wurde, konnte Ole sehen, wie sie beim Anblick des blutüberströmten Kameraden erbleichte. Rasch schob sie sich an Ole vorbei und kniete neben Ivar nieder. Drei Schüsse aus nächster Nähe – Ole wusste, dass es für ihn keine Rettung mehr gab.

Ole nahm abermals Ivars Jacke auf und schlug auf die Flammen ein.

»Lina, das Feuer!«, drängte er.

Einen Augenblick später war auch Lina neben ihm und tat es ihm gleich.

Inzwischen war die gesamte Messe mit heißem, beißendem Qualm und umherfliegenden Funken gefüllt, und sie musste beim Atmen den Unterarm über den Mund pressen.

»So schaffen wir es nicht!«, schrie sie ihm zu. »Wir brauchen Wasser oder einen Feuerlöscher!«

Ole griff sich an die Stirn. Warum hatte er nicht selber daran gedacht? In der Kombüse neben dem Herd war ein Pulverlöscher angebracht. Ole hastete hinüber, riss den schweren Zylinder aus der Halterung und brachte ihn zurück in die Messe. Wie verrückt pumpte er den Handgriff auf und ab, bis genügend Druck aufgebaut war. Dann schrie er Lina eine Warnung zu, und sprühte, als sie hinter ihn getreten war, den darin befindlichen Chlorkohlenstoff in die Flammen.

In wenigen Augenblicken war der Brand gelöscht, auch wenn nun in der Messe überhaupt keine Luft mehr zum Atmen war. Hustend und halb blind tasteten sie sich hinüber zum Mittelgang.

Auch hier standen dichte, schwere Rauchschwaden, aber man konnte wenigstens wieder atmen und etwas sehen.

Sigur war nicht hier, dafür aber der zweite Norweger, der vor der Achterkammer geblieben war.

Mit wütenden Tritten bearbeitete er die Tür.

Lina rief ihm eine Frage zu und er antwortete knapp. Ole sah wie ihr die Gesichtszüge entglitten.

»Was ist?«

»Er hat das Funkgerät benutzt und das Schnellboot zurückgerufen!«, antwortete sie.

Der Norweger, den Lina Tore nannte, rief ihr erneut etwas zu. Lina nickte, trat hinter ihn und brachte ihre Waffe in Anschlag.

Aber nach dem zweiten Tritt, noch bevor das Türblatt splitternd nachgab, bellten hinter der Türe mehrere Schüsse auf. Verdammt! Strasser hatte in seiner Kammer natürlich eine Waffe aufbewahrt!

Entsetzt sah Ole, wie Tore nach hinten stolperte und zu Boden ging. Und Lina mit ihm!

Mit einem Aufschrei war Ole bei ihr. Sie war mehr oder weniger vollständig unter Tores massigem Körper begraben und Ole konnte nicht erkennen, ob oder wie schwer sie getroffen war. Aber in ihren wirren blonden Locken klebte Blut.

»Lina!«, rief er und wollte sie hervorziehen.

Doch dann erstarrte er.

Die zersplitterte Tür zur Achterkammer schwang auf.

Direkt vor Ole stand Strasser und starrte ihn an. Der stechende Blick aus seinen tief liegenden Augen war irre, sein Mund zu einem schrecklichen Grinsen verzogen. Langsam, wie in Trance, hob er den Arm mit der Waffe, und zum zweiten Mal innerhalb weniger Minuten, sah Ole dem sicheren Tod ins Auge.

Doch bevor Strasser die Pistole ganz gehoben hatte, begann seine Hand zu zittern. Drehte sich zur Seite und wurde merkwürdig kraftlos. Einen Moment später fiel die Waffe polternd auf die Planken. Blut begann Strasser aus der Nase zu rinnen, und dann – ein grauenvoller Anblick, den Ole nie vergessen würde – verdrehte er die Augen nach oben, bis nur noch das rotgeäderte Weiß seiner Augäpfel zu sehen war. Nach einer weiteren Sekunde brach er zusammen. In seinem Rücken klafften mehrere blutige Einschusslöcher.

Dahinter konnte Ole Sigur sehen. Er hing kopfüber durch das hintere Skylight, von wo aus er Strasser erschossen hatte.

Diesmal konnte Ole kaum noch Erleichterung empfinden. Ebenso wenig Genugtuung darüber, dass Rauschs Mörder nun ebenfalls tot war.

Der Schock über das, was in den vergangenen Minuten passiert war, lähmte ihn.

Dann sah er, dass Lina sich bewegte.

»Lina!«, stieß er hervor. »Bist du verletzt?«

So weit es ging, drehte sie sich zu ihm herum und starrte ihn an, überrascht, als müsse sie sich erst mühsam daran erinnern, was zum Teufel ausgerechnet er hier verloren hatte.

Dann schloss sie die Lider, stieß die Luft aus und schüttelte den Kopf.

»Nein, ich bin in Ordnung. Hilf mir!«

Die Bilanz des Überfalls war verheerend. Auf deutscher Seite hatte es drei Tote gegeben, Kaleu Strasser, der Obermaat und der Koch, ihre Leichen lagen inzwischen in einer der Kadettenkammern an Backbord. Einem Mann war die Flucht gelungen.

Auf Seiten der Widerstandskämpfer war Ivars Tod zu beklagen. Ihn hatten sie in eine der Kammern an Steuerbord gelegt. Tore, der Mann, der mit seinem Körper Strassers Kugeln von Lina abgehalten hatte, lebte noch, war aber ohne Bewusstsein. Er hatte einen glatten Durchschuss in der Schulter und eine schlimme Bauchwunde davongetragen. Ole hatte Lina geholfen, ihn auf die Koje in der Achterkammer zu legen und seine Wunden mit Bandagen aus der gut sortierten Bordapotheke der *Skagerrak* zu verbinden. Immerhin war es ihnen gelungen, seine Blutungen zu stillen. Trotzdem hätte Ole keinen roten Heller darauf verwetten wollen, dass er die Nacht überstand.

Und dann war da die *Skagerrak*. Sie schwamm noch, aber das Feuer hatte ihr arg zugesetzt. Die Messe war komplett verwüstet und alles war mit schwarzem Ruß bedeckt. Weitaus bedenklicher jedoch war, dass die Flammen ihre tragende Struktur angegriffen hatten. Spanten, Decksbalken und vor allem der Mast, der in der Messe von oben durchs Deck auf den Kiel gesteckt war, waren angekohlt und durch die Hitze teilweise gesprungen. Äußerst fraglich, ob diese Teile noch einer ernsthaften Belastung unter Segeln standhalten würden.

Das Bitterste von allem aber war vielleicht, dass der Überfall seinen Zweck komplett verfehlt hatte. Die geheimen Pläne Hülsmeyers waren nach wie vor verschwunden!

Vor allem Sigur schien darüber sichtlich aufgebracht zu sein.

Ole verstand kaum etwas von dem schnellen, abgehackten Schwedisch, mit dem er seiner Anspannung Luft machte, nur so viel, dass er Lina die Schuld gab. Offensichtlich war sie es gewesen, die die Idee zu dem Überfall gehabt hatte, weil sie fest zu wissen glaubte, wo von Wellersdorffs geheimes Versteck der Pläne gewesen war.

»Dann müssen wir eben weiter danach suchen«, antwortete sie ruhig und entschlossen. »Wahrscheinlich hat er sie nicht an den alten Ort zurückgelegt, sondern in ein neues Versteck. Die Deutschen haben sie jedenfalls nicht gefunden. Also müssen sie noch hier sein!«

Anders als zuvor, hatte sie für diesen Satz ihr fehlerfreies Deutsch verwendet, was Ole vermutlich als Aufforderung begreifen durfte, bei der Suche zu helfen.

Das schien Sigur nicht sonderlich zu gefallen, wie die steile Falte zeigte, die nun zwischen seine eng stehenden Augen getreten war. Mit finsteren Seitenblicken auf Ole und beharrlich weiter Schwedisch sprechend antwortete er, dass für eine weitere Suche wohl kaum noch Zeit sei.

Obwohl ihn Sigurs demonstrative Abneigung und das ungerechtfertigte Misstrauen irritierte und verärgerte – schließlich hatte er doch klar genug bewiesen, auf wessen Seite er sich geschlagen hatte – musste Ole Linas Verlobtem in diesem Punkt doch recht geben.

Erstens hatten Strasser und seine Leute auf der Suche nach den Plänen bereits das ganze Schiff auseinander genommen, ohne Erfolg zu haben. Und zweitens würde es nicht mehr allzu lange dauern, bis der Überfall entdeckt würde. Das von Strasser zur Hilfe gerufene Schnellboot konnte zwar kaum vor den Morgenstunden zurück sein, aber Erich, der entflohene Schnellbootmann, würde nicht allzu lange brauchen, um die schwedische Polizei zu alarmieren. Und die hatte ja bereits deutlich genug gezeigt, auf wessen Seite sie stand!

Ole hasste den Gedanken, aber im Grunde genommen blieb Lina und Sigur keine andere Wahl, als so schnell wie möglich von der *Skagerrak* zu verschwinden und so weit wie möglich aus Marstrand zu fliehen.

»Ich kann hier bei Tore bleiben, wenn ihr wollt«, schlug er leise vor, »und dafür sorgen, dass er einen Arzt bekommt!«

Lina schüttelte sofort ihren Kopf.

»Nein! Er kommt mit uns! Wir müssen unterwegs einen Arzt für ihn finden!«, antwortete sie und fügte dann tonlos hinzu: »Hier würden sie ihn nur umbringen, so wie Frederik und die anderen ...«

Nun wurde Sigur vollends ärgerlich.

»Erst sagst du, wir sollen bleiben und die verdammten Pläne suchen, und dann, dass wir verschwinden sollen!«, schimpfte er, jetzt ebenfalls mühelos Deutsch sprechend. »Gott im Himmel, Lina, du weißt auch nicht, was du willst!«

Ihre Antwort kam scharf und in ihren grünen Augen blitzte es wütend auf. »Ich weiß sehr genau, was ich will! Ich will, dass wir mit diesem Schiff hier fliehen! Dann können wir unterwegs nach den Plänen suchen!«

Vor Erstaunen schnappte Ole nach Luft.

Sigur hingegen reagierte nur noch gereizter.

»Vergiss es! Der Mast der Yacht ist so hoch, das Schnellboot wird die Segel meilenweit sehen!«

»Nicht wenn wir unter Motor fahren und uns dicht vor der Küste halten! Außerdem müssen wir nur so lange unsichtbar bleiben, bis wir die Pläne gefunden haben!«

»Die Pläne, die gottverdammten Pläne!«, schimpfte Sigur.

Und dann setzte er auf Schwedisch eine wütende, hastige Rede nach, von der Ole so gut wie nichts verstand. Außer einem: Die Pläne und das, was sie bedeuteten, waren Sigur längst egal. Er war in Panik, wollte nichts anderes, als nur noch mit heiler Haut aus dieser Sache herauskommen. Er wollte weglaufen! Ole musste sich zwingen, ihn nicht anzustarren.

Lina hatte die ganze Zeit über geschwiegen, aber Missbilligung und Enttäuschung standen ihr klar lesbar ins Gesicht geschrieben.

Als sie wieder sprach, war ihre Stimme sehr leise und sehr kalt.

»Och Frederik, vad dog hanför?«

Die Erwähnung des gemeinsamen toten Freundes ließ Sigur verstummen und den Blick zu Boden richten.

Einen Augenblick lang hing eisiges Schweigen im Raum. Schließlich schnaufte Sigur entnervt und sprach auf Deutsch weiter.

»Na schön, und wie stellst du dir das vor? Wir zwei alleine, auf diesem riesigen Kahn, mit einem Schwerverletzten, um den wir uns kümmern müssen? Und gleichzeitig sollen wir hier unten auch noch alles absuchen!«

»Wir sind zu dritt! Er wird uns helfen.«

Ole fuhr herum und starrte sie an. Ihr ausgestreckter Finger zeigte auf ihn.

Heißes Blut fuhr ihm in die Wangen, gab weithin sichtbar seine Gefühle preis: Erleichterung. Hoffnung. Er würde in ihrer Nähe bleiben können!

Jetzt konnte Ole nicht anders, als Sigur fragend anzustarren.

Von seiner Antwort hing es ab. Mit finsterem Gesicht und abwehrend vor der Brust gekreuzten Armen stand er am Kartentisch der Achterkammer. Der Blick aus seinen eng stehenden Augen wanderte von Ole zu Lina und wieder zurück. Nach einem endlos langen Augenblick wandte er sich wortlos um und stieg hinauf an Deck.

»In seiner Sprache heißt das: ja!«, sagte Lina und ein grimmiges Lächeln spielte um ihren Mund. Dann sagte sie: »Wir dürfen keine Zeit verlieren. Kannst du den Motor starten?«

Ole nickte und lief los.

«Und lass die Positionslichter aus!«, rief sie ihm nach.

Der Starterknopf für die Maschine saß unter einer kleinen Klappe am Fuß von einer der Cockpitbänke. Ole beugte sich zu ihm hinab, öffnete die Klappe, drehte den Zündschalter und drückte den Knopf. Mit dumpfem Rumpeln sprang irgendwo unter ihm der schwere Schiffsdiesel an.

Als Ole sich wieder aufrichten wollte, spürte er plötzlich eine Hand im Genick, die ihn mit hartem Griff unten hielt, und den kalten Lauf einer Pistole, der sich in seine Wange bohrte.

»Eins sag ich dir«, zischte Sigur dicht an seinem Ohr, »wenn du versuchst uns zu betrügen, wenn ich dich auch nur in der Nähe des Funkgerätes erwische, knall ich dich ab! Verstanden?«

»Ja, schon gut!«, antwortete Ole gepresst. »Lass los!«

Sigur gab ihn mit einem unsanften Stoß nach vorne frei.

»Wir nehmen das innere Schärenfahrwasser nach Norden. Du steuerst!«

Als Ole sich aufgerappelt und zu ihm umgedreht hatte, war er bereits dabei, die Leinen der Yacht zu lösen.

Das taube Gefühl an der Stelle, an der er ihm die Pistole in die Wange gedrückt hatte, hielt noch eine ganze Weile lang an.

~

Im Schutze der Dunkelheit, die zu dieser Jahreszeit kaum drei Stunden dauerte, steuerten sie durch den Sund von Marstrand und verließen den Ort unbehelligt durch die nördliche Einfahrt. Mit dem Ansteuerungsfeuer und den spärlichen Lichtern des Ortes im Rücken überquerten sie zügig den offenen, etwa drei Meilen breiten Marstrandsfjord.

Obwohl ihm Sigurs Drohung noch unangenehm im Ohr hallte, war Ole froh, dass Linas Verlobter ihm das Steuer überlassen hatte. Er hätte ihn auch auffordern können, nach dem Versteck der Pläne zu suchen. Unter Deck, wo noch immer ein unangenehm beißender Brandgeruch in der Luft lag. Und vier blutige Leichen in den Kammern rechts und links des Mittelganges. Hier oben hingegen war es kalt und frisch auf eine angenehme Art, die Ole half, nach den aufwühlenden Ereignissen dieser Nacht wieder einen klaren Kopf zu kommen.

Und den konnte er jetzt dringend gebrauchen. Denn nördlich des Marstrandsfjordes begann das schwierige, von zahlreichen kleineren Inseln und Felsen gesäumte Schärenfahrwasser.

Wie eine gewundene Straße schlängelte es sich westlich der Inseln Tjörn und Orust die Küste hinauf, bisweilen nach Westen hin offen zur See, meist jedoch innerhalb der vorgelagerten Schäreninseln.

Sicherheitshalber drosselte Ole die Geschwindigkeit der Yacht, bis der Zeiger der Logge nur noch vier Knoten Fahrt durchs Wasser anzeigte. Die Seekarte, die er neben sich auf die Cockpitbank gelegt hatte, um sie jederzeit im Schein der Kompassbeleuchtung konsultieren zu können, war in diesem Streckenabschnitt förmlich gesprenkelt mit kleineren und größeren Schären und gefährlichen Unterwasserfelsen, und obwohl die Passage mehrfach die Richtung wechselte, wiesen nur drei kleine Leuchtfeuer den Weg in der Dunkelheit.

Von der bloßen Farbe her waren Stein und Wasser bei Nacht kaum zu unterscheiden. Ole war heilfroh darüber, klare Sicht zu haben und einen leichten Schwell, der ihm trotz der Windstille mit kleinen weißen Wellenkränzen oder dunkleren Strudeln anzeigte, wo die tückischen Felsen unter der Oberfläche lauerten.

Als knappe eineinhalb Stunden später der helle Streifen am nördlichen Horizont seine rötlichen Arme über den ganzen Himmel auszustrecken begann und sich die Farben von Fels und Wasser wieder trennten, hatte die *Skagerrak* die gefährlichste Strecke bereits glücklich hinter sich gelassen. Und knappe neun Meilen zwischen sich und Marstrand gebracht.

Querab im Osten hatten sie vor wenigen Minuten einen Fischereihafen mit dem bezeichnenden Namen Skärhamn passiert und direkt voraus blinkte jetzt das Peilfeuer der engen Passage von Kyrkesund.

Die Holzhäuser des kleinen, pittoresken Ortes lagen beiderseits des schmalen Fahrwassers über die steilen Felsufer gewürfelt, und ihre bunten Farben leuchteten im ersten Morgenlicht warm und einladend. Die Bugwelle der *Skagerrak* klatschte leise an die glatten Felsufer des Sundes. Kleine Holzstege säumten den Weg und die Veranden der weiter unten gelegenen Häuser waren mit Pfählen bis über das Wasser gebaut. Weiter oben, wo der blanke Fels mit Gras, Brombeergestrüpp und knorrigen, windgebeugten Eichen bewachsen war, stand eine schlichte, weiß getünchte Holzkirche, die dem Ort vermutlich seinen Namen beschert hatte.

Wenn man vom Bellen eines Hundes und dem Krähen eines Hahnes einmal absah, lag noch alles in tiefem Schlaf.

Abermals drosselte Ole die Fahrt, um nicht mehr Lärm und Wellenschlag als notwendig zu verursachen. Sicher nicht verkehrt, dachte er, wenn man sie hier noch nicht bemerkte.

Nach einer Dreiviertelmeile wichen die steilen Felsen vor dem Bug auseinander, und der schmale Sund öffnete sich zu einem zauberhaften, stillen und an den flachen Ufern mit Schilf bestandenen Salzwassersee, der zu allen Seiten von hohen, runden Felsrücken beschützt wurde. Unter normalen Umständen ein idealer Ankerplatz.

Ole hatte keine Vorstellung, wohin und wie weit Sigur und Lina überhaupt zu fahren gedachten. Oder wie lange sie noch warten konnten, bis sie einen Arzt für ihren verwundeten Kameraden suchen mussten.

Die ganze Zeit über war Ole alleine an Deck gewesen. Nur einmal hatte Lina den Kopf durchs Luk gesteckt, um nach weiterem Verbandszeug und Schmerzmitteln für Tore zu fragen, der offensichtlich inzwischen zu sich gekommen war.

Von Sigur hatte er nichts gesehen und gehört. Ole vermutete, dass er vollauf damit beschäftigt war, das Versteck der Pläne zu suchen.

Bei diesem Gedanken rätselte Ole, ob es tatsächlich noch einen Flecken an Bord geben konnte, den Strasser und seine Leute nicht bereits abgesucht hatten. Er war mehr als skeptisch. Sie hatten ja sogar die massiven Kielhölzer unten in der Bilge auf versteckte Hohlräume abgeklopft.

Das Fahrwasser voraus war durch kleine rote und grüne Tonnen markiert. Am anderen Ende der kleinen Binnenbucht teilte es sich vor einer einzelnen hohen Insel mit steil abfallenden grauen Felswänden. Mit einem Blick auf die Seekarte prüfte Ole die verzeichneten Wassertiefen und entschied sich für die östliche der beiden Strecken, die eine knappe Meile weiter in die nächste, zum Meer hin offene Bucht mündete. Deren Name war in der Karte als Kråkefjord verzeichnet, vielleicht weil von hier aus mehrere Wasserstraßen in unterschiedliche Richtungen auseinander führten, ähnlich wie die Arme eines Kraken.

Als Ole die Weggabelung erreicht hatte, drehte er das Ruder ein paar Strich nach Steuerbord, um den Bug auf das rechte der beiden Fahrwasser zu richten.

Jetzt erschien Lina an Deck. Wortlos setzte sie sich neben Ole auf das Cockpitsüll, die Beine angewinkelt und die Arme um die Knie gelegt. Ihr Gesicht hielt sie abgewandt, um es von der aufgehenden Sonne wärmen zu lassen. Was schade war, dachte Ole, weil er so die Farben ihrer Augen nicht sehen konnte. Als Entschädigung dafür spielte das Morgenlicht in ihrem Haar.

Nach einem Moment wandte sie sich zu ihm um.

»Tore geht es schlecht«, sagte sie ernst. »Die Schmerzmittel sind zu schwach, und er beginnt zu fiebern. Wenn er nicht bald zu einem Arzt kommt, hat er keine Chance.«

»Sollen wir umdrehen?«, fragte Ole und zeigte auf das achteraus liegende Kyrkesund zurück.

»Nein. Ich glaube, dieser Ort ist zu klein. Und zu nah an Marstrand.«

Ole warf einen Blick auf die Karte.

»Der nächste heißt Mollösund. Drei Meilen voraus. Ich glaube, der ist etwas größer.«

»Gut. Hoffen wir, dass sie da einen guten Arzt haben!«, antwortete sie. »Und keine allzu eifrigen Polizisten!«

Nach einer Pause hängte sie an: »Wenn wir nur endlich das verfluchte Versteck und die Pläne finden würden, dann könnten wir runter von diesem Schiff und wären nicht so verdammt leicht zu erkennen.«

Sie sah ihn an.

»Hast du gar keine Idee, wo sie sein können?«

Ole schüttelte den Kopf.

»Der Konteradmiral hat es mir nicht verraten, wenn du das meinst.«

Lina nickte und wandte ihren Blick wieder dem Wasser zu. Sie hatte diese Antwort erwartet.

Ole überlegte angestrengt. Was genau hatte von Wellersdorff in der Zelle gesagt? Das Versteck ist zu gut. Und dann noch etwas anderes: Vermutlich werden sie es selber von Bord schaffen, ohne es zu merken!

Plötzlich hielt Ole die Luft an.

Das würde erklären, warum weder Strasser noch Lina die Pläne hatten finden können.

Das Versteck von Bord schaffen – konnte das sein?

Ole war sich mehr als sicher, dass der Konteradmiral diese Worte gebraucht hatte. Es waren ja beinahe die letzten, die er von ihm gehört hatte. Allerdings hatte Ole sich die ganze Zeit über keine Gedanken gemacht, was von Wellersdorff damit gemeint haben könnte. Das änderte sich gerade schlagartig.

Oles Gedanken überschlugen sich jetzt: Was war in den vergangenen Tagen alles von Bord geschafft worden?

Die Seesäcke der Kadetten! Vielleicht hatte der Konteradmiral einem von ihnen die Pläne zugesteckt?

Nein, die wären viel zu leicht zu kontrollieren gewesen. Und von Wellersdorff hatte doch gesagt, dass das Versteck absolut sicher war. Es musste etwas anderes sein. Etwas aus der Achterkammer. Lina war von dort gekommen, als sie während des Überfalls danach gesucht hatte. Sie sind nicht mehr da, hatte sie zu Sigur gesagt.

»Wo waren die Pläne, als du sie zuletzt gesehen hast?«, fragte Ole. »Bevor die Schnellbootleute uns geentert haben, meine ich.«

Lina schien von der Frage und von Oles plötzlich so drängendem Tonfall überrascht.

»In der hinteren Kammer«, antwortete sie und zuckte die Achseln. »Paul hatte sie für uns auf dem Kartentisch ausgebreitet. Ich war mir sicher, dass er sie auch wieder irgendwo dort versteckt hat.«

Von Wellersdorffs Kartentisch.

Der musste doch sicher an die zwanzig Mal durchsucht worden sein. Vor allem die Schubladen für die Seekarten, zwischen die man natürlich ganz einfach andere Papiere hätte mogeln können.

Ole konzentrierte sich, bis er den Navigationsplatz vor sich sah:

Die Platte aus dunklem, tief glänzendem Holz. Darunter mehrere große Schubladen für Seekarten und zwei kleinere für das Navigationsbesteck. Darüber eine offene Ablage für die Handbücher und eine Lampe. Daneben die Instrumente: Schiffsuhr, Barometer, eine Tochteranzeige der Logge ...

Und plötzlich sah er das Versteck!

Ohne Zweifel und so glasklar, wie das Wasser über den Felsen, die neben dem Schiff vorüber zogen. Ole hätte laut aufschreien und sich an die Stirn schlagen können, so einfach war die Lösung des Rätsels. Und gleichzeitig so genial!

Die Pläne waren tatsächlich die ganze Reise über dort gewesen, wo der Konteradmiral sie ständig unter seinen wachsamen Augen gehabt hatte!

Sie waren von Bord geschafft worden, als die *Skagerrak* an der Werftpier in Marstrand lag, ohne dass das Versteck weiter kontrolliert worden wäre.

Und sie waren von Kapitänleutnant Strasser persönlich mit einem wütenden Fußtritt ins Wasser befördert worden.

Ole war aufgesprungen und hatte Lina an beiden Armen gepackt.

»Das kaputte Funkgerät!«

Lina sah ihn irritiert an.

Der tiefe, klobige Kasten, der oberhalb des Navigationstisches in die Schottwand eingebaut war, hatte ein hartes Gehäuse aus Blech und war allemal groß genug, um darin etwas zu verstecken. Natürlich war er nur deshalb die ganze Reise über defekt gewesen, weil ein Teil der Schaltkreise und Röhren aus seinem Inneren hatte entfernt werden müssen, um Platz für Hülsmeyers geheime Pläne zu machen. Und natürlich waren Rauschs beständige, rührige Bemühungen, das Gerät zu reparieren, nichts anderes als ein ausgebufftes Täuschungsmanöver, das einzig und allein dazu gedient hatte, Korfmann und Strasser weiter an der Nase herumzuführen.

Bei diesem Gedanke musste Ole plötzlich laut auflachen: Rausch tief schlafend vor dem halb auseinander genommenen Funkgerät, außer Gefecht gesetzt von Strassers und Korfmanns heimtückisch in den Weinbrand gemischten Betäubungsmittel, und die beiden Giftmischer, wie sie bis auf Armeslänge an das Versteck herangekommen waren und es nicht gemerkt hatten. Meister Rausch, dachte Ole vergnügt, wenn du wüsstest! Diese Art von Witz wäre genau nach deinem Geschmack gewesen ...

»Kannst du das noch mal sagen?«, fragte Lina, jetzt eindeutig ungeduldig.

»Ganz einfach! Die Pläne sind im Inneren des alten Funkgerätes versteckt! Es war innen hohl, verstehst du? Deswegen hat es nicht funktioniert! Und deswegen mussten sie es von Bord schaffen! Jetzt sind die Pläne wieder genau da, wo sie auch schon in Kiel die ganze Zeit über gelegen haben: unter Wasser!«

Ole strahlte Lina an. Sie starrte zurück, skeptisch, ob das, was sie da gehört hatte, Sinn machte.

In diesem Augenblick kam von vorne ein lautes Krachen und Klötern.

Der Schreck fuhr Ole in alle Glieder.

Auch Lina war schlagartig auf den Beinen und starrte nach vorn.

Instinktiv riss Ole das Ruder herum, weil er zuerst dachte, er hätte die Yacht auf die Felsen gesetzt. Aber dann sah er erleichtert, dass sie sich mit der gleichen Geschwindigkeit weiter durchs Wasser bewegte. Rasch brachte er die *Skagerrak* zurück auf Kurs und legte den Maschinenhebel in Leerlauf, um die Fahrt aus dem Schiff zu nehmen.

Der Knall war unzweifelhaft von einer Kollision ausgegangen. Irgendetwas mussten sie erwischt haben. Lina stand bereits auf dem Seitendeck und sah nach hinten ins Wasser.

»Da!«

Sie zeigte auf eine grüne Fahrwassertonne, die soeben hinter dem Schiff auftauchte und um ein Haar noch das neue Beiboot erwischt hätte, das sie mangels einer passenden Decksauflage im Schlepp hatten. Das Toppzeichen der Tonne war in einem überaus seltsamen Winkel zur Seite gebogen und sie hing verdächtig tief im Wasser. Kein Zweifel, die hatten sie übergemangelt!

»Hat bestimmt ein paar hässliche Kratzer in den Bug gemacht, das Ding!«, sagte Ole und verzog verlegen das Gesicht.

»Was zum Teufel war das?«, fragte Sigur barsch, der in diesem Augenblick aus dem Steuerhaus gepoltert kam.

Natürlich. Der Knall musste unten im Schiff sicher noch mal so laut gewesen sein wie hier oben an Deck.

»Wir wissen, wo die Pläne sind!«, grinste Ole an Stelle einer Antwort.

Sigur starrte ihn ohne sichtliche Überraschung an.

»Was du nicht sagst!«

»Vielleicht solltest du's ihm noch mal erklären?«, sagte Lina und fügte leiser hinzu. »Dann kapier ich's möglicherweise auch.«

Bis er Lina und Sigur noch einmal genau auseinandergesetzt hatte, wie er auf das Funkgerät als Versteck gekommen war, hatte die *Skagerrak* die nördliche Ausfahrt aus dem Kyrkesund hinter sich gelassen und den offenen Fjord erreicht.

Die ganze Zeit über, während Ole sprach, hatte Sigur ihn finster angestarrt und immer wieder missbilligend den Kopf geschüttelt. Es war offensichtlich, dass er kein Wort glauben wollte.

»Ein Versteck in einem Funkgerät!«, knurrte er dann auch abfällig, als Ole geendet hatte. »Idiotiskt!«

Na klar, dachte Ole und blitzte wütend zurück, du würdest die Pläne ja nicht mal in die Hand nehmen, wenn man sie dir auf einem silbernen Tablett reicht. Das hast du ja heute Nacht offen genug gesagt!

Zum Glück schien es hier weniger auf Sigurs Meinung anzukommen. So viel hatte Ole seit dem Überfall begriffen. Trotz seiner beachtlichen Statur und seines handfesten Auftretens hatte Sigur nicht das Format, den Kurs zu bestimmen. Ein typischer Vorschoter eben, dachte Ole boshaft. Bärenstark, aber ohne Peilung. Der Steuermann musste stets jemand anderes sein. Bisher war es, wie bereits bei der Starbootregatta in Kiel, der Professor gewesen. Jetzt war es Lina. Ole sah gespannt zu ihr hin.

»Zugegeben, es klingt ein bisschen verrückt«, sagte sie nachdenklich. »Aber ich denke, wir sollten zurück und nachsehen.«

»Zurück nach Marstrand?«, rief Sigur hellauf entsetzt. »Bist du von allen guten Geistern verlassen?«

»Natürlich nicht mit diesem Schiff. Wir werden den Landweg nehmen.«

»Begreifst du denn nicht? Das ist doch genau das, was er will!« Wütend fuchtelte er mit der Hand in Oles Richtung. »Er will uns nur deswegen dahin zurücklotsen, damit er uns an seine Leute ausliefern kann!«

Jetzt platzte auch Ole langsam der Kragen. Es ging um die Pläne. Darum ob Tausende unschuldiger Menschen starben. Er brauchte nicht viele Worte, um seinem Unmut Luft zu verschaffen.

»Du bist bloß zu feige! Das ist es!«

Es dauerte zwei Sekunden, die Sigur brauchte, um Oles Spruch zu verarbeiten. Dann flog seine Faust durch die Luft.

Ole hatte den Schlag kommen sehen und konnte gerade noch nach hinten ausweichen. Zum Glück war das Steuerrad zwischen ihnen. Und als Sigur dieses Hindernis umgehen wollte, stand bereits Lina zwischen ihnen.

»Hört sofort auf, ihr Idioten!«, rief sie wütend und hielt sie beide mit ausgestreckten Armen auseinander. »Ihr benehmt euch wie die Schuljungen! Jetzt reißt euch gefälligst zusammen!«

Wütend starrte Sigur Ole aus seinen eng stehenden Augen an, aber er machte keinen weiteren Versuch, ihn anzugreifen.

»Ole, geh zurück ans Steuer!«, befahl Lina. »Damit wir nicht noch eine Tonne überfahren!«

Dann wandte sie sich Sigur zu und zog ihn am Ärmel mit sich auf das Seitendeck. In scharfen schwedischen Sätzen begann sie auf ihn einzureden. Zunächst hielt Sigur wütend dagegen, doch je länger sie mit ihm diskutierte, desto stiller wurde er. Schließlich zuckte er die Achseln und murmelte etwas, das eine Entschuldigung sein konnte, und dann kam, was Ole insgeheim bereits befürchtet hatte: Sie nahmen sich in die Arme und küssten sich.

Ole merkte, wie er zu ihnen hinstarrte und griff hastig nach der Seekarte, um sich dahinter zu verstecken.

Am nördlichen Ausgang des Kyrkesundes nahm er wie mit Lina besprochen Kurs auf Mollösund. Auch diese Ortschaft lag laut Karte an einer engen, wenn auch nicht ganz so langen Durchfahrt zwischen zwei größeren Inseln.

Der südliche Eingang zu diesem Sund war hinter mehreren hohen Schären verborgen, so dass die Yacht bereits die Mitte des Kråkefjordes erreicht hatte, als sie den ersten Blick auf den Ort werfen konnten.

An der Kaimauer zwischen mehreren kleinen Fischkuttern lag ein größeres Schiff. Wegen seiner grauen Tarnfarbe dauerte es einen Moment, bis Ole es vor dem Hintergrund der Felsen ausgemacht hatte.

»Das Schnellboot!«

Noch während er den Warnruf ausstieß, riss Ole das Ruder herum, bis es knirschend in den maximalen Anschlag ruckte. Gleichzeitig legte er den Maschinenhebel auf volle Fahrt. Der Dieselmotor dröhnte laut auf und spie eine Fontäne aus schwarzem

Qualm und Kühlwasser durch den Rumpfauslass ins Wasser. Im engen Radius und mit starker Krängung drehte die *Skagerrak* auf den vorherigen Kurs zurück.

Oles einziger Gedanke war, so schnell wie möglich die Deckung der vorgelagerten Schären zwischen sich und das Schnellboot zurückzubekommen.

Als der Halbkreis vollendet war und die Yacht geradeaus an Fahrt aufnahm, fixierte Ole das Ruder und sprang zu Lina und Sigur, die am Want des Besanmastes standen und angespannt nach hinten starrten. Mit angehaltenem Atem beobachteten sie, wie sich die Felsbuckel langsam wieder vor die Ortschaft zu schieben begannen.

Fast hatten sie es geschafft. Doch gerade, als nur noch ein schmaler Spalt in der Blickachse zwischen ihnen und ihren Feinden klaffte, war klar und deutlich zu erkennen, wie dort drüben auf dem Schnellboot hektische Aktivität ausbrach.

»Sie haben uns gesehen!«

Männer rannten über Deck und gestikulierten wild in ihre Richtung. Leinen wurden gelöst. Eine schwarze Qualmwolke über dem Achterdeck zeigte an, dass die Motoren hochgefahren wurden.

Lina und Sigur tauschten entsetzte Blicke. Ole fluchte lautlos.

Richard! Er musste, nachdem er von der Polizei über das Verschwinden der *Skagerrak* informiert worden war, sofort beschlossen haben, gar nicht erst in Marstrand einzulaufen, sondern hatte das Schnellboot direkt von Süden kommend in die Schären gesteuert, um ihnen hier den Weg abzuschneiden. Ein verdammt schlauer Schachzug, wie Ole mit einem bitteren Geschmack im Mund anerkennen musste.

»Können wir irgendetwas tun?«, fragte Lina.

Ole spürte ihren fragenden Blick auf sich gerichtet.

»Um ihnen zu entkommen?«, fragte er zurück.

Er schüttelte den Kopf.

Ausreichend freies Wasser vor dem Bug vorausgesetzt, konnte das Schnellboot über 40 Seemeilen in der Stunde fahren. Die *Ska-*

gerrak vielleicht 12. Und das auch nur unter voller Besegelung bei viel Wind aus der richtigen Richtung. Jetzt, unter Motor, der nicht viel mehr als eine Manövrierhilfe und ein Flautenschieber war, kletterte die Anzeige der Logge kaum über die 8-Knoten-Marke.

Ole begann zu rechnen. Bis das Schnellboot abgelegt und mit der notwendigen, reduzierten Fahrt die vorgelagerten Inseln und Untiefen umrundet hatte, mochten von jetzt ab vielleicht noch sechs oder sieben Minuten vergehen. Danach noch einmal zwei oder drei für die kurze, freie Strecke über den Fjord. Höchstens.

»Zehn Minuten«, murmelte er. »Dann haben sie uns!«

Ole griff sich die Seekarte von der Cockpitbank, um ihren möglichen Fluchtradius abzuschätzen. Sigur beugte sich mit ihm über die Karte.

»Wir müssen so schnell wie möglich an Land und verschwinden! Irgendwo hier! Oder hier!««

Sigurs Finger tippten auf die nächstgelegenen Ufer, die jedoch denkbar ungeeignet waren, weil sie entweder durch vor ihnen liegende Riffe unzugänglich oder schlicht nur karge Inseln waren, auf denen sie ebenso in der Falle gesessen hätten, wie hier an Bord

Auch Lina schüttelte ablehnend den Kopf, jedoch aus einem anderen Grund.

»Ausgeschlossen! Willst du Tore huckepack über die Felsen schleppen? Das überlebt er nicht!«

»Herregud, Lina! Vad vill du? Willst du dich schnappen, foltern und erschießen lassen, wie Frederik? Nein danke, nicht mit mir! Außerdem, falls es dir entgangen sein sollte, Tore ist sowieso schon so gut wie tot!«

»Wir werden ihn nicht im Stich lassen!«, schnappte Lina zurück und blitzte Sigur wütend an.

Mit zusammengekniffenen Augenbrauen starrte Ole auf die Seekarte. Vielleicht gab es doch noch eine Möglichkeit, Richard zu entkommen ...

Östlich von ihnen, also jetzt an ihrer linken Seite, reckte der Kråkefjord einen seiner vielen Arme durch eine schmale, gewundene

Öffnung in den sehr viel größeren, weit verzweigten Stigfjord hinein, der geradewegs nach Osten verlief und die beiden großen Hauptinseln dieses Küstenabschnittes voneinander trennte, Orust und Tjörn.

Auch in der Passage zu diesem Fjord lagen mehrere größere Schäreninseln. Die nächstgelegene und größte hieß Smögholm und war nur wenige Kabellängen von ihnen entfernt. Sie lag genau zwischen der Einfahrt zum Stigfjord und der Stelle, an der das Schnellboot aus dem Fahrwasser von Mollösund herauskommen musste. Noch wichtiger: ihre höchste Stelle war mit fünfunddreißig Metern über dem Meersspiegel in der Karte verzeichnet. Eben hoch genug, um eine Yacht vom Kaliber der *Skagerrak* samt Großmast dahinter verschwinden zu lassen!

Ole warf einen Blick hinüber auf das kahle Eiland. Dann blickte er nach hinten. Noch war das deutsche Schnellboot hinter den Felsen vor Mollösund verborgen.

Normalerweise hätte Ole seine eigene Idee als Schwachsinn bezeichnet. Unter den gegebenen Umständen war es ihre einzige Chance.

»Wenn wir's bis da rüberschaffen«, murmelte er und tippte in der Seekarte auf die Stelle hinter dem hohen Schärenrücken, »sehen sie uns vielleicht nicht!«

Ohne eine Antwort abzuwarten, sprang er ans Ruder und änderte erneut den Kurs, diesmal um vierzig Grad nach backbord.

»Der Stigfjord!«, rief Lina, als sie gemeinsam mit Sigur auf die Karte blickte. »Bei Gott, Ole, du könntest Recht haben! Da wimmelt es nur so von Inseln, hinter denen wir uns verstecken können!«

»Das sind mindestens zwei Meilen bis dahin«, knurrte Sigur. »Vorher haben sie uns längst eingeholt.«

Das stimmte. Aber Ole hatte nicht vor, in den Fjord hineinzufahren. Für seinen Plan war nur diese erste, vor der Einfahrt zum Fjord liegende Insel wichtig. Smögholm.

»Sigur, kannst du in den Mast klettern?«

»Was? Wozu?«, fragte Sigur unwirsch zurück.

»Du musst mindestens bis auf die zweite Saling, besser noch ganz nach oben«, sagte Ole und blickte ihn ruhig an.

Es war jetzt wichtig, dass es keinen weiteren Streit gab. Sonst konnten sie es niemals schaffen.

»Wir müssen wissen, ob sie uns gesehen haben, wenn wir hinter der Anhöhe dort verschwinden!«, erklärte er und zeigte auf den flachen Felsrücken, der augenscheinlich die höchste Stelle von Smögholm markierte.

Sigur hingegen blickte den Mast hinauf und machte dabei ein Gesicht, als würde ihm schon vom bloßen Nachobensehen schlecht.

»Du bist nicht ganz richtig im Kopf!«

»Es ist wichtig! Lina kann dich mit einem Fall sichern, während du kletterst!«

Ohne zu zögern lief Lina an den Mast, wo die Fallen und andere Leinen belegt waren.

»Welches sollen wir nehmen?«, rief sie von dort.

»Das Großfall. Zweiter Tampen an Backbord!«, antwortete Ole. »Du musst es einmal ganz um den Belegnagel laufen lassen, sonst kannst du sein Gewicht nicht halten. Wenn er klettert, holst du die Lose aus dem Tampen, wenn er anhält belegst du ihn.«

Sie winkte zum Zeichen, dass sie verstanden hatte, und war bereits damit beschäftigt, die große, schwere Taurolle bereit zu legen.

»Sigur!«, wandte Ole sich wieder an ihren Verlobten. »Der Mast ist zu dick, um sich daran festzuhalten. Du musst dich an den anderen Fallen nach oben ziehen. Die kannst du einfacher greifen.«

Sigur schien etwas erwidern zu wollen, doch dann schüttelte er nur den Kopf. Mit einem unwirschen Fluch auf Schwedisch ging er ebenfalls zum Mast, knotete sich das Ende des Großfalles um die Hüften und kletterte vom Deck auf den Großbaum und von dort weiter in den Mast. Mit Erleichterung sah Ole, dass er überraschend behände war und gut vorankam.

Ole sah sich um. Querab passierten sie gerade den südlichen Zipfel von Smögholm. Ein Blick nach Norden verriet ihm, dass Richard mit dem Schnellboot noch immer von den Inseln vor Mollösund verborgen wurde.

Aber sie selber hatten ebenfalls noch mehrere hundert Meter zurückzulegen, bis der Mast hinter der Inselkuppe verschwinden würde. Ole hielt die Luft an. Seine Anspannung wuchs von Sekunde zu Sekunde.

Lina vorne am Großfall schien es genauso zu gehen. Ungeduldig blickte sie in den Mast hinauf.

Sigur stand inzwischen auf dem unteren der beiden Salingspaare, die die seitlichen Wanten vom Mast abspreizten.

»Noch nichts zu sehen!«, rief er zu ihnen hinunter.

»Weiter!«, drängte Ole. »Weiter rauf!«

Obwohl der Motor immer noch unter Volllast arbeitete und dröhnte, kamen sie nur quälend langsam voran.

Dann hatte Sigur das zweite Salingspaar erreicht.

»Noch nichts!«, rief er hinunter.

Ole blickte nach vorne. Schräg voraus erhob sich der hohe Rücken der Insel. Nur noch ein paar Bootslängen, und sie wären außer Sicht.

»Verdammt!«, kam es von oben. «Da sind sie!«

Ole stieß hörbar die Luft aus.

Wenn Sigur das Schnellboot hatte sehen können, so hatte Richard sie ebenfalls gesehen.

Zwar verschwand die Yacht in diesem Augenblick vollends hinter der Kuppe von Smögholm, doch zuvor musste ihre Mastspitze klar und deutlich sichtbar wie ein Signalturm über der Insel gestanden haben.

»Sie beschleunigen!«, rief Sigur. »Und halten auf uns zu!«

Lina warf Ole einen betroffenen Blick zu. Und jetzt? Ist jetzt alles vorbei, fragte ihr enttäuschter Gesichtsausdruck.

»Noch ist nichts verloren!«, murmelte Ole und nickte ihr entschlossen zu. Dann drosselte er die Geschwindigkeit.

Korfmann hatte einen Plan, Ole hatte ebenfalls einen. Bald würde sich zeigen, welcher von beiden der bessere war.

»Siehst du da vorne den Seitenarm?«, rief er laut nach vorne.

Wenige Bootslängen voraus zweigte ein schmales Stückchen Wasser nach Norden ab, das in einem kurzen, scharfen Bogen um Smögholm herum und zurück nach Westen führte. Es trennte das Eiland von der benachbarten, größeren Insel Lyr. Beiderseits des Fahrwassers waren die Felswände steil wie die einer Schlucht.

»Da fahren wir rein und verstecken uns. Wir müssen nur immer diesen Felsrücken zwischen uns und ihnen haben, damit sie uns nicht sehen. Mit ein bisschen Glück denken sie, wir sind geradeaus weiter in den Stigfjord gefahren und suchen dort erst mal alles nach uns ab.«

Linas Augen weiteten sich in ungläubigem Staunen, als sie die schmale Einfahrt und die darin verstreut liegenden Felsen sah. Doch dann nickte sie zum Zeichen, dass sie verstanden hatte, und konzentrierte sich wieder auf das Großfall.

Ole selber war nicht halb so zuversichtlich, wie er geklungen hatte. Das Wasser um die Insel herum war mehr ein nasser Trampelpfad als ein schiffbarer Kanal, gespickt mit Felsen und Unterwasserhindernissen und laut Seekarte gerade eben tief genug, um die Yacht hindurch zu lassen. Zwar waren einige einzelne Felsen mit kleinen Kreuzen in der Karte markiert, aber was hieß das schon bei einem Kartenmaßstab von 1 zu 25.000?

Ole würde auf seine Fähigkeiten vertrauen müssen.

»Hey, was ist los, verdammt!«, rief Sigur ungeduldig aus dem Mast. »Holt mich gefälligst wieder runter!«

Ole legte den Kopf ins Genick und die Hand an den Mund: »Warte noch, Sigur! Wir brauchen dich noch da oben! Und du musst ganz rauf, bis ins Topp!«

Sigur zögerte.

»Gör vad han säger!«, rief Lina wütend hinauf.

Aus dem Mast kam ein längerer, herzhafter Fluch, aus dem Ole lediglich die Worte Scheiße und Idiot heraushören konnte, aber immerhin tat Sigur, was er sollte und kletterte weiter nach oben.

In dem Augenblick, als er oben ankam und Lina das Großfall

fest auf der Klampe gesichert hatte, erreichte die *Skagerrak* die Stelle, wo die nördliche Umfahrung der Insel abzweigte. Behutsam manövrierte Ole die Yacht in den engen Trichter hinein. Dann legte er den Maschinenhebel auf Rückwärtsfahrt, bis die Yacht aufgestoppt hatte.

»Lina! Du musst ans Steuer!«, rief er und winkte sie zu sich.

Zögerlich kam sie nach achtern.

»Ich?«, fragte sie ungläubig. »Das kann ich nicht!«

»Du musst! Ich werde dir von vorne die Richtung angeben, damit wir nicht auf die Felsen gehen. Und Sigur sagt uns von oben, wie weit wir fahren müssen, um in Deckung zu bleiben.«

Lina zögerte. Skeptisch blickte sie auf das Steuerrad und den Maschinenhebel. »Ich weiß nicht«, sagte sie unschlüssig. »Ich hab so was noch nie gemacht ...«

»Es ist ... ganz einfach!«, schnaufte Ole hilflos.

Erklärungen waren absolut nicht seine Stärke. Er gab sich einen Ruck, legte den Arm um ihre Schultern und bugsierte sie hinter das Steuer. Dort legte er ihre eine Hand auf das Ruder und die andere auf den Maschinenhebel.

»Das Rad immer in die Richtung drehen, in die du fahren willst, und immer nur ganz wenig Gas geben«, sagte er.

Das war alles, was ihm im Moment an Erklärungen einfiel.

Rasch lief er nach vorne in den Bug und stellte sich ans Vorstag.

Das Wasser voraus war gleichbleibend grünblau und frei von anderen Farben. Keine Steine, keine flacheren Stellen.

Das Motorengeräusch des Schnellbootes war nur gedämpft zu vernehmen. Von der Zeit her, die vergangen war, seit es die Einfahrt von Mollösund verlassen hatte, schätzte Ole, dass es nun ziemlich genau auf der anderen Seite der Insel sein musste.

»Sigur!«, rief er laut und blickte in die Mastspitze hinauf. »Kannst du sie sehen?«

»Nein!«

Ole atmete tief durch. Dann wandte er sich nach achtern.

»Lina, Ruder geradeaus, Maschine einkuppeln!«

Nach einem kurzen Moment hörte Ole das vertraute Klacken, mit dem das Getriebe vom Leerlauf in den kleinsten Gang sprang, und die *Skagerrak* begann sachte, sich nach vorne zu schieben.

An Steuerbord lagen drei große Felsbrocken, die aus dem Wasser ragten. Unter der Oberfläche würden noch mehr davon sein. Also links halten.

»Ruder eine viertel Drehung Backbord ...«

Lina drehte das Ruder, jedoch in die falsche Richtung.

»Nein, andersrum, schnell!«, schrie Ole. »Andersrum!«

Hastig und mit erschrockenem Gesicht wirbelte Lina das Ruder in die entgegengesetzte Richtung und der Bug schwang herum, wie er sollte.

»Gut so!«, rief Ole und versuchte, den Schreck aus den Gliedern zu schütteln. »Jetzt geradeaus.«

Nach wenigen Metern änderte nun an Backbord das Wasser seine Farbe. Das gleichmäßige Grün wurde etwas heller und der dunkle, ruhige Blauanteil wich ungleichmäßigen hellgrauen Sprenkeln. Mehrere große Steine.

»Ruder eine viertel Drehung nach Steuerbord. Maschine auskuppeln.«

Dann wurde es Zeit, erneut aufzustoppen. Sie durften auf keinen Fall zu schnell um die Insel herumfahren. Sonst würde Richard sie auf der anderen Seite hervorkommen sehen, ehe er selbst Smögholm umrundet hatte.

»Aufstoppen!«

»Und wie, verdammt noch mal?«, fauchte sie.

Ole sah, wie angespannt sie war. Jetzt bloß nicht die Nerven verlieren.

»Es ist ganz einfach. Du musst nur einmal kurz in den Rückwärtsgang gehen, bis wir stehen!«

Lina nickte und bremste die Yacht mit einem kurzen Rückwärtsschub ab, als hätte sie nie etwas anderes getan, als Schiffe zu rangieren.

»Perfekt!«, rief Ole.

Würde Richard sich an der Nase herumführen lassen und weiter in den Stigfjord fahren? Oder würde er Lunte riechen? Fest stand nur, er war die Katze, sie die Maus!

Abermals lauschte Ole angestrengt auf das Motorengeräusch des Schnellbootes. Jetzt war es bereits etwas lauter.

»Weiter, weiter!« rief Sigur aufgeregt von oben. »Ich sehe schon ihre Abgasfahne. Sie müssen jeden Augenblick um die Südspitze kommen!«

»Lina, Gas geben!«

Lina legte den Gashebel vorsichtig nach vorne.

»Schnell! Mehr Gas!« rief Ole hastig und plötzlich dröhnte der Dieselmotor der Yacht auf.

Die felsigen Ufern rechts und links reflektierten den Lärm und warfen ihn übermäßig laut zurück. Mit einem spürbaren Ruck drängte die Yacht nach vorne und beschleunigte.

Schon nach wenigen Sekunden waren sie viel zu schnell!

»Umkuppeln! Jetzt in den Rückwärtsgang!«

Mit einem lauten Schlag sprang das Getriebe um, und der Motor stöhnte gequält auf, als die Schraube aus dem zügigen Vorwärtslauf brutal in eine Rückwärtsdrehung umgekuppelt wurde

»Gut so! Jetzt auskuppeln, Leerlauf! Und Ruder eine Halbe Backbord!«

Hastig suchte Ole das Wasser voraus ab. Der Knick, der die Fahrrinne um die Insel herum zurück nach Westen führte, lag nun unmittelbar voraus. Und mitten in ihm etwa zwei Meter unter der Oberfläche zwei große schwarzgrüne Felsbrocken, zwischen denen kaum genug Platz war, um den Kiel der Yacht hindurchzufädeln.

»Halbe Drehung nach Steuerbord ... Stopp! Geradeaus!«

Ole registrierte, dass die *Skagerrak* dem Ruder trotz der geringen Fahrt lammfromm folgte. Ein Glück! Alles andere wäre jetzt fatal gewesen.

Langsam kamen die Felsen unter Wasser heran. Verdammt wenig Platz!

»Noch mal Vierteldrehung rechts ... Geradeaus ...«

Linas Gesicht war blass vor Konzentration.

»Rauchfahne verschwindet jetzt hinter der Felskuppe!«, kam es von oben.

Der Bug, auf dem Ole stand, passierte soeben das kritische Tor der Unterwasserfelsen. Oles Griff um das Vorstag wurde härter. Jetzt kam es darauf an.

»Wieder mehr Gas voraus!«

Unwillkürlich verfolgte sein Blick einen der beiden schroffen Umrisse, bis dieser seitlich in der hellen Spiegelung des weißen Schiffsrumpfes verschwand. Es gab ein minimales, knirschendes Geräusch und einen kleinen Ruck zur Seite.

»Was war das?«, rief Lina erschrocken von hinten.

»Alles gut!«, antwortete Ole.

Der große Knall war ausgeblieben. Der Kiel war lediglich an einem der beiden Felsen entlanggeschrappt. Nicht die feine englische Art, aber egal! Hauptsache, sie waren durch! Erleichtert wandte Ole sich wieder nach vorn.

Und erstarrte.

Dort lag ein dritter Felsen!

Er war über und über mit dunklem Kraut bewachsen, weswegen er sich kaum von der Farbe des tieferen Wassers abhob und Ole ihn zuvor übersehen hatte.

Er lag genau mittschiffs voraus.

»Ruder hart backbord!«, schrie Ole hastig. »Volle Fahrt voraus und Ruder bis zum Anschlag nach backbord!«

Lina starrte ihn irritiert an, dann reagierte sie.

Keine Sekunde zu früh! Der Bug schwang über den Felsen hinweg – aber der Kiel verpasste ihn!

Ole schnappte nach Luft. Nur einen halben Meter weiter rechts und sie wären achtkantig aufgelaufen. Wie der vom Feuer beschädigte Mast eine solche Vollbremsung verkraftet hätte, wagte sich Ole nicht vorzustellen. Geschweige denn, was dann mit Sigur geschehen wäre.

Noch immer beschleunigte die Yacht.

Jetzt kam ihnen das gegenüberliegende Ufer viel zu schnell entgegen. Hier war der Grund gelb und grau und wurde rasch heller. Grober Kies mit Sand, steil ansteigend.

»Zurück das Ruder, hart steuerbord!«

Abermals war ein leises Knirschen zu hören und ein leichtes Ruckeln erschütterte das Schiff, als der Kiel über die Untiefe kratzte. Doch auch hier nahm die Fahrt kaum ab, was Ole zeigte, dass sie mit minimaler Grundberührung über den Kies hinweg gerutscht waren.

»Gut so ... Ruder mittschiffs, mit Rückwärtsfahrt aufstoppen!«

Ole atmete tief durch. Wie ein Pingpongball waren sie von Stein zu Stein durch die Biegung im Fahrwasser und um die Insel herumgeschliddert. Keine navigatorische Meisterleistung, aber immerhin hatten sie es geschafft. Vor ihnen lag wieder das freie Wasser des Kråkefjordes.

Aber was war mit Richard?

»Sigur, wo sind sie?«, rief er hinauf, während er zu Lina nach achtern ging.

»Sehe sie nicht mehr!«, kam es von oben zurück. »Nicht mal mehr ihre Rauchfahne! Sie sind tatsächlich in den Stigfjord weitergefahren!«

Erleichtert nickte Ole Lina zu, die verstand, dass sie vorerst in Sicherheit waren.

»Ganz einfach ...«, schnaubte sie. »Immer nur ganz wenig Gas geben, wie?«

Wütend verschwand sie unter Deck, um nach dem verletzten Tore zu sehen, und überließ es Ole, ihren Verlobten aus dem Mast abzufieren.

Als Sigur schließlich neben Ole an Deck stand, kam auch Lina zurück, ihr Gesicht finsterer als zuvor.

»Wir müssen so schnell es geht nach Mollösund! Tores Fieber ist weiter gestiegen. Er hat starke Schmerzen.«

»Mollösund!«, murmelte Sigur und schüttelte den Kopf. »Da steht doch schon die Polizei auf der Pier und wartet auf uns.«

Das war allerdings nicht von der Hand zu weisen.

Nachdenklich nahm Lina die Seekarte zur Hand. Nach einem Augenblick hob sie den Kopf und nickte entschlossen.

»Schön, dann halten wir eben nicht an!«, erklärte sie. »Wir fahren durch Mollösund hindurch, und wer immer uns dort beobachtet, soll sehen, dass wir weiter nach Norden fahren. Ole, wir haben keine Zeit zu verlieren!«

Ole verstand die Aufforderung, legte die Maschinenhebel nach vorne und brachte die *Skagerrak* auf Kurs. Obwohl er keine Ahnung hatte, worauf Lina hinauswollte.

Der nächste Ort am Schärenfahrwasser war Gullholm, eine gute Stunde weiter nördlich gelegen. Und auch hier würde es eine Polizeistation geben.

Sigur schien ähnlich zu denken.

»Und dann? Wo willst du dann hin?«, fragte er. »Jeder verdammte Polizist an der Westküste ist doch inzwischen informiert!«

»Eben! Deswegen müssen wir dieses Schiff verlassen! Und zwar dort, wo es garantiert keine Polizeistation gibt. Hier draußen, bei Käringön!«

Linas Finger tippte auf eine kleine Insel im äußeren Schärengürtel, die etwa drei Meilen nordwestlich von Mollösund in der Seekarte verzeichnet war. Außer einem Leuchtfeuer mit geringer Reichweite und einer Handvoll Fischerhütten an einer geschützten Bucht schien es hier nicht viel zu geben.

»Wir fahren durch den Sund, ziehen ihre Blicke auf uns und steuern weiter nach Norden. Dann, wenn sie uns nicht mehr sehen können, biegen wir nach Westen ab und nehmen Kurs auf Käringön. Dort steigen wir aus.«

»Die äußeren Schären sind alle flach«, gab Ole zu bedenken. »Sie werden die Masten sehen.«

»Nein, werden sie nicht!«, antwortete Lina und ihre Augen leuchteten triumphierend. »Wir gehen mit dem Dingi an Land und bitten die Leute dort, uns Unterschlupf zu gewähren. Die Yacht lassen wir weiter auf See hinausfahren. Unbemannt!«

Einen Moment lang waren Ole und Sigur sprachlos, und Ole musste sich zwingen, nach vorne zu sehen, um die Yacht auf Kurs zu halten.

»Die Polizei in Mollösund wird das Schnellboot weiter nach Norden schicken ...«, sagte Sigur langsam.

»Nach Gullholm, eben! Und dort werden sie erfahren, dass wir dort nie angekommen sind. Da sie uns auch unterwegs nicht gesehen haben, müssen Sie davon ausgehen, dass wir die Flucht aufs offene Meer angetreten haben, und werden dort draußen nach uns suchen. Selbst wenn sie die Yacht irgendwann finden, haben wir genug Zeit gewonnen, um ihnen zu entkommen.«

»Und was ist, wenn uns jemand verrät?«, fragte Sigur, immer noch skeptisch.

»Das glaube ich nicht«, antwortete Lina. »Die Fischer in dieser Gegend sind schlecht auf die Deutschen zu sprechen, weil sie seit der Invasion nicht mehr auf hoher See fischen dürfen. Sie werden uns helfen und einen Arzt für Tore besorgen.«

»Okej, för min del!«, sagte Sigur und spuckte geräuschvoll an Deck. »Hauptsache runter von diesem gottverfluchten Kahn! Dann sehen wir weiter!«

Ole hielt den Blick starr nach vorne gerichtet, wo sich inzwischen zum zweiten Mal der Blick auf Mollösund öffnete. Ihm schmeckte weder die respektlose Art, mit der Sigur seine Zustimmung demonstriert hatte, noch die Idee an sich, die *Skagerrak* mit festgezurrtem Ruder aufs Meer hinauszuschicken. Früher oder später würde sie irgendwo auf Grund gehen und auseinander brechen, drüben bei Skagen vielleicht oder irgendwo an der Südküste Norwegens.

Oder sie würde, was dieser Tage weitaus wahrscheinlicher war, von irgendeinem Kriegsschiff, dessen Kurs sie kreuzte und auf dessen Funkruf sie nicht reagierte, beschossen und versenkt werden. Beides wäre ein überaus unwürdiges Ende, und alles in Ole sträubte sich bei diesem Gedanken. Trotz allem war sie für ihn noch von Wellersdorffs Schiff. Und das von Heribert Rausch.

»Wir haben keine andere Wahl«, sagte Lina, die Oles Gesichtsausdruck richtig gedeutet hatte.

Ole wusste, dass sie ihn nicht um Erlaubnis fragen musste. Und er wusste, dass sie recht hatte. Wenn sie an Bord blieben, würde Richard sie im Handumdrehen aufgebracht haben.

Richard!

Wenn sie schon die *Skagerrak* opfern mussten, dann wollte Ole wenigstens dafür sorgen, dass sie Richard noch einmal kräftig an der Nase herumführten.

Er hob den Kopf und schnupperte in den Wind. Inzwischen war eine moderate Brise aufgekommen. Drei Beaufort aus Nordwest, ideale Bedingungen.

»Wir sollten wenigstens noch die Segel setzen, bevor wir von Bord gehen«, sagte er. »Damit sie möglichst viel Strecke macht, bevor das Schnellboot sie findet.«

»Gut!«, nickte Lina erleichtert.

Und zum ersten Mal, seit Ole sie wiedergesehen hatte, kehrten mit ihrem Lächeln auch die Grübchen auf ihre Wangen zurück.

Zehn Minuten später passierten sie das enge Fahrwasser von Mollösund. Wie Sigur vorausgesagt hatte, standen mehrere Polizisten auf der Pier, die ihnen zuriefen, unverzüglich anzuhalten. Zum Glück kamen sie nicht auf die Idee, auf sie zu schießen. Oder mit einem der Fischkutter die Verfolgung aufzunehmen. Das wollten sie offensichtlich doch lieber dem deutschen Schnellboot überlassen. Denn noch während die Yacht an ihnen vorbeirauschte, sah Ole einen der Uniformierten zu einem kleinen Gebäude am Hafen laufen, dessen schlanke, hohe Antenne es als die örtliche Funkstation auswies.

Als der Sund hinter ihnen lag, steuerte Ole zunächst noch knappe drei Meilen weiter im Schärenfahrwasser nach Norden. Erst hinter den nächsten Inseln, als sie den Blicken der Polizisten von Mollösund längst entkommen waren, stoppten sie auf. Lina verschwand unter Deck, um sich um Tore zu kümmern, und Ole und Sigur machten sich daran, die Segel zu setzen.

Das Groß war der dickste Brocken und kam zuerst an die Reihe. Normalerweise waren zum Setzen des schweren, über einhundertfünfzig Quadratmeter großen Tuches ein halbes Dutzend Männer notwendig. Sie waren nur zu zweit. Also hieß es improvisieren.

Mit einem schweren Umlenkblock führte Ole das Fall vom Mast nach vorne auf die Ankerwinsch. Diese verfügte über zwei stabile, seitlich in den Winschkopf einsteckbare Stangen, die es in ein altertümliches Gangspill verwandelten und es ihnen ermöglichte, im Kreis um die Winsch gehend die schwere Last den Mast hinaufzuziehen. Nach drei Minuten war das Großsegel oben. Und sie selber waren in Schweiß gebadet.

Ole ließ die Yacht unter Motor wieder Fahrt aufnehmen, drehte den Bug nach Westen und nahm Kurs auf die Insel Käringön. Dann belegte er erneut das Ruder und ging mit Sigur daran, die beiden Vorsegel zu setzen, Baumfock und Klüver. Zum Schluss kam der Besan an die Reihe, der an dem hinteren, wesentlich kleineren Mast der Yawl gefahren wurde.

»Brauchen wir das Ding überhaupt noch?«, schnaufte Sigur und wischte sich über das schweißnasse Gesicht.

Die Frage war berechtigt. Bereits jetzt war der Gewinn an Geschwindigkeit beachtlich. Raumschots, mit leichter Krängung und dem zusätzlichen Schub des Motors rauschte die Yacht nur so dahin. Ohne auf die Logge zu blicken, schätzte Ole ihre Fahrt auf gute zehn Knoten. Was sollte da noch ein viertes, kleines Segel bringen?

»Der Besan muss auf jeden Fall rauf«, erklärte Ole. »Den braucht sie, damit sie geradeaus segelt, wenn niemand mehr am Ruder ist.«

Ole wusste, dass es einer feinen Abstimmung zwischen Besan und Klüver bedurfte, den beiden Segeln, die am weitesten von der Schiffsmitte entfernt waren. Wenn sie in ihrem Winkel zu Schiff und Wind nicht sauber getrimmt waren, würde die Yacht langsam in die eine oder andere Richtung eindrehen und schließlich irgendwann stehen bleiben. Oder, weitaus schlimmer, doch noch auf eine der vorgelagerten Klippen auflaufen und damit verraten, wo sie sich versteckt hatten.

Aber das musste Ole einem Segler wie Sigur eigentlich nicht erklären.

»Wir können gerne eine Pause machen«, sagte er stattdessen und grinste. »Wenn du eine brauchst.«

Sigur starrte ihn einen Moment lang finster an. Dann brummte er einen Fluch auf Schwedisch, spuckte in die Hände und griff ins Besanfall. Keine Minute später füllte sich auch das letzte Segel mit Wind.

Auf der Insel voraus wurden jetzt bereits die ersten rot gestrichenen Fischerhütten sichtbar. Ole sprang ans Ruder zurück und korrigierte den Kurs, bis der Bug der Yacht auf eine Lücke zwischen zwei Schären südwestlich von Käringön zeigte.

»Eine Meile noch«, sagte er. »Fünf Minuten.«

Sigur verschwand unter Deck, um Lina mit Tore zu helfen.

Ole belegte das Ruder und machte sich an den Schoten von Besan und Klüver zu schaffen, bis er die Yacht auf perfekte Geradeaus-Fahrt getrimmt hatte. Dann begann er, das Beiboot längsseits zu holen; bei dieser Geschwindigkeit eine weitere Knochenarbeit.

Als er die kurze Vorleine des Dingis auf der Mittschiffsklampe unten in Lee belegt hatte, trat Lina aus dem Deckshaus. Sie trug einen kleinen Rucksack, in dem Ole ihre Waffen und das Verbandszeug für Tore vermutete.

»Kannst du Sigur helfen?«, fragte sie und nickte zum Niedergang.

Sie hatten Tore in eine Decke gewickelt und auf den Boden der Achterkammer gelegt. Ole hatte ihn seit ihrer Flucht aus Marstrand nicht mehr gesehen und erschrak. Sein Gesicht war aschfahl und eingefallen, und der leere Blick in den fiebrig trüben Augen ließ ihn unwillkürlich an Rauschs letzte Minuten denken.

Den Schwerverletzten halbwegs heil den steilen Niedergang hinauf und an Deck zu schaffen war eine Sache. Ihn in das wild neben der Yacht hertänzelnde Beiboot zu bekommen, ohne dieses zum Kentern zu bringen, war um ein Vielfaches schwieriger. Sie schafften es erst im dritten Anlauf, nachdem Ole das schlingernde Dingi mit einer Achterleine stramm an die Yacht herangezogen hatte.

Als auch Sigur und Lina im Dingi saßen, bückte sich Ole zur Klampe, um die Vorleine zu lösen.

»He! Was machst du da, du Trottel?«, rief Sigur barsch. »Du musst ins Boot kommen, bevor du losmachst! Sonst sind wir weg und du bist immer noch an Bord!«

»Das will ich ja auch«, erwiderte Ole bestimmt. »Einer von uns muss die Yacht doch durch die Klippen steuern.«

Er nickte nach vorne.

Die *Skagerrak* würde es nie und nimmer ohne Kurskorrektur durch das enge, mit Felsen durchsetzte Tor zwischen den beiden Schären schaffen. Das war so sicher wie das Amen in der Kirche.

»Hände weg von der Vorleine!«, blaffte Sigur, und als Ole aufblickte, sah er in den Lauf einer Pistole. Ole erstarrte. Was sollte das nun wieder?

»Bist du verrückt geworden?«, rief Lina, ebenso überrascht und entsetzt wie Ole.

»Er will uns für dumm verkaufen! Siehst du das denn nicht? Wir sitzen auf dieser Insel da und er hat das Schiff, um damit direkt zu seinen Freunden zu fahren und ihnen zu erklären, wo sie uns einsammeln können!«

Ole staunte. Der Gedanke, dass sich hier tatsächlich noch einmal die Gelegenheit zur Flucht bot, war ihm überhaupt nicht gekommen.

»Dummes Zeug!«, brummte er unwirsch. »Ich springe über Bord, sowie die Yacht durch die Klippen ist, schwimme an Land und treffe euch bei den Fischern!«

»Das kannst du deiner Großmutter erzählen!«, höhnte Sigur. Dann machte er eine ungeduldige Geste mit der Pistole.

»Los jetzt! Hände weg von der Klampe und rein ins Boot!«

Ole hob langsam die Hände, sein Blick ging von Sigurs Waffe zu

Lina. Sie saß hinten im Beiboot, die Arme um Tores Oberkörper gelegt, und sah ihn an. Sie schien etwas in Oles Gesicht zu suchen.

Vielleicht eine Antwort auf die Frage: Wirst du mich enttäuschen? Ole erwiderte ihren Blick. Wie könnte er?

»Nimm die Waffe weg, Sigur! Er wird uns nicht verraten!«

»Du bist verrückt, Lina!«

Sigurs Gesicht war weiß vor Zorn. Er zielte weiterhin auf Ole.

»Mach los!«, nickte Lina Ole zu, und ihr Blick sagte: Keine Angst, er wird nicht schießen.

Ole löste die Vorleine und in wenigen Augenblicken war das Beiboot achteraus hinter dem Heck verschwunden.

Erleichtert kam Ole auf die Beine und sah nach vorne.

Gerne hätte er jetzt die Wuling sortiert, die Sigurs Waffe und Linas Augen in ihm verursacht hatten. Oder wenigstens die letzten Minuten Segelei an Bord dieser Yacht genossen. Doch für keines von beiden blieb ihm noch Zeit.

Mit einem raschen Blick zurück peilte Ole die graue Küstenlinie vor Mollösund. Von Richards Schnellboot keine Spur. Nicht einmal eine Rauchfahne jenseits der Inseln. Gut so! Sonst wäre Linas schöner Plan geplatzt, noch ehe er ganz in die Tat umgesetzt wäre.

Wenige Augenblicke später fuhr die Yacht zwischen den beiden Schären hindurch. Die Passage war nicht schwierig und die beiden kompakten Klippen, die in ihrer Mitte zu umfahren waren, ragten gut sichtbar aus dem Wasser. Ohne die Fahrt verringern zu müssen, konnte Ole die Yacht in einem eleganten Bogen um sie herumsteuern.

Dann lag die offene See vor ihm.

Langsam hob Ole die Hände vom Steuerrad. Auch ohne festgelascht zu sein bewegte es sich keinen Zentimeter aus der Mittelstellung. Die Yacht würde schnurgerade weitersegeln. Bis zum Horizont.

Als Ole auf das Seitendeck trat und sich ans Want des Besanmastes stellte, blitzte kurz der Gedanke in ihm auf, einfach an Bord zu bleiben. Nicht um das zu tun, was Sigur ihm unterstellt hatte.

Einfach nur, um weiterzusegeln. Sich auf dem warmen Holz des Teakdecks auszustrecken, dem Rauschen des Wassers neben dem Rumpf zu lauschen, den Blick hinauf zu den Wolken und den vom Wind geblähten Segeln zu genießen.

Um frei zu sein.

Rasch blieben die helleren Farbtöne des flachen Wassers zwischen den Schären im Kielwasser zurück. Hier draußen war es fast von demselben unergründlichen Dunkelgrün, das Ole vor wenigen Minuten in Linas Augen gesehen hatte.

Wie konnte er glauben, dass er jemals frei sein könnte? Ohne sie?

Rasch machte er einen Schritt nach vorn und spürte im nächsten Augenblick das kalte, salzig schäumende Wasser über sich zusammen schlagen.

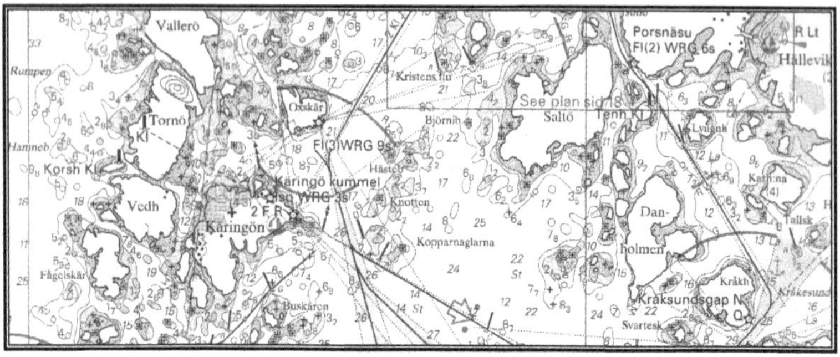

9. Kapitel

SCHIEFERGRAU

Im Laufe des Tages hatte die See dort draußen vor den Inseln fast all ihre Farben eingebüßt, bis nur noch ein dunkles, schiefernes Grau übrig geblieben war. Ein Grau, das sich lediglich noch darin von jenem der flachen, schroffen Schärenküste unterschied, indem es von kleinen, matt schimmernden Wellenrücken und schaumigen weißen Gischtstreifen gezeichnet war.

Der leichte Nordwestwind, der die *Skagerrak* mit sich genommen hatte, war etwas aufgefrischt und hatte tiefe, schwere Stratuswolken herangetragen. Ihre ausgefaserten Kanten schienen bis ins Meer hinabzuhängen, und bis zum Abend hatten sie beinahe alles Licht aus dem Himmel gesogen. Und all jene Farben aus dem Wasser, die Ole unter sich gesehen hatte, als er heute Vormittag mit eingetauchtem Gesicht und offenen Augen zur Insel zurückgeschwommen war.

Am frühen Abend hatte der Regen eingesetzt. Ein feiner, dichter Nieselregen, vom Wind zerstäubt und in langen grauweißen Schleiern über das Wasser streichend, der die raue Schärenlandschaft ringsum noch unwirtlicher erscheinen ließ. Der die Sichtweite auf wenige Kabellängen reduzierte, und bald auch an Land die letzten Farben und Konturen verwaschen hatte.

Ausnahmsweise waren Ole der Regen und die schlechte Sicht willkommen, schirmten sie doch die Insel ab vom Rest der Welt und vor den Ferngläsern der Polizisten aus Mollösund. Und damit auch vor Richards Verfolgung.

Gegen Mittag, als noch die Sonne geschienen hatte und Ole seine nasse Kleidung auf den Felsen abseits des Fischerdorfes trocknete, hatte er das Schnellboot gesehen. Es war im Osten das Schärenfahrwasser hinauf nach Norden gefahren – Ausschau haltend nach den Masten der *Skagerrak*, die erst kurz zuvor auf der westlichen Kimm verschwunden waren. Bisher waren sie nicht zurückgekommen. Für den Moment waren sie hier also sicher.

Lina hatte länger mit den Fischern der Insel gesprochen und ihnen ihre Situation erklärt. Wie erwartet waren die Männer durchaus bereit, zu helfen. Obwohl es dann doch noch ein paar feindselige Blicke und harsche Kommentare gegeben hatte, als plötzlich ein Deutscher auftauchte, Ole Storm, und es hieß, er sei mit von der Partie.

Auch Sigur schien nicht wirklich erfreut, ihn wiederzusehen. Mit einem knappen Kopfnicken quittierte er Linas Bemerkung, dass Ole Wort gehalten hatte. Danach hatte Sigur ihn kaum noch eines Blickes gewürdigt. Was Ole immerhin lieber war, als noch einmal von ihm mit einer Waffe bedroht zu werden. Denn einander aus dem Weg gehen konnten sie sich auf einer kleinen Insel wie Käringön kaum.

Der Hafen war winzig und wurde durch einen natürlichen Arm der Bucht gebildet. In einem losen Halbkreis darum herum standen knapp ein Dutzend ärmlicher roter Holzhäuser und vielleicht noch einmal die gleiche Zahl windgebeugter Schuppen, in denen Netze, Reusen und sonstiges Fanggeschirr gelagert wurden. Der Wortführer der Fischer, ein kleiner vierschrötiger Mann namens

Lasse, hatte ihnen eine dieser Baracken angewiesen, um den Verwundeten dort unterzubringen. Aus alten Netzen und Segeltuch richteten sie ihm ein improvisiertes Krankenlager her, und Lasses Frau Alva ging Lina wortlos zur Hand, als sie Tores durchblutete Verbände wechselte.

Zum Glück schien der Norweger den heiklen Transport von der Yacht auf die Insel einigermaßen gut überstanden zu haben. Er war bei Bewusstsein und konnte sogar ein paar klare Sätze mit Lina und Sigur wechseln. Dennoch war sein Zustand kritisch und Alva schüttelte, als sie die Wunden wusch, ohne Unterlass vorwurfsvoll den Kopf.

Auf Käringön gab es kein Telefon und nur ein einziges Funkgerät. Es stand in Lasses Haus und wurde üblicherweise dazu verwendet, Lebensmittel- und Materialbestellungen mit Lasses Schwager zu besprechen, der im nördlich gelegenen Gullholm einen kleinen Kaufmannsladen betrieb. Oder natürlich, um medizinische Hilfe zu rufen, wenn diese benötigt wurde.

Obwohl Sigur Bedenken äußerte, ihr Versteck könnte durch den Notruf verraten werden, bat Lina den Fischer, einen Arzt für Tore kommen zu lassen.

Dieser kam zwei Stunden später mit einem kleinen offenen Motorboot zur Insel herausgetuckert. Allerdings schien er Ole ein rechter Quacksalber zu sein. Er hatte eine deutliche Schnapsfahne vor der rot geäderten Nase, untersuchte Tore, ohne sich vorher oder nachher die Hände gewaschen zu haben, und tat nichts, um die Kugeln aus den Wunden zu holen oder diese wenigstens professionell zu verschließen.

Zur weiteren Behandlung ließ er lediglich eine Wundsalbe zurück, die verdächtig nach Fisch roch, und ein Fläschchen mit fiebersenkendem Saft, von dem er sich selber zuvor noch einen kräftigen Schluck genehmigte. Dafür berechnete er dann jedoch einen Preis, der eines Universitätsprofessors würdig gewesen wäre. Außer den für einen Krankenbesuch auf den Inseln üblichen fünf Kronen und weiteren drei für die Arznei verlangte er noch einmal zwanzig Kronen extra dafür, dass er, wie er mit einem Fingertippen an sein rote Nase anmerkte, sich seiner ärztlichen Schweigepflicht erinnerte, wenn die Polizei ihn nach den flüchtigen norwegischen Widerstandskämpfern fragte, die inzwischen überall gesucht wurden.

Wenigstens wirst du auf der Rückfahrt ordentlich nass, dachte Ole mit grimmiger Genugtuung. Denn inzwischen trommelte der Regen auf das Blechdach der Hütte.

Lina bezahlte, ohne sich etwas anmerken zu lassen, und hielt dem Herrn Doktor verbindlich lächelnd die Türe auf.

Doch kaum war er draußen, war ihr Lächeln verschwunden.

»Wir dürfen keine Zeit verlieren. Beim nächsten Vollrausch plaudert der alles aus, was er weiß.«

»Ich hab's dir ja gleich gesagt«, brummte Sigur missmutig. »Wir müssen sehen, dass wir aus der Gegend verschwinden. Am besten gleich nach Stockholm.«

»So habe ich das nicht gemeint!«, antwortete Lina kühl. »Ich meinte, wir müssen so schnell wie möglich nach Marstrand zurück und das Funkgerät suchen.«

Mit einem entnervten Grunzen verschränkte Sigur die Arme vor der Brust und schnitt ein Gesicht, das keinen Zweifel daran ließ, dass die geheimen Pläne für ihn längst abgehakt waren.

»Ich habe mit Lasse gesprochen«, fuhr Lina unbeirrt fort. »Er ist bereit, euch nach Marstrand zu bringen.«

Bisher hatte Sigur mehr oder weniger ruhig auf einer großen Taurolle gesessen. Nun sprang er auf. »Euch? Wen meinst du damit?«

»Ole und dich. Ich bleibe hier und kümmere mich um Tore.«

»Detta är helt uteslultet!«, rief Sigur aus und verschränkte wütend die Arme vor der Brust.

»Sigur, bitte!«, sagte Lina mühsam beherrscht.

Doch Sigur dachte nicht daran, einzulenken. Automatisch ins Schwedische zurückfallend zog er schimpfend über Ole, dessen Idee mit dem Funkgerät und Linas noch viel größere Verrücktheit her, einem Deutschen Glauben schenken zu wollen. Einem Feind!

Bei den beiden vorherigen Streitereien war es Lina immer gelungen, die Ruhe zu bewahren und Sigur durch geduldige Argumente zu beschwichtigen. Diesmal jedoch war es um ihre Beherrschung geschehen. Ole erschrak, als er sie regelrecht aus der Haut fahren sah. Ebenso hastig wie unauffällig verließ er den Schuppen.

Draußen schlug ihm der Regen ins Gesicht. Rasch klappte er den Kragen seiner Jacke hoch und sah sich in der hereinbrechenden Dunkelheit nach einem anderen Unterschlupf um.

Die beiden nächstliegenden Schuppen waren fest verschlossen. Doch ein kleines Stück weiter, auf einer flachen Felsplatte, lag ein umgedrehtes, altes Fischerboot. Vom Holz des Rumpfes blätterte bereits die Farbe, aber gegen den Regen würde es wohl noch dicht genug sein. Ole stemmte die dem Wetter abgewandte Seite ein Stück weit an und rollte ein ausgedientes Ölfass dazwischen. Die so entstandene Höhle war überraschend gemütlich und Ole fand an dieser Stelle sogar etwas Gras zwischen den Felsen, das ihm ein einigermaßen weiches Lager bescherte. Mit über der Brust gekreuzten Armen legte er sich auf den Rücken, schloss die Augen und lauschte dem hypnotisierend wirkenden Trommeln des Regens auf die alten Planken über seinem Kopf.

Als Ole das nächste Mal die Augen aufschlug, war es in seiner behelfsmäßigen Behausung bereits vollkommen dunkel, und er brauchte eine geraume Weile, bis er herausgefunden hatte, wo er sich befand.

Und dass er davon wach geworden war, dass jemand nach ihm gerufen hatte. Er steckte den Kopf unter seinem Bootsdach heraus und lugte in den Regen und die Dämmerung hinaus. Unten auf dem wackeligen Holzsteg am Hafen, vielleicht dreißig, vierzig Meter entfernt, stand jemand in einem schwarzen Ölmantel. Lina.

Mit einer Laterne leuchtete sie in einen der Fischkutter hinein und rief seinen Namen.

»Hier oben!«, antwortete Ole und kletterte unter dem Boot hervor.

Einen Augenblick später stand sie vor ihm. Das Ölzeug war ihr viel zu groß. Sie musste es im Schuppen gefunden haben. Ihr Gesicht war nass und die Augen ein wenig rot, aber das konnte ebenso gut vom Regen kommen wie von ihrem Streit mit Sigur.

»Kein Wunder dass ich dich nicht gefunden habe!«, sagte sie und leuchtete mit der Laterne unter das Boot. »Ich hab die halbe Insel nach dir abgesucht!«

Ole hätte sich gerne geschmeichelt gefühlt, aber Linas Gesichtsausdruck war zu ernst, als dass er angenehme Schlüsse aus ihrer Äußerung ziehen konnte.

»Wir müssen reden«, sagte sie und kroch ohne weitere Umstände unter das Boot. Der warme Schein ihrer Öllampe ließ das Innere des Verstecks geradezu heimelig wirken.

»Wie sicher bist du dir mit dem alten Funkgerät?«, fragte sie, noch bevor Ole sich ganz ins Innere gezwängt hatte.

Er zuckte die Achseln. »Ziemlich sicher.«

Es war die einzige schlüssige Erklärung, warum die geheimen Pläne nicht gefunden worden waren.

»Und du glaubst, dass du die Stelle wiederfinden kannst, wo es liegt?«

»Ja.«

Warum fragte sie das? Hatte Sigur sie geschickt, weil er einlenken wollte? Oder war sie selber nicht mehr sicher, ob sie sich in dieser Sache zu Recht mit ihrem Verlobten überworfen hatte.

»Auch im Dunkeln?«

Ole blickte sie irritiert an. Er hatte keine Idee, worauf sie hinauswollte.

»Was meinst du damit, im Dunkeln?«

»Als ich vorhin sagte, Lasse würde Sigur und dich nach Marstrand bringen, habe ich damit gemeint, er würde es sofort tun. Heute Nacht.«

Ole runzelte die Stirn.

Bei diesem Wetter war das Risiko, gesehen zu werden, sicherlich gering. Aber selbst ein Fischer, der sich zwischen den Schären wie in seiner Westentasche auskannte, würde ein Mindestmaß an Sicht benötigen, um sich zwischen den unzähligen Klippen zu orientieren. Unwillkürlich schüttelte Ole den Kopf.

»Er ist bereit, die weitere Strecke übers offene Meer in Kauf zu nehmen«, erklärte Lina, die Oles Bedenken ahnen musste.

»Und Sigur?«, fragte Ole. »Was sagt er dazu? Ich kann mir nicht vorstellen, dass er und ich ...«

»Sigur wird nicht mitkommen!«, unterbrach sie ihn und sah ihm direkt in die Augen. »Ich habe ihn nicht überzeugen können. Er bleibt hier und wird sich um Tore kümmern, bis wir zurück sind ... du und ich.«

Oles Herz tat einen Sprung, und er konnte nicht verhindern, dass sich ein Echo dieser Freude in seinem Gesicht zeigte.

Rasch griff Lina nach seinem Handgelenk, und es war nicht die geringste Spur eines Lächelns in ihren Augen. Sehr leise und sehr eindringlich sagte sie: »Hör zu, Ole Storm, eine Sache muss dir völlig klar sein: Es geht um die Pläne. Und nur um die Pläne! Wenn ich zu irgendeinem Zeitpunkt das Gefühl haben müsste, dass du mein Vertrauen in dich missbrauchst – egal ob aus einer romantischen Anwandlung oder irgendeinem anderen Grund – wäre das sehr schlecht für dich. Ich glaube, du hast noch keine Vorstellung davon, wozu ich fähig bin!«

~

Die Strecke von Käringön bis nach Marstrand über das offene Meer betrug annähernd zwanzig Seemeilen, weil ein umfangreiches Riffgebiet namens Pater-Noster-Skären westlich zu umfahren war. Ole nutzte die dreistündige Fahrt, um sich unter einer Regenplane zusammenzurollen und etwas von dem verlorenen Schlaf der vergangenen Nacht nachzuholen.

Als der Fischer ihn eine halbe Stunde nach Mitternacht weckte, merkte Ole, dass auch Lina neben ihn unter die Plane gekrochen war. Ihr Kopf lag an seiner Schulter und ihr gleichmäßiger Atem strich über sein Gesicht. Noch schlief sie. Das Gefühl, so eng neben ihr zu liegen, war umso verwirrender, als sie Ole erst vor wenigen Stunden deutlich zu verstehen gegeben hatte, dass er sich keinerlei »romantische« Hoffnungen zu machen brauchte. Trotz dieser Warnung genoss Ole jede einzelne Sekunde, die es noch dauerte, bis sie erwachte. Aber wenn sie gemerkt hatte, wie nah sie ihm gekommen war, dann zeigte sie es nicht.

Wenig später löschte Lasse die Positionslichter seines Kutters, und sie passierten das Leuchtfeuer in der nördlichen Einfahrt von Marstrand. Es regnete noch immer, und die Sicht war erbärmlich. Aber genau das würde für ihre Zwecke mehr als hilfreich sein.

Ole hatte den alten schwarzen Ölmantel an, den Lina aus dem Bootsschuppen mitgebracht hatte. Sie selber trug inzwischen das in der Größe weitaus besser passende Ölzeug von Lasses Frau Alva. Außerdem hatten die Fischer ihnen noch etwas Proviant, ein paar dünne Seile, einen kleinen klappbaren Hakenanker und einen starken, batteriebetriebenen Handstrahler mitgegeben, den sie bei der nächtlichen Suche gut würden gebrauchen können. Lina hatte alles in ihrem Rucksack verstaut, zusammen mit einer Pistole und fünfzig Schuss Munition.

Lasse sollte sie an einem der Holzstege am nördlichen Ausgang des Sundes absetzen, die zu den Sommerhäusern gegenüber der Ortschaft gehörten. Damit waren sie bereits auf der Seite der kleinen Werft. Um Punkt vier Uhr früh, so vereinbarten sie, sollte der Fischer sie dann an der gleichen Stelle wieder aufnehmen. Hoffentlich noch bevor das Leben in Marstrand erwachte.

Damit blieben ihnen gute drei Stunden, um das Funkgerät zu finden und zu bergen. Allemal genug Zeit, wie Ole schätzte. Das Wasser neben dem Werftsteg war nicht allzu tief und die genaue Stelle würde er anhand der Poller auf dem Steg recht gut abschätzen können.

Trotzdem verschwendeten sie keine Zeit. Eilig liefen sie an den verlassenen Sommerhäusern und der vernachlässigten Segelyacht vorbei, die Ole vor vier Tagen an einem der Stege entdeckt hatte.

Sie hielten nicht an, aber selbst ein flüchtiger Blick genügte Ole, um zu erkennen, dass sich an ihrem traurigen Zustand nichts geändert hatte.

Dann erreichten sie die Werft. Auf der Slipbahn fanden sie ein kleines Ruderboot. Hastig schoben sie es ins Wasser und zogen sich darin an der Holzpier entlang bis zu dem Platz, an dem die *Skagerrak* gelegen hatte. Sicherheitshalber vertäuten sie das Boot nicht neben, sondern unter dem Steg. So würden sie nicht so leicht zu sehen sein, wenn sie mit der Lampe zu hantieren begannen.

»Bist du sicher, dass die Stelle richtig ist?«, fragte Lina.

Ole zählte noch einmal die Poller auf dem Steg und nickte. Hier war die Achterleine der *Skagerrak* belegt gewesen, dort die Spring, und auf dieser Höhe musste das Cockpit der Yacht gelegen haben.

Lina knipste die Handlampe an und hielt sie dicht über die kleinen Wellen neben dem Boot, damit möglichst wenig Licht nach oben drang. Der Lichtkegel tastete als diffuser grüner Finger durch das schwarze Wasser.

»Wo, hier ungefähr?«

»Warte ...«

Ole versuchte angestrengt, sich zu erinnern.

Zwei Männer des Schnellbootes hatten das defekte Funkgerät aus dem Deckshaus geschafft und zur Laufplanke getragen. Dort hatten sie es abgesetzt, um zu verschnaufen. Bevor sie es an Land bringen konnten, war Strasser aufgetaucht und hatte den Kasten mit einem Tritt in den Spalt zwischen Yacht und Steg befördert.

»Weiter hier drüben.«

»Zeig's mir! Aber pass mit dem Licht auf«, sagte sie und reichte ihm die Lampe, den Strahl ins Wasser gerichtet.

Dann beugte sie sich neben ihm über den Bug.

»Verdammt, ich kann rein gar nichts sehen. Nicht mal den Grund!«, sagte sie leise.

»Wie tief ist es hier überhaupt?«

»Vier, viereinhalb«, murmelte Ole.

Er konnte dort unten am Boden sehr wohl etwas sehen. Trübe,

schwache Farbschattierungen, die durch das Grün des Lichtkegels zogen. Unreiner, mit Kraut bewachsener Grund. Und allerlei Unrat. Tampenreste, ein altes, zusammengeknülltes Fischernetz, ein Autoreifen, alles dick mit Algen oder Schlamm besetzt und schon lange dort unten. Und nichts, was annähernd groß genug war für das Funkgerät.

In die andere Richtung kam der muschelverkrustete Fuß des Holzdalbens in Sicht, auf dem an dieser Stelle der Steg ruhte. Und dann, ein Stück weiter draußen, etwas Helleres.

»Da ist was!«

Was genau es war, konnte Ole nicht erkennen. Außerhalb des Steges trübten Regen und Wind den Blick durch die Wasseroberfläche.

»Nimm mal!«

Ole reichte Lina die Lampe, rutschte ein Stück in die Bootsmitte und begann Öljacke, Pullover, Unterhemd und Schuhe auszuziehen. Aus dem Augenwinkel bemerkte er Linas Blicke, die über seinen nackten Oberkörper glitten, aber hastig drängte er das seltsame Gefühl zurück, das dadurch ausgelöst wurde.

»Du musst weiter da rüber leuchten«, sagte er und führte ihre Hand in die richtige Position.

Dann holte er Luft und lehnte sich mit dem Oberkörper so weit nach vorne, dass er sein Gesicht und die geöffneten Augen unter die Wasseroberfläche tauchen konnte. Das Funkgerät hatte ein matt silbernes Gehäuse gehabt. Tatsächlich! Dort, am äußersten Ende des Lichtstrahls, lag ein großer, heller Gegenstand.

Er tauchte wieder auf und holte Luft.

»Ist es das?«, fragte sie hoffnungsvoll.

»Wenn wir Glück haben ...«

Ole öffnete den Rucksack, nahm eine der Leinen und den kleinen Anker hervor und knotete beides aneinander. Das Funkgerät hatte an der Vorderseite zwei Metallbügel. An diesen wollte er ihn einhaken.

»Wenn ich an der Leine ziehe, musst du stramm halten. Sonst

löst er sich wieder«, erklärte er. »Hochziehen können wir ihn dann gemeinsam.«

Lina nickte, nahm das Ende der Leine entgegen, und Ole machte sich bereit, um über die Kante des Bootes zu steigen.

Plötzlich ließ ein Geräusch ihn innehalten.

Ein Husten, dann Schritte! Sofort löschte Lina die Lampe. Ole zog das Boot tiefer unter den Steg.

Wenige Augenblicke später hörten sie die Schritte über den Steg kommen. Eine andere Taschenlampe flammte auf. Ihr Licht fiel durch die Ritzen zwischen den Bohlen unter den Steg und kam stetig näher.

Ole und Lina tauschten einen erschrockenen Blick.

»Ins Wasser!«, flüsterte Lina.

Geräuschlos verschwand sie über Bord. Ole warf den schwarzen Ölmantel über seine Kleidung und den Rucksack und folgte ihr.

Das Wasser war eiskalt. Als er auftauchte, musste sich Ole zwingen, nicht laut nach Luft zu japsen.

Nur Sekunden später blieben die Schritte über ihnen stehen, und das Licht der Taschenlampe erfasste das Boot.

Ole merkte, wie Lina neben ihm strampelte, um den Kopf über Wasser zu halten. Natürlich. Sie trug ja noch alle ihre Kleider, die Schuhe und das schwere Ölzeug, das sie unweigerlich nach unten ziehen musste. Ole umklammerte den Dalben der Stegkonstruktion und zog Lina zu sich herüber. Sie legte den Arm um seine Schultern und hielt sich an ihm über Wasser. So harrten sie reglos aus.

Der Mann über ihnen fluchte leise, ließ sich schnaufend auf alle Viere nieder, und leuchtete mit der Lampe über die Kante des Steges. Ole und Lina tauchten hastig unter. Der Lichtkegel strich über sie hinweg.

Erst als ihnen die Luft knapp zu werden drohte, wanderte der Schein der Lampe ein Stückchen weiter nach vorne, so dass sie es wagen konnten, wieder aufzutauchen.

Auf dem Bauch liegend und mit langem Arm versuchte der

Mann scheinbar, nach der Vorleine des Bootes zu angeln. Zum Glück hatte Lina die Leine nicht oben auf dem Steg belegt, sondern hier unten um den nächsten Dalben geschlungen. Sonst hätte er ihnen das Boot wegziehen können und zumindest ihre Sachen entdeckt. Spätestens bei der Pistole im Rucksack hätte er dann Alarm schlagen müssen.

Ole vermutete, dass der Mann der Werftbesitzer war, der gesehen haben musste, dass das Ruderboot nicht dort lag, wo es hingehörte. Abermals begann er zu schimpfen, als er erkannte, dass sein Arm zu kurz war. Auf diese Weise kam er weder an die Leine heran, noch konnte er das unter dem Steg liegende Boot heranziehen, um einsteigen zu können. Mit einem letzten Fluch gab er schließlich auf, erhob sich, und der Lichtkegel seiner Lampe wanderte über den Steg zurück in Richtung Land.

»Hoffentlich holt er jetzt nicht einen Bootshaken oder so was«, flüsterte Lina dicht hinter Ole.

Geschlagene zwei Minuten hingen sie noch nebeneinander im kalten Wasser und warteten. Aber der Mann kehrte nicht zurück.

»Zieh dein Ölzeug aus, und die Strickjacke. Sonst schaffst du's nicht ins Boot«, sagte Ole.

Er half ihr, sich von den beiden voll gesogenen Jacken zu befreien und bugsierte diese über die Kante ins Boot. Dann gab er ihr mit seinem freien Arm Halt, damit sie sich an ihm hinauf aus dem Wasser ziehen konnte. Eine süße Sekunde lang spürte er sie dabei sehr deutlich auf seiner nackten Haut, und als sie über ihm ins Boot kletterte, konnte er die nahezu perfekten Formen ihres Hinterteils und ihrer Brüste sehen, die von ihrem dünnen, eng und nass an ihr klebenden Sommerkleid mehr betont als verborgen wurden.

Eine Spur zu hastig, als dass sie seine Blicke nicht bemerkt haben könnte, reichte sie ihm den Anker und das Seil hinunter, und einen Augenblick später, als sie die Lampe über dem Wasser anknipste, hatte sie bereits Oles trockene Ölzeugjacke angezogen.

Rasch steckte Ole den Kopf unter die Oberfläche und versuchte, in der Dunkelheit unter sich die Stelle wieder zu finden, an der er den hellen Gegenstand gesehen hatte.

»Weiter links ... Weiter raus ...«, sagte er, als er Luft holte.

Es dauerte eine ganze Weile, bis der Lichtkegel den hellen Fleck wiedergefunden hatte.

»Da! Da ist er!«

Ole holte tief Luft und tauchte ab. Doch als er den Boden erreicht hatte, war die Enttäuschung riesengroß. Der helle Gegenstand entpuppte sich als ein zusammengeknüllter, fleckiger Fetzen Segeltuch, den irgendwer achtlos ins Wasser geworfen hatte.

»Das ist es nicht!«, sagte er zerknirscht, als er wieder an der Oberfläche war.

Lina starrte an ihm vorbei ins Wasser, die Lippen fest aufeinander gepresst. Die Enttäuschung in ihrem Blick war offensichtlich.

»Vielleicht kommst du raus und versuchst noch mal von oben zu gucken?«

Ole nickte. Etwas anderes blieb ihnen kaum übrig.

Sie beugte sich zu ihm herab, um ihm ihre freie Hand entgegenzustrecken. Dabei veränderte sie mit der anderen die Richtung der Lampe um ein paar Grad.

Aus dem Augenwinkel sah Ole unter sich ein kurzes, silbriges Aufblitzen.

»Warte!«, rief er. »Leuchte noch mal da hin!«

Er wies die Richtung mit dem Finger und streckte den Kopf unter Wasser. Dort unten, mitten im Lichtkegel, lag das Funkgerät. Aus seinem vorherigen Blickwinkel war es von einem großen Büschel Seegras verdeckt gewesen.

Ohne noch einmal Luft zu holen tauchte er hinunter, hakte den Dredgenanker in den Griff auf der Frontseite und zog an der Leine.

Er tauchte auf, zog sich ins Boot und kniete sich neben Lina in den Bug. Mit vereinten Kräften holten sie die Leine ein, was gegen Ende hin immer schwerer ging. Doch schließlich tauchte das silberne Gehäuse des Funkgerätes an die Oberfläche.

Kurz huschte ein anerkennendes Lächeln über Linas Gesicht.

Doch der schwerste Teil der Arbeit kam erst noch. Die massive und obendrein noch mit Wasser gefüllte Kiste über die Kante ins Boot zu hieven, erwies sich als schlichtweg unmöglich. Also knotete Ole eine zweite Leine an einen der Griffe und legte diese einmal um eine Klampe oben auf dem Steg. Nun konnten sie sich beide mit ihrem ganzen Körpergewicht in den Tampen hängen und schafften es so, das Monstrum ins Boot zu heben.

Einen Augenblick lang starrten sie beide darauf, ohne dass einer es wagte, sich zu rühren. Was, wenn die Pläne nicht darin waren?

Schließlich griff Lina in den Rucksack und zog einen Schraubenzieher heraus. Während sie die Lampe mit ihrer Öljacke abschirmte, dass nur ein kleiner Schein herauskam, schraubte Ole die hinten am Gehäuse befindliche Platte ab. Als er die Sicherungsstifte zog, kam ihnen zusammen mit einem Schwall Wasser eine 30 mal 30 Zentimeter große, wasserdichte Blechkiste entgegen und plumpste klöternd auf den Boden des Ruderbootes.

Lina warf Ole einen langen Blick zu.

Dann gab sie ihm die Lampe, hob die Schatulle auf und stellte sie auf die Sitzducht. Mit zitternden Fingern öffnete sie die Schnappriegel und klappte den mit einer doppelten Gummidichtung versehenen Deckel auf.

Ole hob die Lampe etwas. Das von der Jacke gedämpfte Licht fiel auf ein halbes Dutzend eng zusammengedrehte und mit Bändern verschnürte Papierrollen, manche hellblau und andere weiß, die dicht an dicht in der Schatulle lagen. Auf ihren gewölbten Oberseiten waren Diagramme, Zeichnungen, handschriftliche Notizen, Zahlenkolonnen und chemische Formeln zu erkennen. Bis auf ein paar Tropfen, die das Öffnen des Deckels darauf hatte fallen lassen, waren sie staubtrocken.

Kein Zweifel, es waren Hülsmeyers geheime Pläne!

Sprachlos hob Ole den Blick von der Schatulle und sah Lina an. Diese fiel ihm einen Augenblick später wortlos um den Hals. Ihre Umarmung war fest, und der Moment kam Ole wie eine wunderbare Ewigkeit vor.

»Danke!«, flüsterte sie, als sie sich von ihm löste, und dabei berührten ihre Lippen federleicht sein Ohr. So wie sie es schon einmal getan hatten, damals in Kiel, kurz bevor diese Pläne zum ersten Mal unter Wasser verschwunden waren.

»Und jetzt nichts wie fort von hier!«

Rasch verschloss Lina die Schatulle und ließ diese in ihrem Rucksack verschwinden.

Ole gab dem Funkgerät einen Stoß, damit es zurück ins Wasser fiel und sie später nicht sofort verriet. Dann klaubte er seine Sachen, die er vor seinem Sprung über Bord ausgezogen hatte, vom Boden des Bootes auf. Sie waren weitestgehend trocken geblieben, wohingegen Lina vollständig nass war. Inzwischen waren ihre Lippen blau angelaufen, und sie zitterte vor Kälte am ganzen Leib.

»Hier, nimm! Aber zieh vorher das nasse Zeugs aus. Sonst wärmt er nicht!«

Ole reichte ihr den Pullover. Sie nahm ihn widerspruchslos an, und während Ole sich diskret zu seinen Schuhen hinunterbückte und sich viel Zeit mit den Schnürsenkeln ließ, knöpfte Lina ihr Kleid auf, zog es auf die Hüften hinunter und knotete es dort mit den Ärmeln um den Bauch zusammen. Dann streifte sie Oles wärmenden Pullover über.

Im Schutze von Regen und Dunkelheit liefen sie eilig mit ihrem wertvollen Fund an den nördlichen Ausgang des Sundes zurück. Dort holte Lina eine Uhr aus dem Rucksack hervor. Es war eine Männerarmbanduhr. Wahrscheinlich Sigurs.

»Wir sind viel zu früh! Es ist noch nicht mal drei Uhr«, sagte sie und sah sich suchend um. »Wir können hier nicht einfach eine Stunde lang herumstehen. Wir müssen uns verstecken.«

Ihr Blick blieb an einem der Sommerhäuser hängen. Es sah verlassen aus.

»Da vielleicht? Mit Glück bekommen wir ein Fenster auf.«

»Ich weiß was Besseres«, sagte Ole und nickte zu der heruntergekommenen Segelyacht hinunter, die am nächsten Steg vor ihnen lag. »So wie die aussieht, wird da bestimmt keiner hinkommen!«

Lina lächelte. »Du scheinst ein Faible für derlei Verstecke zu haben. In und unter alten Booten.«

Oh ja, dachte Ole und erwiderte ihr Lächeln. Allerdings musste er dabei weniger an seinen Unterschlupf auf Käringön denken als an die Nacht, in der er sich im Vorschiff der *Lydia* versteckt und von Wellersdorff und die anderen belauscht hatte.

Das Innere der Segelyacht war, wie ihr Äußeres, ungepflegt und heruntergekommen. Es roch muffig nach stockiger Baumwolle und nassem Holz. In den Schapps und der Pantry herrschte eine grauenvolle Unordnung und in der Bilge schwappte so viel Wasser, dass es vor dem Niedergang bereits über die Bodenbretter leckte. Abgesehen davon aber war die Kabine überraschend geräumig und hätte bei etwas mehr Pflege durchaus ganz gemütlich sein können. Obwohl sie kürzer als die *Lydia* war, sorgten der höhere Bug und die größere Breite doch für deutlich mehr Platz unter Deck. Im Salon gab es, außer den Längskojen und dem üblichen Tisch in der Mitte, sogar noch zwei seitliche, über den Sitzbänken gelegene Lotsenkojen.

Im vorderen Querschott des Kajütaufbaus befand sich ein kleines Bullauge, das seitlich am Mast vorbei über das Vorschiff lugte. Von hier aus konnte Ole bequem den Sund im Auge behalten, ohne oben an Deck unter der Persenning hervorklettern zu müssen.

Lina hatte im Vorschiff eine Decke gefunden und sich darin eingewickelt. Ole versprach, Ausschau zu halten, und nach wenigen Minuten war sie fest eingeschlafen.

Abwechselnd ging Oles Blick durch das Fenster hinaus auf den Sund, und zurück auf Linas schlafende Gestalt. Ihre dunkelblonden Haare glänzten in der Dunkelheit der Vorschiffskoje noch immer nass und beinahe schwarz, ihre Lippen waren leicht geöffnet und ihre Züge entspannt wie die eines Kindes. Tatsächlich schien sie sogar im Schlaf zu lächeln.

Ole musste an die Berührung ihres Körpers denken, vorhin, im

Wasser, und daran, wie sie sich an Bord von Lasses Kutter an ihn geschmiegt hatte. Wäre es nicht herrlich, jetzt einfach nach vorne zu kriechen und das Gleiche zu tun? Ganz ohne verfängliche Gedanken, nur um sie noch einmal so nah an sich zu spüren und das bisschen Wärme zu teilen, das ihre beiden Körper spenden konnten.

Ole riss sich zusammen. Er durfte die Ausschau nach Lasse nicht vernachlässigen!

Rasch warf er einen Blick auf Sigurs Armbanduhr, die Lina auf den Salontisch gelegt hatte. Die fluoreszierenden Zeiger standen auf halb vier.

Um die Kälte aus seinen Gliedmaßen zu vertreiben, begann er in der Kajüte auf und ab zu gehen. Fünf Schritte am Tisch vorbei nach hinten, fünf Schritte zurück nach vorne. Blick aus dem Bullauge. Fünf Schritte nach hinten, fünf nach vorne. Blick hinaus. Und immer so fort.

Irgendwann bemerkte Ole, dass das Rauschen des Regens an Deck aufgehört hatte und sich von Norden her ein gelbliches Zwielicht über das Wasser und die Felsen auszubreiten begann. Verdammt, jetzt musste es aber endlich vier Uhr sein!

Ein rascher Blick auf die Uhr bestätigte das. Zehn nach! Abermals starrte er aus dem Bullauge, diesmal vor Anstrengung die Augenbrauen zusammenkneifend. Noch immer nichts von Lasses Kutter zu sehen. Ole wurde nervös. Was, wenn er nicht kam?

Eine weitere halbe Stunde später, in der nichts passiert war, kroch er zu Lina ins Vorschiff und rüttelte sie sanft an der Schulter.

»Wach auf!«, sagte er leise. »Er kommt nicht!«

Sie murmelte etwas, dann schlug sie die Augen auf. Auch sie schien einen Augenblick zu brauchen, um zu verstehen, wo sie sich befand.

»Was hast du gesagt?«, murmelte sie schläfrig.

»Es ist viertel vor fünf und Lasse ist nicht gekommen.«

Mit einem Schlag war sie hellwach und aus der Koje heraus. Ole trat zur Seite und ließ sie ans Bullauge, obwohl er wusste, dass dort draußen nichts war außer freiem Wasser.

»Vielleicht hat er ein Problem mit dem Motor«, murmelte Lina ratlos. »Oder er ist aufgehalten worden, weil ihn jemand beobachtet hat? Die Polizei vielleicht.«

Ole zuckte die Achseln.

Vielleicht hat er es sich auch ganz einfach anders überlegt, dachte er. Doch das sprach er lieber nicht aus.

»Wir dürfen jedenfalls nicht länger in Marstrand bleiben«, sagte er stattdessen. »Das ist zu riskant!«

Lina nickte zustimmend.

»Dann müssen wir wohl oder übel den Landweg nehmen.«

Ole schüttelte den Kopf. Der Weg über die Straßen war erheblich länger und die Gefahr ungleich größer, dass sie dort von der Polizei entdeckt würden.

»Besser wir treiben ein anderes Boot auf.«

Er überlegte.

»Was ist mit dem, das eure Freunde für die Reise von Norwegen hierher benutzt haben?«

Ole erinnerte sich, dass es noch im unteren Teil des Sundes vor Anker gelegen hatte, als er vorgestern Abend an Bord der *Skagerrak* zurückgekehrt war.

»Ausgeschlossen. Die Polizei weiß doch, wem es gehört hat. Wenn wir es nehmen, fallen wir damit genauso auf, wie mit deiner riesigen deutschen Marineyacht.«

Das stimmte allerdings. Ole überlegte. Also ein Boot, das klein und unauffällig war. Und am besten nicht so schnell vermisst würde.

Plötzlich musste er grinsen und sah sich in der unordentlichen Kabine um.

»Ich wüsste da noch eins!«

Keine fünfzehn Minuten später hatten sie abgelegt. Zwar hatte ihnen der kleine Hilfsmotor, den Ole hinter einer Klappe des Niedergangs gefunden hatte, im ersten Angang den Dienst verweigert, vermutlich weil seine Batterie komplett entladen war, aber der Wind stand günstig und auf das verräterische Knattern eines Motors konnten sie ohnehin getrost verzichten.

Sie setzten das Großsegel noch am Steg liegend, lösten die Leinen und glitten lautlos in der frischen Morgenbrise aus dem Sund. Idealerweise lag der wackelige Steg mit der Yacht ohnehin fast an dessen Ausgang, und nur wenige Häuser auf der anderen Seite blickten in diese Richtung. Der größere Teil der Ortschaft lag hinter dem Knick des engen Fahrwassers verborgen, und Ole war sich so gut wie sicher, dass auch ihre zweite Flucht aus Marstrand unbemerkt geblieben war.

Draußen auf dem offenen Marstrandsfjord übergab Ole die Ruderpinne an Lina, um auch noch das Vorsegel zu setzen.

»Was muss ich tun?«, fragte sie.

»Einfach nur festhalten und geradeaus steuern. Auf die Lücke zwischen den beiden Inseln dort drüben zu.«

Sie machte ein Zeichen, dass sie verstanden hatte, zog die Kapuze ihres Ölzeugs ins Gesicht und klemmte in der Manier eines alten Salzbuckel die Pinne unter den Arm.

Ole verschwand im Vorschiff. Dort fand er einen Sack mit dem Vorsegel. Ein paar passende Schoten waren, er hatte es fast nicht anders erwartet, unaufgeschossen mit hineingestopft. Er öffnete die Vorschiffsluke, wuchtete den Sack hinaus. Nach ein paar weiteren Minuten war die Fock angeschlagen, gesetzt und dicht geholt.

Inzwischen war es taghell geworden. Der Wind kam aus West und blies bereits mit etwa drei Windstärken. Nicht lange und er würde weiter auffrischen. Aber das war Ole recht. So würden sie noch besser vorankommen.

Schon nach einer halben Stunde unter Segeln hatte Ole gewusst, dass sie mit ihrer Kaperbeute unverschämtes Glück gehabt hatten. Die Yacht, so heruntergekommen sie auch aussehen mochte, segelte exzellent. Sie machte gute Fahrt durchs Wasser, reagierte leicht auf das Ruder, und nickte mit eleganten Bewegungen über die Wellen hinweg, anstatt stumpf mit dem Bug in sie hineinzurennen, wie es oft bei zu schwer gebauten Schiffen der Fall war. Wenn jetzt noch vernünftige Tücher am Mast wären, dachte Ole mit einem kritischen Blick zu den gelbfleckigen, ausgewehten Segeln hinauf. Aber das wäre vielleicht auch zu viel verlangt gewesen.

Viel wichtiger war im Moment, dass er das Wasser aus der Bilge gelenzt bekam, um herauszufinden, ob es bloß vom Regen stammte, oder ob am Ende der Rumpf irgendwo eine Undichtigkeit aufwies. Und dann der Motor. Sicher würde es irgendwo eine Anlasserkurbel für ihn geben, mit der man die leere Batterie zum Starten umgehen konnte. Aber die musste er in der heillosen Unordnung unter Deck erst einmal finden. Und ein paar Eimer Wasser und eine kurze Attacke mit dem Schrubber würden dem Oberdeck sicher auch nicht schaden.

»Wie heißt die Dame eigentlich?«, fragte Ole und klopfte gegen das Holz des Cockpitsülls. »Der Name steht am Heck.«

Vorhin, als er auf dem Steg gekniet und in aller Eile die Festmacher losgeworfen hatte, waren ihm die Buchstaben aufgefallen. Aber er hatte sich nicht die Zeit genommen, sie tatsächlich zu lesen.

Lina beugte sich über das kanuförmige Heck und sah nach unten auf den Rumpf.

»Sie heißt *Lotten*«, sagte sie, als sie wieder hochkam.

Noch ein Frauenname mit »L«, ging es Ole beinahe sofort durch den Kopf. Es schien da einen gewissen Zufall in seinem Leben zu geben ... eine *Lydia* ... eine Lina ... jetzt eine *Lotten*.

Dann fiel ihm der seltsame Blick auf, mit dem Lina ihn ansah.

»Du weißt nicht, was das heißt, stimmt's?«, fragte sie leise.

Ole schüttelte den Kopf.

»*Lotten* bedeutet Schicksal!«

Wie Ole erwartet hatte, frischte unterwegs der Wind auf gute 4 bis 5 Beaufort auf. Aber er wehte aus der richtigen Richtung und bescherte ihnen eine schnelle Passage.

Dennoch war es alles andere als ein entspannter Segeltörn.

Die Pläne, die unten in der Kabine in Linas Rucksack lagen, würden den Krieg beeinflussen. In die eine oder andere Richtung. Mehrere Menschen hatten bereits ihr Leben dafür gelassen. Hülsmeyer, Rausch, Sønstebye, drei seiner norwegischen Freunde. Und Zehntausende mehr würden sterben, wenn es ihnen nicht gelang, sie in Sicherheit zu bringen. Oder in die richtigen Hände zu legen.

»Stimmt es eigentlich, was Strasser gesagt hat?«, fragte Ole nach einer Weile. »Dass ihr die Pläne nach Amerika schaffen wolltet, der Professor und du?«

»Zu Alfred Loomis, ja. Er wird die ganze Angelegenheit in seine Obhut nehmen.«

Ole erinnerte sich an den schweren, rotgesichtigen Amerikaner, den er in jener Nacht zusammen mit Hülsmeyer, Sønstebye und von Wellersdorff auf der *Lydia* gesehen hatte. Mehrfacher Millionär, hatte es über ihn geheißen, und Besitzer einer der größten Waffenfabriken der Vereinigten Staaten.

»Und wie sollten die Dokumente zu ihm kommen?«

»Über England.« Lina schien einen Augenblick überlegen zu müssen, wie sie die Sache erklären konnte.

»Vielleicht hast du davon gehört, dass die norwegische Königsfamilie nach der Invasion ins Exil geflohen ist?«

Ole schüttelte den Kopf. Politische Zusammenhänge hatten ihn nie wirklich interessiert. Erst recht nicht, seit die Nachrichten zuhause sich auf derart unappetitliche Art und Weise in den Blitzerfolgen der Wehrmacht ergingen.

Das Einzige, für das Ole sich immer interessierte hatte, war das Segeln. Und so wusste er nur, dass Kronprinz Olav von Norwegen ein begnadeter Segler war, der 1928 bei den Olympischen Spielen in Amsterdam eine Goldmedaille gewonnen hatte. Und dass seine siegreiche 6-Meter-R-Yacht *Ragnhild* den Namen seiner ersten Tochter trug, die kurz zuvor geboren worden war.

»Kronprinzessin Martha und die Enkelkinder des Königs befinden sich in der Obhut unseres Königs Oscar in Stockholm«, erklärte Lina weiter. »König Haakon und Kronprinz Olav hingegen sind nach London geflohen und haben dort eine Exilregierung gebildet.«

»Tut mir leid, davon weiß ich nichts«, antwortete Ole.

»Hm, auch egal! Es gibt jedenfalls einige Leute, die trotz der Besatzung Kontakt zu dieser Exilregierung halten. Frederik und Tore haben mit ihnen zusammengearbeitet, als sie Leute über die Grenze nach Schweden geschafft haben.«

Ole erinnerte sich, dass der Konteradmiral davon gesprochen hatte. Lina fuhr fort.

»Momentan halten sich immer noch einige Mitglieder des Königshauses in Norwegen versteckt. In ein paar Tagen sollen sie über die Grenze geschleust werden und in der Nähe von Strömstadt an Bord eines britischen U-Bootes gehen, das sie ebenfalls nach England bringt.«

»Was?«

Die Idee, ein feindliches U-Boot sollte durch das komplett von deutschen Verbänden kontrollierte Skagerrak hindurch bis vor die schwedische Küste tauchen und dort Passagiere aufnehmen, klang für Ole reichlich bizarr.

Plötzlich musste er an Nils denken. Hoffentlich wurde sein Bruder an Bord seiner U-102 nicht auch auf solche Himmelfahrtskommandos geschickt!

»Ich weiß, das klingt alles ein bisschen verrückt«, sagte Lina und holte Ole damit aus seinen Gedanken zurück. »Aber im Moment scheint das die sicherste Möglichkeit eines Transportes zu sein. Unser Plan war, die Dokumente an Bord dieses U-Bootes zu schaffen. Es könnte nach wie vor klappen.«

»Wann findet der Transport statt?«

»Das hängt davon ab, wann die Passagiere über die Grenze geschleust werden können. Um das zu erfahren, müssen Sigur und ich einen Kontaktmann treffen. Ein Norweger, der in Smögen lebt und ebenfalls im Widerstand aktiv ist.«

»Und wann?«

»In zwei Tagen!«

Ole nickte. Bis nach Smögen waren es nur vierzig Meilen. Das war auch an einem Tag zu schaffen. Vorausgesetzt, sie kreuzten nicht den Kurs von Richard an Bord des Schnellbootes!

Es war noch nicht einmal acht Uhr Morgens, als sie nach guten 18 Seemeilen die Segel einholten und unter Motor das letzte Stück auf Käringön zusteuerten. Den kleinen zweizylindrigen Benzinmotor hatte Ole, nachdem er die Zündkerzen gereinigt und ein paar Kontakte geölt hatte, mit ein paar herzhaften Tritten in den Schwunghebel zur Arbeit überreden können. Nun protestierte und spuckte er zwar noch und setzte hin und wieder einen Kolbenschlag lang aus, aber das war nach so langer Zeit außer Betrieb eigentlich nicht anders zu erwarten.

Sie umrundeten die letzten vorgelagerten Schären und tuckerten auf den kleine Hafen der Insel zu. Die Stege und der Platz für die Netze lagen wie ausgestorben da. Ebenso die umliegenden Häuser.

Auch Lasse schien noch nicht zurück zu sein. Der Liegeplatz seines Kutters war leer. Auch die anderen Fischereifahrzeuge, die auf der Insel beheimatet waren, fehlten. Nur ein paar kleinere Ruderboote lagen noch im Hafen.

Ole brachte die *Lotten* längsseits an einem der wackeligen Holzstege zum Stehen. Lina sprang mit der Vorleine an Land und belegte sie auf einem Poller, dann nahm sie von Ole die Achterleine entgegen und zog damit das Heck der Yacht an den Steg. Auch sie blickte sich skeptisch um.

»Wo sind die?«, fragte sie. »Die sind doch nicht alle zum Fischen draußen? Wenigstens die Frauen müssten doch da sein.«

Ole konnte nur die Achseln zucken. Er stellte den Motor ab und stieg zu ihr an Land.

»Vielleicht ist was mit Tore?«, sagte Lina besorgt.

Zügig umrundeten sie den Hafen und gingen auf die Holzbaracke zu, in der sie Sigur und den Verwundeten vor nicht einmal zehn Stunden zurückgelassen hatten. Auch hinter den trüben, kleinen Fenstern schien sich nichts zu regen.

Sie erreichten die Tür. Ole öffnete sie – und erstarrte.

Vor ihnen stand, das altbekannte, überhebliche Grinsen im Gesicht, Richard Korfmann!

Junge Junge, Ole, du hast mir ganz schön Kopfzerbrechen bereitet, weißt du?«, begann Richard in seiner plauderhaften, weitschweifigen Art, die Ole schon früher nur mühsam hatte ertragen können. »Die *Skagerrak* alleine aufs Meer zu schicken – Hut ab! Das hätte ich einem mittelmäßigen Segler wie dir wirklich nicht zugetraut!«

Außer Korfmann waren noch vier weitere Männer des Schnellbootes auf der Insel. Bis an die Zähne bewaffnet hatten sie in dem Schuppen auf sie gewartet.

Sigur hockte mit gefesselten Händen und leichenblassem Gesicht in der entferntesten Ecke des Schuppens und hatte, wie Ole irritiert bemerkte, bei ihrer Ankunft kaum den Blick gehoben.

Tore ging es deutlich schlechter und Ole und Lina waren ein zweites Mal heftig erschrocken, als sie ihn sahen. Seine Augen waren halb geöffnet, ebenso wie sein Mund, aus dem ein leises, kurzatmiges Röcheln drang. Sein Tod konnte nur noch eine Frage von Stunden sein.

»Wer hat uns verraten?«, fuhr Lina Richard an, während sie neben Tore kniete und seine Hand hielt. »Der elende Quacksalber aus Gullholm? Oder die Fischer?«

»Oh nein! Die Fischer haben kein Sterbenswort herausrücken wollen. Weder die hier auf der Insel, noch euer Freund, dessen Kutter die Hyäne vor Marstrand aufgebracht hat. Wohin er euch für eure kleine ... Kommandoaktion gebracht hat.«

Ole erbleichte und starrte geschockt zu Lina hinüber. Auch sie rang um Fassung. Korfmann wusste es! Er wusste es, und jetzt war alles verloren!

Richard tat, als hätte er Oles und Linas Reaktion nicht bemerkt, und blickte stattdessen gelangweilt aus einem der milchigen Fenster.

»Wir erwarten das Schnellboot heute Nachmittag zurück. Durch den lästigen Umweg, den ihr uns eingebrockt habt, mussten wir erst mal ein Bunkerschiff anfordern, um die Tanks zu füllen, bevor wir endgültig die Heimreise antreten können. Was wir dann mit eurem Freund dem Fischer machen, wissen wir noch nicht. Aber euch werden wir natürlich mitnehmen.«

Richard wandte sich zu Lina und Ole zurück und sah sie ohne jede weitere geheuchelte Freundlichkeit an.

»Den Kaleu zu erschießen war eine ziemliche Dummheit, wisst ihr? Aber auch ohne das wärt ihr nicht um den Galgen herumgekommen. Auch du nicht, mein Freund Ole Storm!«

Ole spuckte ihm herzhaft vor die Füße. Das war für den Freund! Dann wiederholte er noch einmal Linas Frage.

»Jetzt sag endlich, wer uns verraten hat?«

»Wer? Ach Ole, das ist doch sonnenklar! Euer Kumpel hier, der Vorschoter des seligen Professors!«

Ole erstarrte. Aus dem Augenwinkel konnte er sehen, wie Lina regelrecht zusammenzuckte und dann in Sigurs Richtung herumfuhr.

Dieser hielt den Blick gesenkt.

»Gestern Nacht hat er ein Boot gestohlen, um von hier wegzukommen«, erklärte Richard.

Er ging durch den Raum und baute sich neben Sigur auf.

»Die Polizei hat ihn eine Stunde nach Mitternacht ein paar Kilometer nördlich von hier in der Nähe von Ellös aufgegriffen und uns sofort benachrichtigt. Da wollte er gerade das Boot gegen ein ebenfalls gestohlenes Auto eintauschen. Zweifellos, um sich damit ohne euch aus dem Staub zu machen!«

Einen Augenblick lang herrschte lähmende Stille.

»Är det sant, Sigur?«, fragte Lina dann.

Ihre Stimme war leise und brüchig.

»Du hast Tore hier im Stich gelassen? Und mich?«

Sie bekam keine Antwort. Nicht mal einen Blick.

»Jedenfalls hätten wir ohne seine Hilfe euer Versteck nicht so schnell gefunden!«, fuhr Richard in genießerischer Boshaftigkeit fort.

»Er hat uns alles verraten, was wir wissen wollten, um seinen Kopf aus der Schlinge zu ziehen. Und sogar noch ein bisschen mehr! Zum Beispiel was ihr aus Marstrand mitgebracht habt ... Her mit dem Rucksack!«

Ohne jeden Widerstand, ohne überhaupt eine Form von Regung ließ Lina sich den Rucksack von einem der Schnellbootfahrer abnehmen. Alle Kraft schien aus ihrem Körper gewichen, und selbst als Korfmann die wasserdichte Büchse mit Hülsmeyers Plänen öffnete und eine triumphierende Bemerkung vom Stapel ließ, reagierte sie nicht.

Absolut reglos starrte sie in Sigurs Richtung.

Korfmann und zwei seiner Leute verließen die Baracke, die beiden anderen blieben als Bewacher zurück und fesselten Lina und Ole die Hände.

Nach einer Weile hob Sigur den Kopf, was ihn sichtlich Überwindung kostete, und suchte Linas Blick.

»Vad skulle jag ha gjort?«, fragte er.

Was hätte ich denn machen sollen?

Ohne etwas zu entgegnen, wandte Lina sich ab. Die Arme eng um den Oberkörper geschlungen, kauerte sie sich in der entgegengesetzten Ecke des Schuppens zusammen. Ole glaubte sie leise weinen zu hören, aber er war sich nicht sicher und traute sich auch nicht, zu ihr zu gehen.

Zwei Stunden später starb Tore. Er war nicht noch einmal zu Bewusstsein gekommen. Keine letzten Worte, kein Blick, kein Händedruck wie bei Meister Rausch. Das Ende kündigte sich lediglich durch einen schwachen, aber lang anhaltenden Husten und die danach zusehends schleppender werdende Atmung an. Lina kauerte sich neben ihn. Man hatte ihnen die Hände vor und nicht hinter dem Körper gefesselt, weswegen sie Tores Hände in die ihren nehmen und festhalten konnte. Sigur äugte zu ihr und Tore hinüber, blieb jedoch, wo er war. Scheinbar verspürte er keine Neigung, in ihre Nähe zu kommen. Und ihre beiden Bewacher hatten ohnehin herzlich wenig Interesse an Tores Zustand bekundet.

Also kniete Ole neben ihr an Tores Sterbebett. Sie sah ihn nicht an, reichte ihm aber einen Lappen, mit dem er den Schweiß von Tores Stirn tupfen und seine Lippen befeuchten konnte. Eine ganze Weile lang lauschten sie darauf, wie der rasselnde Atem immer schwächer und langsamer wurde.

Irgendwann war es einfach vorbei.

Lina faltete ihm die Hände über der Brust, dann zog sie die grobe Wolldecke nach oben, die Lasses Frau ihnen gegeben hatte, und bedeckte damit sein Gesicht.

Sie wirkte gefasst. Ihre Augen blieben trocken. Vielleicht, dachte Ole, weil sie die Tränen, die sie unter anderen Umständen für den Freund vergossen hätte, für ihre zerbrochene Liebe aufheben musste.

Ole betete ein stilles Vaterunser für den Toten, verknüpft mit der inbrünstigen Bitte an Gott im Himmel, ihn nicht noch mehr Menschen sterben sehen zu lassen. Erst recht keine, wie er mit einem scheuen Blick zu Lina hinüber dachte, für die er tiefere Gefühle hegte als für den armen Tore.

Eine ganze Weile passierte nichts.

Als ihre Bewacher auch nach einer halben Stunde noch keine Anstalten machten, auf den Tod ihres Gefangenen zu reagieren, stand Lina auf und sprach sie an.

»Wir können ihn hier nicht einfach so liegen lassen.«

»Wieso? Der tut doch keinem mehr was.«

Der Schnellbootfahrer, der geantwortet hatte, war ein rothaariger, pickliger Jüngling von vielleicht zwanzig Jahren. Feixend über seinen eigenen Scherz warf er seine Zigarettenkippe auf den Toten.

»Hier, siehste? Ganz friedlich ist der!«

Mit finsterem Gesicht wischte Lina den brennenden Stummel von der Decke.

»Ich will Korfmann sprechen, sofort!«

»Hast du gehört, sie will Korfmann sprechen, sofort!«, wandte sich der Rothaarige an den zweiten, älteren Schnellbootmann. Auch dieser begann nun hämisch zu grinsen.

Jetzt wurde es Ole zu bunt.

»Hört mal her, ihr beiden Vollidioten!«, sagte er und wunderte sich selber, woher er diesen scharfen, hochfahrenden Ton nahm. »Ihr kapiert vermutlich nicht, was hier vor sich geht. Aber wir haben ihm was zu sagen, das wichtig ist!«

Er überlegte fieberhaft.

»Darüber, wo der andere Teil der verdammten Pläne ist!«

Das Lachen der beiden Schnellbootmänner verstummte. Auch Lina hob den Kopf und sah ihn überrascht an.

Ole erwiderte ihren Blick und zuckte unmerklich die Achseln. Er hatte keine Vorstellung, was er mit dieser frechen Lüge bezwecken wollte. Wollte er Richard tatsächlich sehen? Was hatte er außer Hohn und Spott von ihm zu erwarten?

Oder war es bloß sein friesischer Dickschädel gewesen, der aufbegehrte und sich weigerte, einfach so über die Respektlosigkeit dem Toten gegenüber hinwegzugehen.

»Dann bring ihn halt rüber«, grummelte der ältere der beiden Marinesoldaten. »Mit dem Verräter und dem Mädchen werde ich auch alleine fertig!«

Demonstrativ entsicherte er die Maschinenpistole, die über seiner Schulter hing.

Der Rothaarige führte Ole zu einem anderen Schuppen, der unmittelbar neben dem Hafen gelegen war. Dort klopfte er artig an die schäbige Holztüre.

»Was ist?«, fragte Richard von drinnen.

»Verzeihung, Herr Sturmbannführer«, rief Oles Bewacher gegen die Tür. »Aber einer der Gefangenen will Sie sprechen. Der Deutsche!«

Es dauerte einen kurzen Augenblick, bevor Richard antwortete.

»Soll reinkommen!«

Oles Bewacher öffnete die Tür und schob ihn mit dem Gewehrlauf im Rücken in den Schuppen.

»Sie warten draußen!«, befahl Richard, als er sah, dass der Schnellbootmann ebenfalls den Raum betreten wollte.

Der Rothaarige blieb irritiert stehen.

»Aber, soll ich nicht lieber ...?«

»Raus!«, unterbrach Richard ihn grob.

Der Soldat klackte erschrocken die Absätze zusammen, drehte auf dem Absatz um und machte, dass er hinauskam.

Tatsächlich war Richard alleine im Raum. Er stand am anderen Ende an einer Art Werkbank unter dem Fenster. Womit er dort beschäftigt war, konnte Ole im ersten Augenblick nicht erkennen.

Natürlich hatte auch er eine Pistole am Gürtel, aber darüber hinaus hielt er Ole, dessen Hände vor dem Körper gefesselt waren, offensichtlich auch nicht für gefährlich genug, als dass er einen zweiten Mann gebraucht hätte. Ja, er drehte sich noch nicht einmal um, als sie alleine waren, so sicher fühlte er sich.

»Was willst du?«

Ole schwieg. Wenn er das wüsste? Richard zog, wie schon des Öfteren, aus seinem Schweigen den falschen Schluss.

»Wenn du kommst, weil du um Gnade betteln willst, Storm, dann kann ich dir diesmal keine Hoffnungen machen.«

Ole runzelte die Stirn. Natürlich hatte er das nicht vorgehabt, aber wenn Richard das dachte, sollte es ihm Recht sein.

»Ich habe schon einmal für dich interveniert. Wir waren quitt, wie du dich vielleicht erinnerst. «

Nun drehte Korfmann sich zu ihm um und sah ihn an, die Arme verschränkt und vorwurfsvoll den Kopf schüttelnd, als habe er einen missratenen Schulbengel zu tadeln.

»Selbst wenn du Strasser nicht erschossen hast, sondern deine schwedischen Freunde, du hast dich eindeutig auf die falsche Seite geschlagen!«

Jetzt konnte Ole erkennen, was Richard auf der Werkbank zu schaffen gehabt hatte. Unter dem Fenster stand die Schatulle mit Hülsmeyers Plänen. Sie war offen. Ein paar der Papiere waren auf dem Tisch ausgebreitet, daneben lagen ein Fotoapparat und einige Dosen mit Rollfilmen. Ganz offensichtlich war Richard damit beschäftigt, die Pläne fotografisch zu vervielfältigen.

Plötzlich spürte Ole, wie sich seine Nackenhaare aufzurichten begannen. Vielleicht war es gar kein dummer Zufall, der ihn hierher gebracht hatte, allein mit Richard und den Plänen, die er bereits endgültig verloren geglaubt hatte. Vielleicht war es *Lotten* – Schicksal!

Fieberhaft begann es in seinem Kopf zu arbeiten.

Zunächst musste er Zeit gewinnen. Und Richard ablenken, damit er auf keinen Fall auf die Idee kam, sein harmloser, dummer Segelkamerad von früher könnte irgendetwas im Schilde führen.

»Wenn du schon für mich nichts tun kannst, dann vielleicht wenigstens für sie?«

Richards überhebliches Grinsen zeigte, dass Ole ins Schwarze getroffen hatte.

»Natürlich ... das Mädchen!«, spottete er. »Da hast du dir wirklich den allerdümmsten Zeitpunkt ausgesucht, dich zu verknallen, und dabei auch noch die schlechteste mögliche Wahl getroffen! Mal ganz abgesehen davon, dass sie eine Spionin und ein gottverdammtes Miststück ist, der ich mit Vergnügen persönlich den Strick um den hübschen Hals legen würde – was willst ausgerechnet du mit einem Weibsbild von diesem Kaliber anfangen?«

Richard schüttelte lachend den Kopf.

Ole fühlte kalte Wut in sich aufsteigen. Aber das war gut so. Sie würde ihm bei dem, was er vorhatte, nur noch entschlossener machen.

Dort war der Tisch mit den Plänen, dort stand Richard, und hier, keine drei Schritte von Ole entfernt, lehnte ein Peekhaken mit einem handlichen, dicken Holzstiel an der Wand.

Doch noch war es nicht so weit.

Noch bedurfte es einer weiteren List, um Richard dorthin zu bekommen, wo er ihn haben wollte, und es kam Ole zupass, dass er sich dafür nicht einmal mehr zu verstellen brauchte.

»Ja, du hast Recht!«, sagte er mit aufrichtigem Stolz. »Ich bin verliebt in sie. Und ich würde alles tun, damit sie lebendig aus dieser Sache herauskommt!«

»Ole, Ole! Du bist so naiv! Du glaubst wirklich, du könntest mich mit deiner kindischen Gefühlsduselei erweichen?«, sagte Richard amüsiert. »Selbst wenn es in meiner Macht läge, würde ich diese Frau niemals laufen lassen. Du vergeudest deine Zeit. Und meine!«

Kopfschüttelnd wandte sich Richard wieder dem Tisch und seinem Fotoapparat zu – und beging damit genau die letzte entscheidende Überheblichkeit, auf die Ole gehofft hatte.

Im selben Augenblick, in dem Richard ihn aus dem Blick ließ, weil er das eine Auge zukniff und mit dem anderen durch den Sucher der Kamera blickte, sprang Ole nach vorne, griff mit den gefesselten Händen nach dem Bootshaken und schwang ihn in einer Kreisbewegung in die Richtung seines Feindes.

Richard hatte die Schritte gehört, oder vielleicht auch nur das Surren des Stocks, und instinktiv die Arme hochgerissen. Aber Oles Schlag war zu mächtig. Er fegte Richards Hände aus dem Weg, so dass auch die Kamera zur Seite gewirbelt wurde, und traf ihn mit beinahe unverminderter Wucht an der Schläfe.

Ob er Korfmann mit dem Schlag den Schädel gespalten oder ihn nur bewusstlos geschlagen hatte, war Ole im Moment herzlich egal. Hauptsache, er hatte ihn erwischt und außer Gefecht gesetzt.

Schwer atmend stand er neben der Werkbank und starrte auf den reglosen Feind zu seinen Füßen.

Und jetzt? Weiter als bis zu diesem Augenblick hatte Ole nicht gedacht.

Er zwang sich, ruhiger zu atmen und einen klaren Kopf zurückzugewinnen. Als Erstes musste er seine Handfesseln loswerden.

Das Taschenmesser seines Großvaters hatte er vor der Bergung des Funkgerätes in Linas Rucksack gesteckt. Dieser befand sich in der Obhut des Wachtpostens drüben in der anderen Baracke.

Fieberhaft sah er sich um.

Auf einem Bord über der Werkbank entdeckte er ein Fischmesser. Mit der schartigen Klinge nach oben klemmte Ole es in den Schraubstock der Werkbank. Wenige Augenblicke später hatte er seine Fesseln durchtrennt.

Jetzt die Pläne! Rasch suchte Ole alles zusammen, was an Papieren auf der Werkbank lag, und legte es zu den übrigen Rollen in die Kassette zurück. Dann warf er die Dosen mit den Rollfilmen hinzu, von denen er nicht wusste ob Richard sie bereits belichtet hatte oder nicht. Den Film, der noch in der Kamera war, zog er kurzerhand aus dem Gehäuse und stopfte ihn ebenfalls dazu. Dann schloss er den Deckel und ließ die Schnapper einrasten.

Ein Klopfen an der Tür ließ ihn herumfahren.

»Herr Sturmbannführer? Alles in Ordnung?«

Der Rothaarige. Ein Glück, dass Richard ihn eben so grob vor die Tür gesetzt hatte. Wenn er weniger brüsk gewesen wäre, hätte der Knabe sich nun vielleicht getraut, sofort hereinzukommen. So blieben Ole die entscheidenden Sekunden, um sich in Stellung zu bringen.

Als die Tür sich öffnete und der Kopf mit den roten Haaren erschien, schlug Ole abermals mit dem Peekhaken zu. Auch dieser Hieb schickte seinen Widersacher sofort ins Reich der Träume. Hastig zog Ole ihn in die Baracke und spähte durch die Tür.

Es waren fünf Deutsche gewesen. Zwei lagen hier, ein Mann bewachte Lina und Sigur. Von Nummer vier und fünf war nirgendwo etwas zu sehen. Vielleicht saßen sie am Funkgerät in Lasses Haus, um Kontakt zum Schnellboot zu halten. Oder Richard hatte ihnen gestattet, irgendwo eine Mütze voll Schlaf zu nehmen.

Ole beschloss, sein Glück bei den Hörnern zu packen.

Außer der Kassette mit den Plänen nahm er auch Richards Pistole und die Schmeisser des Rotschopfs an sich. Nicht, dass er vorgehabt hätte, die Waffen zu gebrauchen. Darin hatte er ohnehin kaum Übung. Aber zumindest sollten sie verschwunden sein, wenn die beiden aufwachten. Er trug alles über die Felsen hinüber zu dem umgedrehten Fischerboot, unter dem er und Lina gesessen hatten, und versteckte es dort. Nur das schartige Fischmesser steckte er hinten in seinen Hosenbund. Dann lief er zurück zu dem Schuppen, in dem Lina und Sigur gefangen gehalten wurden, und pochte an die Tür.

»Heda!«, rief er. »Der Sturmbannführer will Sie sehen!«

Es dauerte einen Augenblick, dann öffnete sich die Tür und der ältere Schnellbootmann blickte vorsichtig heraus. Er schien misstrauischer zu sein als sein jüngerer Kamerad.

Trotzdem trat er einen Schritt zu weit aus der Tür, als er niemanden vor dem Schuppen sah. Ole hatte sich hinter das nach außen aufgehende Türblatt gestellt und trat dies nun mit voller Wucht gegen den Wachtposten. Der Mann taumelte zurück, und die Maschinenpistole verhakte sich zwischen Tür und Angel. Ole bekam sie zu packen und durchschnitt mit dem Fischmesser den Trageriemen, bevor sein Gegner sich wieder gefangen hatte.

Dann trat er mit vorgehaltener Waffe in den Schuppen.

Der Schnellbootmann stand drei Schritte entfernt und hob langsam die Hände. Ein roter Striemen lief quer über sein Gesicht, wo ihn die Kante der Tür erwischt hatte, und sein Ausdruck verriet, dass er noch ebenso benommen wie geschockt war. Auch Lina und Sigur starrten ungläubig zu ihm herüber.

»Da rüber und hinknien!«, fuhr Ole den Schnellbootmann an. »Wenn du schreist, drücke ich ab! Dann kommt es auf den Lärm auch nicht mehr an!«

Der Mann nickte hastig und ging mit erhobenen Händen in die Knie.

Dann war Lina bei Ole.

»Wie hast du sie ...?«

»Später!«, unterbrach Ole sie und durchschnitt ihre Handfesseln. »Lauf zu meinem Versteck. Dort liegt die Kassette mit den Plänen.«

Lina machte große Augen.

»Wir treffen uns an Bord der *Lotten*. Ich muss mich noch um den hier kümmern!«

Er zeigte auf den Schnellbootmann.

Lina nickte und wollte loslaufen.

Doch dann blieb sie noch einmal stehen und drehte sich zu Sigur um. Der saß noch immer an der gleichen Stelle und starrte sie mit großen Augen an.

Lina blickte mehrere Sekunden mit reglosem Gesicht zu ihrem Verlobten hinüber.

Dann zog sie ihren Verlobungsring ab, warf ihn ihm wortlos vor die Füße und lief hinaus.

Sigurs Gesicht war kreidebleich, als er ihr hinterherstarrte.

Ole fand einen Strick, mit dem er den Schnellbootmann fesseln und knebeln konnte. Dabei klemmte er sich das Messer zwischen die Zähne, um sich notfalls rasch gegen einen Angriffsversuch des deutschen Soldaten wehren zu können. Doch der ließ die Prozedur anstandslos über sich ergehen, wohl auch weil er immer noch von Oles völlig unerwartetem Coup eingeschüchtert war.

Dann nahm Ole Linas Rucksack an sich, schulterte ihn und wandte sich, das Fischmesser in der einen und die Schmeisser in der anderen Hand, zu Sigur um.

Dieser setzte sich ruckartig auf starrte auf das Messer. Sein Gesicht verriet Angst.

Verdammt, was dachte sich dieser Idiot eigentlich? Dass er ihn jetzt abstechen würde? Ärgerlich schnitt Ole ihm die Handfesseln durch und ignorierte die grenzenlose Erleichterung in Sigurs Augen.

»Hör zu!«, sagte er nicht eben freundlich. »Unten im Hafen liegt ein Ruderboot. Sieh zu, dass du auf kürzestem Weg zum Festland hinüberkommst und verschwindest. Verstanden?«

Sigur nickte.

»Wenn du schlau bist, lässt du dich diesmal nicht erwischen! Und jetzt beeil dich! Da sind immer noch zwei von denen auf der Insel, die jederzeit auftauchen können!«

Ole wandte sich um und ging zur Tür. Dort drehte er sich ungeduldig um.

Sigur war ihm nicht gefolgt. Stattdessen kniete er immer noch am Boden und suchte etwas. Linas Verlobungsring! Als er ihn entdeckt hatte, klaubte er ihn auf und ließ ihn hastig in seiner Tasche verschwinden.

»Ich hab gesagt, du sollst dich beeilen!«, fuhr Ole ihn an und setzte hinterher: »Und komm bloß nicht auf die Idee, uns zu folgen! Sie ist fertig mit dir! Und wenn ich dich jemals wieder in ihrer Nähe sehe, werde ich das Messer in der Art verwenden, die du eben erwartet hast!«

Der riesige blonde Kerl starrte eingeschüchtert zu Ole auf. Er hatte ehrliche Angst. Was sicherlich auch angebracht war. Denn in diesem Augenblick war es Ole mit seiner Drohung im wahrsten Sinne des Wortes todernst.

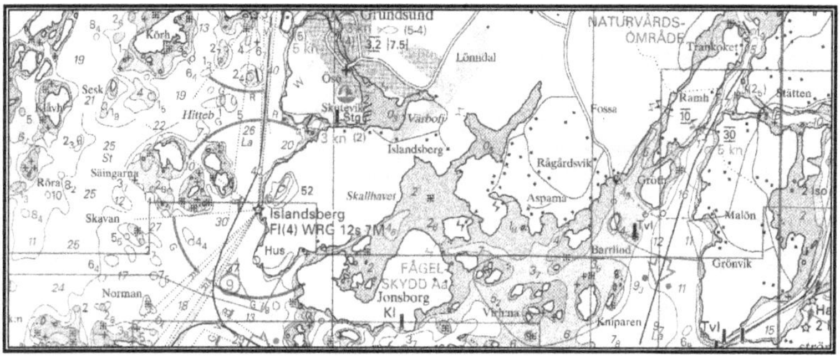

10. Kapitel

TIEFBLAU

Die Wellen draußen im Skagerrak waren von einem vollen, dunklen Blau. Eine Farbe wie sie sonst nur bei dem sehr viel tieferen Wasser eines Ozeans vorkam. Lange Seen liefen mit hocherhobenen, weißen Kämmen aus Westen heran, rammten sich donnernd gegen die äußeren Schären und warfen wütende Gischtfontänen nach oben, die der Wind über die Felsen wehte und das Wasser jenseits der Brandungszone mit einem feinen grauen Schaumteppich überzog.

Die Brise hatte, wie von Ole erwartet, weiter zugelegt und wehte nun mit strammen sechs Beaufort. Hier drinnen, im geschützten Schärenfahrwasser, war von den Wellen dort draußen nur wenig zu spüren – bis auf einen leichten Schwell, der durch die Lücken in der Schärenmauer hereindrückte und das Wasser zwischen den inneren Inseln auf und ab schwappen ließ in einem Takt, der weit draußen, auf hoher See geschlagen wurde.

Der kräftige Wind hingegen wehte ungehindert über die flachen

Felsen hinweg. Aber er war Ole mehr als recht. Sie hatten alle Segel gesetzt und die *Lotten* kam auch ohne die Hilfe des alterschwachen Motors schnell voran. Wann das Schnellboot zurück nach Käringön kommen würde, war unklar. Aber vermutlich würden sie jede einzelne Meile brauchen können, die sie bis dahin zwischen sich und ihre Verfolger legen konnten.

»Warum hast du ihn laufen lassen?«, fragte Lina tonlos.

Als sie den Hafen von Käringön bereits verlassen hatten, hatte sie noch einmal zurückgeblickt und Sigur gesehen, wie er über die Felsen lief und hastig in eines der Ruderboote stieg.

Ole zuckte die Achseln.

»Weil sie ihn hängen würden. Wolltest du das?«

Sie überlegte einen Augenblick, dann senkte sie den Blick und schüttelte sie den Kopf.

»Nein«, murmelte sie. »Entschuldige.«

Das Fahrwasser voraus war eng und von kargen Schären gesäumt. Bis auf das Gurgeln des Wassers am Ruderblatt, dem Rauschen des Windes in der Takelage und ein paar Möwen, die kreischend über die Felsen strichen, war nichts zu hören. Zum Glück auch nicht achteraus, von wo Ole das Motorengeräusch des Schnellbootes zu hören befürchtete.

Lina saß, die Beine an den Körper gezogen, auf der Cockpitbank in Lee und blickte abwesend der schaumigen Spur ihres Kielwassers hinterher. Ihr Gesicht war verschlossen und verriet ihre abgrundtiefe Enttäuschung. Der Mann, der bis heute Morgen ihre Zukunft gewesen war, hatte sie nicht nur schmählich im Stich gelassen, sondern um der eigenen Haut willen sogar verraten. Vermutlich würde sie lange brauchen, um darüber hinweg zu kommen, dachte Ole. Er würde sich gedulden müssen.

Nach drei Meilen kamen linker Hand voraus die ersten roten Ziegeldächer von Gullholm in Sicht. Mit einem Mal merkte Ole, wie hungrig er war. Außer ein paar Kanten trockenes Brot und einem salzigen Stück Stockfisch hatten sie seit gestern nichts Vernünftiges gegessen.

Ole überlegte gerade, ob sie es riskieren konnten, hier Proviant und Trinkwasser zu besorgen, als er es hörte: ein schwaches Wummern, das der Wind herantrug, noch sehr weit entfernt, aber unverkennbar ein schwerer Schiffsdiesel.

Auch Lina saß mit einem Male kerzengerade da.

»Das Schnellboot?«, fragte sie.

Ole nickte. Rasch griff er nach der Seekarte.

Hinter Gullholm öffnete sich das enge Fahrwasser und gabelte sich. Backbord führte es entlang der äußeren Schären auf direktem Wege nach Norden, vorbei an einer größeren Stadt namens Lysekil, und weiter nach Smögen, ihrem Ziel. Hier gab es keinerlei Möglichkeiten, sich zu verstecken.

An Steuerbord lag der Ellösefjord, eine tiefe Bucht, an deren nordöstlichem Ende sich das Fahrwasser stark verengte und wiederum in zwei Arme aufteilte. Der Erste passierte mehrere Engstellen südlich und östlich der kleinen Insel Malö, bevor er in den Koljöfjord einmündete, ein mit bewaldeten Schären und Felsbrocken übersätes, weit nach Osten ins Landesinnere reichendes Gewässer. Der zweite Arm führte geradeaus in Richtung Nordnordost und mündete östlich der Stadt Lysekil in den Gullmarnfjord und damit zurück ins offene Meer. Laut Karte wurde die Fahrrinne im hinteren Teil dieser Strecke sehr flach. Weniger als zweieinhalb Meter. Zu flach für das Schnellboot!

»Wenn wir es bis hierher schaffen«, sagte Ole und zeigte Lina die Stelle, »haben wir eine Chance! Ab hier können sie uns nicht mehr folgen.«

Lina nickte angespannt und sah sich um. Aber was, wenn sie vorher gesehen wurden? Das Wummern war bereits merklich lauter geworden.

Hastig fierten die Schoten, um vor dem Wind in den Ellösefjord abzulaufen. Dadurch wurden sie jedoch auch langsamer. Also startete Ole den Motor, was jedoch zur Folge hatte, dass sie nun ihre Verfolger nicht mehr hören konnten.

Doch das war bald ohnehin nicht mehr nötig.

Als sie den Fjord halb überquert hatten, sahen sie die schwefelgelbe Abgasfahne über den südlichen Schären. Wenige Minuten später konnten sie auch den grauen Rumpf des Schnellbootes sehen. Mit hoher weißer Bugwelle kam es aus dem Kanal bei Gullholm gerauscht. Einen Moment lang schien es, als wollte es dem westlich gelegenen Außenfahrwasser nach Smögen folgen, doch dann konnten sie sehen, wie der Aufbau sich neigte und das Schnellboot in einer engen Kurve auf den Ellösefjord zudrehte.

»Sie haben uns gesehen«, sagte Lina tonlos. »Was jetzt?«

Ole blickte nach vorne.

Die erste Einfahrt, die in den Koljöfjord führte, lag nur wenige hundert Meter querab. Doch was nutzte es, dort hineinzufahren? Das Schnellboot hatte sie gesehen und würde sie eingeholt haben, bevor sie die nächste Engstelle passiert hätten.

Aber auch Oles vorheriger Plan würde nicht mehr aufgehen. Bis zu der flachen Stelle in der zweiten Rinne war es ebenfalls viel zu weit. Mit wachsender Verzweifelung starrte Ole auf die Seekarte. Gab es wirklich keine andere Möglichkeit?

Ole stutzte. Nördlich der Insel Malö gab es eine schmale Querverbindung zwischen den beiden Fahrwassern. Ole hatte ihr zuvor keine Beachtung geschenkt, weil sie ebenfalls nach Osten führte. Aber auch hier war eine Flachstelle verzeichnet. Diese hatte sogar weniger als zwei Meter. Viel zu wenig für das Schnellboot, aber auch für sie selber bereits im kritischen Bereich. Wie viel Tiefgang die *Lotten* hatte, wusste Ole nicht genau. Er konnte nur schätzen, dass es irgendetwas zwischen 1,5 und 1,8 Metern sein würde.

Dennoch, es würde ihre einzige Chance sein!

Und den Gegner verblüffen ist immer eine gute Taktik! Das hatte von Wellersdorff gesagt, kurz bevor sie beim Start der Starboot-Weltmeisterschaft die Parade abgenommen hatten.

Die Vorstellung, dass sich der Konteradmiral vermutlich ebenfalls noch an Bord des Schnellbootes befand, war befremdlich. Wie viel würde er als Gefangener von der Jagd auf Ole und Lina mitbekommen?

Als Ole sich erneut umdrehte, war das Schnellboot bereits auf weniger als eine Meile aufgekommen. Deutlich konnte man jetzt die beiden signifikanten Klappen der Torpedorohre rechts und links des Bugs erkennen.

»Sie werden eins von diesen Dingern auf uns abfeuern und uns versenken«, stellte Lina nüchtern fest.

Ole schüttelte den Kopf. Bei einem kleinen und wendigen Schiff wie der *Lotten* würde ein Torpedo wenig nutzen. Vorausgesetzt, das anvisierte Ziel hatte genug Zeit und Platz, um zur Seite auszuweichen. Auch das größere 20-Millimeter-Zwillingsgeschütz auf dem Achterdeck war mehr für die Abwehr von Luftangriffen konzipiert. Wenn es flach und nach vorne zielen sollte, war der eigene Brückenaufbau im Weg.

Trotzdem wusste Ole, dass die Schnellbootbesatzung diesmal kurzen Prozess mit ihnen machen würde, auf welche Art auch immer.

Tatsächlich tauchten nun mehrere Männer auf dem Vorschiff des Schnellbootes auf. Sie wuchteten eine Kiste an Deck, hoben ein leichtes, einläufiges MG heraus und arretierten es in einer dafür vorgesehenen Halterung. Es war viel kleiner als das Geschütz auf dem Achterdeck, aber auch dieses Kaliber würde mehr als genug sein, um ein schlichtes Holzschiffchen wie die *Lotten* zu einem Haufen Treibholz zusammenzuschießen.

Womöglich war es ziemlich dumm von ihnen gewesen, dass sie die Maschinenpistolen ihrer Bewacher unter dem umgedrehten Boot auf Käringön zurückgelassen hatten. Nicht dass sie ihre Feinde damit auf Distanz hätten halten können. Aber wenigstens hätten sie ihr Leben etwas teurer verkauft!

Rasch warf Ole einen Blick nach vorne. Die heiß ersehnte Querpassage war immer noch nicht zu sehen.

»Geh unter Deck!«, sagte Ole rau. »Leg dich flach auf den Boden und halte die Pläne bereit. Wenn wir getroffen werden, springst du aus dem Vorluk ins Wasser. Komm auf keinen Fall den Niedergang hoch, hörst du?«

»Und du? Was ist mit dir?«

Darüber machte sich Ole lieber keine Gedanken.

»Ich spring dann auch«, murmelte er.

Linas Blick sagte deutlich, was sie von dieser Aussage hielt, noch bevor sie es aussprach.

»Schwachsinn! Du bist tot, ehe du einen Fuß aus dem Cockpit gehoben hast.« Sie machte eine kurze Pause, dann hatte sie ihren Entschluss gefasst.

»Wir werden uns ergeben!«

»Nein!«, sagte Ole und erschrak, wie heftig ihm das Wort hervorgerutscht war. Leiser, aber umso eindringlicher setzte er hinzu: »Nein, Lina, du hast selber gesagt, es kommt auf die Pläne an! Und nur auf die Pläne!«

Sie blitzte wütend zurück. Offensichtlich mochte sie es gar nicht, wenn man ihre eigenen Argumente gegen sie wendete.

»Außerdem ...«, wollte Ole rasch fortfahren, unterbrach sich aber.

Schießen sie ja vielleicht nicht gleich, hatte er sagen wollen. Doch in diesem Augenblick sah er, wie sich voraus seine Querpassage öffnete.

»Außerdem haben wir noch eine Chance!«, sagte er stattdessen, und zeigte nach vorne.

»Du willst da durch?«

»Ja.«

»Und sie?«

»Für sie ist es zu flach! Und jetzt geh in Deckung!«

Lina sah ihn einen langen Moment an. Dann trat plötzlich dasselbe, verschwörerische Lächeln in ihr Gesicht, das sie ihm gezeigt hatte, als sie einander an Bord des Schleppers in Kiel begegnet waren. Kurz bevor sie den Koffer mit den Plänen versenkt hatte und er von den hereinstürmenden Polizisten vermöbelt worden war. Weil damals ihre meergrünen Augen auf diese unglaubliche Art aufgeleuchtet hatten, hatte Ole dieses Lächeln immer als »Meeresleuchten« in Erinnerung behalten.

Einen Augenblick später war sie unter Deck verschwunden. Mit einer wilden Gefühlsmischung aus Glück und Verzweiflung drehte Ole sich zu ihren Verfolgern um.

Das Schnellboot war deutlich näher gekommen, vielleicht noch zwei Kabellängen entfernt. Aber es hatte auch seine Geschwindigkeit deutlich reduziert. Entweder wollte der Kommandohabende den Männern auf dem Vorschiff eine ruhigere Schussmöglichkeit verschaffen, oder aber sie waren sich ihrer Sache so sicher, dass sie sich jetzt einfach Zeit ließen.

Plötzlich erstarrte Ole.

Einer der Schnellbootleute, derjenige, der hinter dem MG Position bezogen hatte, war auffallend groß und schlaksig, und seine wirren blonden Haare wurden von einem blutigen Stirnband aus Verbandsmaterial zusammengehalten.

Richard!

Diese Erkenntnis ließ es Ole eiskalt den Rücken hinunter laufen, und klar wie Eiswasser wusste er, dass Korfmann diesmal keine Sekunde zögern würde. Dies war ein Duell zwischen Regattaseglern, und Richard wollte um jeden Preis gewinnen. Egal, wie unfair die Chancen zwischen den beiden Schiffen verteilt waren und der Verlierer, sehr wahrscheinlich Ole, sterben würde.

Aber noch hatte auch Ole sein entscheidendes Manöver nicht gefahren: die letzte Halse, mit der er sich aus der im Regattajargon als Überlappung bezeichneten, ultimativen Kontrolle des Gegners würde befreien können.

Der Großbaum war weit aufgefiert an Steuerbord. Ole peilte den Mast hinauf. Der Wind kam jetzt genau von achtern und hatte durch den Trichtereffekt der steilen, hohen Ufer des schmalen Fahrwassers noch deutlich zugelegt. Gut so! Mit weniger Wind würde Ole es vielleicht nicht schaffen, wenn er über die Untiefe hinüberwollte.

Langsam griff er nach der Großschot und wickelte sie zweimal um die Hand. Dann steuerte er die *Lotten* weiter an die rechte Fahrwasserseite heran. Er hatte jetzt das schmerzhafte Gefühl, sein Herz schlüge nicht mehr hinter den Rippen, sondern ganz oben in seiner Kehle.

Da kam die Querung!

Die Felsen rechts und links der Mündung fielen senkrecht ins Wasser, und nach seiner Farbe zu urteilen war es tief genug, um direkt daran entlangzusegeln. Ein letzter Blick zurück. Das verdammte Schnellboot musste doch jeden Augenblick in Schussweite sein? Ole klemmte die Pinne zwischen die Beine und begann die Großschot dichtzuziehen.

Dann hörte er Richards Stimme.

»Streich die Segel, Storm!«

Ole hielt den Blick nach vorne. Jetzt bloß nicht zur Seite sehen und Richard seine Absicht verraten. In Oles Augenwinkel öffnete sich die nur etwa zwanzig Meter breite Querpassage. Noch einen kleinen Moment.

Jetzt, Halse!

In einer wilden Bewegung warf Ole das Ruder der *Lotten* herum und das Heck der Yacht drehte durch den Wind. Ole zog den Kopf ein und in der nächsten Sekunde fegte der Großbaum über ihn hinweg. In genau diesem Augenblick tackerte die erste Salve des MGs in ohrenbetäubendem Stakkato über ihn hinweg. Sie verfehlte ihn jedoch, vielleicht wegen des abrupten Kurswechsels. Stattdessen schlug sie faustgroße Brocken und Splitter aus den Felsen in Lee.

Ole stand weiterhin geduckt im Cockpit. Anstatt die Schot zu fieren, wie nach einem normalen Halsenmanöver üblich, hielt er sie fest. Der Wind kam nun genau von der Seite ins Segel und sein Druck ließ die Yacht beträchtlich nach Lee krängen. Das hatte Ole beabsichtigt. Damit hatte die Yacht weniger Tiefgang, wenn sie die flache Stelle erreichte.

Aber die starke Krängung rette Ole vermutlich auch das Leben. Denn die nächste Salve aus Richards MG traf nicht ihn, sondern den Rumpf der *Lotten*.

Dann war die Yacht für einen kurzen Moment aus der Schusslinie.

»Ole, bist du in Ordnung?«, rief Lina und ihr Gesicht tauchte im Niedergang auf.

»Ja, aber bleib unten! Es ist noch nicht vorbei!«

Ole riskierte es, sich aufzurichten und einen Blick nach vorn zu werfen. Das Wasser war nicht einmal mehr grün. Es war durchsichtig. Hatte er sich verrechnet? Das hier waren weniger als eineinhalb Meter! Gütiger Gott im Himmel, jetzt lass uns hier nicht auf Grund gehen, flehte er. In einer Minute würde das Schnellboot hinter der Lücke im Felsen wieder in Schussposition kommen und sie zerlöchern!

Mit fast dreißig Grad Krängung und sechseinhalb Knoten Fahrt segelte die *Lotten* auf die Untiefe zu – und mit einem gewaltigen Ruck darüber hinweg! Dann: grünes, tiefes Wasser. Sie waren drüben!

Ole fuhr herum. Jetzt hatte das Schnellboot die Höhe der Querung erreicht. Seine Maschinen dröhnten ohrenbetäubend laut auf, als es mit voller Rückwärtsumdrehung aufzustoppen versuchte, nur übertönt vom Brüllen des MGs, das in ihre Richtung feuerte.

Instinktiv ließ Ole Pinne und Schot fahren und warf sich nach vorne auf den Boden. Die Kugeln schlugen über ihn hinweg, rissen Splitter und ganze Leisten aus Aufbau und Cockpitsüll. Eine paar der umherfliegenden Holzstücke bohrten sich mit hellem Schmerz in seinen Arm und seinen Handrücken, die er zum Schutz über den Kopf gelegt hatte.

Dann endete der Kugelhagel abrupt.

Die *Lotten* hatte genau das getan, was jede gute Yacht tun sollte, wenn sie steuerlos war: Sie drehte von selber in den Wind!

Und brachte damit sich und seine Crew hinter den nächsten Felsen der Insel Malö aus der Schusslinie.

~

Als Richards MG verstummt war und ihre Verfolger achteraus hinter den Felsen zurückblieben, hatte Ole die *Lotten* weiter nach Osten gesteuert, um in dem weit verzweigten, unübersichtlichen Archipel aus Inseln, Felsen und Wasserflächen rund um die Insel Flatön zu verschwinden.

Das Schnellboot würde zu ihrer Verfolgung zunächst ein Wendemanöver ausführen müssen, das in dem engen Fahrwasser sicherlich einige Zeit in Anspruch nehmen würde. Danach musste es einen längeren Umweg südlich um die Insel Malö herum in Kauf nehmen, um zu ihnen aufzuschließen.

Sie würden also eine reelle Chance haben.

Eine ganze Weile lang hörten sie in der Distanz das wütende Dröhnen der Schnellbootmotoren, aber es blieb zusehends weiter zurück. Und als Ole die Yacht nördlich von Flatön durch den schmalen, gewundenen Råbergssund zurück nach Westen steuerte, erstarb das Geräusch vollends.

Die Inseln und Schären um sie herum waren hier nicht mehr karg, flach und rund gewaschen, wie jene draußen vor der Küste, sondern steil und hoch und üppig mit Birken, Kiefern und alten, knorrigen Eichen bewachsen. An manchen Stellen wähnte Ole sich eher auf einem Gebirgssee, denn in unmittelbarer Nachbarschaft zum offenen Meer. Alle paar Minuten schien die Stimmung der Landschaft zu wechseln, mal schroff und geheimnisvoll, mal offen und lieblich, wenn sich der Blick auf weite Wiesen und die sanfte, den Fjord umgebende Hügellandschaft mit den darin verstreuten, einsamen Gehöften öffnete.

Als sie sich einigermaßen in Sicherheit fühlten und das Verarzten von Oles blutiger Wunde keinen Aufschub mehr duldete, legten sie mit der *Lotten* an einem alten, wackeligen Holzsteg auf der Insel Bassholm an.

Als Erstes kümmerte sich Lina um Oles Verletzung. Er musste die Zähne zusammenbeißen, um nicht zu schreien, als sie mehrere Holzsplitter, einer davon zeigefingergroß, aus seinem linken Oberarm und seiner linken Hand zog. Dann reinigte sie die Stellen mit dem alkoholischen Fiebermittel, das der arme Tore nicht mehr hatte aufbrauchen können.

»Die eine Wunde hier muss ich vernähen, wenn sie zu bluten aufhören soll«, sagte Lina und nahm sich, was sie an Wundfaden und Nadeln in der Verbandstasche der *Skagerrak* fand.

Ole hielt sich mit beiden Händen an der Pinne fest und öffnete seine Fäuste erst wieder, als Lina die restliche Mullbinde um die Wunde wickelte.

Dann gingen sie an Land.

Der Anleger gehörte zu einer halb verfallenen, offensichtlich schon seit Jahren aufgegebenen Kleinbootsbauerei. Die Scheiben in dem alten Werkstattgebäude waren blind oder eingeschlagen und auf der kleinen Slipanlage stand das halb verfallene Spantgerippe eines nie vollendeten kleinen Fischereifahrzeuges. Ole fand ein paar rostige Werkzeuge – Hammer, Handbohrer, und eine grobe Säge – sowie einige noch recht brauchbare Bootsbaumaterialien – Holz, Schrauben und Nägel – mit denen er die gröbsten Schäden reparieren konnte, die die Kugeln aus Richards MG in die *Lotten* gerissen hatte.

Was sie jedoch noch weitaus dringender benötigten, waren Proviant und Frischwasser.

Letzteres spendete eine quietschende Handpumpe hinter dem Werftschuppen. Mit seinem unversehrten Arm trug Ole den portablen, 30 Liter fassenden Trinkwasserkanister der *Lotten* herüber und begann ihn zu füllen.

Ein Stück weiter öffnete sich ein schmales, von Laubbäumen gesäumtes Tal, dessen Grasfläche von ein paar Weidezäunen und kleineren Ackerflächen unterbrochen war. Also musste die Insel bewohnt sein. Lina schulterte ihren Rucksack, aus dem sie zuvor die Kassette mit den Plänen genommen hatte, steckte sich ein paar Kronenscheine aus ihrer Geldreserve ein, und machte sich auf die Suche nach dem Hof.

»Ist vielleicht besser, wenn ich alleine gehe«, sagte sie knapp, mit missbilligendem Blick auf Oles Kleidung.

Ole sah an sich herab. Er trug immer noch die einfache Decksuniform aus Hose, Hemd und Leinenjacke, die auf der *Skagerrak* üblich gewesen war und ihn natürlich sofort als Matrosen der deutschen Kriegsmarine auswies. Obendrein war sie inzwischen ziemlich heruntergekommen, und der linke Arm von Hemd und Jacke war von den Splittern zerfetzt und mit Blut beschmiert.

Was wohl der Konteradmiral zu diesem Aufzug gesagt hätte? Vermutlich, dass Ole sich damit nicht einmal in einem schwedischen Schweinestall würde sehen lassen können.

Eine knappe Stunde später war Lina wieder zurück.

Sie zog einen großen Käse, Schinken, zwei Laib Brot und einen Schlauch mit Milch aus dem Rucksack. Heißhungrig machte sich Ole über die guten Gaben her. Lina selber aß nur wenig, und so blieb noch genug Proviant übrig, um ihnen bis zu ihrer Ankunft in Smögen auszureichen.

Nach dem Essen präsentierte Lina Ole ein paar Kleidungsstücke, die sie ebenfalls von den Bauern erstanden hatte: eine mehrfach geflickte, aber saubere Leinenhose, ein einfaches weißes Leinenhemd und einen dicken Pullover aus blau gefärbter Wolle, der noch ziemlich neu sein musste, weil er noch ein wenig nach Schaf roch.

Die Sachen passten Ole überraschend gut. Vor allem wärmten sie ihn später, als er bei Einbruch der Nacht alleine auf dem Vorschiff saß.

Lina hatte sich schon vor einer ganzen Weile mit ein paar knappen Worten entschuldigt und war in der Koje verschwunden. Inzwischen war das Rot am Himmel in ein mattes, dunkles Purpur übergegangen, und an Land waren die Schatten dichter geworden. Die schwarzen Bäume rund um die alte Werft säuselten leise in der aufkommenden Nachtbrise, und langsam kroch eine feuchte Kälte von der Wasseroberfläche zu Ole an Deck.

Plötzlich hörte Ole ein leises Geräusch.

Nichts Alarmierendes oder Gefährliches, aber dennoch etwas, das schrecklich genug war, um Ole zusammenzucken zu lassen. Linas Schluchzen.

Ole zögerte. Vielleicht war es besser, wenn er es diskret überhörte, vielleicht sogar an Land ging und erst wiederkam, wenn sie schlief? Auf jeden Fall wäre es unverfänglicher, und er würde weder in den Verdacht noch in die Versuchung kommen, ihre Stimmung ... Blödsinn!

Was für ein egoistischer Holzkopf er doch war, dass er ihr wegen seiner eigenen kleinkarierten Sehnsüchtelei den Trost verweigern wollte, den sie gerade jetzt so dringend brauchte.

Er atmete einmal tief durch und ging zu ihr hinunter.

Der Docht der kleinen Öllampe, die sie in einem der Schapps gefunden hatten, war fast heruntergebrannt und blakte nur noch müde. Ihr schwacher, matter Lichtschein fiel kaum bis ins Vorschiff, wo Lina in die Decke eingewickelt lag. Vorsichtig tastete Ole sich durch den schmalen Durchgang und kroch neben sie. Sie lag mit dem Rücken zu ihm und hatte ihr Gesicht in ihrer Strickjacke vergraben. Zögerlich streckte er seine Hand aus und strich ihr sachte über das Haar und die Schulter. Nach einem Moment hörte sie auf zu weinen, bewegte sich aber nicht und sagte nichts. In der Stille wusste Ole einen fürchterlichen, unsicheren Augenblick nicht, was er tun sollte. Aber gerade, als er sich abwenden wollte, griff sie nach seiner Hand und zog sie zu ihrer Seite herüber. Ihre Finger umschlossen die seinen, und sie schmiegte sich eng in Oles Arm, der sie nun umschloss.

So nah an ihrem Rücken liegend wagte Ole nicht, sich überhaupt zu bewegen. Fühlte lediglich ihrem Atem auf seinen Fingerspitzen nach, der kurze Zeit später ruhig und gleichmäßig wurde. Sie war eingeschlafen. Aber selbst jetzt hielt sie seine Hand noch fest umschlossen.

Ole fühlte, wie sich die Anspannung in ihm löste. Er legte den Kopf neben ihren und schloss die Augen.

~

Nach der kräftigen Brise des vergangenen Tages war der nächste Morgen strahlend hell und nahezu windstill. Es versprach ein heißer Tag zu werden.

»Ein richtiger Sommerferientag«, wie Lina beim Frühstück aufgeräumt bemerkte.

Ole registrierte erleichtert, dass sie kräftig aß und anscheinend ihre niedergeschlagene Stimmung von gestern hinter sich gelassen hatte. Sigur erwähnte sie mit keiner Silbe. Allerdings auch nicht die Tatsache, dass sie die vergangene Nacht, wenn auch nur platonisch, in Oles Armen verbracht hatte.

Ihr Blick war wieder klar und nach vorne gerichtet, auf das was vor ihnen lag.

Sie entschieden, nicht bei Tageslicht weiterzufahren. Die Gefahr, dem Schnellboot zu begegnen oder von der schwedischen Polizei gesehen zu werden, war einfach zu groß. Und das Treffen mit dem Kontaktmann in Smögen sollte ohnehin erst am Abend des nächsten Tages stattfinden.

Also hatten sie für heute noch einmal alle Zeit der Welt, und fühlten sich auf Bassholmen sicher genug, um das auch tatsächlich ein wenig zu genießen.

Den Morgen und den Vormittag verbrachten sie damit, einige der schlimmeren »Schussverletzungen« im Aufbau und Rumpf der *Lotten* zu reparieren. Trotz Oles eigenen Wunden kamen sie gut voran, und gegen Mittag konnten sie damit beginnen, die Unordnung unter Deck zu beseitigen.

Was sie an Nützlichem fanden, bekam einen neuen Platz, der Rest wanderte in einen großen Sack, den sie mit vereinten Kräften an Land schafften und neben dem Bootsbauerschuppen abluden. Dort fanden sie auch einige alte Kanister, in denen dem Geruch nach noch ein paar Reste von Benzin waren. Ole schüttete alles zusammen in einen Eimer, reinigte es mit einem Sieb und fütterte damit den Brennstofftank der Yacht.

Schließlich machten sie sich daran, Rumpf, Deck und Cockpit der *Lotten* einer gründlichen Reinigung mit Pütz und Schrubber zu unterziehen. Als ein Schwall Wasser aus Linas Eimer versehentlich auf Ole, anstatt im Cockpit landete, sahen sie sich mit einem Mal in eine regelrechte Wasserschlacht verwickelt. Ausgelassenen wie zwei Ferienkinder planschten sie herum, bis sie klatschnass und lachend an Deck saßen. Danach ließen sie sich die Kleider von der Sonne am Leib trocknen und bemerkten verwundert, dass das fremde, eigentlich gestohlene Boot sich wie ihr gemeinsames, eigenes anzufühlen begann.

Den Rest des Tages faulenzten sie dösend im Schatten der Bäume, redeten über belangloses Zeug und verschwendeten kaum einen Gedanken an ihre Feinde oder die gefährliche Aufgabe, die noch vor ihnen lag.

Oles Verletzung am Arm schmerzte, jedoch nicht so schlimm, wie er befürchtet hatte, und als Lina die Verbände wechselte, stellte sie erleichtert fest, dass sich nichts zu entzünden schien.

Erst nachdem die Sonne abermals untergegangen war, verließen sie Bassholm.

Mit dem letzten Licht tuckerten sie unter Motor durch den schmalen Håleström und den Getevikssund. Die steilen Ufer waren mit Fichten und Tannen bewaldet und erinnerten Ole an das kitschige Bild einer Schwarzwaldlandschaft, das bei Tante Elfi in Kiel über dem Sofa gehangen hatte. Als gegen Mitternacht die kurze Dunkelheit über sie hereinbrach, befanden sie sich bereits auf westlichem Kurs im offenen Wasser des Gullmarnfjords und nutzten den aufgekommenen Landwind, um die Segel zu setzen und den Motor zu stoppen. Lautlos, unbeleuchtet und unbemerkt passierten sie den Hafen und die Stadt Lysekil und bogen nach Norden in das leidlich gut befeuerte Schärenfahrwasser ein. Sie passierten die Inseln Kornö und Malmö, und als das erste Tageslicht zurückkehrte und die nächtliche Brise einzuschlafen begann, hatten sie ihr Tagesziel erreicht.

Zu diesem hatten sie eine einsame, etwa drei Seemeilen östlich von Smögen gelegene Bucht namens Klevekilen erkoren, wo sie die

Yacht verstecken und zu Fuß nach Smögen gelangen konnten. Denn inzwischen hatte Korfmann vermutlich dafür gesorgt, dass in jeder Polizeistation in diesem Küstenabschnitt eine Beschreibung der *Lotten* aushing, und von daher verbot es sich, direkt nach Smögen hineinzusegeln.

Im nördlichsten Zipfel der in viele Nebenarme verästelten Klevekilen-Bucht fanden sie einen schmalen Einschnitt in den Felsen, der in der Karte mit dem Namen Orvik verzeichnet war. Dieser Teil der Bucht war gänzlich unbewohnt und ringsum von hohen Ufern geschützt. Die Straße nach Smögen war, obwohl nur einen knappen Kilometer entfernt, hinter einem dichten Wald aus Kiefern und jungen Birken verborgen. Ein ideales Versteck für die *Lotten.*

Als der Anker Grund gefasst hatte, belegte Ole die Kette nicht wie üblich vorne, sondern hinten am Heck, und ließ die Yacht mit dem flachen Bug bis dicht an die Felsen herantreiben. Dann sprang er hinüber, rammte einen Metallhaken, den er in der Backskiste gefunden hatte, in einen der zahllosen Risse im Felsen und belegte daran die Vorleine. Ole hatte diese typisch schwedische Art des Festmachens an in den Fels getriebenen Haken bereits auf Käringön gesehen, und der Sinn hatte ihm sofort eingeleuchtet. Man lag sicher vor Anker und konnte trotzdem trockenen Fußes an Land und wieder zurück aufs Schiff gelangen.

Zum Frühstück aßen sie die Reste ihrer Vorräte auf. Danach legten sie sich hin, Lina im Vorschiff und Ole in der Lotskojen im Salon, um eine Portion Schlaf der durchsegelten Nacht nachzuholen.

~

Erst am späten Nachmittag machten sie sich auf den Weg. »Unser Kontaktmann heißt Carl-Petter Askildsen«, erklärte Lina, als sie über die Felsen zum Waldrand kletterten. »Wir treffen ihn um Punkt acht in einer Kneipe am Hafen.«

Als sie das Ende der schmalen Bucht erreicht hatten, blieb Ole stehen und drehte sich noch einmal zur *Lotten* um. Sie lag ruhig und sicher und würde bis zum Abend nicht bemerkt werden. Was ihre eigene Sicherheit anging, war Ole weniger überzeugt.

»Kennst du diesen Askildsen denn?«, fragte er.

Er erinnerte sich, dass Lina gesagt hatte, nur der Professor und Tore hätten mit diesem Mann zusammengearbeitet. Beide waren tot.

»Nein, aber es gibt ein Losungswort. Eigentlich sogar drei. Eins für uns, damit er uns erkennt, und eins, das er sagen muss. Damit wir nicht aus Versehen jemand anderem streng geheime Unterlagen in die Hand drücken, der das vielleicht gar nicht richtig zu würdigen wüsste.«

Lina klopfte mit der Hand gegen die Schatulle mit den Plänen, die Ole im Rucksack bei sich trug. Ihr Satz hatte aufmunternd und locker klingen sollen, aber die geladene Pistole, die Lina zur Sicherheit mit eingepackt hatte und deren eckige Form Ole deutlich zwischen seinen Schulterblättern spürte, zeigte ihm, dass ihr Ausflug alles andere als ein Spaziergang war.

»Und das dritte Losungswort?«, fragte er.

»Das ist für den Notfall. Eine Art Generalschlüssel der Widerstandsbewegung.«

Ole fragte nicht, wie es lautete. Auch Losungsworte und Notfallpläne konnten seine generelle Sorge nicht zerstreuen.

»Was ist, wenn Korfmann von dem Treffen erfahren hat und wir in eine Falle laufen?«

»Woher sollte er davon wissen?«

»Von Sigur?«

Linas Gesicht verdüsterte sich schlagartig.

»Sigur wusste, dass wir die Pläne weiterleiten wollten«, antwortete sie kühl. »Aber nicht, wo und an wen. Das hat Frederik nur mir gesagt. Genauso wie die Losungsworte.«

Damit wandte sie sich um und verschwand zwischen den Bäumen. Wenn er sie brüskiert hatte, tat es Ole leid, und eigentlich hatte er sich und ihr die Erinnerung an Sigurs Verrat auch ersparen wollen. Aber ihre Idee, einfach mit den Plänen im Gepäck nach Smögen hineinzumarschieren, behagte Ole nicht.

Nun, er würde eben umso wachsamer sein müssen.

Nach einer kurzen Strecke hatten sie die Landstraße erreicht und wandten sich auf ihr in südwestliche Richtung.

Es herrschte leidlich viel Verkehr auf der Straße und es wäre vielleicht möglich gewesen, die Strecke per Anhalter zurückzulegen oder mit einem Bus von der nahegelegenen Ortschaft Hovenäset aus. Aber sie waren sich einig, dass dadurch ihr Risiko, erkannt zu werden, zu groß wurde. Gut möglich, dass die Polizei inzwischen Personenbeschreibungen von ihnen veröffentlicht hatte. Also nahmen sie notgedrungen den langen Fußmarsch in Kauf.

Gute eineinhalb Stunden später erreichten sie eine Anhöhe, von der aus sie einen beeindruckenden Ausblick auf den Hasselösund hatten und die beiden durch ihn getrennten Orte Smögen und Kungshamn.

Beide Hafenstädtchen lebten vom Fischfang, wie von oben unschwer an ihren ausgedehnten Hafenanlagen, den zahlreichen Fischkuttern und Lagerhallen sowie einer Anzahl Fisch verarbeitender Fabriken zu erkennen war. Aber während Kungshamn diesseits des Sundes wenig Charme zu haben schien, war Smögen auf der gegenüberliegen Insel Hasselön trotz des Fischereigewerbes eine weitere, prächtige Blume im westlichen Schärengarten.

Seine bunten, properen Häuser drängten sich dicht unter einem hohen Hügelrücken zusammen, und ihre Farben wetteiferten in der warmen Abendsonne mit denen der Rümpfe und Aufbauten der Schiffe im Hafen. Dieser wurde durch einen schmalen, etwa 500 Meter langen Einschnitt zwischen den hellen Granitfelsen gebildet und beiderseits von teilweise auf Stelzen über das Wasser hinausgebauten Speichern und Warenhäusern flankiert. Vorne an standen die größten und prächtigsten Gebäude, weiter hinten in dem schmalen Schlauch wurden sie immer kleiner, jedoch auch immer farbenfroher. Aufgefädelt war diese bunte Perlenschnur an einer einzigen langen Holzpier, der Smögenbryggan, die sich, mal breit wie ein kleiner Platz, mal schmal wie ein wackeliger Steg, einmal rund um das ganze Hafenbecken herumzog.

Auf dieser Pier schien sich das gesamte öffentliche Leben abzuspielen. Das war der erste Eindruck, den Ole hatte, als Lina und er die kleine Fähre verließen, die sie von Kungshamn über den Sund gebracht hatte. Fischer luden hier ihren Fang von den Booten, Schauerleute trugen ihn in die Kühlhäuser und Fischauktionshallen. Händler und Handwerker boten Waren feil, und eine Anzahl an Kneipen und Gastwirtschaften lockte mit Speisen und Getränken.

Nicht gerade der stille, verschwiegene Ort, den Ole für ein geheimes Treffen erwartet hätte.

Lina hatte dazu eine eigene Sicht: »Gut, dass es so voll ist. Da können wir besser untertauchen, wenn es nötig wird.«

Als sie an einer der zahlreichen offenen Fischküchen vorbeikamen, stieg Ole ein wohlbekannter, verführerischer Duft in die Nase. Er blieb stehen und entdeckte einen großen Topf, in dem Jomfruen gegart wurden, jenen köstlichen Garnelen, von denen er sich auf Anholt vergeblich ein paar erhofft hatte.

»Smögenräkor! Eine echte Delikatesse. Die Region ist berühmt dafür!«, erklärte Lina und fragte, ob Ole vielleicht ein paar davon zu Abend essen wollte.

»Können wir uns die denn leisten?«, fragte er unsicher zurück. Zuhause waren sie sündhaft teuer.

»Das sollte gerade noch klappen!«, lachte Lina und tätschelte auf die Tasche, in der sie ihre Geldbörse trug.

Nebeneinander zwängten sie sich an einen schmalen Tisch mit Blick auf den Hafen, und kurz darauf tischte ihnen eine wohlbeleibte Kellnerin einen wahren Berg Räkor auf.

Lina, die nicht wusste, dass Krabbenpulen eine der täglichen Pflichten in Oles Kindheit gewesen war, wollte ihm großzügig erklären, wie man die Schalen zu öffnen hatte. Doch bevor sie ihren ersten Satz zu Ende gebracht hatte, war bereits der erste Garnelenschwanz in Oles Mund verschwunden, und er wendete sich den länglichen Scheren zu.

»Da ist das beste Fleisch drin«, sagte er kauend.

»Ja, ich weiß«, antwortete Lina leicht irritiert. »Aber das bekommt man doch so gut wie nie heil heraus.«

»Ach was! Du musst nur so machen!«

Ole nahm den dünnen, beweglichen Teil der Schere zwischen Daumen und Zeigefinger und drehte ihn mit geübter Bewegung ein kleines Stück um die eigene Achse, nur eben so weit, bis es leise knackte. Dann zog er ein unversehrtes Stückchen rosafarbenes Fleisch aus der Zange des Schalentiers und hielt es Lina hin.

»Siehst du?«

Lina öffnete den Mund, eigentlich vor Erstaunen, aber Ole interpretierte ihre Sprachlosigkeit anders und schob ihr den Leckerbissen kurzerhand zwischen die Lippen.

Sie verschluckte sich, dann musste sie herzhaft lachen. Und auch sonst verlief das Essen lustiger, als es dem ernsten Grund ihres Besuches in Smögen angemessen war.

Ihre Anspannung kehrte jedoch rasch zurück, als sie sich nach dem Abendessen auf die Suche nach dem Valfångare machten. So hieß die Kneipe, in der sie den norwegischen Kontaktmann treffen sollten, in Erinnerung an die Blütezeit des Walfanges, der noch gegen Ende des vorigen Jahrhunderts eine große Rolle für Smögen gespielt hatte.

In einer düsteren Seitengasse in der zweiten Reihe hinter der Hafenpromenade entdeckten sie schließlich ein verwittertes Holzschild, aus dessen blasser, abblätternder Bemalung nur mit Mühe ein Pottwal und ein besegeltes Fangschiff zu erkennen waren, und schon beim ersten Blick durch die trüben Scheiben der Kaschemme war klar, dass die Blütezeit dieses Etablissements mindestens genauso lange zurücklag wie die der Walfänger selber.

»Sprich möglichst wenig«, sagte Lina leise und sah sich um. »Besser sie merken nicht, dass du ein Deutscher bist.«

Ole nickte. Nicht zu sprechen fiel ihm gemeinhin nicht schwer.

Es war Punkt acht Uhr, als sie eintraten.

Obwohl es draußen noch taghell war, herrschte in der Kneipe ein düsteres Zwielicht. Die wenigen Gäste, drei am Tresen, zwei an einem Tisch in der Ecke, machten allesamt keinen besonders vertrauenerweckenden Eindruck. Allerdings schien keiner von ihnen der Kontaktmann zu sein, denn außer ein paar missbilligenden Blicken und getuschelten Bemerkungen ernteten sie keine weitere Aufmerksamkeit.

Lina nickte zu einem Tisch am Fenster.

»Setzen wir uns«, sagte sie leise. »Er wird sicher gleich kommen.«

Dann rief sie laut und auf Schwedisch zum Tresen hinüber, dass sie gerne etwas zu trinken hätte.

Der Wirt, ein stoppelhaariger, stiernackiger Kerl mit Ohrringen, tätowierten Armen und einer langen, quer über sein Gesicht verlaufenden Narbe, ließ sich aufreizend viel Zeit, bevor er eine Flasche und zwei schlecht gespülte Gläser an ihren Tisch brachte.

»Was ist das?«, flüsterte Ole, als der Wirt wieder hinter dem Tresen verschwunden war.

»Aquavit«, antwortete Lina und schenkte je zwei Fingerbreit der klaren Flüssigkeit in die schmuddeligen Gläser.

Der Schnaps brannte in der Kehle und Ole beschloss sofort, es bei diesem einen Glas zu belassen.

Lina schien zunächst überhaupt nichts trinken zu wollen. Ole wunderte sich, warum sie das Zeug überhaupt bestellt hatte, als sie ihr Glas hob und laut in den Raum fragte: »Någon här, som är med oss på välfärden i Prince Harald drycker?«

Es gab keine Antwort, nur ein paar befremdete Blicke der Männer am Tresen. Lina leerte ihr Glas alleine. Auch Ole sah sie fragend an.

»Das war unsere Losung«, flüsterte sie. »Ein Trinkspruch auf den jüngsten Enkel von König Haakon. Wenn einer von denen da Askildsen wäre, hätte er mit einem Toast auf das zweite Enkelkind antworten müssen, Prinzessin Astrid.«

Oles Unbehagen wuchs.

Mit jeder weiteren ereignislos verstrichenen Minute war er sich sicherer, dass hier etwas nicht stimmte.

»Er kommt nicht«, flüsterte er, als die Uhr über der Tür zwanzig vor neun zeigte. »Lass uns verschwinden!«

Lina schien zu überlegen. Dann nickte sie.

»Betala!«, rief sie laut.

Wieder ließ der stiernackige Wirt sich reichlich Zeit, bis er sich endlich zu ihrem Tisch bequemte. Als er die Gläser und die Flasche von ihrem Tisch sammelte, verlangte er 10 Kronen. Was eine Unverschämtheit für zwei Gläser Schnaps war.

Lina legte zwei Fünf-Kronen-Scheine auf die schmierige Tischplatte, hielt aber die noch fast volle Flasche Aquavit fest. Soweit Ole verstand, betrachtete sie die Flasche bei diesem saftigen Preis als ihr Eigentum.

Plötzlich entblößte der Wirt sein lückenhaftes Gebiss in breitem Grinsen und sagte mehrere kurze Sätze, in denen mehrmals der Name Askildsen vorkam. Dann drehte er sich um und verschwand in der Küche.

Mit finsterem Gesicht steckte Lina die Flasche in den Rucksack und stand auf. Ole folgte ihr hinaus.

»Was hat er gesagt?«, fragte er, als sie wieder draußen an der frischen Luft standen.

»Dass Askildsen auf uns wartet. In einem Schuppen unten am Hafen.«

Diese Wendung gefiel Ole überhaupt nicht. Noch weniger als das tatenlose Warten in der Walfisch-Kaschemme.

»Warum?«

»Geh rein und frag ihn«, antwortete Lina gereizt.

Damit schulterte sie den Rucksack und wollte sich auf den Weg zum Hafen machen.

»Warte!«, sagte Ole und hielt sie zurück. »Das stinkt doch zum Himmel!«

»Vielleicht. Aber hast du eine bessere Idee? Wenn wir Askildsen nicht finden, sind diese Pläne nichts wert. Es sei denn, du willst sie selber rüber nach England bringen!«

Ole zuckte die Achseln. Mit einer anständigen Brise wäre das kein Problem. Wenn nur dieser elende Krieg nicht wäre.

Noch immer war der Himmel hell. Aber der hinterste Teil des Hafens, dort wo die steile Granitwand des Felsens sich hoch über die Fischerhütten erhob, lag bereits im tiefen Schatten. Vom vorherigen Trubel des Ortes war hier hinten um diese Zeit nichts mehr zu verspüren. Die Stege waren leer und still. Sie waren alleine.

Der Schuppen, den der Wirt Lina beschrieben hatte, war eine von fünf eng nebeneinander stehenden, zweigeschossigen Holzhütten und sollte als Erkennungszeichen eine brennende Laterne an der Tür hängen haben. Als Ole den matten Schimmer der Ölfunzel auf der anderen Seite des Hafenbeckens entdeckte, verstärkte sich sein ungutes Gefühl. Abermals hielt er Lina am Arm fest und zog sie in die Schatten zwischen zwei Hütten.

»Lass uns wenigstens die Pläne verstecken, bevor wir nachsehen«, flüsterte er. »Wenn es doch eine Falle ist.«

»Na schön. Und wo?«

Ole sah sich um. In dem engen Raum zwischen den Hütten befand sich allerlei Unrat, darunter auch ein Stückchen Schnur. Es war fest und lang genug, um es zweimal um die wasserfeste Schachtel mit den Plänen zu winden, und diese daran ins schwarze Wasser des Hafenbeckens unter der Hütte hängen zu können.

Als Ole das Ende der Schnur an einem hervorstehenden Nagel in der Seitenwand der Hütte festgeknotet hatte und sich wieder aufrichtete, sah er, dass Lina die Pistole aus dem Rucksack genommen hatte.

»Wie du schon sagtest ... Wenn es eine Falle ist.«

Damit lud sie die Waffe durch und ließ sie unter ihrer Strickjacke verschwinden.

Als sie den hölzernen Lagerschuppen mit der Öllampe erreicht hatten, klopfte Lina an der Tür. Die kleinen Fenster zum Innenraum waren dunkel. Nichts rührte sich. Alles in Ole schrie, dass sie sich aus dem Staub machen sollten. Aber Lina schien entschlossen. Sie warf Ole einen Blick zu, dann zog sie die Pistole unter der Jacke hervor, nahm die Öllampe vom Haken und trat ein. Ole folgte ihr.

Der ebenerdige Raum des Schuppens war voll mit Netzen, Reusen und leeren, aufeinander gestapelten Fischkisten. Die Rückwand schien vom nackten Fels gebildet zu werden, und linker Hand ging eine steile Treppe zum Lagerboden im ersten Stock. Mehr konnte Ole nicht erkennen, denn der schwache, flackernde Schein der Lampe drang kaum bis in die dunklen Winkel vor.

»Carl Askildsen?«, rief Lina. »Frederik Sønstebye skickar oss. Lösenordert år: På Prins Haralds välgång!«

Einen Augenblick war es totenstill. Dann knackte es irgendwo über ihnen. Lina wich erschrocken zurück, bis sie gegen Ole stieß und nach seinem Arm tastete.

Beide hielten sie die Luft an und starrten angestrengt in die Finsternis. Dort war jemand. Aber das verdammte Öllicht blendete sie mehr, als dass es ihnen nutzte. Vor allem zeigte es den anderen genau, wo sie waren.

»Askildsen, kom ut!«, sagte Lina und diesmal klang ihre Stimme nicht mehr so fest.

Wieder blieb es still.

Lina stellte die Öllampe auf dem Boden.

»Nichts wie raus hier!«, wisperte sie und zog Ole mit sich zur Tür.

Dann ging alles blitzschnell.

Bevor sie die Tür erreicht hatten, wurde diese mit lautem Knall zugeschlagen. In derselben Sekunde wurde eine Plane oder etwas Ähnliches über die Öllampe geworfen. Schlagartig war es stockdunkel. Schritte von mehreren Personen polterten aus unterschiedlichen Richtungen auf sie zu. Lina stieß einen Schrei aus. Ole spürte ihren Griff um seinen Arm fester werden und wollte schützend ihn um sie legen. Aber schon im nächsten Augenblick traf ihn ein schmerzhafter Schlag am Kopf, der ihn zu Boden warf. Sofort waren zwei oder drei Mann über ihm, drückten sein Gesicht auf den Boden und drehten ihm reichlich brutal die Hände auf den Rücken, was umso schmerzhafter war, da sein linker Arm ja noch verletzt war. Ein greller Schmerz durchzuckte ihn, und er konnte förmlich spüren, wie es an den frischen Nähten zerrte und riss.

Abermals hörte er Lina schreien. Dann fielen plötzlich Schüsse, und das Geräusch war zehnmal schlimmer als die Schmerzen in seinem Arm. Lina! Oh Herr, bitte nicht Lina!

Doch dann hörte er sie auf Schwedisch schimpfen und fluchen, und erleichtert ging ihm auf, dass es mit Sicherheit anders hätte klingen müssen, wenn sie getroffen worden wäre.

Eine tiefe Stimme rief ein paar für Ole unverständliche Befehle, und kurz konnte er den Hintergrund des hellen Abendhimmels sehen, als die Tür sich öffnete.

»Ole!«, schrie Lina. »Du musst die dritte To…«

Sie verstummte, als ihr eine Hand oder ein Lappen auf den Mund gepresst wurde. Dann sah Ole, wie zwei schwarze Schatten sie aus dem Schuppen zerrten. Die Tür schlug wieder zu und einen kurzen Moment lang war alles dunkel.

Dann wurde die Verdunklung von der Öllampe genommen.

Ole hatte erwartet, schwedische Polizeiuniformen zu sehen, vielleicht sogar Richard Korfmann, der jetzt grinsend vor ihn treten und ihn für seine Dummheit verhöhnen würde.

Aber der Hinterhalt, in den man sie gelockt hatte, war von anderen gelegt worden. Von Zivilisten – zwei Männern mit stoppelbärtigen, grimmigen Gesichtern, die Ole vage bekannt vorkamen. Nach einem Moment ging ihm auf, dass er sie vorhin im Valfångare gesehen hatte. Ein dritter kniete schwer auf seinem Rücken und hielt seinen Arm so verdreht, dass er kaum das Gesicht von den Holzplanken heben konnte.

Eigentlich hätte Ole erleichtert sein müssen, dass es nicht sein Erzfeind Korfmann war, der ihnen aufgelauert hatte. Aber das Gefühl, in tödlicher Gefahr zu schweben, wollte einfach nicht weichen.

»Vad gör vi med honom nu?«, fragte der Mann in seinem Rücken. Was machen wir mit ihm?

»Ni har hört vad Carl sa. Han är en tysk spion«, antwortete ein anderer. »Skärhalsen av honom och kasta honom i havet!«

Sie hielten ihn für einen deutschen Spion. Das hatte Ole verstanden, und dann noch etwas anderes: Styckning sin strupe! Schneid ihm die Kehle durch!

Sein Gefühl von Ohnmacht und Panik verdoppelte sich.

»Halt, wartet!«, schrie Ole. »Wir sind auf eurer Seite. Wir haben die Pläne!«

Oh Gott, verstanden sie ihn überhaupt? Wenn sie nur Lina nicht fortgeschafft hätten. Sie würde das erklären können!

Seine Gedanken begannen, durcheinander zu stürzen. Lina. Was hatte sie gesagt? Das dritte Irgendwas ... Was hatte sie gemeint?

Unsanft griff der Mann hinter ihm in sein Haar und riss seinen Kopf ins Genick.

Entblößte seinen Hals.

Dann hörte Ole neben sich das unerbittliche, hell metallische Geräusch einer langen Klinge, die aus einer Scheide gezogen wurde.

Das Gefühl unumstößlicher Gewissheit erfasste ihn. Gleich würde es vorbei sein. Ein einziger Schnitt nur.

Unzusammenhängende Bilder begannen an ihm vorbei zu rasen. Er begriff, dass es sein eigenes Leben war, das er entschwinden sah. Das Zuhause auf Amrum, Meister Rausch in der Segelmacherei, Kiel, der Yachtclub, die *Skagerrak* mit von Wellersdorff am Ruder. Und dann Lina, die Morgensonne in ihrem Haar und ihre grün blitzenden Augen.

Nur ein winzig kleiner Teil seines Gehirns weigerte sich trotzig, aufzugeben, die Arbeit einzustellen. Was, verdammt, hatte sie damit gemeint? Die dritte ...?

... Losung! Es gab eine dritte Losung, das hatte sie gesagt, als sie das Boot verlassen hatten. Für den Notfall, eine Art Generalschlüssel der Widerstandsbewegung! Oh Gott, das war es, was sie ihm noch hatte zurufen wollen! Was, um Himmels willen, konnte das dritte Losungswort sein?

Jetzt konnte er das Messer sehen, direkt vor seinen Augen. Die dünne, schartige Klinge stank noch nach Fisch.

Die ersten beiden Parolen hatten mit den Enkeln des norwegischen Königs zu tun gehabt: Harald und Astrid! Wie hieß das dritte Enkelkind?

Das Messer berührte kalt seine Kehle. Ole schloss die Augen und presste die Zähne zusammen, in Erwartung des kurzen, finalen Schmerzes. Ein letzter Gedankenblitz, dann würde es vorbei sein.

Ole war Segler. Sein letzter Gedanke galt einer Segelyacht.

»Ragnhild!«, stieß er plötzlich hervor.

Die 6-Meter-R-Yacht, mit der Olav von Norwegen die Olympischen Spiele gewonnen hatte. Er hatte sie nach seiner dritten Tochter benannt!

»Prinzessin Ragnhild!«, stammelte er noch einmal.

Die Hand, die das Messer zur Seite geführt hatte, um einen möglichst langen Schnitt zu setzen, hielt in ihrer Bewegung inne.

Unsäglich quälende Sekunden verstrichen.

Dann sagte eine Stimme: »Slåpp honom!«

Als wir erfahren hatten, dass Frederik Sønstebye und die anderen in Marstrand verhaftet und hingerichtet worden waren, haben wir jede Hoffnung aufgegeben. Wir dachten, dass ihr Übrigen auf der Flucht vor der Polizei seid. Und natürlich auch, dass die Pläne verloren sind.«

Carl-Petter Askildsen klopfte auf die Schatulle, die sie erst vor wenigen Minuten aus dem Hafenbecken gezogen hatten und die noch immer nass glänzte.

Er war ein stattlicher Mann mit langem, vollem Haar und sorgsam getrimmtem Kinnbart. Beides war, obwohl er noch keine fünfzig Jahre alt sein konnte, bereits schlohweiß. Seine braunen Augen hinter der kleinen, runden Brille ebenso wie seine Stimme waren von auffallender Weichheit, die so rein gar nicht zu der Härte des Überfalls passen wollte, den er über sie gebracht hatte.

»Als wir euch dann heute Abend draußen vor dem Valfångare auf Deutsch miteinander reden gehört haben, dachten wir, ihr seid feindliche Agenten. Deswegen haben wir euch diesen ... unerfreulichen Empfang bereitet. Es tut mir von Herzen leid! Vor allem dir gegenüber, Ole Storm. Nach allem, was Lina mir erzählt hat, hast du unserer Sache sehr geholfen.«

»Schon in Ordnung«, brummte Ole und warf Lina einen verlegenen Blick zu.

Sie lächelte warm zurück, mit etwas in ihrem Blick, das Stolz sein konnte und Erleichterung. Inzwischen vielleicht sogar noch etwas mehr.

Sie saßen zu viert um einen wackeligen Holztisch in einem zweiten Schuppen, Lina, Ole, Askildsen und ein weiterer Norweger, den Ole in der Kneipe gesehen hatte. Er war untersetzt und jünger als Askildsen, aber sprach ebenso wie dieser ein beinahe akzentfreies Deutsch und hatte sich ihnen als Jacob Lundegård vorgestellt.

Diejenigen, die ihn überwältigt hatten, allesamt schwedische »Freunde« der beiden Norweger, waren zu Oles Erleichterung nicht zu sehen. Askildsen hatte angedeutet, dass sie draußen Wache standen, falls die Polizei die Schüsse aus Linas Pistole gehört hatte.

Auf dem Tisch standen die Schatulle mit den Plänen, die Öllampe, die Flasche Aquavit aus der Kneipe und ein Verbandskasten.

Askildsen selber hatte es sich nicht nehmen lassen, Oles Arm zu versorgen. Die Schnittwunden schmerzten seit dem Angriff wieder heftig und hatten von Neuem zu bluten begonnen.

Aber nicht nur deswegen war Ole noch immer reichlich schwummerig zumute. Noch keine halbe Stunde war vergangen, seit er auf das Messer vor seinem Gesicht gestarrt hatte, in der festen Überzeugung, sein Leben werde in diesem Holzschuppen in Smögen enden. Und vermutlich würde es Tage dauern, bis er den Fischgeruch aus der Nase bekäme, der von der Klinge ausgegangen war.

»Du bist noch ganz blass. Hier!«, sagte Lina und hielt ihm die Flasche hin.

Ole schüttelte den Kopf. Statt seiner nahm Lina einen kräftigen Schluck.

»Gut! Also«, sagte sie dann und atmete tief durch, »hier sind die Pläne! Ihr wisst, welche Bedeutung sie haben und ihr wisst wie gefährlich sie sind. Wir haben unseren Teil getan. Jetzt seid ihr dran. Und ich will hoffen, dass ihr sie sicher auf das U-Boot ...«

»Wir werden die Pläne nicht nehmen!«, unterbrach sie Lundegård.

Ole und Lina tauschten einen erschrockenen Blick.

»Was soll das heißen?«, fragte Lina brüsk. »Ihr nehmt die Pläne nicht?«

»Du hast es gerade selber gesagt, Lina«, antwortete Askildsen mit sanftem Lächeln und begann, Oles Arm zu verbinden. »Die Pläne müssen gut bewacht werden, bis sie an Bord des U-Bootes sind. Aber Jacob und ich, wir haben eine lange, riskante Fahrt vor uns. Noch heute Abend. Wir müssen hinauf nach Strömstadt und dann zu Fuß über die Grenze, um die Passagiere in Empfang zu nehmen.«

»Ihr wisst vermutlich, um wen es sich handelt«, ergänzte Lundegård lapidar. »Auf der norwegischen Seite der Grenze wird die halbe deutsche Wehrmacht hinter ihnen her sein. Und selbst wenn wir sie sicher auf schwedischem Boden haben, müssen wir mit Schwierigkeiten rechnen.«

»Ihr seht also, die Pläne wären bei uns schlecht aufgehoben«, sagte Askildsen.

Ole und Lina tauschten einen hilflosen Blick. Dass man ihnen die Pläne nicht abnehmen könnte, wenn der Kontakt zu den Widerstandskämpfern erst einmal hergestellt war, damit hatten sie keine Sekunde lang gerechnet.

»Aber ihr habt doch bestimmt jemanden, der sie sicher für euch aufbewahren kann, bis ihr zurückkommt?«, fragte Lina. »Hier in Smögen.«

Lundegård schüttelte den Kopf.

»Wir kommen nicht hierher zurück. Dazu ist gar keine Zeit. Das Rendezvous mit dem U-Boot ist bereits morgen Nacht!«

Ole und Lina tauschten einen erschrockenen Blick. So bald schon?

»Und wo?«

»Auf den Väder-Inseln. Fünfzehn Meilen nördlich von hier.«

»Warum ausgerechnet dort?«

»Weil es der einzige Bereich der Küste ist, an der das tiefe Wasser bis direkt an die Inseln reicht. Alle anderen Stellen wären für das U-Boot nicht sicher genug«, erklärte Askildsen. »Wir selber werden die Gäste von Grebbestad aus mit einem Schiff hinausbringen. Treffpunkt ist der Leuchtturm Väderö im Südwesten der Inselgruppe. Wenn alles wie geplant läuft, werden wir um Mitternacht dort sein. Zwei Stunden, bevor das U-Boot auftauchen wird.«

Ole merkte, dass Lina ihn fragend ansah.

Mit einem schicksalsergebenen Seufzer sagte er: »Schon gut. Wir werden die Pläne hinbringen.«

Kurz darauf setzten sie zu viert mit einem kleinen, offenen Motorboot über den Sund nach Kungshamn über, wo am Hafen ein älterer, klappriger Pritschen-LKW für sie bereit stand. Da vorne nur zwei Sitze für Askildsen und Lundegård waren, kletterten Ole und Lina auf die Ladefläche und kauerten sich in den Windschatten hinter das Führerhaus.

Bereits nach fünfzehn Minuten Fahrt hatten sie die Stelle erreicht, an der Ole und Lina am Nachmittag auf die Straße gestoßen waren. Lina klopfte gegen die Scheibe und der LKW hielt an.

»Viel Glück!«, sagte Askildsen, als er ihnen zum Abschied die Hand schüttelte. »So Gott will, sehen wir uns in 25 Stunden am Leuchtturm Väderö.«

Tatsächlich war es noch eine Stunde vor Mitternacht, als sie zurück an Bord der *Lotten* waren.

Lina verstaute den zusätzlichen Proviant, den Askildsen ihnen mitgegeben hatte. Zwei Laib Brot, getrockneter Schinken, ein ganzer Käse und sogar zwei Flaschen Rotwein, die wohl aus dem Lagerraum des Walfängers stammen mussten.

Ole löste den Haken aus dem Fels, der die Vorleine hielt, brachte die Ankerleine zurück in den Bug und zog die Yacht daran in den Wind. Dann setzten sie die Segel.

Eine leise Brise ging vom Land auf die See hinaus, und der Himmel im Norden zeigte bereits ein dunkleres Blau. Im Süden, wo die Nächte bereits wieder länger zu werden begannen, funkelten ein paar Sterne und ein schmaler Mond. Gerade eben genug Licht, um die Felsen und Untiefen draußen in der Bucht erkennen zu können.

Nach zwei Meilen erreichten sie das mit Leucht- und Peilfeuern gekennzeichnete Schärenfahrwasser und bogen auf ihm nach Westen ab.

Während Ole steuerte, entzündete Lina die kleine Öllampe, die unter dem Kajütdach gehangen hatte, und stellte sie, damit sie nicht blendete, im Cockpit auf den Boden. Der matte Schein von unten herauf genügte allemal, um die Seekarte studieren zu können.

Wegen der vielen Untiefen, die sie in völliger Dunkelheit würden passieren müssen, und wegen der unmittelbaren Nähe zum Ufer wollten sie weder durch den Hasselösund bei Smögen, noch durch den nördlich davon beginnenden Sote-Kanal fahren, den arbeitslose Steinhauer erst vor wenigen Jahren als Abkürzung durch das westliche Ende der Halbinsel Sotenäset geschlagen hatten. Stattdessen beschlossen sie, südlich an Smögen vorbei zu segeln, um dann, mit den Sektorenfeuern Skarvasätt und Mjolskär als Navigationshilfe, im offenen Wasser auf Nordkurs zu gehen.

Ole griff die Strecke mit dem Navigationszirkel ab.

»Zwei Seemeilen von hier bis Smögen, vier von dort bis Mjolskär, und dann können wir sehen, wie weit wir kommen, bis der Wind einschläft.«

»Du willst also nicht gleich hinaus nach Väderö?«

Ole schüttelte den Kopf.

»Dann wären wir einen ganzen Tag zu früh dort und würden riskieren, am Übergabeort gesehen zu werden.«

Er zeigte mit dem Zirkel auf das Schärengebiet südlich der Insel Hamburgö.

»Besser wir verstecken uns hier irgendwo, dicht unter der Küste.«

Der Wind hielt und sie kamen überraschend gut voran. Einmal mehr zeigte die *Lotten*, dass sich hinter ihrem immer noch recht verwahrlosten Äußeren mit dem stäbigen, hohen Bug und dem etwas pummelig wirkenden Kanuheck ein schneller, durchaus regattatauglicher Segler versteckte.

Schon nach zwei Stunden, also etwa gegen zwei Uhr, hatten sie elf Meilen Strecke gemacht und standen zwei Meilen südlich der Insel Hamburgö.

Ole hatte ein kleines rotes Peilfeuer auf einem Funkmast an Land ausgemacht, der sie auf einem vor Untiefen sicheren Korridor bis zu einem geschützten Ankerplatz bringen würde. Dieser lag an der Ostseite eines kleinen Inselchens namens Flatskär, das seinem Namen zum Trotz ausreichend hohe Felsrücken hatte, um den Mast der *Lotten* zumindest gegen See hin vor neugierigen Blicken zu schützen. Und das schmale, mit Felsen und Untiefen gespickte Innenfahrwasser würde das Schnellboot ohnehin kaum nehmen können. Zum Einlaufen in die enge Felsbucht bargen sie die Segel und starteten den Motor. Der schmale Mond warf gerade eben genug von seinem Silber auf die Wasseroberfläche, um ihnen ein paar Felsen zu zeigen, die sie umschiffen mussten, dann fiel der Anker im Heck der Yacht.

Wieder nutzte Ole den Felshaken, um den Bug an der Schäre zu belegen, und nachdem sie die Segel aufgetucht hatten, holte Lina zwei Gläser und die Flasche Aquavit aus dem Valfångare herauf.

»Auf Prinzessin Ragnhild!«, sagte sie und ließ ihr Glas gegen das von Ole klicken. »Die dir gestern Abend vermutlich das Leben gerettet hat!«

»Auf die Segelyacht von Kronprinz Olav«, erwiderte Ole und kippte den Schnaps hinunter.

Er brannte in der Kehle, aber er wärmte auch und sein scharfer Geruch legte sich gnädig über die letzten Reste Fischgestank, die weniger in Oles Nase als auf der schrecklichen Erinnerung an die Szene im Schuppen klebten.

Eine Weile saßen sie nebeneinander und betrachteten schweigend das Mondlicht, das silbern auf dem Wasser und den Felsen lag. Kleine Wellen murmelten leise um die Steine am Ufer und die Nachtluft schmeckte kühl und angenehm klar nach Seetang und Salz.

»Was wirst du tun, wenn das alles hier vorbei ist?«, fragte Lina unvermittelt.

Ole sah sie überrascht an. Daran hatte er noch keinen einzigen Gedanken verschwendet.

Er zuckte die Achseln.

»Keine Ahnung.«

Die Zukunft schien keinen Raum zu haben in einer Gegenwart, die so voll von Gefahren und Unwägbarkeiten war.

Oles Gegenwart war Lina, das wurde ihm in dieser Sekunde umso klarer. Nur ihretwegen war er hier. Aber was würde dann kommen? Nach morgen Nacht, wenn die Pläne an Bord des U-Bootes nach England fuhren und diese Gegenwart endete? Konnte es eine gemeinsame Zukunft für sie geben, oder würden sich ihre Wege trennen?

»Und was ist mit dir?«, fragte er, nur mühsam verbergend, wie klamm ihm mit einem Mal zumute wurde.

Lina blickte über das Wasser und die Felsen und brauchte lange, bis sie antwortete.

»Wahrscheinlich gehe ich zurück nach Stockholm, um mein Studium wieder aufzunehmen. Ich war dort an der Uni.«

«Ich weiß«, murmelte er. »Physik.«

»Aber andererseits ... jetzt, wo Frederik tot ist ... Vielleicht fange ich auch einfach irgendwas Neues an, wer weiß?«

Sie verstummte.

Ole wartete. Nach einem langen Moment nickte er enttäuscht. Sie hatte nicht gefragt, ob er mitkommen wollte. Ob sie nicht noch ein bisschen mehr Zeit miteinander verbringen könnten. Keinerlei Andeutung, dass das Neue, das sie vielleicht anfangen wollte, etwas mit ihm zu tun haben könnte.

Dann war es wohl so.

Plötzlich wurde ihm kalt und er fühlte sich unendlich müde.

»Entschuldige«, murmelte er. »Ich glaube, ich muss in die Koje.«

Er stand auf und kletterte den Niedergang hinunter in die Kajüte.

Plötzlich fühlte er ihre Hand auf seinem Arm. »Ole, warte!«

Er drehte sich um.

»Ich habe keine Ahnung, was kommen wird.«

Sie kam ebenfalls den Niedergang hinunter und stand nun genau vor ihm. Das Grün ihrer Augen war beinahe schwarz und so unergründlich tief wie die See. Ihre Finger strichen über seine Stirn und durch sein Haar.

»Aber eine Sache weiß ich genau«, flüsterte sie.

Und küsste ihn sachte auf den Mund. Nur eine federleichte Berührung ihrer Lippen, ein vorsichtiges Tasten, eine Frage.

Nach einem Moment, in dem er zu verwundert war, um zu reagieren, beantwortete Ole sie mit einem zweiten Kuss. Sehr entschieden und sehr viel länger.

Als er die Augen wieder öffnete, lag er mit dem Rücken auf der schmalen Sitzbank und sah sie über sich, leicht nach vorne gebeugt, mit offenen Haaren und nackten Schultern. Ole sah das Kleid weiter ihre Arme herabrutschen und ihre Brüste entblößen. Sie standen hoch und fest nach vorne, stolz wie die einer weiblichen Galionsfigur am Bug eines Clippers, und Ole musste sie einfach in seine Hände nehmen und umfassen. Das entfernte Erstaunen, das er dabei über sich selber empfand, löste sich wie von selbst, als er auch ihre Brustwarzen zu liebkosen begann, erst mit den Fingerspitzen, dann mit seinen Lippen. Sie waren klein und hart und schmeckten ein wenig nach Salzwasser, als gehörten sie zu jener Lina, die Ole zuvor bereits einmal im Traum gesehen hatte, am Grund des Meeres und in Gestalt einer Seejungfrau.

Die Lina dieser Nacht war höchst real und hatte ganz bestimmt keinen Fischschwanz, sondern Beine. Lange, schlanke Beine und einen Hintern, dessen Rundungen tatsächlich so perfekt waren, wie er in jenem kurzen Moment zu sehen geglaubt hatte, als sie in ihrem nassen Kleid über ihm ins Boot geklettert war. Davon konnten sich seine Hände nun ausgiebig überzeugen.

Sie beugte sich zu ihm herab und küsste ihn ins Gesicht und auf den Mund, leidenschaftlich und mit der Zunge. Dabei bemerkte er, dass auch ihre Hände unterwegs waren und keinerlei Anstalten machten, auch nur einen Zoll seines Körpers auszulassen.

»Komm nach vorne«, wisperte sie nach einer Weile, und auf dem kurzen Weg zur breiteren Vorschiffskoje verloren sie beide wie von Zauberhand, was sie noch an Kleidungsstücken auf dem Leib trugen. Und mit ihnen das letzte bisschen Scheu und Zurückhaltung.

Es sollte Ole später immer ein Geheimnis bleiben, wie plötzlich dann doch noch all das Realität geworden war, was er sich so lang erträumt hatte. Aber im Hier und Jetzt, an Bord dieser Yacht, die den Namen Schicksal trug, gab es keine Gedanken, nur Gefühle. Sinnlichkeit. Die nächste Berührung und der nächste, neue, erregende Blick auf ihren Körper.

Auf ihre Schultern, die zarte Rinne, die ihren Rücken hinunterführte bis zu den delikaten Lendengrübchen, auf ihren flachen Bauch und die leichte Senke rund um den Nabel, die er mit Küssen bedeckte. An dieser Stelle nahm sie seinen Kopf in die Hände und führte ihn sanft noch ein Stückchen tiefer, damit er auch das kleine, dichte Dreieck seidenschwarzer Haare küsste. Und alles, was noch unterhalb davon verborgen lag.

Manchmal, sehr selten, gab es auf See ein Phänomen, das Elias-Feuer oder Sankt-Elms-Feuer genannt wurde. Ole selber hatte noch nie eines gesehen, wohl aber sein Vater und sein Großvater. Nüchtern betrachtet handelte es sich dabei um eine elektrostatische Entladung, die in der Takelage eines Schiffes auftrat, wenn es in einen besonders heftigen Gewittersturm geriet. Aber wenn die Alten die unheimliche, weiß lodernde Lichterscheinung beschrieben, dann taten sie dies mit gesenkter Stimme und voller Ehrfurcht vor dem Übersinnlichen.

In dieser Nacht, als er sich in Lina spürte und sie gemeinsam vom Sturm ihrer Lust fortgerissen wurden, hätte Ole schwören können, ebenfalls ein Sankt-Elms-Feuer gesehen zu haben. Allerdings nicht oben im Mast, sondern seltsamerweise hier unter Deck, auf der Vorschiffskoje. Aber was sonst konnte es gewesen sein, als dieses übernatürliche Phänomen, das sie mit einer derartigen Spannung auflud, dass die kleinste Berührung Funken schlug, das ihre Körper mit diesem seltsam glänzenden Licht überzog und das sie schließlich in grellen, heiß lodernden Blitzen ineinander explodieren ließ?

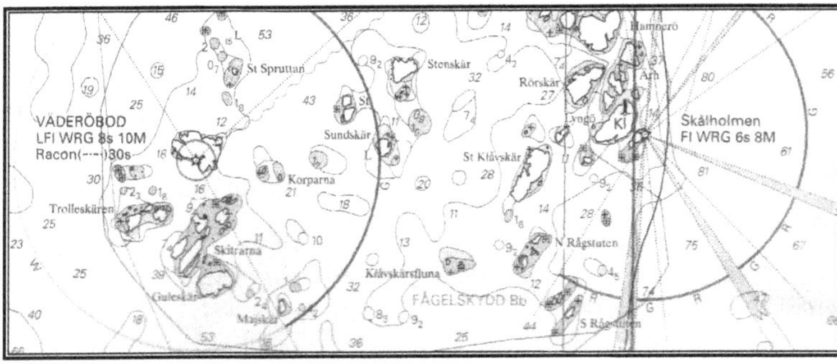

11. Kapitel

BLUTROT

Kurz vor Sonnenaufgang war die See still und von einem unglaublichen, intensiven Rot. Spiegel eines lodernden Himmels, dessen farbgewaltige Intensität von hellem Orange über Karmesin und Zinnober bis zu dunklem Purpur und Kupfer alle Töne dieser Farbe einschloss und mit seinem unwirklichen Licht selbst die schweren, dunklen Felsen der Schären in eine weiche, fließende Landschaft verwandelte.

Für die Fischer auf den nordfriesischen Inseln hatte ein roter Morgenhimmel meist ganz profan eine baldige Verschlechterung des Wetters angekündigt. Aber es hatte auch die anderen gegeben, die Spökenkieker und die abergläubischen alten Weiber, die im unheimlichen Leuchten dieser Farbe einen Unheilsboten sahen. Morgenhimmel blutig rot, bringt Verderb und Tod. Ein uralter Spruch auf den Inseln, der von zahllosen Schiffbrüchen bei stürmischem West erzählte, von auf See gebliebenen Fischern, die die Wetterzeichen allzu leichtfertig ignoriert hatten, vielleicht sogar noch von jenen Tagen, als sie regelmäßig vom Feind aus dem rauen Norden geplündert worden waren, wenn deren Langboote vom auffrischenden Wind statt nach England auf die Strände der Friesischen Inseln getragen wurden.

Natürlich, Rot war die Farbe des Krieges, der Feindschaft, des Zorns. Es war die Farbe des Blutes, das bisher geflossen war, um der geheimen Pläne willen, die in ihrer Schatulle im Salon der *Lotten* standen. Hülsmeyer, Rausch, Professor Sønstebye und seine norwegischen Freunde waren dafür gestorben, bald auch von Wellersdorff. Ja, sogar Ole hatte schon einen ordentlichen Schluck Blut vergossen, als ihm die Splitter um die Ohren geflogen waren und seinen Oberarm und den Handrücken aufgerissen hatten.

An diesem Morgen konnte das Rot für Ole jedoch nur eine einzige Bedeutung haben.

Natürlich war es die Farbe der Liebe!

Als Lina in seinen Armen eingeschlafen war, ihr Körper noch erhitzt von ihrem letzten Höhepunkt, hatte Ole noch weiter wach gelegen, hatte vor Glück und Staunen einfach nicht einschlafen können. Dann hatte er den ersten schwachen roten Schein am Himmel als spiegelnden, tanzenden Lichtreflex des Wassers unter dem Kajütdach bemerkt. Nach einer Weile wurde er immer kräftiger, und Ole war neugierig geworden. Behutsam hatte er sich von Lina gelöst, war aufgestanden und hinausgeklettert.

Jetzt stand er auf dem höchsten Punkt der felsigen Insel und betrachtete staunend das Schauspiel von Meer und Himmel. Vielleicht sollte er hinuntergehen und sie wecken, damit sie es auch sehen konnte? Andererseits, hatten sie nicht gemeinsam in der vergangenen Nacht Dinge erlebt, die noch viel staunenswerter gewesen waren als dies? Beim Gedanken daran bekam Ole plötzlich eine Gänsehaut. Und zwar nicht vor Kälte.

Er drehte sich um und blickte hinunter auf die ankernde Yacht. Im Vorschiff schlief seine Liebe, und am Heck war ein Name aufgemalt, der passender nicht hätte sein können. Schicksal.

Rasch lief er über die Felsen zurück zu ihr.

Egal ob das Rot nur ein einfacher Sonnenaufgang war, der schlechtes Wetter ankündigte, oder ein Vorbote für Kampf und Blutvergießen, in dieser Nacht hatten sie sich geliebt. Verglichen damit war alles, was noch kommen würde, klein und bedeutungslos.

Sie schliefen bis weit in den Vormittag hinein. Inzwischen war der Himmel im Süden bereits bedrohlich dunkel geworden. Über ihnen war er noch blassblau, aber kein Lufthauch regte sich mehr und es war stickig. Die Nadel des Barometers am Schott im Salon zitterte und sackte zwei Strich nach unten, als Ole mit dem Finger gegen das Glas tickte.

Er trat an den Niedergang und blickte hinaus. Lina schmiegte sich von hinten an ihn und küsste ihn auf die Schulter.

»Im Süden dickes Wetter im Anmarsch«, murmelte Ole.

»Dann lass uns schwimmen gehen, solange noch die Sonne scheint!«, erwiderte sie aufgeräumt.

Damit kletterte sie nackt, wie sie war, an ihm vorbei nach oben und sprang kopfüber vom Schiff. Kaum war sie wieder aufgetaucht, spritze sie einen kräftigen Schlag Wasser zum Niedergang hinauf, der Ole im Gesicht erwischte und endgültig aufweckte.

»Na warte!«, rief er und sprang hinterher.

Ausgelassen tollten sie eine Weile neben dem Schiff im Wasser herum. Dann schwammen sie durch die Lagune und kletterten auf der gegenüberliegenden Seite an Land. Die mit gelben Flechten bewachsenen Felsen waren angenehm glatt und warm auf der Haut, als sie nebeneinander in der Sonne lagen.

Ole drehte sich auf die Seite, um sie ansehen zu können.

Ihre Augen waren geschlossen, und ein kleines, entspanntes Lächeln lag auf ihrem Gesicht. Eine Hand hatte sie unter den Kopf geschoben, die andere lag auf ihrem Bauch, der sich sanft im Auf und Ab ihrer Atemzüge bewegte. Auf ihren Oberschenkeln und Armen, der Haut über den Rippenbögen und auf ihren Brüsten glitzerten hunderte Wassertropfen im Licht, und Ole war sich sicher, noch nie im Leben etwas Schöneres gesehen zu haben.

Linas Lächeln wurde eine Spur breiter und zauberte die Grübchen hervor.

»Ich weiß genau, dass du mich ansiehst!«, murmelte sie, ohne die Augen zu öffnen.

»Weißt du noch, was von Wellersdorff gesagt hat, damals, an dem Abend im Club?«, fragte Ole. »Er sagte: Auf das Wohl von Fräulein Sønstebye aus Stockholm! Auf ihre Schönheit und ihre glückliche Hand bei der Wahl des rechten Mannes!«

Lina öffnete die Augen und sah ihn an. Anholt bei Sonnenschein.

»Sieht aus, als ob mir der Herr Konteradmiral diesmal den Richtigen geschickt hat«, murmelte sie und streichelte mit der Außenseite der Hand, die auf ihrem Bauch gelegen hatte, sanft seinen Oberarm.

Plötzlich musste Ole die Stirn runzeln. Besagtes Fräulein Sønstebye aus Stockholm war ja eigentlich nur eine Tarnung gewesen. Er zögerte. Die Frage klang, besonders in dieser Situation, ziemlich hausbacken.

»Wie heißt du eigentlich? Also richtig, meine ich?«

Linas Augen blitzten amüsiert und ein kleines bisschen angriffslustig.

»Musst du das ausgerechnet jetzt fragen?«

»Ja.«

»Na schön, Dahlgren ... ich heiße Lina Auguste Viktoria Dahlgren.«

»Viktoria?«

»Wehe, du machst jetzt eine blöde Bemerkung!«

Ole dachte gar nicht daran. Viktoria. Die Siegreiche. Er fand, dass der Name hervorragend passte.

Er beugte er sich zu ihr herab und küsste sie. Erst auf den Mund, dann den Hals und schließlich auf die Brüste. Sachte nahm er die linke der beiden Knospen zwischen die Zähne. Sie stöhnte leise auf, fuhr mit ihrer Hand über seinen Kopf und griff fest in sein Haar.

Ole spürte, dass er eine Erektion bekam, und schob sich näher an ihre Hüfte heran, um es sie spüren zu lassen.

In diesem Augenblick bemerkte er es.

Ruckartig hob er den Kopf.

»Was ist?«, fragte sie.

»Pssst!«

Jetzt hörten sie es beide. Das gleiche entfernte Wummern, das sie schon einmal hinter sich vernommen hatten, kurz bevor das Schnellboot aufgetaucht war.

Sofort waren sie beide auf den Beinen und liefen den nächsten Felsrücken hinauf, von dem aus sie aufs Meer hinausblicken konnten.

In einiger Entfernung sahen sie es.

Mit langsamer Fahrt kam das Schnellboot aus dem Schärengebiet nordwestlich der Insel Hamburgö heraus.

»Verflucht! Die suchen uns noch immer!«, murmelte Lina und schob sich in Oles Arme, als könne sie dort ihre Nacktheit vor den Blicken der Schnellbootfahrer verbergen. »Werden wir die denn nie los?«

Ole überlegte. Warum suchte Richard hier? Woher wusste er, dass sie nach Norden gefahren waren? Er hatte ihre Spur doch weiter südlich verloren, landeinwärts, am Koljöfjord.

»Vielleicht hat uns jemand gesehen, gestern Nacht, als wir an Smögen vorbeigesegelt sind, und hat ihn hinter uns hergeschickt!«, murmelte er.

Besorgt blickte Lina zur *Lotten* hinunter.

»Ich hoffe nur, sie kommen nicht auf die Idee, hinter der Insel entlangzufahren.«

Die Felsrücken der Insel Flatskär, die zum offenen Meer hin lagen, waren höher als der Mast der Yacht. Auf der anderen Seite allerdings, wo auch die schmale Einfahrt in ihre Lagune lag, waren sie nicht mal halb so hoch. Selbst wenn der Rumpf der *Lotten* hinter einer Felsnase verborgen lag, ihre Takelage würde von Osten her auf jeden Fall zu sehen sein.

Welche Richtung das Schnellboot auf seinem Weg nach Süden nehmen würde – den geraden über die offene See, oder den für sie fatalen durch das enge Innenfahrwasser –, würde sich erst in einigen Minuten herausstellen, wenn es die nördlich von ihnen gelegene Insel passierte.

Noch war also Zeit zu reagieren.

»Wir müssen sofort aus der Bucht raus!«, sagte Ole bestimmt. »Hier drin sitzen wir in der Falle!«

Rasch liefen sie den Felsrücken hinunter, sprangen ohne anzuhalten ins Wasser und schwammen, so schnell es ging, zum Schiff zurück.

Ohne sich die Zeit zu nehmen, sich abzutrocknen oder etwas anzuziehen, öffnete Ole die Klappe zum Motor, steckte die Kurbel ein und drehte den Starter. Die Maschine gab nur ein müdes Husten von sich. Ole stöhnte auf. Ausgerechnet jetzt! Er probierte es erneut. Zweimal, dreimal. Wieder ohne Erfolg.

Linas besorgtes Gesicht tauchte über ihm im Niedergang auf.

»Sag nicht, er will nicht!«

»Versuch, etwas Gas zu geben!«

Lina bewegte den Gashebel im Cockpit leicht nach vorne. Ole warf erneut die Kurbel herum, diesmal mit aller Gewalt.

»Komm schon, du Mistviech!«, zischte er zwischen den Zähnen hindurch.

Aber der Motor dachte nicht daran, mehr als ein asthmatisches Husten von sich zu geben.

»Sollen wir's mit den Segeln versuchen?«, frage Lina.

»Ohne Wind?«, fragte Ole grimmig zurück.

Lina legte unbehaglich die Arme vor die Brust, als sei ihr mit einem Mal unangenehm bewusst geworden, dass sie nichts anhatte.

»Hör zu!«, sagte Ole. »Pack die Schatulle mit den Papieren in den Rucksack. Und unsere Kleider. Für den Fall, dass wir das Boot aufgeben müssen.«

Wie sie mit dem schweren Rucksack von der Insel kommen wollten, darüber hatte er sich noch keine Gedanken gemacht. Ein Versteck gab es auf Flatskär jedenfalls nicht. Weder für die Pläne, noch für sie.

»Und vielleicht solltest du dir auch was anziehen.«

Der Gedanke, dass Richard oder irgendwer sonst sie nackt sehen könnte, war ihm unangenehm. Er selber angelte ebenfalls nach seiner Hose, die noch im Salon lag, und schlüpfte hinein. Dann kletterte er an Deck und lief nach vorne.

»Ich geh und behalte das Schnellboot im Auge!«, rief er und sprang an Land.

Eine Minuten später stand er oben auf der Klippe, von der aus er an diesem Morgen den Sonnenaufgang beobachtet hatte. Er kam gerade noch rechtzeitig, um zu sehen, wie das Schnellboot den Kurs vom offenen Wasser landeinwärts wechselte. Jetzt war es grausame Gewissheit. Richard wollte das innen liegende Fahrwasser absuchen!

Ole fluchte laut.

Ihre Feinde waren noch ein paar Meilen entfernt und würden in dem schmalen, gewundenen Fahrwasser hinter den Inseln nicht schnell fahren können. Ole schätzte, dass sie in etwa 15 Minuten die Rückseite ihrer Schäre passieren mussten.

»Sie kommen!«, schrie er und rannte zur *Lotten* zurück.

Als er sie erreicht hatte, entdeckte er Lina. Noch immer nackt stand sie auf dem Vorschiff am Mast, ohne Rucksack, dafür mit der rostigen, alten Säge in der Hand, die Ole auf Bassholm gefunden hatte.

Ole glaubte seinen Augen nicht. Sie war tatsächlich im Begriff, den Mast abzusägen!

»He, was machst du da?«, entfuhr es ihm fassungslos.

»Das siehst du doch!«, schnaufte sie ärgerlich zurück. »Steh nicht dumm rum! Komm an Bord und hilf mir lieber!«

Ole sprang an Deck, noch immer hellauf entsetzt. Sie hatte bereits einen gut drei Finger tiefen Schnitt in den Mast gesägt.

»Hör auf! Warum tust du das?«

»Herrgott, Ole Storm, bist du schwer von Begriff! Sie werden nur den Mast sehen, nicht den Rumpf! Der ist von den Felsen verdeckt. Wenn sie keinen Mast sehen, werden sie auch nicht anhalten, sondern vorbeifahren!«

Ole stutzte. Zwei Sekunden später hatte er eingesehen, dass sie Recht hatte. Außerdem war es jetzt völlig egal, was mit dem Mast passierte. Wenn Richard sie entdeckte, war das Boot ohnehin verloren. Und sie dazu. Mit grimmiger Entschlossenheit nahm er ihr die Säge aus der Hand und begann wie ein Besessener zu sägen.

Wenn mich jetzt jemand aus dem Segelclub sehen könnte, schoss es ihm dabei durch den Kopf. Ole Storm, der halbnackt mit einer rostigen, alten Säge versuchte, den Mast vom eigenen Schiff zu fällen!

Lina kam soeben aus dem Cockpit zurück. Sie hatte ihr Kleid übergeworfen.

»Tut mir leid«, sagte sie, »das mit dem Schwer-von-Begriff eben.«

»Schon gut«, antwortete er keuchend. »Mach die Wanten an Steuerbord los! Damit er kippen kann!«

Lina nickte und begann, die Splinte und Bolzen der beiden Wantenspanner an der rechten Schiffsseite zu lösen.

Als Ole noch nicht einmal die Hälfte des Mastes durchgesägt hatte, ging es plötzlich merklich schwerer. Natürlich, das Gewicht der Takelage begann nun auf das Sägeblatt zu drücken.

Lina hatte die Verstagung an Steuerbord gelöst.

»Häng dich an Backbord ins Want!«, rief er ihr zu. »Um den Schnitt zu entlasten!«

Als er über die Hälfte des Querschnittes hinweg war, hörten sie bereits das Motorengeräusch des Schnellbootes.

»Wie weit bist du?«, rief Lina vom Want aus.

Ole antwortete nicht, sondern erhöhte die Schlagzahl, mit der er das Sägeblatt hin und her riss.

Das Dröhnen der Motoren kam näher. Wie weit mochte es noch entfernt sein?

»Kannst du sie sehen?«, stieß er schnaufend hervor.

Lina drehte sich um, ohne ihre Position im Want zu verlassen.

»Ja, die Rauchfahne hinter der Nachbarinsel. Sie kommen gleich um die Ecke!«

Auch die nördliche Nachbarinsel war noch hoch genug, um sie von den Blicken der Feinde abzuschirmen. Aber das war nur noch eine winzige Galgenfrist. Ole schnaufte und ackerte, was seine Muskeln hergaben. In seinem verletzten Arm begann es vor Schmerzen heftig zu pochen. Das Sägeblatt sprang aus dem Schnitt. Er fluchte, setzte erneut an, machte weiter.

»Gleich ist es da! Zehn, neun…«, zählte Lina. »Oh Gott, fünf, vier, dr…«

Weiter kam sie nicht, weil in diesem Augenblick der Mast mit einem fürchterlichen, berstenden Geräusch zu ihrer Seite kippte und samt Lina, die noch im Backbordwant gehangen hatte, ins Wasser klatschte.

Instinktiv sprang Ole hinterher, in der Sorge, sie könnte im Wasser vom Mast getroffen worden sein.

»Ich bin in Ordnung!«, japste sie, als sie auftauchte.

Ole streckte den Arm aus und zog sie an sich heran. Gemeinsam klammerten sie sich an das Holz des Großbaumes, der samt Großsegel ebenfalls über Bord gegangen war. Angespannt und schwer atmend lauschten sie auf das Stampfen der Motoren. Als das Schnellboot die Einfahrt der Lagune erreichte, wurde es abrupt lauter, und sie konnten sogar die Umdrehungen der Schrauben unter Wasser spüren.

Aber sie wurden nicht langsamer. Kein wütendes Aufheulen der Maschinen, das ein Aufstoppen angezeigt hätte. Das Schnellboot fuhr weiter!

Dann wurde das Schraubengeräusch wieder leiser und erstarb, das dumpfe Wummern der Maschinen wanderte nach Süden aus.

Einen langen Augenblick hielten sie beide noch die Luft an, dann fielen sie sich im Wasser um den Hals.

Sie kletterten an Land, liefen den südlichen Rücken der Insel hinauf und legten sich flach auf den Kamm. Ihre Feinde dampften weiter nach Süden. Sie hatten nichts bemerkt.

Erleichtert stieß Lina die Luft aus und rollte auf den Rücken. Dann begann sie plötzlich schallend zu lachen.

So witzig wie Lina konnte Ole die ganze Angelegenheit beileibe nicht finden. Motor abgesoffen, Mast abgesägt. Wie sollten sie jetzt rechtzeitig zu den Väder-Inseln hinauskommen? Der Treffpunkt am Leuchtturm lag schließlich gute sieben Meilen vor der Küste und das U-Boot, das dort um Punkt drei Uhr auftauchen sollte, würde sicher nicht auf sie warten.

Lina bemerkte Oles finsteres Gesicht und entschuldigte sich aufrichtig für eine Bemerkung, die ihr noch kurz zuvor herausgerutscht war, und die etwas mit Phallussymbolen und sexueller Unterwerfung durch Absägen derselben zu tun gehabt hatte.

Gemeinsam überlegten sie, wie es weitergehen konnte. Und waren erst einmal ratlos.

Das Naheliegendste wäre gewesen, den Mast komplett zu kappen und unter Maschine hinaus zu den Inseln zu fahren. Nur dass der verdammte, altersschwache Benzinmotor ja ebenso wenig funktionierte. Ole sah ihn sich noch einmal ausgibig an, ohne einen Grund für seinen Streik zu entdecken. Er schraubte die Zündkerzen heraus, reinigte sie und setzte sie wieder ein, überprüfte alle sichtbaren elektrischen Kontakte und saugte sogar probehalber an der Spritleitung, was ihm jedoch nur einen Mund voller Benzin und die Erkenntnis einbrachte, dass es auch nicht am Spritmangel gelegen haben konnte. Wieder und wieder versuchten sie, den Starter zu drehen, jedoch immer mit dem gleichen Ergebnis: mit keinem.

Blieb also nur der Mast.

Aber konnte man eine zersägte Spiere tatsächlich wieder flicken? Und zwar so, dass man auch damit segeln konnte? Von so etwas hatte Ole noch nie gehört. Allerdings hatte es zuhause im Club in Kiel mehrere kleinere Boote gegeben, deren Takelage man einfach hatte umklappen können. Dort, wo der Mast an Deck stand, befand sich eine stabile Zange aus dicken Kanthölzern, zwischen denen das Rundholz um einen massiven Bolzen herumgestellt werden konnte. Mit einem zweiten, durchgesteckten Bolzen konnte der Mast dann in der senkrechten Position arretiert werden.

»So eine Zange könnten wir vielleicht noch hinbekommen«, murmelte Ole.

Außer dem rostigen Werkzeug hatte er auch einige massive Kanthölzer und diverse Schrauben von der Werft auf Bassholm ins Schiff gelegt. Falls weitere Reparaturen notwendig wurden. Als Bolzen konnten sie die Felshaken verwenden, mit denen Ole die *Lotten* festgemacht hatte, die im Grunde genommen nichts anderes waren, als lange massive Gewindestangen mit einer aufgeschweißten Öse am Ende.

»Das Problem dürfte wohl eher das Aufrichten sein.«

Keines der anderen Boote in Kiel war auch nur annähernd so groß gewesen wie die *Lotten*, und zum Klappen ihrer Masten hatte der Kran am Club zur Verfügung gestanden. Das abgesägte Maststück der *Lotten* war etwa 14 Meter lang und wog so viel wie Ole.

»Gib mir einen festen Punkt im Weltall«, sagte Lina leichthin, »und ich hebe dir die Welt aus den Angeln!«

Ole starrte sie irritiert an.

»Archimedes, Gesetze der Hebelmechanik!«, grinste sie. »Eine von Frederiks Lieblingsvorlesungen! Wir könnten zum Beispiel den Großbaum als Hebelarm nutzen.«

Sie machten sich ans Werk.

Der Stumpf des Mastes ragte noch etwa einen Dreiviertelmeter über Deck. Ole benötigte eine gute Stunde, um eine ausreichend stabile Zangenkonstruktion daran zu befestigen. Eine weitere verbrachten sie damit, Baum, Segel, Wanten und Fallen vom Mast abzubauen. Das derart frei gelegte, 14 Meter lange Rundholz zogen sie zunächst aus dem Wasser an Land, um es dann von dort aus Stück für Stück aufs Vorschiff schieben zu können. Als die Schnittstelle endlich in der Zange lag und Ole sie mit Keilen in die richtige

Höhe gebracht hatte, waren sie beide außer Atem vor Anstrengung. Ole bohrte mit dem Zimmermannsbohrer ein Loch durch Zange und Mast und trieb mit dem Hammer einen der großen Felshaken hindurch, bis er auf der anderen Seite wieder hervorkam.

Aber noch wartete der schwerste Teil der Arbeit, das Stellen. Um den Großbaum als Hebel einsetzen zu können, musste dieser wieder an seinem Beschlag angebaut und dann im 90-Grad-Winkel fest zum Mast hin abgespannt werden. Zum Glück gab es an Bord der *Lotten* ausreichend Tampen und Schnüre. Das eigentliche Heben wollten sie über die Talje des Großbaumes bewältigen. Aber als sie mit vereinten Kräften daran zogen, bewegte sich der Mast kein Stück. Erst als Ole sich an Land unter die Mastspitze stemmte und Lina die Großschot über eine der beiden Genuawinschen kurbelte, gelang es ihnen.

Nach fast vier Stunden Arbeit konnten sie schließlich Richtfest feiern. Dazu stießen sie mit zwei weiteren Gläsern Walfänger-Aquavit an. Rasch bohrte Ole danach das Loch für den zweiten Bolzen, während Lina die Wanten und das Vorstag befestigte, um den Mast gegen den inzwischen aufgekommenen Wind zu sichern.

Obwohl die Brise kühl war und die Sonne längst hinter grauen Wolken verschwunden, waren sie inzwischen schweißgebadet. Auch die Schmerzen in Oles linkem Arm hatten sich mit unangenehmem Pulsieren zurückgemeldet. Die Verbände, die Lina um die Wunden gelegt hatte, waren ohnehin bereits den Aktivitäten der letzten Nacht zum Opfer gefallen, und jetzt hatte einer der Schnitte wieder leicht zu bluten begonnen.

Daher legten sie eine längere Pause ein, und Lina kümmerte sich abermals um Oles Verletzung. Diesmal benutzte sie große Klebepflaster, die auf Oles Oberarmmuskeln ohnehin besser hielten als ein gewickelter Verband.

Es war bereits später Nachmittag, als sie endlich weitermachten.

Nur mit den beiden Felshaken als Arretierung würde der Mast unter Segeln keine drei Meilen weit halten, das wusste Ole. Noch war das ganze System zu instabil.

Damit das Gewicht der Takelage nicht alleine auf den Bolzen lag, schlug Ole Keile in den Spalt zwischen den beiden Sägestellen. Dann schraubten sie weitere Kanthölzer als Manschette rund um die Zange und ihre improvisierte Schäftung und umwickelten alles stramm mit so viel Tau, wie auf der *Lotten* entbehrlich war. Zu guter Letzt verspannten sie die gesamte, abenteuerliche Konstruktion mit den restlichen Stricken im 45-Grad-Winkel zu den Rüsteisen der Wanten an der Seite des Schiffes. Das würde zwar den Weg vom Cockpit auf das Vorschiff erschweren, brachte aber zusätzlich eine Menge an Stabilität in den Mast.

Als sie endlich wieder die Segel anschlagen konnten, war der Nachmittag vorbei, und es hatte zu regnen begonnen.

Sie setzten sich unter Deck und aßen etwas von dem Brot und dem Käse, die Askildsen ihnen mitgegeben hatte.

Draußen begann der Wind in der Takelage zu heulen.

»Das fehlte noch, dass es jetzt Sturm gibt«, sagte Lina. »Wo wir den Mast grade erst so schön repariert haben.«

Ole zuckte die Achseln. Wie stark der Wind werden würde, hing davon ab, wie nah das Tiefdruckgebiet im Süden von ihnen nach Osten abzog, und wie niedrig der Luftdruck in seinem Kern war. Das Barometer lieferte zwar eine Aussage darüber, wie es sich im Moment verhielt. Aber eine verlässliche Vorhersage war damit nicht zu treffen. Sie mussten es wohl oder übel darauf ankommen lassen.

»Wenigstens kommt der Wind aus Osten«, murmelte Ole, der für ein paar Sekunden die Augen geschlossen hatte. »Bei ablandiger Richtung müssen wir uns keine Sorgen machen, dass es da draußen zu ruppig wird. Oder dass das U-Boot vielleicht wegen zu viel Wellengang nicht auftauchen kann.«

Das Geräusch des Regens an Deck hatte eine verführerisch einschläfernde Wirkung.

~

Als Lina ihn weckte, lag draußen bereits ein fahles Dämmerlicht über den Schären.

»Wie spät ist es?«, fragte Ole erschrocken.

Eigentlich hatte er gar nicht schlafen wollen, aber die Knochenarbeit mit dem Mast und die sehr viel angenehmeren Anstrengungen der Nacht zuvor hatten ihren Tribut gefordert.

»Halb neun«, antwortete sie lächelnd. »Zeit loszufahren.«

Im Scherz schlug Lina beim Auslaufen vor, es doch noch einmal mit dem Motor zu versuchen. Aus unerklärlichen Gründen sprang das unverschämte, launische Ding diesmal beim zweiten Versuch an, und Ole konnte sich ein paar deftige Verwünschungen nicht verkneifen. Immerhin sparten sie es sich so, unter Segeln gegen den Wind aus der engen Bucht hinauskreuzen zu müssen.

Die Väderö-Schären lagen gute sieben Meilen draußen vor der Küste und teilten sich in drei einzelne Inselgruppen auf. Die nördliche umlagerte die Hauptinsel mit dem bezeichnenden Namen Storö, große Insel, auf der es einen winzigen Nothafen und eine Lotsenstation gab.

Eine weitere Gruppe lag in südöstlicher Richtung davon. Die Insel mit dem Leuchtturm, der ihr Ziel war, befand sich im Südwesten des Schärengebietes und war am weitesten von der Küste entfernt.

Der graue Rest des Tageslichts und damit die Sicht ließen zusehends nach, und Ole war froh, das Leuchtfeuer als Ansteuerung zu haben. Mit einer Wiederkehr von zwanzig Sekunden blinkte es vier Sekunden lang auf und wies ihnen sicher den Weg.

Immer wieder gingen Regenschauer über sie hinweg, so dass sie das Ölzeug wieder hervorholen mussten. Der Ostwind hatte auf gute fünf Beaufort aufgefrischt, aber wegen seiner ablandigen Richtung baute er kaum Wellen auf. Und schonte damit den Mast, der bei Seegang sicherlich mehr zu arbeiten gehabt hätte.

Voll und ganz traute Ole ihrer abenteuerlichen Reparatur nämlich doch noch nicht über den Weg, weswegen er auch nur das Vorsegel gesetzt hatte. Vor dem Wind machten sie so zwar weniger als vier Knoten Fahrt, aber das U-Boot würde ohnehin erst in drei Stunden auftauchen.

Die Schäre mit dem Leuchtturm Väderö war nicht besonders groß, dreihundert Meter im Durchmesser vielleicht, und hatte außer nacktem, von Rissen und tiefen Schrunden durchzogenem Fels kaum etwas zu bieten. Der Wind ging ungehindert darüber hinweg, und außer Flechten, ein paar Büscheln Gras und ein paar niedrigen Dornbüschen, die sich starrsinnig in die Felsrinnen krallten, gab es keine Vegetation. An der Südostseite der Insel befand sich ein kleiner Anlegesteg, von dem aus eine steile, in den Fels gebaute Treppe aus rostigem Stahl zu zwei niedrigen Blechschuppen und dem kleinen, unscheinbaren Leuchtturm hinaufführte.

Enttäuscht sahen sie, dass der Anleger leer war. Eigentlich hatten sie gehofft, dort bereits das Boot von Askildsen und Lundegård zu sehen, mit dem sie ihre »Passagiere« von Grebbestad aus herbringen wollten.

»Machen wir dort fest?«, fragte Lina.

Ole schüttelte den Kopf.

»Lieber nicht.«

Bei dieser Richtung stand der Wind genau auf den Anleger und das Wasser vor den Felsen war kabbelig. Um später wieder ablegen zu können, würden sie den Motor brauchen – der jedoch, das hatten sie ja bereits leidvoll erfahren, ein überaus unsicherer Kandidat war.

»Lass es uns in Lee der Insel versuchen«, schlug Ole vor. »Auf der windgeschützten Seite.«

Im Südwesten der Schäre fanden sie hinter einer Landspitze eine winzige Bucht, deren Wasser wesentlich ruhiger war. In bereits bewährter Manier warfen sie den Anker im Heck und vertäuten die *Lotten* mit der Nase an einem Felshaken, den Ole hastig mit dem Hammer in eine der Spalten im Gestein getrieben hatte. Dann kletterten sie hinauf zum Leuchtturm, um sich dort ein wenig umzusehen.

Die beiden Blechhütten waren abgesperrt, aber die Tür des kleinen Leuchtturmes war unverschlossen. Die nächste Regenbö trieb Ole und Lina hinein. Fröstelnd und halb durchnässt stiegen sie eine kurze, gewendelte Treppe hinauf und betraten die winzige Laternenkammer. Die eigentliche Lichtquelle war ein starker elektrischer Prismenscheinwerfer, auf einem mannshohen Sockel, der sich in seinem Rhythmus von vierundzwanzig Sekunden einmal um sich selber drehte. Die farbliche Kennung seines Lichtstrahls – weiß für das offene Meer, rot für das nördliche Schärengebiet und grün als Ansteuerung von Osten – wurde durch eine simple Färbung der die Kammer nach außen hin abschließenden Glasscheiben gewährleistet. Sie sorgten auch dafür, dass es hier oben trocken und halbwegs warm war.

So gut es ging machten Ole und Lina es sich unter dem Sockel des Scheinwerfers bequem und warteten.

»Eineinhalb Stunden noch, bis das U-Boot kommt«, sagte Lina mit Blick auf Sigurs Armbanduhr, die immer noch ihre einzige verlässliche Zeitquelle war. »Vor einer halben Stunde hätten Askildsen und Lundegård hier sein sollen.«

Es war offensichtlich, wie angespannt sie war. Ole schwieg. Er wusste keine bessere Antwort, als sie fester an sich zu ziehen und zu warten.

Was sie tun würden, wenn die norwegischen Widerstandskämpfer oder gar das U-Boot nicht kämen, hatten sie nicht bedacht. Jetzt wuchs mit jeder ereignislosen Minute das ungute Gefühl, etwas könnte ganz schrecklich schief gegangen sein, und Ole erinnerte sich, dass Askildsen angedeutet hatte, ihre Mission würde alles andere als ungefährlich sein.

Um Viertel nach eins glaubte Lina, etwas gehört zu haben. Aber es war nur der Wind, der um die Laternenkammer heulte und den Regen gegen die Scheiben prasseln ließ.

Um halb zwei hielt es sie nicht mehr im Turm. Mit dem Handstrahler, den sie von den Fischern auf Käringön bekommen hatten, ertasteten sie sich, gebückt gegen die nächste Regenbö, ihren Weg zu den Baracken und weiter bis zu den Stufen, von wo aus Ole auf den Anleger hinunterleuchtete. Steile, kabbelige Wellen schwappten im Lichtkegel um den rostigen Steg. Er war nach wie vor verwaist. Und in Richtung Nordosten, von wo aus Askildsens Boot hätte kommen müssen, war nichts als schwarze See.

»Sie sind jetzt eineinhalb Stunden überfällig«, flüsterte Lina, als Ole den Arm um sie legte. »Sie werden nicht kommen.«

So gerne er sie getröstet und beruhigt hätte, Ole konnte ihr nicht widersprechen. Er empfand genau die gleiche Enttäuschung. Genau das gleich dumpfe Unbehagen.

Wenn wenigstens das U-Boot kommt, dachte er. Das durften sie auf keinen Fall verpassen.

»Lass uns zur anderen Seite rübergehen«, sagte er laut. »Wenn die anderen noch kommen, werden sie sicher direkt dorthin fahren, wo das U-Boot auftauchen soll.«

Ole hatte sich die Stelle in der Karte angesehen, an der das tiefe, von Felsen reine Wasser fast bis an die Schäre heranreichte. Sie lag vor der nordwestlichen Spitze der Insel.

Ole und Lina überquerten die gesamte Breite der Schäre und kauerten sich eng aneinander geschmiegt in eine Senke auf den Felsen. Abermals konnten sie nichts anderes tun als warten, lauschen und in die Finsternis hinausstarren. Der Lichtfinger des Leuchtturms strich in steter Wiederkehr über das Meer und die umliegenden Felsen und schien mit ihnen Ausschau zu halten.

Die Minuten krochen nur so dahin, und längst behielt Lina die Uhr, die sie zuvor noch in die Tasche zurückgesteckt hatte, in der Hand. Mehrmals fragten sie sich gegenseitig, ob sie alles richtig verstanden hatten, die Zeit, den Treffpunkt, nur um sich gegenseitig aufs Neue zu versichern, dass sie nichts anderes taten als das, was Askildsen und Lundegård ihnen aufgetragen hatten.

Endlich wurde es zwei Uhr.

Aber die Oberfläche der See blieb schwarz und unverändert, wenn man von den etwas helleren Feldern absah, über die der Regen hinwegging.

Weitere Minuten verstrichen, ohne dass etwas geschah.

Inzwischen war auch das U-Boot fünfzehn Minuten überfällig, und Ole glaubte nicht mehr daran, dass noch irgendetwas passieren würde. Dass weder Askildsen und seine Leute noch das U-Boot aufgetaucht waren, sprach eine eindeutige Sprache.

»Vielleicht hatten sie Schwierigkeiten und haben die ganze Sache auf morgen Nacht verschoben? Vielleicht sollten wir dann einfach noch einmal herkommen?«

Lina zuckte wortlos die Achseln. Ihr Blick war starr aufs Meer gerichtet.

Auch Ole wusste, dass diese Idee unsinnig war. Wie sollten die Norweger auf ihrer gefährlichen Expedition im Grenzland mit einem U-Boot Kontakt aufnehmen, das zu diesem Zeitpunkt bereits irgendwo unter den deutschen Kriegsschiffen im Skagerrak hindurchtauchte?

Nein, die Wahrheit war, dass Askildsen und seine Leute entweder aufgehalten oder gefangen genommen worden waren, und dass das U-Boot irgendwo dort draußen von einem deutschen Kriegsschiff geortet und mit Wasserbomben zum Abdrehen gezwungen worden war. Oder man hatte es versenkt.

»Was machen wir jetzt?«, fragte Ole leise.

Plötzlich griff Lina nach seinem Arm.

»Luftblasen! Da! Das ist das U-Boot!«

Gleichzeitig sprangen sie auf die Beine. Jetzt sah Ole es auch.

In respektvollem Abstand zur Insel durchbrach erst ein schlanker schwarzer Turm, dann der Bug und danach das gesamte flache Deck eines U-Bootes die dunklen Wellen, einen Nebel fahlweißer Gischt von sich stoßend wie ein schnaufendes, urzeitliches Ungeheuer.

Das Licht des Leuchtturms strich kurz über den schwarzen Leib und ließ seine Konturen hervortreten, dann verschwand er wieder in Dunkelheit und Regen.

Es dauerte eine ganze Weile, bis sich wieder etwas tat. Aber dann flammte drüben auf dem U-Boot ein starker Morsescheinwerfer auf und blitzte ihnen eine schnelle Abfolge von kurzen und langen Lichtsignalen zu.

»Ein Erkennungszeichen!«, sagte Ole. »Wir müssen antworten!«

Die Frage war nur: was? Einen schrecklichen Augenblick lang standen Ole und Lina da und konnten nichts anderes tun, als sich hilflos anzustarren.

Die Lichtsignale des U-Bootes wiederholten sich, forderten ungeduldig eine Antwort ein.

»Verdammt und zugenäht!«, fluchte Lina. »Wieso hat Askildsen das nicht mit uns besprochen?«

Sie trat links neben Ole, und er konnte ihre Wut und Anspannung förmlich spüren.

»Ist jetzt auch egal!«, antwortete Ole. »Wir müssen antworten, irgendwas, damit sie wissen, dass wir hier sind!«

Er nahm den Scheinwerfer aus dem Rucksack und richtete ihn auf die See hinaus.

Plötzlich stürzte von rechts ein schwarzer Schatten auf ihn zu und schlug ihm den Arm mit dem Scheinwerfer herunter.

»Stopp!«, schrie der Angreifer, und sowohl Ole als auch Lina fuhr der Schreck durch Mark und Bein.

Erst mit dem nächsten Lichtstrahl des Leuchtturmes erkannten sie, dass es Lundegård war, der so urplötzlich und lautlos hinter ihnen aufgetaucht war, dass sie keine Chance gehabt hatten, ihn zu bemerken.

»Ge mej den!«, blaffte er.

Grob nahm er Ole die Lampe aus der Hand und begann, einen Lichtcode zum U-Boot hinüberzuschicken.

»Wenn ihr das Falsche geantwortet hättet, wären sie sofort wieder untergetaucht!«, knurrte er unfreundlich, noch während er die Signale abgab. »Dann wäre alles umsonst gewesen!«

»Und wenn ihr pünktlich hier gewesen wärt, verdammt noch mal, dann wäre es gar nicht erst dazu gekommen!«, schnappte Lina. »Wo habt ihr überhaupt so lange gesteckt?«

Lundegård hatte die Nachricht beendet und baute sich jetzt gereizt vor Lina auf. »Ich habe doch gesagt, dass es Schwierigkeiten geben kann!«

»Ho!«, rief Ole dazwischen. »Immer langsam mit den jungen Pferden!«

Streit war das Letzte, was sie jetzt gebrauchen konnten.

»Wir hatten schon befürchtet, dass ihr in Schwierigkeiten geraten seid. Hoffentlich sind alle wohlauf?"

»Wir sind froh, dass wir noch am Leben sind!«

Erst jetzt fiel Ole auf, dass Lundegård einen blutigen Verband um die Stirn trug.

»Und die anderen?«, fragte Lina, nun ebenfalls etwas ruhiger.

»Sind unten am Boot. Außer ein paar Kratzern und diesem Streifschuss hier«, er tippte an seine Stirn, »hat keiner von uns was abbekommen. Aber es war reichlich knapp. Sie haben uns aufgelauert! Man hätte meinen können, dass unsere Pläne verraten worden sind!«

Der Satz schwebte einen Moment lang bedrohlich zwischen ihnen in der Luft. Ole beschloss, ihn einfach zu ignorieren und zeigte zum U-Boot hinaus.

»Und wie geht es jetzt weiter? Kommen die an Land?«

»Nein. Wir fahren zu ihnen raus. Wo habt ihr die Dokumente?«

»Auf der Yacht. Hinter der Landzunge im Südwesten.«

»Gut. Wir kommen mit unserem Boot dorthin und nehmen euch an Bord. Beeilt euch!«

Damit drückte Lundegård Ole den Scheinwerfer in die Hand zurück und verschwand lautlos, wie er gekommen war, in der Dunkelheit.

»Skitstöveln!«, murmelte Lina finster.

Was wohl so viel wie Arschloch hieß.

Wenige Minuten später stieg Ole mit den Plänen in der wasserdichten Schatulle auf eine schneidige, etwa neun Meter lange Motoryacht über, die Lundegård geschickt an das Heck der *Lotten* heranmanövrierte. Sie hatte einen hohen Bug mit geradem Steven und kleinen Bullaugen im Rumpf, einen überdachten Steuerstand und ein geräumiges Achtercockpit mit umlaufendem, festem Schanzkleid.

Ole hatte die Schatulle mit einer Sorgleine gesichert und diese zum Übersteigen um sein linkes Handgelenk gewunden. Zu dumm, wenn ihnen die Pläne jetzt noch über Bord gehen und absaufen würden.

Askildsen und ein zweiter, groß gewachsener Mann schüttelten ihm zur Begrüßung die Hand.

»Schön, dass es auch Deutsche gibt, die mit uns kämpfen, anstatt gegen uns!«, sagte der Fremde in völlig akzentfreiem Deutsch.

Er war Ende dreißig, hatte ein gewinnendes Lächeln, eine auffallend hohe Stirn und glatt nach hinten gekämmte Haare. Sein Gesicht kam Ole vage bekannt vor, aber er konnte unmöglich sagen, woher. Außer ihm, Askildsen und Lundegård waren noch zwei ältere Männer an Bord der Motoryacht. Sie saßen unten in der kleinen Kabine und winkten nur kurz zu Ole herauf.

Dann stieg auch Lina von der *Lotten* über.

Im Gegensatz zu Ole erkannte sie den Mann, der sie in Empfang nahm, sofort und machte große Augen. Kaum dass sie an Deck stand, deutete sie einen Knicks an und senkte ehrfürchtig den Kopf.

»Tack, ers höghet!.«

Eure Hoheit? Jetzt dämmerte Ole, wen er da vor sich hatte. Der Mann war kein Geringerer als Kronprinz Olav, Sohn von König Haakon VII. von Norwegen!

Also deswegen war dieser Transport so brisant, dass die Engländer eines ihrer wertvollen U-Boote auf die gefährliche Fahrt durch ein von der deutschen Kriegsmarine kontrolliertes Seegebiet geschickt hatten.

Einen Moment lang war Ole mindestens so beeindruckt wie Lina. Allerdings weniger wegen der königlichen Abstammung ihres Gegenübers, sondern weil Olav von Norwegen eine echte Berühmtheit im Segelsport war, ein international gefeiertes Regatta-Ass, nicht zuletzt wegen seiner Goldmedaille bei den Olympischen

Spielen in Amsterdam. Wo er, so schoss es Ole durch den Kopf, mit der Yacht an den Start gegangen war, deren Name Ole in gewisser Weise vor zwei Nächten das Leben gerettet hatte.

Sofort nachdem Lina an Bord gekommen war, setzte Lundegård die Motoryacht zurück, wendete und nahm Kurs auf das U-Boot.

Der Kronprinz ging zu den beiden älteren Herren in die kleine Kabine hinunter. Askildsen trat zu Ole und Lina.

»Ich dachte, der Kronprinz ist bereits im Juni geflohen?«, fragte Lina noch immer verwundert.

Askildsen lächelte sanft.

»Das sollte allgemein auch geglaubt werden. Aber bisher ist nur sein Vater in England. Seine Königliche Hoheit, der Kronprinz, hat sich in den Bergen versteckt gehalten, um von dort aus den Widerstand zu organisieren. Die beiden anderen Herren sind Minister der Exilregierung, die vom Stortinget bestimmt worden ist. Das ist unsere Parlamentsversammlung«, fügte er für Ole erklärend hinzu.

Dann verstummte Askildsen und blickte nach vorn.

Die Motoryacht umrundete soeben das westliche Kap der Insel und in einiger Entfernung kam die dunkle, matt glänzende Silhouette des U-Bootes in Sicht. Durch den Regen und die Schwärze der Nacht hindurch war sie vor dem Hintergrund des offenen Meeres kaum zu erkennen, bis die nächste Wiederkehr des Leuchtfeuers sie deutlicher hervorhob.

Eine Identifikationsnummer oder sonstige Kennzeichnung hatte das englische Unterseeboot nicht, bis auf das White Ensign, die englischen Seekriegsflagge, deren helles Tuch deutlich sichtbar von der achteren Plattform des Turmes auswehte. Ansonsten sah es auch nicht sehr viel anders aus als die deutschen U-Boote, die Ole in Kiel und Eckernförde gesehen hatte.

Plötzlich begriff Ole, dass in wenigen Minuten alles vorbei sein würde. Es war ein Gefühl, als ob eine immense Last von seinen Schultern genommen würde und er zum ersten Mal seit Tagen wieder unbeschwert atmen konnte.

Er griff nach Linas Hand. In ihrem Blick lag die gleiche Erleichterung. Und noch etwas anderes: Stolz.

Hülsmeyers Pläne waren schon so gut wie verloren gewesen; sie hatten sie wieder gefunden. Sie waren in einen Hinterhalt gelockt und gefangen worden; sie hatten sich befreit und waren geflohen. Sie waren verfolgt und angegriffen worden; und abermals entkommen. Jetzt stand die Schatulle mit den Plänen, die den Kriegsverlauf beeinflussen würden, hier zwischen Oles Füßen und würde in wenigen Augenblicken in sicheren Händen sein.

Sie hatten es tatsächlich geschafft!

Als sie noch etwa fünfzig Meter von dem U-Boot entfernt waren, wurde oben am Turm eine Beleuchtung eingeschaltet, die das schmale Vorschiff in ein trübes gelbes Arbeitslicht tauchte. In ihrem Schein sahen sie mehrere Männer auf dem Laufdeck. Einer von ihnen, das war deutlich zu erkennen, trug eine Offiziersuniform der Royal Navy.

Wahrscheinlich der Kommandant, dachte Ole, der sich zu Ehren seines königlichen Passagiers in die »erste Geige« geworfen hatte. Die übrigen vier Männer waren in dunkles Ölzeug gepackt. Zwei weitere standen oben im Turm.

»Mina herrar, gör ni er klara!«, rief Lundegård in die Kabine hinunter und nahm die Fahrt aus der Yacht.

Der Kronprinz und die beiden Minister kamen ins Cockpit hinauf und blickten zu dem U-Boot hinüber, das sie in Sicherheit bringen sollte. In ihren Gesichtern waren Anspannung und Erleichterung gleichermaßen zu lesen.

»Ahoy there!«, rief der englische Offizier herüber. »Bring yourself alongside here!«

Er zeigte mit dem Arm zu einer Stelle, die zum Anlegen geeignet war, und Lundegård stoppte das Motorboot dort auf. Askildsen war auf die Back geklettert und warf einem der U-Boot-Männer die Vorleine zu. Ole tat das Gleiche mit der Achterleine.

Da das Unterseeboot durch seine seitlichen Auftriebskörper in der Wasserlinie breiter war als auf Deckshöhe, blieb zwischen ihm und der Motoryacht ein etwa eineinhalb Meter breiter Spalt, der mit einer Gangway überbrückt werden musste.

»Get the plank, number two!«, rief der U-Boot-Kommandant zum Turm hinauf.

Vermutlich meinte er damit den Zweiten Offizier.

Nun trat Olav von Norwegen ans Schanzkleid der Motoryacht.

»Awfully nice to see you, Commander!«, sagte er in bestem Upper-Class-Tonfall eines in England geborenen und erzogenen Aristokraten. »And very brave of you, indeed, to make it here!«

»Thank you, Your Royal Highness!«, antwortete der Kommandant und salutierte kurz.

Askildsen, der inzwischen ins Cockpit zurückgekommen war, half Lundegård, mehrere handliche Seesäcke zu den U-Boot-Leuten hinüberzuwerfen.

Der Kronprinz wandte sich an Ole und nickte ihm freundlich auffordernd zu.

»Vielleicht sollte ich die Pläne jetzt an mich nehmen, Herr Storm. Ich verspreche Ihnen, dass wir sie in die richtigen Hände legen werden!«

Ole reichte ihm die Schatulle und das Ende der Sorgleine.

In diesem Augenblick kam der Zweite Offizier des U-Bootes mit der Laufplanke aufs Vorschiff, kletterte mit einem Fuß hinunter auf den Auftriebskörper und begann, die Planke zu Ole hinüberzuschieben. Dabei rutschte ihm die Kapuze seines Ölzeugs ins Genick, und Ole starrte ungläubig hinüber.

Das Gesicht war ihm vertraut wie sonst nur noch sein eigenes. Aber es hier und jetzt wiederzusehen, hätte er nie und nimmer für möglich gehalten.

Der vermeintliche Engländer vor ihm war Nils Storm, sein eigener Bruder! Ole wollte, im wahrsten Sinne des Wortes, seinen Augen nicht trauen. Das konnte doch nur eine Täuschung sein! Wie sollte Nils auf ein englisches U-Boot kommen?

Aber Nils auf der anderen Seite starrte ihn ebenso fassungslos an.

»Hurry up, Number two!«, blaffte der Offizier an Deck des U-Bootes ungeduldig, als er sah, dass Nils zögerte. »We must not waste any time!«

Nils löste sich aus seiner Erstarrung und brachte die Planke auf dem Süllbord des Motorboots zu liegen. Ole dagegen war noch immer wie gelähmt.

Bis er Nils' Blick und seine Handbewegung sah.

Als Kinder hatten sie eine geheime Zeichensprache gehabt, hauptsächlich ausgedacht, um Nils vor der nächsten Tracht Prügel des strengen Vaters zu bewahren, wenn dieser nach einem ihrer Streiche mit dem Riemen hinter dem Rücken in der Tür wartete. Jetzt sah Ole, wie Nils sich kurz mit der Hand an den Hals griff und dabei mehrmals den Daumen zur Seite abspreizte – hau sofort ab, sonst geht es dir an den Kragen!

Das vertraute, alte Alarmzeichen löste Oles Erstarrung schlagartig und stieß gleichzeitig einen gewaltigen Schuss Adrenalin in seine Adern.

Dann ging alles sehr schnell.

Ole fuhr herum und sprang zum Steuerhaus der Yacht.

»Das ist eine Falle!«, schrie er. »Es sind Deutsche!«

Der Kronprinz, der bereits einen Fuß auf die Laufplanke gesetzt hatte, hielt mitten in der Bewegung inne und starrte Ole an. Auch Lina und die Übrigen an Bord der Motoryacht erstarrten in ungläubigem Entsetzen. Was Ole da behauptete, war einfach zu unwahrscheinlich. Konnte, durfte nicht wahr sein.

Wie die U-Boot-Männer auf ihre Enttarnung reagierten, konnte Ole nicht sehen, weil er bereits im Steuerstand war. Zum Glück hatte Lundegård den Motor im Leerlauf weitertuckern lassen. So musste Ole nur die beiden Gashebel bis zum Anschlag nach unten stoßen.

Die Motoren heulten auf. Die Vor- und Achterleinen, die die beiden U-Bootmänner irgendwo an Deck belegt hatten, stöhnten unter ihrer höllischen Kraft laut auf.

»Worauf wartet ihr! Schnappt ihn euch! Und die Schatulle!«

Ole drehte sich um und sah zwei Mann vom U-Boot auf die Laufplanke und den Kronprinzen zuspringen. Askildsen war sofort bei ihm, um ihn zurückzuziehen und die Planke zu verteidigen.

In dieser Sekunde brachen die Festmacher. Mit einem gewaltigen Satz sprang das Motorboot nach vorne, und die Angreifer fielen samt der abrutschenden Planke ins Wasser.

Der Rumpf der Motoryacht schrappte ein paar Meter an der Flanke des U-Bootes entlang, bis Ole das Steuer packte und zur Seite kurbelte.

Hinter sich hörte er aufgeregte Schreie und Flüche auf Norwegisch und Schwedisch, vor allem aber auf Deutsch.

»Verdammte Scheiße, wie konnte das passieren?«, und: »Knallt sie ab! Sie dürfen nicht entkommen!«

Nur eine Sekunde später ratterte bereits die erste Salve aus den Maschinenpistolen der Deutschen hinter ihnen her.

»Ta dekning!«, schrie Lundegård.

Ole kurbelte wild am Steuer, um den Schützen kein festes Ziel zu bieten. Das Heck der Yacht brach aus und die erste Salve peitschte knapp neben ihnen ins Wasser.

Hastig schob Askildsen den Kronprinz und die Minister nach vorne in die Kajüte.

»Danke, Ole!«, sagte er, als er an Ole vorbeikam.

Ole nickte nur und kurbelte weiter am Ruder, bis Lundegård heran war und das Steuer übernahm.

»Ich hab ja gewusst, dass wir verraten worden sind!«, zischte er.

Ole zuckte nur die Achseln. Wer wann wo Verrat geübt hatte, war ihm im Moment herzlich egal. Hauptsache sie kamen mit heiler Haut davon!

Lina war mit bleichem Gesicht unterhalb des Schanzkleides in Deckung gegangen. Ole kauerte sich neben sie.

»Bist du in Ordnung?«, fragte er.

»Woher wusstest du, dass es eine Falle war?«, fragte sie statt einer Antwort zurück.

»Der Mann an der Planke ...!«

Ole schüttelte den Kopf, selber immer noch fassungslos über das unglaubliche Zusammentreffen.

»Das war mein Bruder, Nils!«

Lina klappte vor ungläubigem Staunen der Mund auf.

Ole hob den Kopf ein Stück über den Süllrand.

Er sah das gelbe Mündungsfeuer der Maschinenpistolen, aber was jetzt noch an Schüssen auf sie abgegeben wurde, ging weit daneben. Und für das große Bordgeschütz hinter dem Turm war der Winkel zum Glück zu spitz.

Sie waren entkommen!

Während die Motoryacht auf die Nordseite der Insel zuraste, blieb das U-Boot rasch in der Dunkelheit zurück.

Dann wischte noch einmal das Licht des Leuchtfeuers darüber hinweg, und Ole konnte eine einzelne Gestalt an Deck sehen, die in all dem Aufruhr regungslos stehen geblieben war. Nils.

Ole bildete sich ein, dass er in diesem Augenblick seine Faust ans Kinn hob. Noch ein altes Zeichen. Denen haben wir ein's verpasst! Dann war der kurze Lichtblitz vorüber und das U-Boot in der Nacht verschwunden. Ob er Nils je wiedersehen würde?

Lina holte Ole zurück, indem sie ihn am Arm packte. »Ole, die Pläne!«, rief sie alarmiert.

Als der Kronprinz den Angriffsversuch der beiden Männer auf der Planke abgewehrt hatte, musste er die Schatulle fallen gelassen haben. Zum Glück ins Schiff und nicht daneben.

Aber durch die plötzliche Beschleunigung und die wilden Ausweichmanöver, die sie gefahren hatten, war sie in die hintere Ecke des Cockpits geschliddert, genau an die Stelle, an der das massive Schanzkleid von einer Öffnung unterbrochen war, durch die man auf die Badeleiter und ins Wasser hinunter gelangen konnte.

Ins Wasser! Ein Teil der Schatulle war bereits bedrohlich weit hinausgerutscht und hing frei über der kochenden Hecksee. Mit jeder Schiffsbewegung und jedem Wellenschlag rutschte sie weiter über die Kante.

Bevor Ole reagieren konnte, sprang Lina nach hinten. Aber sie kam zu spät! In diesem Augenblick kippte die Schatulle über die Kante und war verschwunden!

Ein heißer Schock durchfuhr Ole, und er stieß einen gequälten Schrei aus. Doch dann sah er, dass Lina, die immer noch dort hinten auf dem Bauch lag, etwas fest umklammert hielt: das Ende der Sorgleine!

Sofort sprang Ole hinzu und half ihr, die Schatulle daran zurück ins Boot zu ziehen. Als sie das kostbare Stück wieder vor sich an Deck liegen hatten, stieß Ole die Luft aus.

Lina, die Sorgleine der Schatulle immer noch ums Handgelenk gewunden, lächelte ihn ebenso erleichtert an und stand auf.

In dieser Sekunde flammte vor ihnen ein greller Suchscheinwerfer auf und erfasste die Motoryacht.

Lina riss geblendet die Hand vor die Augen.

»Verdammt! Die haben Verstärkung!«, schrie Lundegård, und warf das Steuer zu einem wilden Ausweichmanöver herum. Das Heck der Yacht brach aus.

Gegen das grelle Licht war sekundenlang nichts zu erkennen, aber Ole wusste auch so, welches Schiff ihnen hier, hinter der Ostseite der Insel, aufgelauert hatte. Dann zerriss das scharfe Tackern des 20-Millimeter-Zwillings auf dem Achterdeck des Schnellbootes die Luft.

Die ersten Projektile peitschten noch über sie hinweg und schlugen weiße Fontänen aus dem Wasser querab, die nächsten trafen und zerfetzten die Windschutzscheibe und einen Teil des Steuerhauses.

Lina!

Ole riss den Kopf herum.

Sie war verschwunden!

Ob sie von den Kugeln getroffen oder einfach vom abrupten Kurswechsel über Bord geschleudert worden war, spielte in dieser Sekunde für Ole keine Rolle. Mit einem einzigen Satz sprang er hinterher.

Das schwarze Wasser schlug hart über ihm zusammen.

Als er auftauchte war das Motorengeräusch hinter ihm bereits eine gute Strecke entfernt, ebenso wie der Scheinwerfer des Schnellbootes und das neuerlich einsetzende, tödliche Rattern des Maschinengewehrs.

Einzig das schmerzhafte Rauschen in Oles Kopf war unverändert laut geblieben. Sein eigenes Blut auf dem Trommelfell. Das Geräusch der Panik.

Er streifte die hinderliche Öljacke ab und schwamm zurück, so schnell er konnte. Versuchte die Stelle zu finden, an der die Motoryacht den letzten Haken geschlagen hatte. In der Dunkelheit konnte er sich nur an der schaumigen Spur des Kielwassers orientieren, die die Schiffsschrauben ins Wasser geschlagen hatten. Und diese wurde zusehends schwächer, verwischt von Wind und Wellen.

Er trat heftiger mit den Beinen, versuchte den Kopf möglichst weit über die Oberfläche zu bekommen. Nirgendwo war etwas von ihr zu sehen.

»Lina!«, schrie er und wiederholte es mehrmals, bis ihm eine Welle das Maul stopfte und er zu husten anfing.

Eine erstaunliche junge Frau. Mit jedem Schwimmzug, den er tat, wiederholten sich die Worte des Konteradmirals in seinem Kopf. Ich kann mir nicht vorstellen, dass sie über Bord springt und dann einfach ertrinkt. Diesmal war sie nicht gesprungen.

Ole begann in der Dunkelheit die Richtung zu verlieren, halb blind vom Salzwasser und seiner eigenen, rasch anwachsenden Verzweiflung.

Jetzt war der einzige Orientierungspunkt, den er noch hatte, der Leuchtturm zu seiner Linken. In diesem Sektor des Leuchtfeuers war sein Lichtstrahl rot. Ein Rot, das kälter und härter war, als das von gestern Morgen, und weder die Farbe der Liebe, noch die des Blutes hatte. Eher die der Verzweiflung.

Mit einer Wiederkehr von zwanzig Sekunden flutete es über ihn hinweg, zeigte ihm leere Wellen um ihn herum und nahm ihm von Mal zu Mal mehr von der Hoffnung, sie noch wiederzusehen.

Irgendwann, Ole wusste nicht mehr, wie oft das Licht über ihn hinweggegangen war, hörte er doch noch ihre Stimme.

»Ole! Hilf mir!«

Er fuhr herum und konnte sie gerade noch sehen, bevor das Licht weitergewandert war. Sie befand sich dreißig Meter hinter ihm. Er war an ihr vorbeigeschwommen!

Mit hastigen Zügen kraulte er zurück. Beim Näherkommen sah er zu seinem Entsetzen, dass sie kaum noch den Kopf über Wasser halten konnte.

»Bist du verletzt?«, rief er und griff nach ihr.

»Nein!«, hustete sie. »Die verdammte Kiste ... zieht mich runter!«

Sie schlang ihren freien Arm um seine Schultern, und Ole spürte das Gewicht der Schatulle, das sie an der Sorgleine senkrecht in die Tiefe zog. Ole griff zu und gemeinsam gelang es ihnen etwas besser, die Last zu halten.

Sie fanden eine Stelle zwischen den schroffen, schwarzen Felsen an der Nordseite der Insel, an der sie aus dem Wasser klettern konnten. Noch während sie den ersten halbwegs festen Tritt unter den Füßen hatten, fielen sie einander vor Erleichterung um den Hals. Und ließen eine sehr lange Zeit nicht wieder los.

»Komm!«, sagte Ole dann. »Wir müssen zum Boot und weg von dieser Insel. Ein neues Versteck finden, solange es noch dunkel genug ist!«

»Und wo?«, fragte Lina.

Ole überlegte.

Im Süden gab es nichts als offenes Wasser. Dort würden sie beim ersten Tageslicht wie auf dem Präsentierteller zu sehen sein.

Im Westen lag Nils' U-Boot. Es hatte sich wohl kaum an der Jagd nach dem Motorboot beteiligt, weil es zu langsam und in den flachen Gewässern zwischen den Schären nur sehr eingeschränkt manövrierfähig war. Aber einfach abgedampft war es wohl auch noch nicht. Ole vermutete, dass es noch irgendwo dort draußen auf der Lauer lag.

Von Osten her wehte der Wind noch das zweifache Dröhnen

der Motoren von Yacht und Schnellboot herüber. Sehr wahrscheinlich versuchten Lundegård und Askildsen mit ihren Schützlingen in Richtung Festland zu fliehen. Ole schätzte, dass es die Motoryacht in Punkto Geschwindigkeit sehr wohl mit dem Schnellboot aufnehmen konnte.

Wenn sie also nicht noch schwerer von den Kugeln aus Richards MG getroffen worden waren, und wenn sie zwischen den östlich von hier gelegenen Schären ihre Wendigkeit und den geringeren Tiefgang ausspielten, hatten sie durchaus eine Chance, in diese Richtung zu entkommen.

Aber genau deswegen war es für Ole und Lina viel zu gefährlich, ebenfalls zum Festland zurückzusegeln, zumal sie gegen den Wind hätten aufkreuzen müssen.

Blieb also nur die Flucht nach Norden.

»Wir versuchen es mit Storö«, erklärte Ole.

Die Hauptinsel der Väder-Inseln lag in nordnordöstlicher Richtung, nur knappe drei Meilen entfernt. Andererseits musste es bald hell werden, und es wäre ein verdammter Wettlauf mit der Zeit!

Ole schulterte die Kassette mit den verfluchten Plänen, die das Schicksal ihnen scheinbar doch wieder aufbürden wollte, und half Lina, die steilen Felsen zu erklimmen. Dann überquerten sie, so schnell sie konnten, die Insel.

Es regnete nicht mehr, aber der Ostwind war unvermindert stark und ließ sie vor Kälte zittern. Sie waren nass bis auf die Knochen, und ihre Öljacken, die den Wind abgehalten hätten, trieben irgendwo dort unten im Wasser.

Die nördliche und östliche Kimm war bereits bedrohlich hell. Wie lange die Dunkelheit noch halten würde, konnte nur der liebe Gott sagen.

Und wenn Ole den hätte fragen können, hätte es noch ein paar weitere Dinge gegeben, die er gerne von ihm gewusst hätte. Zum Beispiel, ob er die Finger im Spiel gehabt hatte, als er ihnen ausgerechnet Nils zur Rettung geschickt hatte? Oder ob es tatsächlich ein englisches U-Boot gewesen war, das zuvor vielleicht irgendwo erbeutet worden war, samt der Royal-Navy-Uniform seines Skippers, oder doch ein verkleidetes deutsches Boot?

Und dann hätte Ole noch gerne gewusst, ob er mit seinem Verdacht richtig lag, dass sein persönlicher Erzfeind Richard Korfmann sich diese vor Dreistigkeit strotzende Falle für sie ausgedacht hatte?

So viel war Ole klar: Richard hatte sich mit dem Schnellboot hinter der Insel versteckt gehalten und war erst eingeschritten, als die Übergabe der Pläne und der prominenten Flüchtlinge gescheitert war. Die ganze Aktion musste also sorgfältig geplant und mit anderen Stellen koordiniert worden sein. Und zwar mit dem Ziel, zwei Fliegen mit einer Klappe zu schlagen.

Die brennendste Frage von allen aber war, ob Lundegård mit seinem Verdacht recht gehabt hatte, dass die ganze Sache verraten worden war.

Der liebe Gott war gerade nicht in der Nähe, also stellte Ole die Frage an Lina.

»Was glaubst du? Hat ihnen jemand verraten, dass unsere Pläne und der Kronprinz zusammen nach England gelangen sollten?«

Linas Schritte wurden langsamer. Schließlich blieb sie stehen und nickte.

»Und wer?«

»Frederik«, sagte sie tonlos und hielt den Blick am Boden.

Ole war ebenso erstaunt wie schockiert.

»Dein ... Professor? Das kann doch nicht sein?«

»Doch. Er war der Einzige von uns, der über alles Bescheid wusste. Mir hat er nur so viel verraten, wie ich wissen musste, um Askildsen zu kontaktieren. Und Sigur und die andern vier wussten gar nichts.«

Lina hob den Kopf und sah aufs Meer hinaus. Jede Farbe war aus ihrem Gesicht gewichen.

»Sie müssen es aus ihm herausgefoltert haben, in Marstrand«, flüsterte sie.

Sie verstummte und blickte ihn an. Das Grün ihrer Augen war

so gut wie schwarz und schien in diesem Moment in einem tiefen Schmerz zu verschwimmen. Ole nahm sie in seine Arme und zog sie fest an sich.

Als er selber die Augen schloss, hörte er das schreckliche, andeutungsvolle Surren des Stocks, den Strasser bei seinem Verhör durch die Luft hatte schneiden lassen. Er selber hatte nur die Spitze des Prügels zu schmecken bekommen. Aber Sønstebye und die beiden anderen? Ole sah sie vor sich, unten im Hof, mit verbundenen Augen und von der Folter geschundenen, gebrochenen Gliedmaßen, von denen man gerade noch so viel heil gelassen hatte, um sie zum Erschießen an die Wand stellen zu können.

Nach einem langen Moment ließ das Zittern in Linas Körper nach, das nur zum Teil von der Kälte und der nassen Kleidung kam.

»Komm, wir müssen weiter!«, sagte Ole leise und nahm ihre Hand.

Sie nickte und wischte sich mit der anderen Hand übers Gesicht.

Kurz darauf ereichten sie die kleine Bucht im Südwesten der Insel und blickten auf die Yacht hinunter.

»Glaubst du, sie haben die *Lotten* gesehen?«, fragte Lina.

Ole schüttelte den Kopf.

»Dann hätten sie uns schon längst in Empfang genommen!«

Dass sie die Yacht nicht am Anleger festgemacht hatten, war ihre Rettung gewesen. Denn genau dort, an der Ostseite der Schäre, musste das Schnellboot gelauert haben, während die Motoryacht neben dem U-Boot lag.

Der Liegeplatz der *Lotten* hinter der Landzunge hingegen war von dort aus nicht einzusehen, und der Mast, der sie tagsüber verraten hätte, war gegen den dunklen, regnerischen Nachthimmel ebenso unsichtbar.

Hastig rutschten sie die steilen Felsen hinunter und sprangen an Bord.

Wie durch ein gnädiges Wunder startete der Motor dieses Mal

bereits im ersten Anlauf. Ole machte sich nicht die Mühe, die Vorleine oder den Anker einzuholen. Beides warf er einfach von der Klampe und ließ es ins Wasser fallen. Jetzt zählte jede Minute.

Noch während sie unter Motor die Südspitze der Insel umrundeten, um von dort aus auf Nordkurs zu gehen, setzten sie alles an Segeln, was sie hatten. Auch wenn ihre waghalsige Reparaturstelle am Mast nur so quietschte und ächzte und Ole sie bei der Arbeit an den Fallen vorne am Mast argwöhnisch im Auge behielt, es half nichts. Jetzt brauchten sie jeden Vortrieb, den sie bekommen konnten.

Erst als die Segel gesetzt und getrimmt waren und die *Lotten* mit maximaler Rumpfgeschwindigkeit durch die Wellen nach Norden pflügte, konnten sie endlich aus ihren nassen Sachen heraus. Zum Glück besaß jeder von ihnen noch einen zweiten Satz trockener Kleider, Lina ein weiteres Kleid und einen Pullover, und Ole seine alte Decksuniform von der *Skagerrak*. Als er am Steuer sitzend in die alte Uniformhose rutschte, bemerkte er mit ziemlicher Erleichterung, dass in der rechten Hosentasche noch immer das Takelmesser seines Großvaters steckte, angebunden mit einem Stückchen alter Kaffeekannenbefestigungsleine vom Kutter seines Vaters.

Wenn das Messer wirklich ein Glücksbringer war, so sollte Ole ihn bald verdammt nötig haben!

Denn noch bevor sie auch nur ein Drittel des Weges nach Storö zurückgelegt hatten, trug der Ostenwind erneut das dumpfe, ihnen allzu vertraute Wummern der Schnellbootmotoren heran. Es kam schräg von achtern, und es gab keinen Zweifel, dass es stetig lauter wurde.

Noch war der Morgen kaum mehr als ein kaltes graues Zwielicht unter der niedrigen, dunkel nach Westen jagenden Wolkendecke. Noch war die Sicht diesig und äußerst begrenzt, so dass die Konturen der kleineren Schären, die sie passierten, sich kaum von denen einer Segelyacht auf der Flucht unterschieden. Und noch war das Schnellboot ebenso unsichtbar. Doch das Geräusch seiner

Motoren war allgegenwärtig und zerrte an ihren Nerven. Es spielte Katz und Maus mit ihrer Angst, indem es einmal näher und dann wieder weiter entfernt schien, mal von der Seite, mal direkt von hinten zu kommen schien.

Was Richard vorhatte und ob er wusste, dass sie in diese Richtung flohen, war völlig unklar. Ebenso, ob er das flüchtige Motorboot gestellt hatte oder ob Askildsen und seinen Schützlingen die Flucht gelungen war.

Vielleicht hatte er bei der Verfolgung der Motoryacht auch gesehen, dass Lina und Ole nicht mehr an Bord waren, und daraus geschlossen, dass sie sich einmal mehr mit den wertvollen Pläne in eine andere Richtung abgesetzt hatten.

Und deren Widerbeschaffung, so schätzte Ole die Lage ein, fühlte er sich weitaus mehr verpflichtet als der Festnahme norwegischer Flüchtlinge, um die sich bisher ohnehin andere Stellen gekümmert hatten.

Ole riss sich zusammen. All diese Spekulationen waren völlig unwichtig. Alles, was jetzt zählte waren Pinne, Segelstellung und Windrichtung. Und die Farbe der See vor ihrem Bug.

Denn um den Weg abzukürzen, hatte Ole die *Lotten* geradewegs in die Schärenfelder südlich von Storö gesteuert, deren zahlreiche zerklüftete Felsen und Untiefen sich oftmals nur durch einen helleren Fleck an der Wasseroberfläche oder einen unharmonischen Wellenverlauf darüber verrieten. Mehrmals bereits hatte Ole die *Lotten* nur durch einen scharfen Kurswechsel in letzter Sekunde vor einer fatalen Grundberührung bewahren können, und das scharfe Schlagen der Segel, wenn sie in den Wind schossen, hatte sie dann stets besorgt zum Mast hinaufblicken lassen, der Achillesverse der *Lotten*.

Mittskär, Bojenskär und Manskär rauschten im unheimlichen diesigen Grau an ihnen vorbei, und noch immer war ihr Verfolger nicht zu sehen, nur zu hören.

Bildete Ole es sich nur ein, oder hoben sich die weißen Segel über ihnen jetzt bereits sehr viel deutlicher vom Himmel ab? Es konnte nur noch eine Frage von Minuten sein, bis es endgültig hell würde und die Männer auf der Schnellbootbrücke sie sehen mussten.

Wenn wir es vorher wenigstens noch bis in Landnähe schaffen, dachte Ole verzweifelt. Die vage Hoffnung geisterte durch seinen Kopf, an Land schwimmen und sich dort verstecken zu können, während sie die *Lotten* alleine weitersegeln ließen. Etwas anderes als derselbe Trick wie mit der *Skagerrak* fiel ihm nicht ein. Solange Richard nur nicht sah, hinter welchem der Felsen sie ausstiegen ...

Wenige Augenblicke später zerriss das dumpfe Nebelhorn des Schnellbootes die Dunkelheit.

»Das galt uns!«, stellte Lina fest. »Sie haben uns gesehen!«

Ihr verzweifelter Blick sprach Bände.

Eine Minute später sahen auch sie das Schnellboot.

Mit hoher, fahler Bugwelle, die wie eine Reihe grimmig gefletschter Zähne zu ihnen hinüberbleckte, löste es sich aus einem dunkelgrauen Regenschleier, der südlich von ihnen über das Wasser zog. Mein Gott, sie waren erschreckend nah. Weniger als eine halbe Meile!

Damit war jede Chance vertan, noch unbemerkt von Bord zu kommen. Das Einzige, was sie jetzt noch versuchen konnten, war, die Sache ein wenig hinauszuzögern. Und verzweifelt auf ein Wunder zu hoffen.

Darauf vielleicht, dass Richard ein Fehler unterlief. Dass er vielleicht, so unwahrscheinlich das auch klang, im Eifer der Verfolgung eine Untiefe oder Klippe übersah und sich wenigstens ein Ruderblatt verbiegen oder einen Schraubenflügel daran abreißen würde. Und ihnen damit zumindest eine minimale Chance gab.

Vielleicht konnten sie ihrem Glück diesbezüglich unter die Arme greifen?

Ole nahm die Seekarte, die zwischen ihnen auf der Cockpitbank lag, und starrte angestrengt darauf. Der Väderöfjord zwischen Storö und der Insel Ärholm, auf den sie bisher zugehalten hatten, war tief und rein. Hier gab es überhaupt keine Untiefen. Wenn, dann schon eher im Norden oder Nordwesten von Storö.

»Schoten fieren!«, rief er Lina zu. »Wir müssen abfallen!«

Auf raumem Kurs ließen sie die Südspitze von Storö dicht an ihrer rechten Seite. Der Wind hatte mit dem aufkommenden Tageslicht noch eine Schippe draufgepackt. Jetzt wehte es mit sechs Beaufort, und eigentlich war es Wahnsinn, bei diesem Wind noch immer die volle Besegelung zu fahren.

Auch hier, westlich von Storö, war die See mit einzelnen Klippen und Felsbrocken gespickt, deren schwarze Köpfe gerade eben aus dem Wasser lugten. Wenn sie nicht höllisch aufpassten, würden am Ende sie diejenigen sein, die auf Grund gingen.

Wo war Richard? Ole drehte sich nach hinten, um ihre Verfolger zu suchen. Sie hatten die Kursänderung der *Lotten* zur Kenntnis genommen und ebenfalls um zehn Grad nach backbord gedreht.

»Vorsicht!«, schrie Lina in diesem Augenblick.

Ole fuhr herum. Direkt voraus lag ein schaumiger Strudel, der nur von einem Felsen unter der Oberfläche verursacht werden konnte.

»Festhalten!«

Ole riss die Pinne an sich.

Die *Lotten* fiel mit einem einzigen, gewaltigen Ruck ab und legte sich dabei bedrohlich auf die Seite. Und zwar so, dass der Mast mit beinahe 45 Grad nach Luv krängte anstatt nach Lee. Unten schwappte bereits das Wasser über das Cockpitsüll und der Großbaum auf der anderen Seite stand hoch in die Luft.

Lina musste sich oben an die Winsch klammern, um nicht nach unten zu rutschen und außenbords zu gehen. Wenn der Baum jetzt überkommt, dachte Ole, und wir eine Patenthalse hinlegen, ist der Mast ab. So sicher wie Luv etwas anderes als Lee war!

Hastig versuchte Ole eine Steuerbewegung in die andere Richtung, aber durch die starke Krängung war das Ruderblatt wirkungslos. Strömungsabriss! Ihr ungewollter, kritischer Balanceakt hielt noch einen ganzen Moment lang an, dann richtete sich das brave Schiff wieder auf, und sehr viel behutsamer brachte Ole es auf den alten Kurs zurück.

Das haarige Ausweichmanöver hatte zusätzlich Zeit gekostet. Aber auch so war zwei Minuten später klar, dass sie es nicht mehr weit schaffen würden.

Mit fauchenden Motoren, einen giftgelben Abgasschweif hinter sich herziehend, beschrieb das Schnellboot einen weiten Linksbogen übers offene Wasser und umsteuerte so mit voller Geschwindigkeit alle dichter zum Land hin liegenden Untiefen, die der *Lotten* gerade zu schaffen machten. Die Absicht war klar: Richard wollte ihnen am Eingang des Torsöfjordes, also zwischen den Inseln Torsö und Storö, den Weg abschneiden.

Ole fluchte. Richard war Segler und wusste genau, wie er Oles Möglichkeiten einzuschätzen hatte. Geradeaus und nach Backbord hin kontrollierte das Schnellboot das Geschehen. Zurück nach Südosten konnte Ole nur ausweichen, wenn er hoch an den Wind gehen und Kreuzschläge in Kauf nehmen würde. Und nach rechts, in östlicher und nordöstlicher Richtung, lag im Halbkreis einer kleinen Bucht die felsige Küste von Storö.

Sie saßen so gut wie in der Falle!

Lina sah Ole fragend an und verstand. Mit grimmigem Blick stand sie auf und ging unter Deck. Einen Moment später kehrte sie mit der Pistole in der Hand ins Cockpit zurück, prüfte das Magazin und lud die Waffe durch.

»Ich frage mich, wie wir so dämlich sein konnten, die beiden Maschinenpistolen auf Käringön zu lassen?«

Mit einer beinahe ärgerlichen Handbewegung lud sie die Waffe durch und legte sie auf den Cockpitboden.

Sie hatte recht. Das hier war nicht gerade die Backbordbatterie von Admiral Nelson, wenn man es mit einem doppelläufigen 20-Millimeter-Flugabwehrgeschütz zu tun bekam.

Richard musste sie nur einfach tiefer in die Bucht drängen, dachte Ole bitter, dann konnte er sie als Übungszielscheibe benutzen. Oder sie gingen vorher freiwillig auf die Felsen. Mit wachsender Verzweiflung suchten seine Augen die schroffen schwarzen Klippen ab. Wenn es wenigstens irgendwo eine Stelle gäbe, an der sie von der *Lotten* an Land fliehen könnten, ohne sich bei dem Versuch alle Knochen zu brechen ...

Ole stutzte. Was war das?

Im Norden der Bucht schien eine schmale Einfahrt zu sein. Hatte er eine Möglichkeit übersehen?

»Übernimm mal«, murmelte er.

Lina setzte sich an die Pinne. Ole ignorierte ihren fragenden Blick und beugte sich tief über die Seekarte.

Zwischen der Insel Storö und einer ihr vorgelagerten, lang gestreckten Schäre namens Store Hejen befand sich ein schmaler, schnurgerader Strich Wasser, der in der Karte als Strömsund verzeichnet war. Seine Länge betrug knapp einen halben Kilometer, und an seiner schmalsten Stelle war er kaum breiter als der Rumpf der *Lotten* lang war. Aber er war schiffbar! Seine geringste Tiefe war mit drei Metern verzeichnet. Vor allem aber hatte er nicht nur eine Einfahrt, sondern auch einen Ausgang. Einen Notausgang, sozusagen!

Ole spürte, wie er feuchte Handflächen bekam.

Dass Richard so dumm sein würde, ihnen mit einem fast vierzig Meter langen und gut fünf Meter breiten Schiff dort hineinzufolgen und sich darin festzufahren, darauf wagte er nicht zu hoffen. Aber immerhin würde das Schnellboot einen größeren Umweg um etliche Schären und Felsen herum machen müssen.

Der Wind würde im Strömsund genau querab kommen. Also konnten sie mit Vollzeug hindurch nageln und – wenn sie unterwegs keinen Felsen mitnahmen – darauf hoffen, vor Richard das andere Ende zu erreichen.

Ein bisschen Hase und Igel spielen, dachte Ole, und ein grimmiges Grinsen trat in sein Gesicht. Das wird Richard zumindest gehörig auf die Nerven gehen.

»Du hast eine Idee!«

Lina sah ihn hoffnungsvoll an.

»Ja, aber eine, die uns genauso gut den Hals brechen kann!«, antwortete Ole und zeigte ihr den Strömsund auf der Karte.

Lina erbleichte.

»Durch dieses schmale Ding?«

Dann warf sie einen Blick auf ihre Verfolger. Das Schnellboot hatte inzwischen an der Einfahrt zum Torsöfjord aufgestoppt, vermutlich um dort auf sie zu warten. Sein hoher Bug mit den beiden Torpedoklappen zeigte bedrohlich in ihre Richtung.

»Na schön, ich hoffe, du weißt, was du tust!«, sagte Lina.

Hastig holten sie die Schoten dicht, und Ole luvte an. Mit reichlich Krängung jagten sie jetzt hoch am Wind direkt auf die Küste zu.

Spätestens jetzt musste Richard ahnen, was sie vorhatten. Aber anstatt sich zu bewegen, blieb das Schnellboot in der gleichen Position wie zuvor. Ole hatte gehofft, dass Richard ihnen folgen und dann weitere kostbare Zeit durch ein umständliches Wendemanöver verspielen würde. Was hast du vor, verdammt?, schoss es Ole durch den Kopf.

Dann öffnete sich schräg voraus die schmale Einfahrt zum Strömsund, und seine ganze Aufmerksamkeit wurde in diese Richtung gelenkt.

»Klar zum Abfallen!«

Abermals fierten sie die Segel und mit halbem Wind rauschte die *Lotten* durch das Felsentor.

Jetzt gab es kein Zurück mehr.

Ein Wenden aus voller Fahrt und unter vollen Segeln wäre in dem schmalen Strömsund absolut unmöglich.

Mit beängstigender Geschwindigkeit preschten sie die steilen Ufer entlang. Ihre Hecksee schäumte und spritzte nur so an den Felsen hinter ihnen auf. Wie schnell mochten sie sein? Sieben, acht Knoten?

Die Anspannung war enorm. Jetzt bloß keinen Fehler machen! Wenn die Yacht in einer Bö zu stark krängte und aus dem Ruder lief, würden sie unkontrolliert nach Luv auf die Felsen schießen und die Yacht in einen Haufen Treibholz verwandelt. Und wenn sie auch nur den kleinsten Kieselstein unter den Kiel bekämen und aus vollem Lauf abstoppten, würde ihr mühsam zusammengeflickter Mast einen solchen Satz nach vorne machen, dass er sich dreimal in der Luft überschlagen würde, bevor er ins Wasser fiel.

Um bessere Sicht voraus zu haben, stellte Ole sich breitbeinig auf die beiden Cockpitbänke, die lange Pinne nach oben geklappt, und starrte mit äußerster Konzentration nach vorne.

Zum Glück war es inzwischen so hell geworden, wie man es von einem grauen, stürmischen Tag wie diesem erwarten durfte, und Ole konnte deutlich die hellen, flachen Bereiche des Fahrwassers von den dunkelgrünen, tieferen unterscheiden. Ebenso wie die plötzlichen Windböen, die das Wasser schwarz färbten und sie dazu nötigten, die Schoten zu fieren, um nicht aus dem Ruder zu laufen.

Gleichzeitig bemerkte Ole auch, warum sie so höllisch schnell waren. Im Strömsund gab es, was ihm vermutlich zu seinem Namen verholfen hatte, eine starke Strömung, die jedoch zum Glück in ihre Richtung setzte. Das machte gut und gerne zweieinhalb Knoten, schätzte Ole, die noch zur eigentlichen Bootsgeschwindigkeit hinzuaddiert werden mussten. Was ihnen im Moment aber nur recht sein konnte!

»Was macht das Schnellboot?«, fragte Ole.

Er selber traute sich nicht, den Blick nach hinten zu wenden.

»Ich kann nur noch ihre Antennen sehen ... Aber es sieht so aus, als ob sie immer noch daliegen!«

Ole runzelte die Stirn. Was hatte das zu bedeuten? Waren seine Gebete erhört worden und Richard hatte das Schnellboot bereits auf einen Stein gesetzt? Das wäre zu famos, um wahr zu sein.

»Nein warte ... Sie blasen gerade eine Menge Qualm in die Luft ... Und drehen in unsere Richtung!«

Ole nickte grimmig.

Jetzt ging es nur noch darum, wie lange das Schnellboot für seinen Umweg durch den nördlich von ihnen liegenden Torsöfjord brauchen würde.

Und natürlich darum, dass Ole kein Fehler beim Steuern unterlief. Als sie die Mitte des Sundes erreicht hatten, begann das Wasser immer heller und flacher zu werden, und Ole spürte, wie seine Muskeln sich schmerzhaft verspannten. Lieber Gott, dachte er, wirf uns jetzt bitte keine Steine in den Weg!

»Sie holen auf!«, rief Lina, die noch immer ihre Verfolger im Auge behielt.

Jetzt wagte auch Ole einen kurzen Blick über die linke Schulter. Store Hejen, die lang gestreckte Schäre zu ihrer Linken, war hoch genug, um den Rumpf und die Aufbauten des Schnellbootes zu verbergen. Aber die Abgasfahne war deutlich über dem Felsrücken auszumachen.

Ole spürte einen bitteren Geschmack im Mund. Es würde knapp werden.

Der hintere Teil des Strömsundes war der schmalste. Mehrfach musste Ole sich die schweißnassen Handflächen an der Hose abwischen. Was sie hier taten, war heller Wahnsinn. Die steilen Ufer kamen ihnen jetzt so nah, dass die Gefahr bestand, die Großschot am Ende des weit auskragenden Großbaumes um einen Felsen zu haken und damit den Mast herunterzureißen, so dass Lina sicherheitshalber die Großschot dichter ziehen musste.

Je weiter sie kamen, desto klarer zeichnete sich ab, dass Oles schöner Plan nicht aufgehen würde.

Wenn überhaupt, dann würden sie mit einem Vorsprung aus dem anderen Ende des Strömsundes herauskommen, der so knapp war, dass das Schnellboot ihn in wenigen Minuten aufgeholt haben würde.

»Dann müssen wir eben wieder zurück!«, antwortete Lina, als Ole ihr seine Sorge offenbarte.

Ole überlegte. Noch einmal zurück durch den Sund? Warum nicht! Was hatten sie schon zu verlieren? Außer, dass das Schnellboot wenden und sie abermals am anderen Ende erwarten würde?

»Also gut!«, nickte er. »Mach dich klar zur Wende!«

Die *Lotten* schoss aus der nördlichen Einfahrt des Strömsundes heraus, und sowie die Ufer weit genug auseinander gewichen waren, gab Ole das Kommando zur Wende.

»Re!«

Die Yacht luvte an, ging mit dem Bug durch den Wind und fiel dann in Gegenrichtung so weit ab, bis sie in ihrem eigenen Kielwasser zurücksegelte.

Dieses Mal jedoch hatten sie die Strömung gegen sich und kamen längst nicht mehr so schnell voran.

Nachdem er Lina geholfen hatte, das Vorsegel auf der neuen Seite dicht zu holen und zu belegen, riskierte Ole einen Blick auf ihre Verfolger.

Noch befand sich der hohe Rücken von Store Hejen zwischen ihnen. Aber deutlich genug war zu erkennen, dass das Schnellboot in dieselbe Richtung weiterfuhr, anstatt ebenfalls zu wenden. Ein äußerst unerfreuliches Gefühl beschlich Ole. Richard führte etwas im Schilde! Etwas, das Ole noch nicht durchschaut hatte.

Dem war tatsächlich so.

Als die *Lotten* ein knappes Viertel der Strecke im Strömsund zurückgelegt hatte, sahen sie hinter sich, wie das Schnellboot um das nördliche Ende von Store Hejen herumbog und auf den Ausgang des Strömsundes zuhielt. Einen Moment lang sah es so aus, als wollte ihnen Korfmann tatsächlich in die schmale Rinne folgen. Aber dann stoppte das Schnellboot mit lautem Fauchen der Motoren kurz vor dem engen Felsentor auf.

Gleichzeitig waren zwei Marinesoldaten zu erkennen, die auf dem Vorschiff das leichte, portable MG in seine Halterung montierten. Seltsamerweise schienen sie es dabei nicht sonderlich eilig zu haben. Als würde es nicht mit zunehmender Distanz schwieriger, die Yacht zu treffen, dachte Ole irritert.

Aus dem Augenwinkel sah er, dass die Felsen in Luv bedrohlich nahe an sie herangerückt waren, und korrigierte hastig den Kurs. Dabei sah er wieder nach vorne – und erstarrte!

»Verdammt!«, entfuhr es ihm.

»Ole, die Barkasse!«, rief Lina in derselben Sekunde.

Das also war Richards Plan! Und der Grund, warum das Schnellboot bei ihrer ersten Einfahrt in den Strömsund so verdächtig lange an ein und derselben Stelle liegen geblieben war. Sie hatten ihr motorisiertes Beiboot ausgesetzt!

Jetzt lag es keine dreihundert Meter vor ihnen am anderen Ende des Sundes, besetzt mit einem halben Dutzend bis an die Zähne bewaffneter Männer, und versperrte ihnen den Weg.

Der Schock nahm Ole die Luft.

Und die vernichtende Erkenntnis, dass Richard einmal mehr exakt vorausgesehen hatte, was er, Ole, tun wollte. In aller Seelenruhe hatte er angehalten und seine Vorbereitungen getroffen.

Storm will sich in einen schmalen Sund mit zwei Ausgängen verkrümeln? Kein Problem, dann nehmen wir ihn eben mit zwei Booten in die Zange!

So bitter und niederschmetternd es für Ole in diesem Moment auch sein mochte, er musste akzeptieren, dass dieser letzte und entscheidende Sieg an Korfmann ging!

»Ole, was machst du? Wir müssen anhalten! Sonst fahren wir denen direkt in die Arme!«

Lina schüttelte ihn hart am Arm. Sie hatte bereits die Fockschot losgeworfen. Erst jetzt bemerkte Ole das wild im Wind schlagende Vorsegel. Sie hatte natürlich Recht. Mechanisch löste Ole die Großschot, auch wenn er sich fragte, wozu das noch gut war. Selbst wenn sie jetzt an Land sprangen, wie weit würden sie dann kommen? Mit einer einzigen Handfeuerwaffe gegen ein Dutzend Sturmgewehre und Maschinenpistolen?

Als auch der Druck aus dem Großsegel wich, wurde die Yacht zusehends langsamer, bis sie kaum noch gegen die Strömung vorankam.

Das Schnellboot, einhundertfünfzig Meter hinter ihnen, schien geduldig dazuliegen und abzuwarten, genauso wie die beiden Männer am Maschinengewehr auf seiner Back.

Auf der anderen Seite, etwa dreihundert Meter entfernt, lauerte die Barkasse.

In der Mitte dazwischen, in der Falle, dümpelte die *Lotten* mit schlagenden Segeln und im Leerlauf schnaufender Maschine. Lina, mit der Waffe in der Hand, und Ole standen im Cockpit und sahen sich ratlos an.

Einen bizarren Moment lang schien sich überhaupt nichts zu tun.

Dann schwang der Bug der Barkasse in ihre Richtung herum. Langsam nahm sie an Fahrt auf. Auch ihre Insassen hatten alle Zeit der Welt. Natürlich. Ihre Beute war ihnen sicher.

Der Mann im Bug stand auf. Es war Richard.

Wie hätte es auch anders sein können? Natürlich wollte er seinen Triumph über Ole Aug in Aug auskosten. Was danach kommen würde, darauf gab die Maschinenpistole in seinem Arm ausreichend Hinweis.

Ole drehte sich zu Lina um und nickte zur Waffe in ihrer Hand.

»Mir wäre wohler, wenn du das Ding weglegst.«

Sie sah ihn fragend an.

»Wieso?«

»Weil ich dich nicht sterben sehen will!«, antwortete er mit belegter Stimme und fügte noch leise hinzu: »Jedenfalls nicht vor mir.«

Plötzlich musste sie lächeln, auch wenn ihr gleichzeitig die Tränen in ihre meergrünen Augen schossen. Sie legte die Waffe neben sich, griff stattdessen mit beiden Händen nach seinem Gesicht und küsste ihn. Ihre Lippen waren warm und schmeckten gleichermaßen nach Liebe und Verzweiflung.

So süß und so bitter, dachte Ole. Ein Abschiedskuss.

Dann hörten sie die ersten Schüsse fallen, zogen instinktiv die Köpfe ins Genick und duckten sich einander in die Arme.

Seltsamerweise waren die Schüsse nicht von vorne aus der Richtung der Barkasse gekommen, sondern von hinten, vom Schnellboot.

Mehr Schüsse fielen, und Ole musste zweimal hinsehen, um zu begreifen, was dort vor sich ging.

Einer der beiden MG-Schützen auf dem Vorschiff schrie auf, warf die Arme in die Luft und fiel rückwärts über Bord. Der zweite versuchte, das MG nach hinten herumzureißen. Von dort kam ein Mann mit einer Pistole in der ausgestreckten Hand auf ihn zu. Der Mann, der keine Uniform, sondern Zivil trug, war schneller mit seiner Waffe, und auch der zweite MG-Schütze brach getroffen zusammen. Jetzt griff sich der Mann in Zivil das Maschinengewehr, hob es von seinem Stativ und deckte die Brücke des Schnellbootes mit einer lang anhaltenden Salve ein – gerade noch rechtzeitig, um mehrere Gegner zurückzuschlagen, die offensichtlich gerade von dort auf das Vorschiff stürmen wollten.

Für den Augenblick schien der Feuerstoß genügend Abschreckungspotential zu haben, um dem Mann eine kurze Atempause zu verschaffen. Diese nutzte er, um sich zu ihnen umzudrehen und herüberzuwinken. Dann schrie er ihnen aus Leibeskräften etwas zu.

»Ole, Lina! Versucht die Pläne zu retten! Ole, hörst du?«

Oles Herz tat einen Sprung. Gleichzeitig war er einen Augenblick lang völlig verwirrt.

Der Mann auf dem Vorschiff war Konteradmiral Paul Freiherr von Wellersdorff! Wie hatte er es geschafft, sich zu befreien und an eine Waffe zu kommen? Und als einzelner Mann eine ganze Schiffsbesatzung in Schach zu halten?

»Du hörst, was er sagt!«, erinnerte ihn Lina. »Schnell!«

Die Pläne lagen unten in der Kabine auf dem Boden. Ole sprang hastig hinunter und holte sie herauf.

Als er wieder oben war, sah er, dass die Yacht inzwischen von der Strömung in dem engen Fahrwasser quer getrieben und mit dem Heck gegen die Felsen in Lee gedrückt worden war.

»Wir müssen zur anderen Seite rüber!«, rief Lina.

Ole nickte. Auf Store Hejen, der schmalen Schäre, wären sie Richard und seinen Männern völlig schutzlos ausgeliefert.

Richard!

Im selben Augenblick, als Ole sich nach dem Maschinenhebel bückte, um die *Lotten* unter Motor zur anderen Seite hinüber zu bringen, hagelte es von vorne Schüsse. Instinktiv zog Ole Lina zu sich herunter, und die Salve ging über sie hinweg oder blieb im Holz des Kajütaufbaus stecken.

Das Mündungsfeuer war nicht mehr sehr weit entfernt. Ole hob vorsichtig den Kopf und plierte am Aufbau vorbei nach vorne. Hundert Meter vielleicht noch!

Nun ertönte von hinten ebenfalls wieder das Knattern aus von Wellersdorffs Maschinengewehr. Doch anstatt im Kampf mit den Schnellbootfahrern sah Ole ihn auf ein anderes Ziel feuern. Den Steuerbord-Torpedo!

Der Konteradmiral hatte die Torpedoklappe in der Back von Hand geöffnet und feuerte nun aus nächster Nähe auf den Zündkopf.

»Bei Gott!«, entfuhr es Lina. »Er will das Schiff sprengen!«

Das erkannten in diesem Moment vermutlich auch die restlichen Schnellbootmänner, die sich noch irgendwo achtern von der Brücke aufhalten mussten. Aus ihrer Sicht der Dinge war die sicherste Möglichkeit, von Wellersdorff an seinem selbstmörderischen Vorhaben zu hindern, den Torpedo einfach abzuschicken.

Das geschah in dieser Sekunde mit einem lauten Knall und Zischen der Druckluftentriegelung, und im nächsten Augenblick schoss der lange Stahlzylinder an von Wellersdorff vorbei ins Wasser.

»Ole, Torpedo!«, schrie von Wellersdorff zu ihnen herüber.

Diese Warnung kam ihn teuer zu stehen, denn als er der Brücke den Rücken zudrehte, wurde von dort auf ihn geschossen, und voller Entsetzen sah Ole, wie er nach vorne in die Knie ging und dann auf die Seite kippte.

»Nein!«, schrie Ole entsetzt.

Die Torpedos, die ein deutsches Schnellboot mit sich führte, waren reine Geradeausläufer. Das bedeutete, dass sie stur in die Richtung rasten, in die sie abgeschossen wurden. Unglücklicherweise hatte der Bug des Schnellbootes genau in der Strömung gelegen, so dass nun die Bahn des Torpedos exakt dem Verlauf des Strömsundes entsprach. Wo ein kleines Stückchen weiter die *Lotten* immer noch quer zur Strömung trieb und ein prächtiges, vollflächiges Ziel abgab!

Für die hundertfünfzig Meter bis zur *Lotten* würde der Torpedo gerade einmal 8 Sekunden benötigen.

Drei von ihnen waren bereits vergangen!

Da zur gleichen Zeit weiter von der Barkasse aus auf sie geschossen wurde und sie noch immer im Cockpit kauerten, war an eine Flucht von Bord nicht zu denken. Ihre einzige Chance war der Motor. Verzweifelt trat Ole nach dem Gashebel in der hinteren Ecke des Cockpits und drückte ihn mit dem Fuß bis auf den Boden herunter.

Vier, fünf!

Der kleine Benziner jaulte auf, ging aber Gottlob nicht aus. Gleichzeitig riss Ole die Pinne nach Steuerbord herum.

»Komm schon, komm schon!«, murmelte Ole zwischen zusammengebissenen Zähnen hindurch.

Ebenso wie Lina starrte er wie gelähmt auf den unheimlichen, tödlichen Pfeil, der an der Spitze einer schaumigen Spur dicht unter der Wasseroberfläche auf sie zuraste.

Sechs, sieben!

Mit einem plötzlichen Ruck, als habe sie erst jetzt die Gefahr erkannt, sprang die Yacht nach vorne und quetschte sich an den Rand des Fahrwassers. Es rumpelte unschön, als der Kiel auf Grund ging.

Dann war der Torpedo bei ihnen!

Lina schrie entsetzt auf, als der weiße Blitz einen halben Meter hinter dem Heck der *Lotten* hindurchzischte. Sein Sog riss das Ruderblatt unter Wasser herum und schlug Ole oben im Cockpit schmerzhaft die Pinne aus den Händen.

Neun, zehn.

Plötzlich kam von vorne im Sund die Erschütterung einer gewaltigen Explosion, und es regnete Gesteinsbrocken und Holzstücke auf sie nieder.

Holzstücke?

Ole hob den Kopf und sah nach vorne.

Die Barkasse war verschwunden. Hatte sich buchstäblich in Luft aufgelöst!

Von Richard und seinen Leuten war nichts übrig geblieben als ein paar unappetitliche, undefinierbare Fetzen blutverschmierter Kleidung, die im Wasser trieben oder ans Ufer geschleudert worden waren.

Rund um die Stelle, an der der Torpedo detoniert war, stiegen gewaltige Trauben an Luftblasen und Gasen an die Wasseroberfläche. In ihrer Mitte, dort wo sich die Wassersäule erhoben und wieder aufs Wasser zurückgeworfen hatte, warf sich eine ringförmige, drei Fuß hohe Flutwelle auf, die eine halbe Minute später auch die Yacht erreichte und gehörig auf die Felsen drosch.

Erst jetzt merkte Ole, dass Lina und er sich förmlich aneinander festgekrallt hatten. Nun ließen sie voneinander ab und starrten sich ungläubig an.

Dann realisierte Ole, dass auf der Back des Schnellbootes hinter ihnen immer noch heftig geschossen wurde. Also war der Konteradmiral doch nicht tot?

Ole fuhr herum und starrte zum Schnellboot zurück.

Von Wellersdorff lag auf der Seite in der spärlichen Deckung des niedrigen Wellenbrechers und feuerte mit dem MG immer wieder kurze Salven auf den Brückenaufbau.

Dort hing der blutüberströmte Körper eines Mannes der Länge nach vom Außenfahrstand herunter. Es war der rotbärtige Oberleutnant. Ein zweiter Mann lag zusammengekrümmt auf dem Seitendeck.

Plötzlich hatte Ole nur noch einen Gedanken: Er musste von Wellersdorff retten!

Irgendwo zu seinen Füßen fand er Linas Pistole und hob sie auf. Mit drei Sätzen war er auf dem Vorschiff, sprang ins flachere Wasser und watete die wenigen Meter zum Ufer.

»Nein, Ole, du bist verrückt!« schrie Lina hinter ihm her. »Komm zurück!«

Ole hörte nicht auf sie. Er kletterte die Felsen empor und rannte, so schnell er auf dem unebenen Ufer konnte, den Strömsund hinauf.

»Ole!«, hörte er Lina noch einmal hinter sich.

Von Wellersdorff hatte das Feuer für einen Augenblick eingestellt, vielleicht um einen neuen Patronengurt einzulegen. Auf und hinter der Brücke blieb es still.

Während er auf ihn zulief, sah Ole, wie der Konteradmiral seitlich über das Deck in Richtung des Backbord-Torpedos rutschte. Obwohl er nicht mehr laufen und sich kaum noch vernünftig bewegen zu können schien, wuchtete er das schwere MG vor sich her. Dann begann er, mit ausgestrecktem Arm an der Torpedoklappe herumzufummeln. Einen Augenblick später schwang sie auf.

»Nein!«, schrie Ole aus vollem Lauf. »Paul, warte!«

Von Wellersdorffs Kopf flog herum und trotz der Distanz konnte Ole sehen, wie sein Gesichtsausdruck sich von Überraschung zu Verärgerung wandelte.

»Hau ab, Storm!«, schrie er zurück. »Rette die Pläne! Und das Mädchen!«

Oles Schritte wurden langsamer.

Hastig robbte der Konteradmiral zurück und legte das Maschinengewehr über seine Beine, so dass die Mündung auf den Zündkopf des zweiten Torpedos zeigte.

Dann drehte er noch einmal den Kopf zu Ole. Wenn du mir die Wende versaust, Junge, schnarrte seine Stimme in Oles Kopf.

Im selben Augenblick, als wieder aus der Brücke heraus auf ihn gefeuert wurde, riss von Wellersdorff den Abzug des Maschinengewehrs nach hinten und schickte, selber bereits tödlich getroffen, einen letzten, lang anhaltenden Kugelhagel auf den Zündkopf des Torpedos.

Eine Sekunde später löste sich der Bug und die gesamte Backbordseite des Schnellbootes in einem gewaltigen Feuerball auf, eine Explosion, die Ole noch in sechzig Metern Entfernung von den Füßen riss.

Als er benommen auf die Knie kam, war das brennende und aus allen Lieken qualmende Schnellboot bereits auf die geborstene Seite gekentert und sackte zischend tiefer ins Wasser. Ole konnte nichts anderes tun, als auf das brennende Wrack zu starren.

Dann war Lina bei ihm.

»Wie war das noch? Ich will dich nicht sterben sehen?«

Ihre Augen blitzten vor Wut.

Dann nahm sie ihm die Pistole aus der Hand, die er noch immer umklammert hielt, und warf sie kurzerhand in den Sund. Ole sah einigermaßen erstaunt hinterher. Vermutlich war das die Retourkutsche auf seine Bitte von vorhin, die Waffe wegzulegen.

Als sie zur *Lotten* gingen, war Ole noch immer halb taub von der Explosion und noch mehr betäubt vom Schmerz über von Wellersdorffs Tod.

»Stell dir vor, du hättest dich im letzten Augenblick noch erschießen lassen«, sagte Lina, nun etwas sanfter. »Dann hätte ich alleine mit diesem halb wracken Etwas, das du eine Segelyacht nennst, und den gottverdammten Plänen nach England segeln müssen!«

Ole zwinkerte. Die Explosion hatte ihn taub gemacht, oder zumindest hatte er sich verhört. Mit der *Lotten* nach England segeln?

Lina gab ihm einen unsanften Stoß an die Schulter.

»Na los, jetzt sag endlich was, du gottverdammter, maulfauler …«

Weiter kam sie nicht, weil Ole sie an sich zog und ihre Zunge mit seiner am Weiterreden hinderte. Vielleicht war das genau die Erklärung oder auch Entschuldigung, die sie erwartet hatte, denn sie erwiderte seine Umarmung und seine Küsse mit stürmischer Erleichterung.

»Lass uns trotzdem erst mal von hier verschwinden«, grinste Ole nach einer Minute, als es anfing, brenzlig zu werden. »Wenn doch noch einer von denen lebt, hat er allen Grund, gehörig sauer auf uns zu sein!«

Hand in Hand liefen sie zur *Lotten* zurück, die immer noch mit im Wind schlagenden Segeln und im Leerlauf drehendem Motor auf der Untiefe aufsaß.

Sie rutschten die Felsböschung hinunter ins Wasser und wateten zum Schiff. Der Bug war zu hoch, um aus dem Wasser hinaufzuklettern. Auf Höhe des Cockpits war das Freibord deutlich niedriger. Allerdings reichte Ole dort das Wasser bereits bis zur Brust. Er fasste Lina um die Hüften und hob sie so weit hoch, dass sie das Süllbord des Cockpits zu packen bekam und sich daran hineinziehen konnte.

Dann wollte Ole selber hinterher klettern. Aber Linas Gesicht, die sich zu ihm zurückgebeugt hatte, zeigte, dass etwas nicht stimmte. Er drehte sich um.

Wenige Meter entfernt trieb ein Körper mit der Strömung auf sie zu. Hände und Arme schwammen ausgestreckt an der Oberfläche und das Gesicht zeigte nach unten. Aber Ole erkannte ihn sofort an den strubbeligen blonden Haaren, die nun wirr und blutverschmiert um seinen Kopf waberten.

Es war Richard.

Oles Nackenhaare stellten sich auf. Die Leiche würde in unmittelbarer Nähe an ihnen vorbeitreiben. Der Gedanke, in diesem Augenblick das gleiche Medium mit dem Toten zu teilen, ihn also quasi zu berühren, war ihm äußerst unangenehm. Gleichwohl konnte er sich nicht vom Fleck rühren und den Blick nicht abwenden. Lina über ihm schien es ähnlich zu gehen.

Als die Leiche auf gleicher Höhe war, hob sie plötzlich ihr blutverschmiertes Gesicht aus dem Wasser.

Lina stieß einen Laut hervor, der gleichzeitig Schreckensschrei und Warnung war, und Ole sah, wie Richards nasser Leichnam mit zu Klauen verkrümmten Händen und einem gewaltigen Satz aus dem Wasser schnellte und auf ihn losstürzte.

Das schreckliche Horrorbild währte eine einzige kurze Sekunde.

Dann realisierte Ole, dass Richard weit weniger tot war, als ihm in diesem Augenblick lieb sein konnte. In der nächsten Sekunde fuhr er ihm mit blutigen Klauen an die Kehle und schlug ihn mit dem Hinterkopf heftig gegen die Bordwand.

Einen kurzen Augenblick war Ole, als würde er durch den Schlag das Bewusstsein verlieren. Aber dann war es lediglich der abschüssige steile Grund unter seinen Füßen, den er verlor.

Bevor er noch recht Luft holen konnte, wurde er von Richard unter Wasser gedrückt. Wie von ferne hörte er Linas furiose Schreie. Richards Griff lockerte sich für einen Augenblick und Ole konnte sich an die Oberfläche zurückkämpfen.

Lina hatte mit verzweifelter Wut eine Hand in Richards Haarschopf gekrallt und schlug mit der anderen Faust immer wieder in sein Gesicht. Ihre Schläge waren nicht kräftig genug, um ihn zu beeinträchtigen, aber immerhin nötigten sie Richard, Ole für den Moment loszulassen.

Während er hustend und nach Atem ringend ins flachere Wasser taumelte, sah Ole zu seinem Entsetzen, wie Richard Lina packte und zu sich hinunterzog. Einen grauenvollen Augenblick dachte er, er wollte sie ebenfalls ins Wasser ziehen, aber dann schlug er ihr mit der Faust an den Kopf. Der Schlag traf Lina seitlich an der Schläfe, und seine Wucht schien ihr sofort das Bewusstsein zu rauben. Zum Glück fiel sie nach hinten ins Cockpit, und nicht vornüber ins Wasser.

Jetzt fuhr Korfmann zu ihm herum und kam langsam auf ihn zu.

Abgesehen von den blutigen Schnittwunden am Kopf und auf den Armen, die ihm sein furchterregendes Aussehen gaben, schien er unverletzt zu sein.

Eine Explosion wie die des Torpedos konnte niemand überleben. Die einzige Erklärung, die Ole einfiel war, dass auch er den Abschuss ebenfalls gesehen hatte und es ihm als Einzigem noch rechtzeitig gelungen war, von der Barkasse zu springen.

Jetzt stand er vor Ole, und plötzlich huschte das alte, überhebliche Grinsen über sein blutiges Gesicht.

»Wie kann einer nur so blöd sein und unter Vollzeug in so einen engen Sund reinfahren?«, höhnte er. »Es ist wie ich immer gesagt habe, Storm, du bist ein lausiger Taktiker! Und ein gottverdammter Idiot!«

Damit stürzte sich Richard auf ihn. Ole schlug zu, traf aber nicht richtig. Richard hingegen warf sich mit roher Gewalt auf ihn, krallte sich in seinen Kleidern fest und zog ihn zur Seite. Mühsam konnte Ole sich befreien und für einen Augenblick umkreisten sie einander im flachen Wasser wie zwei angeschlagenen Boxer.

Der Verlierer zahlt! Ole wusste sehr gut, dass dies der Kampf auf Leben und Tod war, auf den alles hatte hinauslaufen müssen. Aber er konnte sich nicht entsprechend zur Wehr setzen, war einfach noch zu benommen von Richards erster Attacke, bei der er ihn mit dem Kopf gegen die Bordwand geschlagen hatte.

»Es wäre besser gewesen, wenn du dich nie im Leben an die Pinne eines Segelbootes gesetzt hättest!«, knurrte Richard jetzt. »Du kannst es einfach nicht!«

»Ist doch dein verdammtes Schiff, was da hinten brennt, und nicht meins!«, keuchte Ole mühsam.

»Und wenn schon. Gewonnen hat der, der im Ziel die Nase vorn hat und den Preis mit nach Hause nimmt. Das Ziel ist hier, um die Pläne gehören mir!«

Korfmanns Faust traf ihn ins Gesicht.

Der Schmerz war dumpf und taub. Ole taumelte rückwärts und stolperte im flachen Wasser über einen Stein. Schon war Richard wieder über ihm, packte ihn und stieß ihn mit aller Gewalt unter Wasser.

Ole wehrte sich, versuchte sich mit den Beinen vom Boden abzustoßen, sich aus dem stählernen Griff Korfmanns zu befreien, der ihn mit dem Rücken auf den Grund des Strömsundes nagelte, lächerliche vierzig Zentimeter unter der Wasseroberfläche.

Aber es war zwecklos. All seine Bewegungen waren seltsam kraftlos, und er verlor nur noch den Rest der Luft, den er noch in den Lungen hatte.

Eine Regatta ist eine Parabel für das Leben. Von Wellersdorffs Worte. Nun, sie hatten gesegelt und verloren. Jetzt war ihrer beider Leben vorbei. Das des Konteradmirals und seins.

Plötzlich war Ole auf eine beängstigende Art gelassen. Wehrte sich nicht mehr. Blickte durch das klare Salzwasser hindurch nach oben, vorbei an Korfmanns Gesicht, das von der bewegten Wasseroberfläche zur Grimasse entstellt wurde, hinüber zum weißen Bug der *Lotten*, die tatsächlich sein Schicksal geworden war. In ihrem Vorschiff hatte er Lina geliebt, und dann war er mit ihr in die Falle gesegelt. Hier, im Ziel der Regatta.

Über dem Mast war der Himmel zu sehen. Noch immer zogen die Wolken tief und schnell. Aber jetzt glaubte Ole, darin bereits einen zarten Hauch von Blau zu sehen.

Was Ole noch an Sauerstoff in seinen Lungen gehabt hatte, war aufgebraucht. Das Bild vor seinen Augen begann dunkel zu werden. Er würde sterben. Ertrinken. Wie vor ihm sein Großvater Ove Storm, dessen Initialen auf seinem Takelmesser eingraviert waren. Sieh bloß zu, dass du's nie irgendwo liegen lässt. Hatte er nicht. Es befand sich ja in seiner Hosentasche ...

Etwas in Ole, vielleicht sein friesischer Widerspruchsgeist, begehrte gegen dieses Ende auf. Solange er das Messer noch hatte, durfte er eigentlich nicht sterben!

Er griff danach. Richard merkte es nicht. Ole klappte die Klinge auf und rammte sie mit aller Kraft, die er noch in sich hatte, nach oben.

Eine Sekunde später lockerte sich Richards Griff. Die Wasseroberfläche über Ole färbte sich rot. Ein wenig so wie die Farbe der See am gestrigen Morgen. Nur dass Ole es jetzt von unten sah, und Himmel und Wasseroberfläche eins waren.

Alles um Ole herum wurde schwarz.

Er durfte nicht vergessen aufzutauchen. Aber er konnte nicht. Hatte einfach keine Kraft mehr, das Gewicht von Richards Körper von sich zu schieben.

Vielleicht würde dort unten am Grunde des Strömsundes ja eine Meerjungfrau auf ihn warten, die ihn im Empfang nehmen und trösten würde.

Im Hinabgleiten öffnete Ole noch einmal die Augen.

Da war sie schon! Unscharf erkannte er ein Gesicht, das auf ihn herabblickte. Lange, blonde Haare und Augen, grün und unergründlich wie die See.

Im nächsten Augenblick riss Lina ihn aus dem flachen Wasser nach oben.

»Ole!«, rief sie und schüttelte ihn. »Nein, Ole! Komm zurück!«

Wie von selber riss er den Mund auf und atmete gierig ein.

Die Luft schmeckte frisch nach Salz und Fischernetz und dem Regen der vergangenen Nacht. Ein Aroma, das ihm wunderbar vertraut vorkam, obwohl er im Moment nicht sagen konnte, woher.

Lina half ihm, sich im flachen Wasser aufzusetzen.

Das Messer seines Großvaters hielt er noch immer aufrecht in der Faust, und in unmittelbarer Nähe trieb eine Leiche mit der Strömung davon. Das Gesicht zeigte nach unten, aber Ole erkannte ihn an dem blonden Haar, das um seinen Kopf herumwaberte.

Lina nahm Oles Gesicht in ihre Hände und drehte es zu sich. Dann küsste sie seinen Mund. Kein Abschiedskuss diesmal, eher ein Willkommensgruß. Er lebte ja wieder!

~

Ole und Lina segelten in der Abenddämmerung. Zuvor waren sie um die Insel herum in den kleinen Nothafen von Storö gefahren und hatten sich bei den Männern der Lotsenstation für kleines Geld mit Lebensmitteln, Trinkwasser, und Treibstoff versorgt.

Natürlich hatten die beiden Lotsen das deutsche Schnellboot gesehen, ebenso wie sie später die beiden Explosionen der Torpedos gehört hatten. Aber ähnlich wie die Fischer dieser Küste waren sie nicht besonders gut auf den Krieg im Allgemeinen und die Deutschen im Besonderen zu sprechen. Also hatten sie keine Fragen gestellt.

Und hatten ihnen sogar noch neues Ölzeug und zwei Seekarten geschenkt.

Eine zeigte das Skagerrak bis zu einer Linie von Kristianssand nach Tyborøn hinunter. Die andere die Nordsee, im Norden begrenzt auf einer Line von Stavanger hinüber zu den Orkneys, und im Süden von Esbjerg hinüber nach Newcastle upon Tyne.

Der Ostwind hielt.

Ebenso wie ihre abenteuerliche Reparatur am Mast der *Lotten*.

Von der Insel Storö in den Väder-Schären bis nach Rattey Head, nahe Aberdeen an der Nordostspitze von Schottland gelegen, waren es ungefähr 450 Seemeilen offenes Wasser, wenn man von einem Stück in der dänischen Jammerbugt absah, das sie zumeist dicht unter Land zurücklegten.

Dank der gnädigen, achterlichen Brise und der ruhigen See bewältigten sie die Strecke in vier Nächten und drei Tagen.

Mit dem Krieg kamen sie nur einmal in Kontakt.

Mitten in der Nordsee begegneten sie einem Konvoi aus Kriegs- und Handelsschiffen, deren Nationalität sie nicht erkennen konnten. Aber die Schiffe schienen es zu eilig zu haben, um von einem winzigen Segler unter schwedischer Flagge Notiz zu nehmen.

Mehrmals auf dieser Überfahrt – am Tag und in der Nacht, in der Kajüte oder oben im Cockpit – hatten sie sich geliebt. Manchmal waren sie es mit einer gewissen Planung angegangen, was im Wesentlichen bedeutete, dass sie vorher die Segel etwas fierten und die Pinne festzurrten. Aber noch öfter passierte es aus heiterem Himmel, so dass sie, wenn sie wieder zu sich kamen, mit killenden Segeln und ohne Fahrt in der Dünung schlingerten.

Ihre kostbare Fracht, die geheimen Pläne des Physikers Christian Hülsmeyer, eine ominöse neue Waffe betreffend, die vielleicht den Verlauf des Krieges ändern würde oder auch nicht, verwahrten sie nach wie vor in der wasserdichten Schatulle. Um sie gegen das Hin- und Herrutschen im Seegang zu sichern, hatten sie sie mit der alten Sorgleine unter dem Tisch im Salon an den Mastfuß gebändselt. Seltsamerweise hatte keiner von ihnen, nachdem sie die Pläne dort abgelegt hatten, allzu viele Gedanken daran verschwendet. Sie würden nach England gelangen und von dort in die Obhut des amerikanischen Millionärs und Industriellen Alfred Lee Loomis. Dieser würde mit seinem Ehrenwort als Gentleman dafür einstehen, dass Hülsmeyers schreckliche Erfindung nur dann zum Einsatz kommen würde, wenn die deutsche Seite die Waffe weiter entwickelte und tatsächlich zu nutzen gedachte. Dieses Ehrenwort hatte Loomis seinen drei Freunden auf einer Segelyacht in Kiel gegeben. Hülsmeyer, Sønstebye und von Wellersdorff. Sie waren tot, aber im Zweifelsfall war immer noch Ole Storm da, um Loomis an sein Versprechen zu erinnern. Denn auch er hatte es gehört, unfreiwillig zwar und nur aus der Vorpiek der *Lydia* heraus, aber immerhin.

Bei Tagesanbruch nach ihrer vierten Nacht auf See waren sie nur noch wenige Meilen vor der schottischen Küste entfernt.

Ole hatte die Hundewache übernommen. Er stand aufrecht im Cockpit und steuerte, die Pinne zwischen den Beinen und die Hände tief in den Taschen seines neuen Lotsenölzeugs vergraben.

Auf der westlichen Kimm hatte sich vor einer Viertelstunde ein dunkler Strich aus dem Morgendunst gelöst. Die Klippen von Rattey Head.

Sollte er Lina vielleicht wecken und es ihr sagen?

Voller Wärme blickte er auf sie hinab. Sie lag mit angewinkelten Beinen in ihre Decke gewickelt auf der Cockpitbank, den Rücken an den Kajütaufbau gelehnt. Ihr Gesicht war entspannt wie das eines Kindes und ihre Mundwinkel waren zu jenem winzigen Lächeln nach oben gezogen, das Ole nun schon öfter gesehen hatte, wenn sie schlief.

Doch sie war wach.

»Ich weiß genau, dass du mich ansiehst!«, murmelte sie und ihr Lächeln wurde eine Spur breiter.

Diesmal zauberte es nicht nur ihre Grübchen hervor. Unglaublicherweise erstrahlte in diesem Moment ihr ganzes Gesicht in einem magischen, warmen Licht.

Wie hatte sie das gemacht?

Verwundert drehte Ole sich um.

Jenseits der Spur ihres Kielwassers schob sich genau in diesem Augenblick die Sonne über die Kimm und schuf eine gleißende Fläche aus Abermillionen glitzernder und tanzender Lichtreflexe. An diesem Morgen hatte die See die Farbe von purem Gold.

E N D E

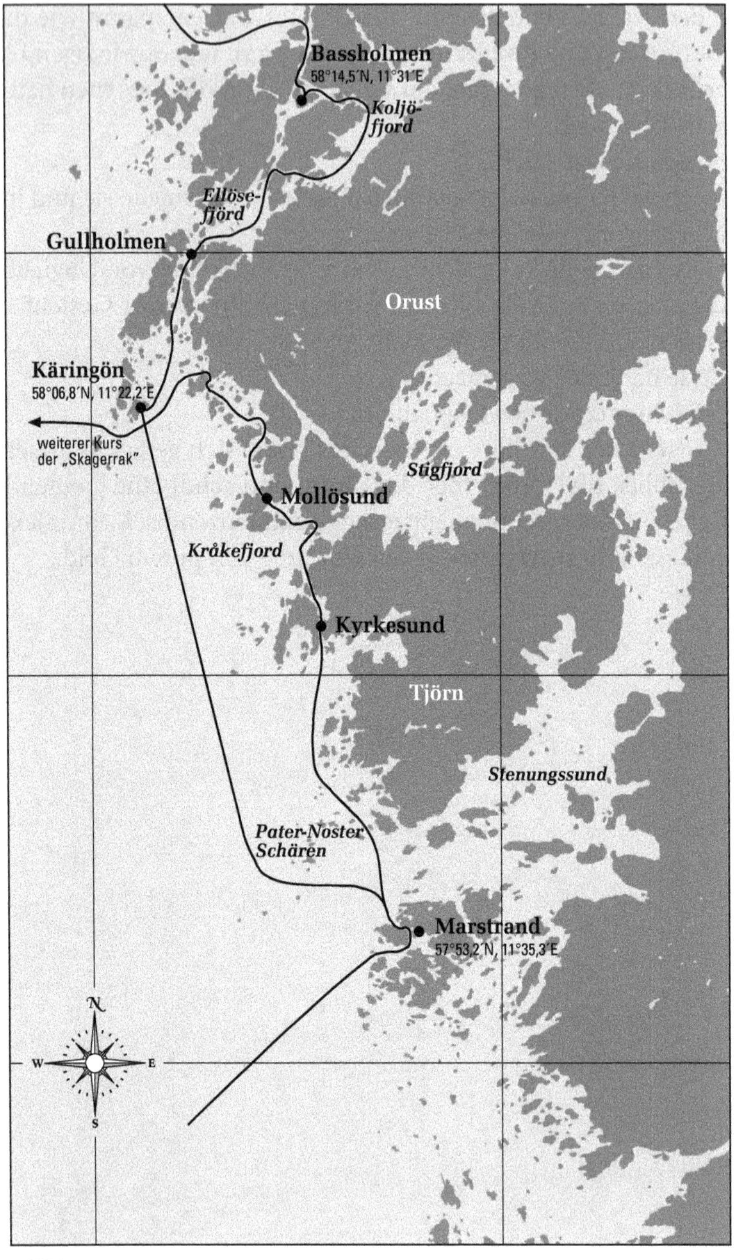
Bassholmen
58°14,5'N, 11°31'E
Koljö-
fjord
Ellöse-
fjörd
Gullholmen
Orust
Käringön
58°06,8'N, 11°22,2'E
weiterer Kurs
der „Skagerrak"
Stigfjord
Mollösund
Kråkefjord
Kyrkesund
Tjörn
Stenungssund
Pater-Noster
Schären
Marstrand
57°53,2'N, 11°35,3'E
N
W
E
S

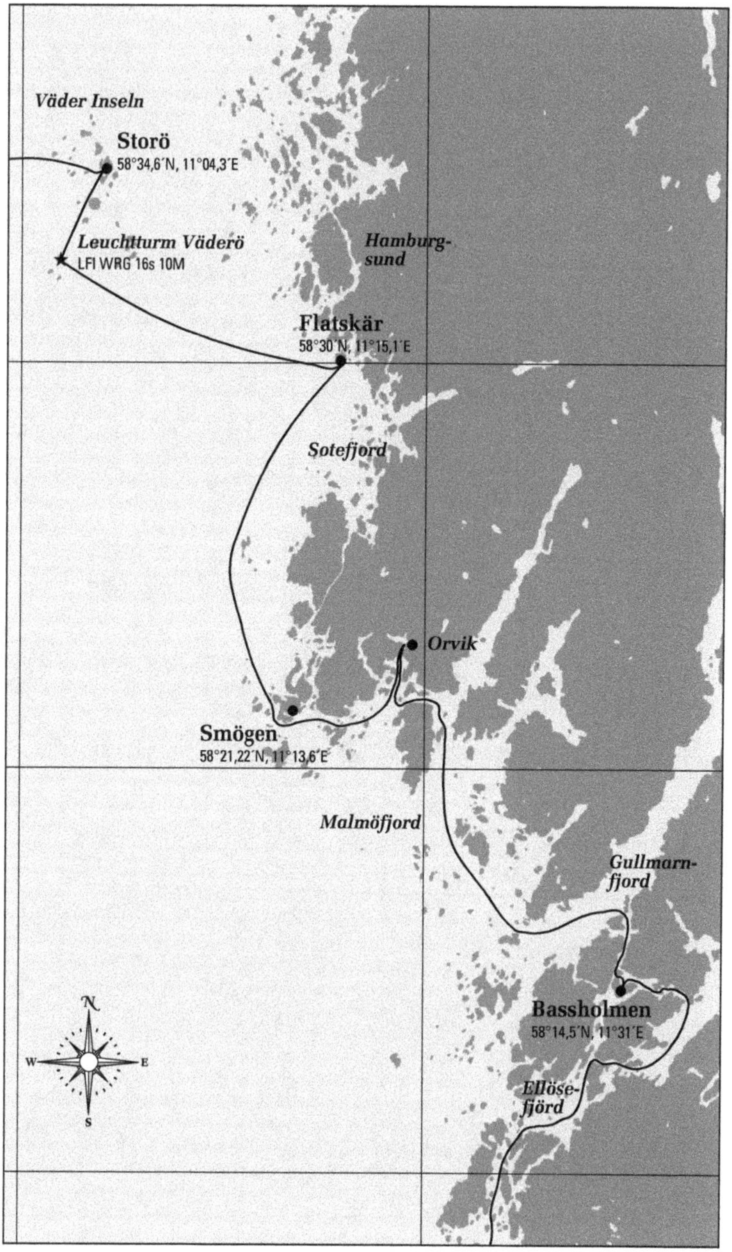
Väder Inseln
Storö
58°34,6´N, 11°04,3´E
Leuchtturm Väderö
LFI WRG 16s 10M
Hamburg-
sund
Flatskär
58°30´N, 11°15,1´E
Sotefjord
Orvik
Smögen
58°21,22´N, 11°13,6´E
Malmöfjord
Gullmarn-
fjord
Bassholmen
58°14,5´N, 11°31´E
Ellöse-
fjörd
N
W
E
S

Inhalt

Jan von der Bank ist mehrfacher Deutscher Meister und Weltmeister (2005) in der Einmannjolle Contender. Er ist Drehbuchautor für DER ALTE, TATORT, KÜSTENWACHE und andere Serien.

Seine Kinderbücher zum kleinen Klabautermann PIKKOFINTE erscheinen ebenfalls im KJM Buchverlag.

Die Mordserie, die sich auf dem Atlantiktrip der *Gorch Fock* abspielt, ist überaus unheimlich und unerklärlich. Schiff und Mannschaft befinden sich fern der nächsten Häfen, ein gewaltiger Sturm zieht auf, und der Mörder ist noch nicht am Ziel …

Ein atemberaubender Thriller.

Jan von der Bank: In den Sturm

336 Seiten, Paperback

ISBN 978-3-96194-048-6

15 € (D)

Jan von der Bank
Die 7 magischen
Klabauterknoten
Pikkofintes erste Reise
Mit zahlr. Illustrationen
von Lena Winkel
128 Seiten
Klappenbroschur
15 € (D)
ISBN 978-3-945465-03-5

Jan von der Bank
Die magische
Flaschenpost
Pikkofintes zweite Reise
Mit zahlr. Illustrationen
von Lena Winkel
144 Seiten
Klappenbroschur
15 € (D)
ISBN 978-3-945465-17-2

Jan von der Bank
Der Schatz des
schwarzen Klabauters
Pikkofintes dritte Reise
Mit zahlr. Illustrationen
von Lena Winkel
152 Seiten
Klappenbroschur
15 € (D)
ISBN 978-3-96194-015-85

Pikkofintes Welt

Die Abenteuer einer Klabauterfamilie